中国传奇

浦东开发史

谢国平 著

上海人民出版社

序一

2016年国庆后，我收到了谢国平的书稿《中国传奇：浦东开发史》，这是他的第三本以中国改革开放的象征之地浦东为题的大作。读着这部内容丰富、着眼深邃、文笔流畅的书稿，我为他高兴，也为浦东高兴，浦东有了她的第一本开发史。未开发开放的浦东几百年没有变化，她的面貌几乎只用一张照片描述就足矣；而今日新月异的浦东则要一个容量巨大的数据库来记载她。

谢国平扎根浦东，一直在写浦东。多年来，他既是一个新闻记者，也是一个“旧闻记者”，他不仅仅记录现实，也研究历史。正如他自己所说的，探究历史为何最终能够给浦东一个翻天覆地、彻底创造历史的机缘；而上海人又毫不懈怠地把这机缘发挥得淋漓尽致。这对写作和研究者来说非得需要有大局观不可，也就是说不仅仅需要接地气，还需要上卫星观世界，从更宏大的角度审视浦东。因此，也就有了这样一本浦东开发的“同代记者”写出的浦东开发的“原始的历史”，它为后继的研究者的“反省的历史”和“哲学的历史”提供了可靠的原始根据。①

如今，有一奇怪的现象，中国的国际形象比起真实的中国来落差很大，这固然有国际媒体对中国报道的偏差，但也有我们向世界说明中国，讲中国故事不及时、不清晰、不准确和难以跨文化的明显欠缺。浦东开发初期，诺贝尔经济学奖得主、货币学派经济学家米尔顿·弗里德曼来过上海，他说，浦东开发计划可能是一个“波将金村”。[②] 弗里德曼虽有学问，可是他读不懂中国，读不懂浦东，所以说了这句错话。世界上像弗里德曼这样的人还是大有所在的，所以我们讲好中国故事、浦东故事义不容辞！

作者多年来与我保持着密切的联系，见面言必浦东——她的规划、进展、困难、成就和远景，所以我知道作者一直坚持着要讲好浦东故事而艰苦努力。功夫不负有心人，他以这部通史性的著作交了又一份答卷。这部书写得流畅，易读，有故事；而我相信故事离真理最近，最亲切，最容易感动人。故事可以驱动中国，走遍世界。

这本书是写浦东的，但作者将浦东开发开放置于更广阔的时代背景下，以一滴水见太阳，折射出中国改革开放的起起伏伏。比如，书中写到了计划经济与市场经济之争，写到“姓资姓社”之大争论，还写到了当年为外高桥保税区英文名称的翻译之小争辩。确实，如果不将这些争论的大背景叙述清楚，不仅今天的年轻人不能明白，外国人更看不懂，中国人为什么要花那么多时间，在几个概念上纠缠不休？因此，借助于历史，借助于更加广阔的全球大背景，或许能够帮助我们更好地面向未来。

谢国平是执着的，此前他写了《财富增长的试验：浦东样本》和《浦东故事：这样的梦想更中国》，后者还被国家外文局译成英文全球发行。而谢国平的这本新书从历史的角度更全面更翔实地讲述了浦东故事，可以说是属于《中国改革开放史》丛书中的一个分册。我愿意和读者一起分享这部浦东开发开放进行曲的感人乐章。

赵启正

于2017年元旦

注释

① 按照黑格尔研究历史的观点，他把历史研究分为三种：原始的历史、反省的历史和哲学的历史。见黑格尔：《历史哲学》，商务印书馆1963年版。

② 俄国女皇叶卡捷琳娜二世的宠臣波将金在圣彼得堡城外造了一座外墙豪华的假村庄，波将金领着女皇夜里打着火把，坐着马车，转了一圈。此后，“波将金村”成为弄虚作假的代名词。弗里德曼的传记作家说，如果弗里德曼今天再来到浦东，他应该会修正这句话。

序二

上海地区是自西而东渐次成陆的,开发也是西先东后。唐天宝年间华亭县设立时,浦东相当部分还在海里,汪洋一片。元代上海县设立,治所设在浦西,码头亦多设浦西,晚清辟设租界,亦在浦西。尽管清代浦东已设有南汇县、川沙抚民厅,尽管自民国时期到浦东开发开放以前,浦东已有一批城镇颇具规模,但是,浦江两岸西城东乡、西重东轻、西盛东衰格局一直极为明显。“宁要浦西一张床,不要浦东一间房”,这一流播广远的口头禅,正是这一格局的生动写照。

1990 年浦东开发开放以后,忽如一夜春风来,浦东在很短时间里面貌大变,一个高楼林立、店肆栉比、流光溢彩、美轮美奂的现代化新浦东,如魔术般崛起,与浦西隔江呼应,比翼齐飞。浦东发展之快,品质之优,环境之美,被视为世界城市发展史上的奇迹,让人叹为观止。

就像面对一名陡然走红的明星,一位平地崛起的新秀,人们在欣赏、打量之余,总想多晓得一些他的身世,多了解一些他的信息。这既是好奇心使然,也是全面了解其人之所必须。人们在浦东置业安家,设厂创业,来浦东考察、旅游,逛公园,赏美景,游迪士尼,或忙碌或休闲之余,对脚下的这片热土,也总想多知道一些相关的信息,诸如成陆过程、行政沿革、风物名胜、人文底蕴、逸闻轶事等。谢国平先生精心撰写的《中国传奇:浦东开发史》,就是这样一部满足人们了解浦东需要的佳作。

浦东、浦西之分,以黄浦江为界。黄浦江走向在不同地段很不相同,在江体呈东西向时,两岸便分为南与北;呈南北向时,则分为东与西。两岸地质、地貌、气候、物产等自然禀赋,并没有根本不同。两岸在发展、演变的历程中,之所以会形成一盛一衰、畸轻畸重的分殊,主要受更大的资源配置系统制约。在农耕时代,特别是朝廷实行封关禁海政策的时代,整个中国重心在内地而不在沿海;在长三角地区,重心在苏州、杭州、南京等区域政治中心;在松江府,政治、文化中心在松江。上海镇的兴起,上海县的设立,都与上海港功能有关,而上海港在很长时期内,特别是明清时期,是作为苏州的外港存在的,是苏州通往辽阔海洋的门户港,上海港的货物,无论进出,都主要与浦西有关。因此,港口设在浦西,与港口相关的机构设在浦西,管理税收的市舶司一类机构设在浦西,在此基础上兴起的上海城市自然也在浦西。其中道理至为简单,在更大的、更高的资源配置系统中,浦西比浦东交易成本更低。近代以前出版的老上海地图上,会标明“西去苏州”多少里、“西去松江”多少里,原因在于,那时沿海人眼光是向内的,在上海就是向西的。上海开埠以后,外国人将连通苏州、上海两地的吴淞江,称为“苏州河”而不是“上海河”,因为他们人在上海,眼睛盯着苏州,那里才是中国最为富庶、最有文化的地方,是他们最为向往的人间天堂。

当中国海洋意识增强,不再将自己视为一个纯粹的内陆国家而同时也是一个海洋国家时,当中国实行对外开放政策时,换句话说,当人们从更大的系统来看上海时,从亚太或整个东西方联系的系统来看,上海就从边缘变成了前沿。当建造桥梁、铺设隧道技术发展到一定程度,当交通进入飞机、高铁时代,浦东与浦西在交易成本方面也就难分伯仲了。所以,当中央从中国发展战略的高度,启动浦东开发开放程序以后,浦东便日新月异地发展起来。

当然,改革开放以前,由于浦东、浦西在很长时间里同属松江府、上海县或上海市,黄浦江并不过分宽阔,因此,两岸往来尚算方便,经济文化联系相当密切,浦东经济自具特色,人文底蕴也相当丰厚。

浦东滨海之地,在五代以后盐业即很发达,有多处盐场,“煮水成盐,殖芦为薪”,是当时沿海人的重要生计。明代中后期,因淡水南移,盐业衰落,灶民开始归农,以植棉为主,到近代以后,才逐步以棉粮油料为主要作物。上海开埠以后,城市飞速发展,浦东依托浦西,逐步形成自己的特色和优势。产业方面有 4 大宗:一是毛巾业。1900 年毛巾业在浦东崛起，到 1937 年以前，川沙一县就有大小毛巾厂 202 家，家家经线，夜夜鸣机，因而有“毛巾之乡”之称。二是营造业，1880 年杨斯盛创造了上海第一家营造厂杨瑞泰营造厂，以后陆续在上海开始的营造厂有周瑞记、陶桂记、顾兰记等十来家。江海北关榷署、杨树浦发电厂、中国银行大楼、先施公司大楼、市政府大礼堂等众多著名建筑，均为浦东人所营造。三是花卉种植业。浦东之花木乡，即因久种花木而得名，已有 300 多年的历史。清光绪年间，浦东花农组织“花神会”，此会后加入上海市花木同业公会，在上海开店售花，承包种花业务，并代为设计园林，改建花园。四是奶牛饲养业。浦东沿海很早就饲养塘脚牛，平时充作劳役，产犊后挤奶自用。清光绪初年，引入荷兰种公牛一头，经杂交繁殖，育成独特的黑白花奶牛，此后便以出售牛犊获利。1932 年，售给上海华商牧场的奶牛有一千多头。毛巾业、营造业、花卉种植业与奶牛饲养业，均为像上海这样的特大城市所必须，因此，近代浦东的产业，其实已是大上海经济体系中不可分割的有机组成部分。

近代以前，浦东出了不少积极有为、思想开明的人物。宋元之际的张瑄，浦东高桥人，与崇明人朱清，为元政府营造大批平底海船即沙船，大的可以载重八九千石，小的也可以载重二三千石，解决了漕粮海运的难题，被元政府封为海道运粮万户、江南行省右丞。张瑄与朱清的实践，对上海地区与太仓一带的发展，做出了重要贡献。明代时期浦东陆家嘴一带，已是文人往来甚多的地方。陆家嘴之得名，就是江南大家陆氏家族居住那里的缘故，陆深、陆楫父子都是一时名人。陆深是上海县历史上第一位通过科举考试获得高位的人，弘治十八年进士，授编修，累官四川左布政使、詹事府詹事，为著名文学家、书法家。他在浦西、浦东都有房产，在陆家嘴所筑后乐园，“土岗数里，宛转有情，俨然如山”，其规模、景致名闻遐迩。陆楫是很有独创性的思想家。他认为奢侈性消费有积极意义，而传统的崇俭恶奢观念并不完全正确，禁奢崇俭并不能使民富裕，而奢侈倒能促进经济繁荣，财富流通，增加就业，对于社会发展有积极意义。这一观念在中国经济史有重要地位。他的名篇《华夷辩》，提出区分华夷的标准，不是种族的异同，而是文明程度的高低，这在当时实属石破天惊的观点，比王夫之类似观点要早一百年。徐光启的老师黄体仁，万历年间进士，官至刑部主事，是思想开明、著述丰硕的著名学者，长期生活在浦东。徐光启的学生孙元化，是浦东高桥人，在接引西学与军事方面均有重要贡献。近代浦东所出名人，更是灿若明星，李平书、杨斯盛、黄协埙、李问渔、钟天纬、黄炎培、穆藕初、张闻天、杜月笙、黄自、傅雷……不胜枚举，或为实业巨子，或为政治精英，或为文化巨擘，或为社会名流。这些名人多生在浦东，活跃在浦西或全国各地，他们是浦东名人，也是上海名人、全国名人。

浦东在历史上，曾分属多县管辖，包括昆山、宝山、上海、南汇、川沙等，合并为大的浦东新区还是不久以前的事。因此，大浦东在历史上不是一个独立行政单位，没有一部涵盖大浦东的地方志，也没有人编写过如此翔实的涵盖大浦东的地方开发史。要编写这样一部书，资料分散是一大困难，前期成果少是又一困难。在这个意义上，这部《中国传奇：浦东开发史》筚路蓝缕，创榛辟莽，是大浦东一部比较完整、翔实的发展史，具有重要的学术价值。全书15章，从对浦东地名释义开始，依次叙述了海岸线的迁移与浦东成陆历史、盐业发展及新场等集镇的繁荣、精耕农业的发展、浦东人走向大海的努力与困顿、浦东与浦西落差的形成、浦东人依托浦西城市寻求发展、近代浦东籍绅商在浦东的近代化创举、浦江两岸交通联系、开发开放浦东战略的形成、大浦东行政区的形成、浦东先行先试及多方面巨大成就。

谢国平先生长期在浦东工作，曾担任《浦东时报》副主编、《浦东开发》杂志主编，热爱浦东，熟悉浦东，是浦东开发开放的亲历亲见者。他笔头勤，成果丰，已出版《财富增长的试验：浦东样本》《浦东故事：这样的梦想更中国》等多种与浦东相关的著作。这部《中国传奇：浦东开发史》，是他在此前多部著作的基础上，也是在他多年资料积累的基础上形成的。全书资料翔实，征引广博，脉络清晰，文字优美，富有感染力。可以预期，此书出版以后，一定会受到关心浦东历史的读者欢迎，也一定会在浦东历史研究方面，留下深深的印痕。

是为序。

熊月之

2017年1月27日

第三章 开发先声：民间与政府的努力

在自然经济转型中，浦东没有出现大面积农家生计陷于困境的窘况。相反农民较早离开土地，进入城市，习商习工，浦东人的“三刀一针”手艺享誉上海。而一批有着开放和民主意识的浦东人启动了早期的浦东开发。尽管从孙中山的“东方大港”，到民国政府的“大上海都市计划”，都涉及到浦东，但是构想基本上都没有落地。

第四章 差距加大：上海“城市病”集中爆发

20世纪80年代后期的上海“城市病”集中爆发，朱镕基出任上海市长后叹道：“现在一天我们收到100多封人民来信，都是讲粪便横溢、垃圾成堆、交通拥挤、住房紧张，简直就要爆炸了。”一江之隔，两岸没有形成如纽约、伦敦、巴黎等城市两岸共同繁荣的局面。过江难曾经是上海人心中的痛。浦东不实现真正的开发，越江工程无从谈起。

第五章 天降大任：总设计师向世界打出一张王牌

上海的出路何在？有四个可供选择的方案："西扩"、"北上"、"南下"、"东进"。"东进"的方案终于得到了共同认可：浦东是上海未来的希望，那边要建设一个"新上海"。邓小平将上海浦东开发开放视为手中的一张王牌。1990 年 4 月 18 日，浦东的命运彻底改变。

第六章 只争朝夕：特定区域内的大试验

浦东开发已经从上海地方的愿望上升为国家战略，并向世界证明，中国未关闭对世界的大门。邓小平多次说过浦东开发晚了的话，竟然还承认是自己的一大"失误"。驱车浦东，目睹生机勃勃的建设景象，他吟诵了一生中惟一所作的两句诗："喜看今日路，胜读百年书"。

第七章 没经验有理念：站在地球仪旁边思考浦东开发

如何开发浦东，浦东人没有经验但有理念。在吸取世界智慧开发浦东、再造中心、形态建设服务于功能开发、立法先行、金融贸易先行、站在地球仪旁边思考浦东开发等理念的指导下，最终实现了高起点、高标准开发。

第八章 攻坚之役：浦东要戴着钢盔顶住

浦东开发开放后，500 多平方公里的土地上同时开建的工地最多时达到 3 000 个以上。大规模的建设需要大量的资金，但最初朱镕基仅给三个开发区各 3 000 万元。新区行政机构实行"小政府大社会"，受到质疑和刁难，国务院领导关照："浦东要带着钢盔顶住！"

第九章 一只头雁：经历挑战与危机

在“姓社还是姓资”的争论中，浦东高速发展。弗里德曼怀疑那是“波将金村”。在亚洲金融危机波及下，投资者纷纷要求撤资，工地上空空荡荡。一封学者的建议信启动了上海要素市场从浦西到浦东的“东进”。浦东像一只头雁，带动着整个长江流域，共同经历了中国经济高速增长的黄金年代。

第十章 大试验：高举先行先试大旗

20 世纪 90 年代中后期，浦东开始逐渐摆脱对优惠政策的依赖，转向了功能性政策。由此，中国第一家经国务院批准的大型中外合资商业零售企业上海第一八佰伴在浦东开张，107 万顾客潮水般涌入商场，被载入吉尼斯世界纪录。浦东成为全国第一个综合配套改革试验区。之后 10 年内，中央政府在中国的版图上画了 12 个圈。

第十一章 经济转型：大飞机和迪士尼

2008年金融风暴中，超级摩天大楼上海环球金融中心大厦开业。有学者质疑通过修桥修路盖房子的固定资产投资拉动经济增长的“起吊机经济”。土地让浦东的财富迅速增长，增长也因为土地变得更加艰难。从2005年起，浦东领导人不断地将“转型”作为关键词一再重复。金融危机也加速了大飞机制造、迪士尼项目落户。

第十二章 新浦东：“两个中心”，两区合并

2009年，浦东发生两件具有历史意义的大事：成为上海国际金融中心和国际航运中心的核心功能区，南汇区并入浦东。人们给浦东一个新的称呼：“大浦东”、“新浦东”。短短十来年，伦敦国际金融期货与选择权交易所助理总裁阿·艾伯特的预感变成了现实。

第十三章 支点撬动：改革试验区 3.0 版

中国第一个自贸试验区落户浦东。中国政府希望这个支点，尽管仅仅占共和国土地面积的万分之零点零零三不到，却能撬动中国更高层次的开放，倒逼改革。而美国《华尔街日报》载文称，上海自贸区有潜力成为中国的“规则改变者”。

第十四章 开放度最高：让市场更有效

李克强总理三年三次到浦东，中央希望上海自贸区内这个试验田能够产生更多的“培育良种的经验”。自贸区没有税收优惠，但给投资者惊喜。从新区到综合配套改革试验区，再到自贸试验区，浦东以试错的方式为中国深化改革开放提供了一份示范样本。

第十五章　梦想成真：上下 500 米，前后 100 年！

百年前，商人陈桂春在陆家嘴建造了自己的宅院，百年后，632 米高的上海中心大厦拔地而起，而边上，两座摩天大楼——88 层的金茂大厦和 495 米高的环球金融中心也是上海的新地标。不经意间，它们都成为浦东传奇故事的见证，也浓缩了浦东的百年变迁。

第一章 由水成陆：浦东从哪里来，将向何处去？

1.1　一个模糊的概念

清雍正四年(1726 年)正月,长江口,东海边,新科进士钦琏出任南汇县首任县太爷,并满心欢喜地在今天的惠南镇建造起县衙。①

这是朝廷年前新设置的一个县政府。上海的黄浦江东边,也就是从清雍正三年(1725 年)起,正式有了独立的建制历史。簇新的县衙大门告诉人们,这是浦东地区的第一个县级行政建制,里面住着浦东最大的行政长官,且功名最高。

此前,这个民间称为浦东的地区,没有独立、统一的行政中心。再细读浦东历史,可以发现,黄浦江东面的这块上千平方公里的土地长久以来没有一个统一的行政区划,没有一个强有力的行政中心,也就是说从中国古代到近代的历代行政版图上,是找不到浦东这一行政地名的。

"浦东"这一名称,最早出现在上海地区第一部志书《云间志》中。这部南宋人编撰的书记载了当时的五大盐场,其中就有浦东盐场,但那时"浦东"仅仅是一个盐场的名称,非地域名称,而且远离今天的浦东新区。②

按照浦东学者顾炳权观点:在文人笔记中,"浦东"这一名称的出现早于明初黄浦江水系形成之前,所指的是"上海浦"以东的地区。③

上海浦是一条南北向的河道。宋代为解决吴淞江泄水能力,在吴淞江两岸,大约每隔五里开通一条进入吴淞江的水道,这种支流水道称为浦,吴淞江两岸共有 18 个浦。当时,吴淞江即现在上海市海门路一段,南岸有一个浦,称作上海浦。北岸则有个下海浦。

"浦"最先在吴方言区原意是小河,多指人工河,而浦东地区大多为人工河。

也就是说在明代以前,"浦东"这个地理概念和现在的完全不同。因为黄浦江还没有形成。

明永乐大帝登基后，吴淞江，也就是今天的苏州河，淤塞严重，一位叫夏原吉的户部尚书在永乐二年(1404年)组织地方百姓将河道拓宽，开挖了一条大河，作为太湖地区新的出海水路和航道。至此，上海有了一条宽阔的大河直入东海，也因为这条大河，也就是后人称为的黄浦江——上海地区最重要的一个地理标志，浦东作为一个单独的地理概念，才开始出现在各类文献中。

如明嘉靖《上海县志》记载："由闸港而下，若盐铁塘、沈庄塘，若周浦，若三林塘，若杨淄港、黄淄溇，此为浦东之水也；若陆道浜，若唐子泾，若南俞塘、北俞塘，若车沟，若吴店塘，若华泾、乌泥泾，若龙华港，若日赤浜、薛家浜、肇嘉浜，若方浜，若南、北侯家浜，若洋泾，此为浦西之水也。"④

此外，还有"江东"和"浦左"的说法。

今天，"浦东"一词能够响亮地传遍神州大地乃至世界，但在历史上，它却是一个很普通的地名、很普通的地方，普通到没有一个中央政府予以过重视，其地域范围没有非常精确的划分，即没有形成一个统一完整的行政区划，更严格地说一直到1992年都没在浦东形成一个完整而统一的行政管理机构。

因此，不同的历史时期，"浦东"的含义也就不尽相同了。就是同一历史时期，也有广义与狭义之分。到了21世纪初叶，浦东广义范围指浦东新区全境以及闵行、奉贤区黄浦江以东地区，狭义范围指沿黄浦江东岸的浦东新区，面积1 429.67平方公里。⑤

也就是说，"浦东"一词自古以来仅仅是方位上的意义，而且比较模糊。

这不能不让人感到遗憾。从中国地貌地图看，平心而论，浦东是一个一马平川的好地方。在整个中国的版图中属于长江三角洲平原。"肥沃的三角地带避免了北方雨水不足的干旱和南方雨水过多而土壤中石灰质的流失。"⑥

浦东三面环水，紧靠终年不冻的黄浦江，属于北亚热带季风气候，年平均气温16 ℃左右，全年无霜期约230天，气候温和湿润，四季分明，日照充足雨水适宜，水系发达，是典型的江南平原。

可惜，这么好的一块土地上，因为没有一个相对稳定、统一的行政区划和行政管理中心，一直被无理而无序、频繁而随意分割着，于是少了文化的积淀，文脉的传承。

大多数人理所当然地将浦东的这种现状归结于一条河——黄浦江所致。

其实，问题并没有那么简单。

1.2 这块土地一直被频繁而随意分割

我们不妨先来看看浦东成陆史，就可以理解浦东——这一模糊概念的渊源。

远古时代浦东是一片汪洋。

感谢大自然的力量，从长江上游夹带来了泥沙，在江海交汇处为海浪冲顶而加速沉降，沉积下来的泥沙形成滩涂，滩涂不断地向东南延伸，并自然地形成了泥沙堤，屹立在海滨，形成一道阻挡海水的自然屏障，起到保护沿海居民生命财产的作用。古人称之为“冈身”。可以说那是上海最早的海岸线。

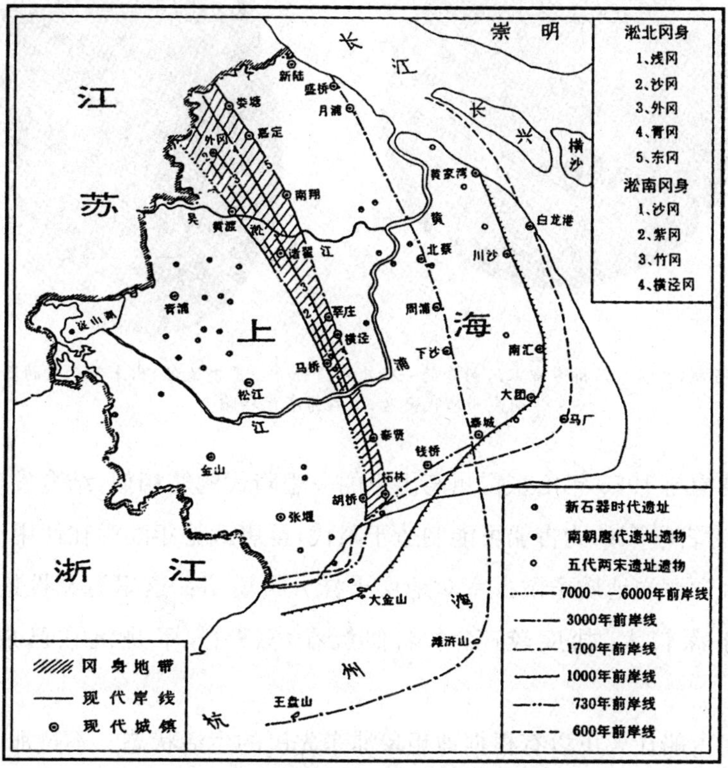

上海海岸线依次向东延伸

随着滩涂不断地向东淤长，海岸线不断地向东移动。到了魏晋南北朝，海岸线到达了今天的上海莘庄、奉贤柘林一线。而此时，浦东还处于海面以下。[7]

到了隋唐，浦东西部地区已经浮出水面。一旦成陆，有了土地，就有人、有生活，有社会和相应的政治制度。考古学家也证实了这一点。

1975 年 11 月 25 日，在浦东严桥乡郑家湾村南的一处唐代遗址——严桥遗址，发现了不少唐和宋代日常生活用的器物，这是浦东地区首次发现唐宋时代遗址。考古学家据此认为，自唐代以来，严桥已经是一处长期居住的村落，可以说他们是最早的浦东人。[8]

1979 年 12 月 12 日，在开掘川杨河的北蔡乡河段时，出土了一艘被废弃的古代木船。舱内遗留鹅卵石两块，唐代开元通宝钱一枚及一残角，烧土一块。[9]

1975 年，在浦东严桥乡郑家湾村南的一处唐代遗址——严桥遗址，出土了唐代的器物。图左为唐代瓷盆，图右为唐代釉陶壶

古船结构与 1975 年山东雷州湾出土的一艘隋代的舫相似，结合发现唐代的开元通宝钱，考古学家认为古船可能制造于隋代，至唐武德年间尚在使用。

同济大学海洋地质系微古室对地层土样分析说明："这里海相性最强，有孔虫说明当时水深较大，盐度较高，木船似沉在海滩上，不是沉在已成陆的小河流内。"[10]

川杨河古船让人可以有根据地想象浦东先民的生活状态。不过那时浦东更多的是大片大片白茫茫的滩涂，人迹稀少，芦苇摇曳海鸟飞。尽管这时中国历史上出

1979 年 11 月在北蔡乡出土的唐代古船（来源：浦东档案馆）

图为唐代古船，存于崇明博物馆

现了最强盛的王朝，在长安，诗人吟诗唱和，许多国家的使节、商贾、学者、艺术家、僧侣等，不断来到长安访问、求学和贸易。

在有关浦东的区划历史的记载中，引述最多的是唐天宝十年（公元 751 年），“吴郡太守赵居贞奏割昆山、嘉兴、海盐三县置”，设立华亭县。[11] 浦东便属于华亭县的一部分。浦东东北部今天高桥一带则属于昆山县。[12]

可以说，在中国历史上，这是一个普通年份，但对于今天的上海地区、对于浦东是有划时代意义的。自此，浦东在上海境内有了相对独立的行政区划，也奠定了上海地区行政格局发展变化的基础。

南宋出版的《云间志》中记录了华亭县各乡各里的名称，但我们还找不到作为地域名称的浦东，只能在华亭县的东部地区，找到属于浦东地区的地名，如三林。

宋代华亭县有乡 13 个，里 44 个。迄唐而宋，华亭县政区格局无重大变动。后在元、明、清时期相关县份的划割分置，都源出华亭县的这些乡里。

到了南宋嘉定十年（1217 年）昆山东境分离出嘉定县后，浦东地区又分属华亭、嘉定两县。

元代至元二十九年（1292 年），华亭地区农业发达，经济繁荣，人口增长加快，尤其是上海镇已是重要的商品贸易集散地，朝廷接受了松江知府的建议，将华亭东北五乡划为上海县，由此，浦东除了高桥地区都属上海县。

清雍正三年(1725年)，上海县分离出东南部为南汇县，嘉定县分离出东部地区为宝山县。这样，此时的浦东地区分属上海、南汇和宝山三个县辖地。这时，浦东地区终于有了独立建制的县——南汇县。

清嘉庆十五年(1810年)，再由上海、南汇两县划出一块行政区，称川沙抚民厅，尽管行政名义上独立，但日常管理由上海县代办，后由松江府同知兼任厅事，到辛亥革命后才正式设立为江苏省下属的一个县。那时的川沙县仅189平方公里，是当时江苏省最小的一个县。[13]

民国元年(1912年)，浦东地区分属上海、南汇、宝山三个县和由川沙抚民厅改为的川沙县管辖，这些县级政府全部隶属于江苏省。

南京国民政府成立后，整个上海的城市化进程加快。1928年，国民政府对上海地区行政区划进行大规模调整。上海市接受了十七市乡的辖地。在浦东地区，洋泾、陆行合并为洋泾区，塘桥、杨思合并为杨思区，高桥、高行合并为高桥区。也就是南起杨思北至高桥的沿黄浦江地区划归上海特别市。其余为上海、川沙和南汇三县，均隶属于江苏省。[14]

1937年12月15日，日本侵略者在浦东成立"上海市大道政府"，次年改上海市为"特别市"。1943年，汪伪政权将川沙、南汇、宝山等7县并入"上海特别市"，分市区、郊区和县区三部分，浦东辖有两个郊区——浦东南区和浦东北区，以及三个县区——川沙、南汇和奉贤。

到了1950年，浦东又有了一次行政区划大变动。原属南汇县管辖的张江、花木、北蔡、江镇、施湾、六团、黄楼和孙桥、唐镇的西部地区共计167平方公里的土地，全部划入川沙县，川沙管辖的面积自此翻了一番。

1958年，南汇、川沙从江苏省划出，改属上海市管辖。同年8月，浦东终于有了以浦东命名的县，这也是历史上第一个正式以浦东命名的行政区，被写进中国行政地图。但是仅两年多，浦东县就被撤销建制，其农村地区划归川沙县，并将沿黄浦江边的地区划归城区。

浦东学者潘建龙就浦东县成立两年多后被撤，作了这样的评述："浦东县的撤销是基于它没有一个根，大凡一个县，从中国历史上考察，它总有城墙，总有宽广的

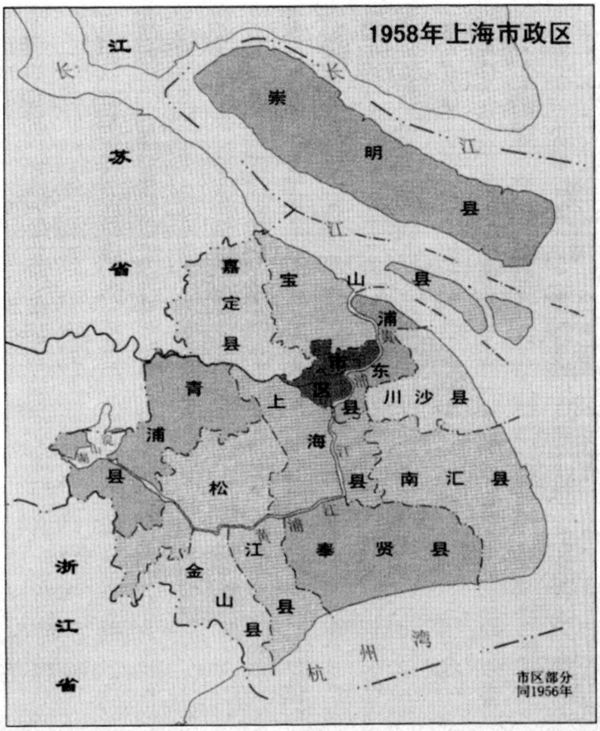

1958 年上海政区，川沙、南汇等县由江苏省划入上海管辖（载《上海历史地图集》）

地理空间和较深的文化传承，而浦东县没有，它实在太小！它的建立与撤销都是在匆匆忙忙中进行，所以建之容易撤之也快矣。”⑮

到了 1984 年，上海市政府将沿黄浦江的陆家嘴、洋泾一带划归黄浦区，把周家渡至杨思等沿江地区划归南市区。到这时，浦东地区由三县三区分割而治，真是“三国四方”格局。也就是说，今天的浦东新区在当时是由南市、黄浦、杨浦三个区和川沙、南汇、上海三个县管辖，以至于出现了城乡交错，农民市民混居，生产队边上是居民区的现象。因此当地有这样的戏言：“到上海要摆渡，到农村跨一步。”

这是浦东历史上特有的一个现象，即一直没有一个统一的行政区划和行政中心，在无序的，多政府的，不断地分割的状态下缓慢地发展。当然，也就没有了历史包袱和厚实凝重的文化传承，也为日后浦东实现跨越式起跑埋下了伏笔。这与远离政治中心，且面向大海的南方边陲深圳有点相似，那是一个天高皇帝远的地方，缺少中国传统文化的积淀，尤其是大一统的专制文化。

川沙 青浦 南汇 松江 奉賢 金山 崇明

七县划入本市辖区

【本报讯】十一月二十一日，国务院全体会议第八十二次会议，已通过将江苏省的川沙、青浦、南汇、松江、奉贤、金山、崇明七个县划归上海市。这些县划归本市后，对于本市今后的建设与改造以及粮食、副食品供应等方面都极为有利。

图为1958年12月12日，新民晚报刊登的江苏七县划入上海的消息

而从经济发展史的角度考察，一个地区没有一个商贸的、交通的枢纽功能，也就没有物流、资金流、人流，也就没有经济的辐射功能，地域的分割也就可以很随意了。

据林拓教授统计，从新中国成立后到浦东新区成立的44年间，浦东的行政区划一直处于频繁的变动之中，有关行政辖区、行政建制及政区名称等的变更多达20次以上，平均每2年1次。具体到各乡镇，行政区划的变更则为每乡7次左右。最典型的是1958年川沙县的区划。当时川沙县13乡1镇于9月调整为11个公社，2个多月后又进而压缩为5个公社，次年便被迫重新变更，改为14个公社。⑯

可以说，这是制约浦东经济与社会发展的原因之一，而且在某种程度上，既是原因又是结果。

有识之士也曾意识到这个问题，早在1925年2月，中国职业教育的开拓者、浦东人黄炎培曾经以浦东同人会的名义，提议要求执政政府改浦东为特区，当然在那时仅仅是一个梦想。⑰

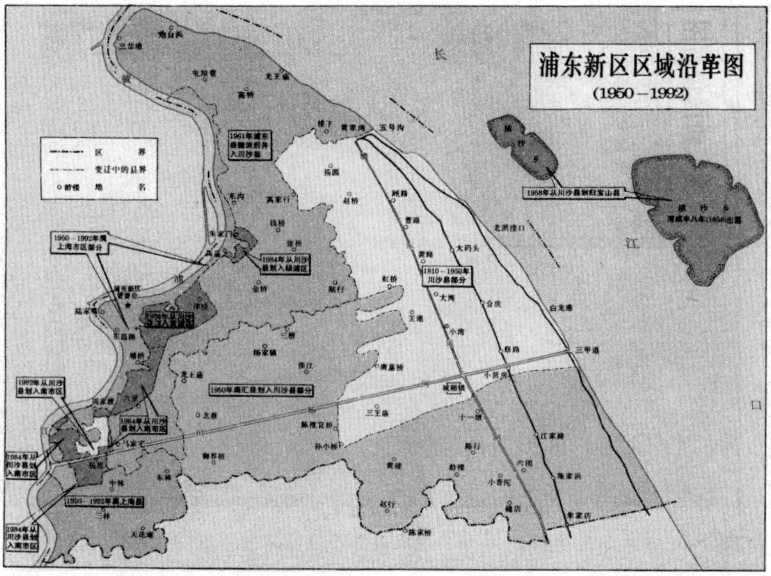

浦东新区建区沿革图(1950—1992 年)(载《浦东新区地名志》)

这样的状态到了 1990 年被画上了句号。

1990 年，中共中央和国务院决策开发浦东。当年 4 月，在上海市九届人大三次会议上，常务副市长黄菊作了浦东开发专题报告，他告诉全体代表，规划开发的浦东地区是指黄浦江以东，川杨河以北，紧靠市区的一块三角形地区，大部分地区都在距市中心 15 公里的半径之内，总面积约 350 平方公里。⑱

但两年后，浦东开始扩容，1992 年 10 月，浦东新区的行政建制和区划正式形成，浦东新区的行政区包括原川沙县、上海县的三林乡、黄浦区、南市区、杨浦区的浦东部分，总面积 522.7 平方公里。⑲

这次扩容也是因为行政区划。曾任川沙县委书记、浦东新区管委会副主任的王洪泉回忆：

> 浦东开发的思路早在 1986 年就提出来了。当时规划界线是川杨河以北，这样就把原川沙县一劈为二。江镇、施湾、六团、黄楼等乡镇也要分为两半，这就给管理上造成很多不便。1990 年 4 月 18 日，李鹏总理在上海宣布党中央国务院开发开放浦东的决策，川沙县委县政府向市里打报告，要求川沙县成建制进入浦东新区，得到市领导支持，遂形成现在 522 平方公里的浦东新区。⑳

浦东开发消息传来，人们纷纷购买最新出版的浦东地图（新华社　图）

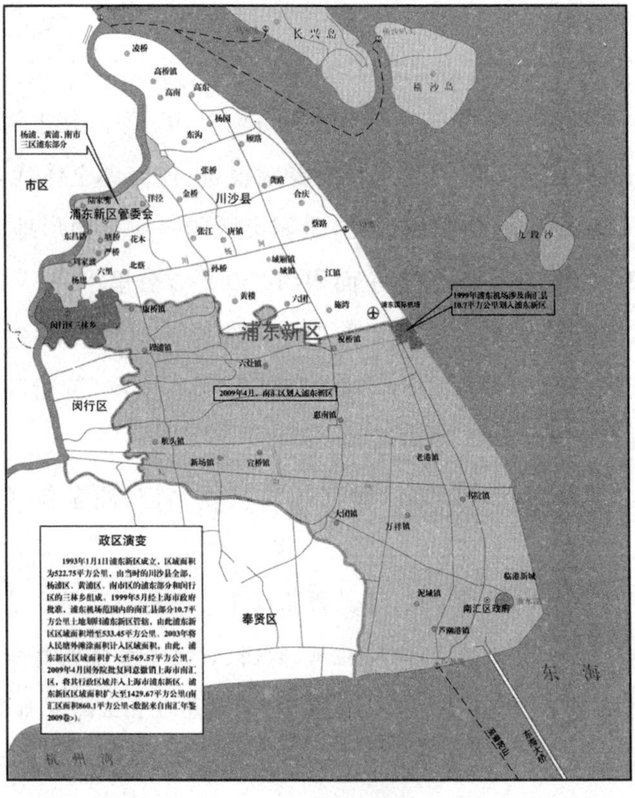

浦东新区政区演变图（1993—2009年）（载《2010浦东年鉴》）

1996年，市政府批准长江口横沙岛南侧的新涨沙滩——青草沙，归属浦东新区管辖；1999年，因浦东国际机场征地涉及南汇县东海、祝桥两镇原管辖范围的6.8平方公里土地，这片土地行政上划入浦东新区。2000年，浦东新区人民政府正式建立。

到了2009年，更大的手笔为浦东划定新的范围：4月24日，国务院作出《关于同意上海市调整部分行政区划的批复》，同意撤销上海市南汇区，将其行政区域并入上海市浦东新区。

这一区划调整更主要的原因是从经济发展的角度考虑。曾经为浦东新区区委书记的徐麟回忆说："'两个中心'建设的核心功能区和主战场就是浦东和南汇。过去有一种说法叫大浦东'金三角'，主要指的是陆家嘴、外高桥、洋山港等区域，但是这个'金三角'是分属于浦东南汇两个不同的行政主体。同时，还有一系列重大项目也是横跨两个区的，最典型的就是迪士尼和浦东机场空港项目。将南汇划入浦

浦东新区区位(载《2010浦东年鉴》)

东，就可以解决这种由行政分割而造成的多行政主体各自为战和发展局面，也有利于把原来横跨两区的诸多战略性要素资源整合起来。形成上海'四个中心'建设强有力支撑。"[21]

由此，浦东新区区域面积增至 1 429.67 平方公里，原南汇区 860.1 平方公里，原浦东新区 569.57 平方公里。浦东新区政府行政中心所在地依旧是世纪大道2001号。[22]

其实，从区划的角度看，浦东新区的历史很短。因此，曾为浦东新区管委会首任主任的赵启正在一首诗中称浦东为"美少年"。

1.3 受到"江"和"海"的限制

浦东行政区域的频繁变迁，首先和浦东自身的发展有关。也就是说，浦东地区的开发及其政区演变深受浦东成陆过程与水系格局的潜在制约。

浦东成陆较晚，开发也较迟，该地区长期处于所属府、县的外围地带，且自然灾害频繁。仅以潮灾为例，据统计，仅仅川沙县从 1135 年到 1949 年严重的大潮灾多达 50 次以上，如此频繁的潮灾在相邻地区并不多见，这样多灾多难的地区确实难以成为地方行政的中心。[23]

我们再从上海历史看，会奇怪为什么上海地区在唐代以前没有县治？中国著名历史地理学家谭其骧曾经注意到："自秦至唐天宝十载，共九百七十余年，上海大陆上只有在秦与西汉二百二三十年中设置过一个海盐县治。南朝后期八十年间先后设置过前京、胥浦二县。此外东汉至南朝前期和自隋至唐天宝共约六百六十年内，竟然连一个县治都不设，长期分属于治所在今浙江、江苏境内的嘉兴、海盐、昆山三县。"

可以肯定那时上海太落后了，属于"海隅荒蛮"。"迟至一千多年前，仍未得到很好开发"，谭其骧的结论是："这主要应该是由于当时海塘未筑，这片土地还经常受到咸潮浸灌之故。"[24]

除了海潮的侵袭外，长江入海口泥沙不断淤积，浦东沿海地区的滩涂也在不断淤长、蔓延，浦东的幅员在成陆过程中不断扩大，从而导致了浦东长期处于不同县级政区的分割之中。

浦东发展还受到“江”和“海”的极大限制。东面是汪洋大海，西面黄浦江似一道天堑，割裂了两岸经济与文化的交流。1843 年，上海开埠后，黄浦江的西面发生了翻天覆地的变化，优越的地理位置和强大的商贸功能很快使上海成为全国的经济中心，辐射全国甚至远东地区。可惜，黄浦江的东面尽管有着广袤的土地，但从四面八方过来的物流、资金流、人流，到了黄浦江边后就停驻了。

上海社科院历史研究所学者郑祖安则从地理上分析了浦东不能充分发展的原因：浦东东濒大海，长期泥沙淤积的结果，使沿海海底层尽是“铁板沙”，船舶不但不能停泊，而且还有危险，“潮来皆水，潮去成涂，沙性坚硬，故名铜沙，海船误行其上必碎”㉕。数十里浦东海岸基本上无港口可言。㉖大海挡住了人们的脚步。

行政区划是国家管理意志的一种体现，一般而言，行政区划界限一旦确定不轻易改动。而行政区划的变更以及变革的频率往往在一定程度上反映了区域的经济与社会发展的历史过程。

从经济发展的历史看，浦东经济是从盐业生产发轫的，如果浦东盐业一直持续发展下去，相应的区划也可能继续维持，甚至有所扩展。但是到了明代末年，浦东盐业衰落，相关的集镇就由此没有了经济支柱，也就更不可能有一个行政中心。

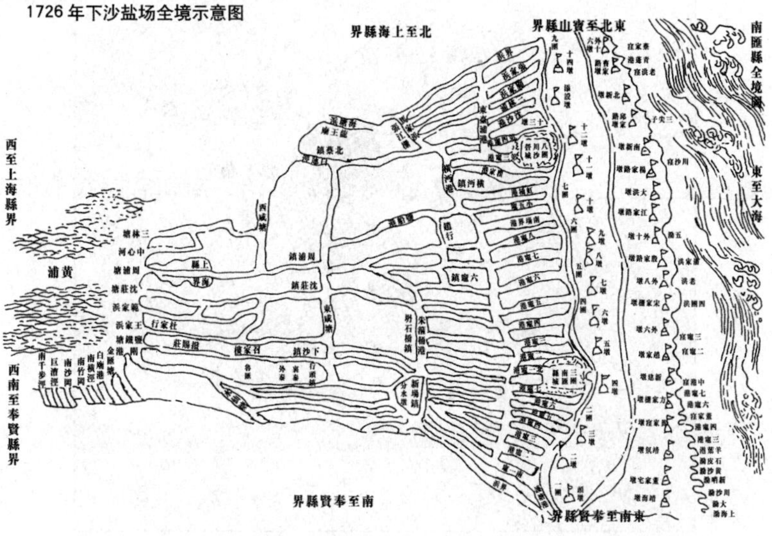

下沙盐场全境图，从南到北依次排列的九个团（载《下沙镇志》）

因此林拓教授认为：“唐天宝年间以后，该地区长期处于行政分割的状态之中，以制盐业为主的产业结构日渐形成之后，形成了相应的聚落分布与城镇格局。宋元时期的盐业管理为浦东奠定了早期的政区格局。随着产业结构向植棉业的转换，行政分割的不合理性充分地暴露出来。”㉗

1.4 发展思路：由西向东

浦东行政区域的变迁，还跟整个上海发展的思路有关。

如果面对上海地图，回溯上海开埠后的历史，会发现上海的发展是向西的，从黄浦江的西面开始。之后有了公共租界，有了外滩，有了南京路，有了以国际饭店为市中心原点，甚至在 20 世纪 30 年代，还有了在北面的江湾新建大上海中心的计划。

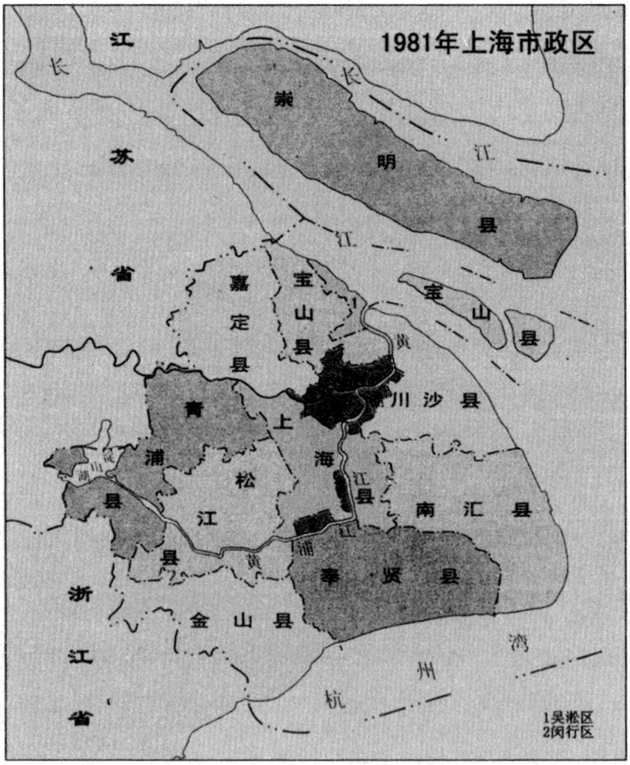

从 1981 年上海政区可以看到，上海市区很小，而广阔浦东给人们留下无限的想象

因为上海的向西发展的思路，到了20世纪80年代，浦东和浦西已经完全不能比了。

1990年浦东开发之前，浦东西侧沿江从南到北，形成了上海的主要港区。港区、厂区及商业、生活区拥挤在一块，也就是最早形成的浦东城市化区域。但是，遗憾的是没有形成如纽约、伦敦、巴黎等城市两岸共同繁荣的局面。浦东市政建设落后，道路狭隘，居住条件简陋，文化设施稀少，水陆交通极为不便。

那时东昌路是浦东地区最繁荣的一条商业街，被戏称为浦东的南京路，与之成丁字形相交的一条叫烂泥渡路。烂泥渡路大约四五米宽。一旦雨天，水漫泥路。烂泥渡附近有个煤码头，码头工人大多来自苏北农村，逃荒到浦东，在烂泥渡搭起简棚作为挡风避雨的居所。当地有句俗语："若要苦来到杨树浦，再要苦来到烂泥渡"。可见那时浦东基本的城市建设的状况。

历史和自然造成了遗憾。尤其是开埠之后，与浦西的落差越来越大，也就成为上海人心中的一个落后的代名词。即便到了20世纪80年代，浦东人习惯地将到浦西去称为到"上海"去。因为浦东不是上海，是乡下。尽管摆渡400米就可以到黄浦江对岸。

从20世纪80年代开始，学者们开始了反思，寻找上海新的发展思路。

1986年春，上海市城市经济学会、上海经济研究中心等10家单位联合发起召开了"上海城市发展战略研讨会"。会上形成了一个共识：鉴于目前上海老市区膨胀病严重，为振兴上海，必须跳出框框，另辟途径，疏解老市区人口，为老市区改造创造条件。之后，出现了四个可供选择的方案：

"西移方案"——向虹桥机场以西拓展。"北上方案"——沿长江南翼开发宝钢、吴淞地区。"南下方案"——在金山区沿杭州湾北翼发展。"东进方案"——跨过黄浦江开发浦东，振兴上海。

经过反复讨论、论证，一致的意见是"东进"。

"东进"的思路也最终得到了中国改革开放总设计师的肯定。

1990年春节期间，上海市领导人向邓小平汇报了开发开放浦东的设想。邓小平欣喜地说，这是个好事。早该如此。可惜，迟了五年。[28]

2月13日晚，邓小平返回北京，在前往火车站的途中同时任上海市委书记兼上海市市长的朱镕基谈话。在谈到开发浦东时，邓小平说：你们搞晚了。但现在搞也快，上海条件比广东好，你们的起点可以高一点。从八十年代到九十年代，我就在鼓动改革开放这件事。胆子要大一点，怕什么。在谈到浦东开发需要优惠政策时说：我赞成，你们应当多向江泽民同志汇报。[29]

回到北京后，2月17日，北京人民大会堂福建厅，邓小平郑重地嘱托江泽民等新任的几位中央领导："我已经退下来了，但还有一件事要说一下，那就是上海的浦东开发，你们要多关心。"[30]

他还对李鹏说："你是总理，浦东开发这件事，你要管。"[31]

1990年，在邓小平强力推动下，浦东开发从纸面上的讨论进入了实质性启动，速度大大加快了。浦东的命运也因此彻底改变了。

此时，浦东开发从上海地方的愿望和设想被改革开放总设计师上升为国家战略。当年，黄浦江东岸曾激起了孙中山的无限想象——建设东方大港。70年后，浦东在邓小平的心中也产生了美好想象。检索《邓小平年谱(1975—1997)》，发现在20世纪90年代，有26处提及浦东。一个在上海浦西人眼里那么落后的地方，被一位老人画了一个圈后开始了天翻地覆的变化。

历史往往有相似之处，1979年，邓小平在中国南海边画了一个圈，之后，与香港一河之隔的又穷又落后的深圳小镇，很快成为一个现代化的都市。

1990年后，北京高层将深深希望寄予浦东，把浦东开发定位于"中国今后十年开发开放的重点"、"带动长江流域经济起飞的龙头"、"中国改革开放的标志"等，浦东开发已成为国家意志的体现、国家战略的载体。

向东，向着大海前进。因为这个思路，有了一个翻天覆地变化的新浦东。而浦东强大的经济功能使其成为中国经济的重要枢纽，也就自然成为一个行政区域。

不过，在民间，浦东依然有着强烈的方位色彩，如果以黄浦江为分界线，民间依然将行政意义上的浦东新区、奉贤区、金山区等都视为浦东，也有人为了区别，称之为"大浦东"。

1.5 海岸线不断地更新

翻阅上海历史的版图，可以发现浦东是一块不断扩涨的土地，而且历史和地理知识告诉我们，一直到今天，浦东还在“涨”！

如果到浦东临海的大堤上就可以看到远处大片的滩涂，鸟儿在空中竞翔，芦苇摇曳沙沙作响。这些滩涂就是浦东的前身，也是上海的前身，所谓“上海滩”的说法也正是源于此。

在远古，今天脚下的浦东大地其实是茫茫汪洋，长江从上游带来了无穷无尽的泥沙，在古代长江口沉淀堆积，所谓“潮水浑浊，来则汹涌，其势莫御，去则迟缓，其泥易淀”。如此漫漫岁月，使得浦东渐渐浮出水面，渐渐地有了海岸线，滩涂不断地向外延伸。[32]

曾经有学者作过这样的推算：长江从上游夹带来的泥沙，每年可以形成一英尺见方、四百英尺高的堆积物。从而推断，长江三角洲的陆地伸张速度约为 60 年一英里（即 37 年向前延伸一公里）。[33]

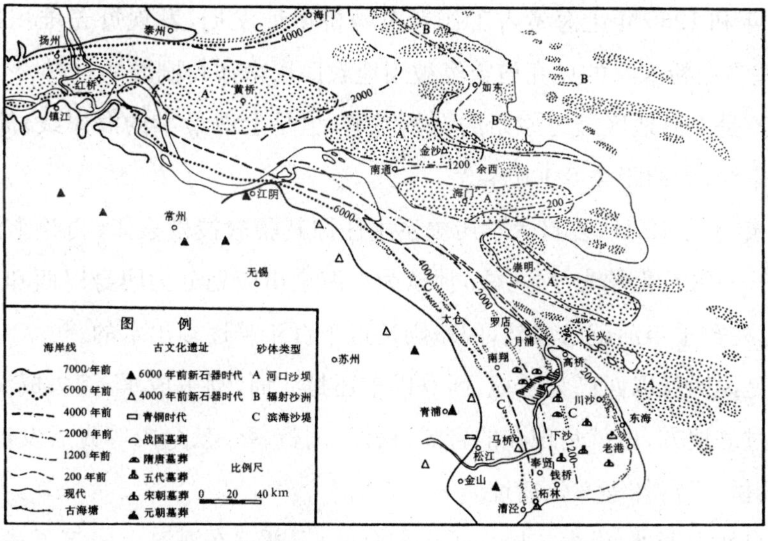

长江三角洲演化过程图（载《长三角洲地区风暴沉积研究》）

这个推断史学界也有争议，但浦东确实是在不断地“涨”，按照《上海水利志》，长江带来的巨量泥沙（年输沙量为 4.7 亿吨）是缔造上海境域的物质基础，上海境域的 62％是由近 2 000 年来长江带来的泥沙沉积而成。[34]

浦东由于泥沙积淀而成为滨海平原，从这个角度说，长江才是浦东的母亲河。

可以说因为水，水的推力，有了浦东，可以诗意地说浦东的名字是水做的。

不过，水推泥沙成平原，这个过程远远要比滴水穿石悠久。

考古学家已经证实，在今上海中部偏西地带，从江苏太仓、上海嘉定、闵行、奉贤一线，约130公里长、2至8公里宽的范围内，平行排列着几条西北至东南走向的泥沙堤，古人称之为“冈身”。也就是由水的推力不断地将泥沙以及介壳类动物的残骸堆积在沙嘴外缘，年深日久，逐渐地堆积成了一条泥沙堤，高高隆起，如一道挡住大海的自然屏障。

南宋人编写的《云间志》有这样的记载：“故冈身在县（指华亭）东七十里，凡三所，南属于海，北抵松江（指吴淞江），长一百里，入土数尺，皆螺蚌壳，世传海中涌三浪而成，其地高阜，宜种艺菽麦。”㉟

晚清浦东学者秦荣光在他的竹枝词中也有有关“冈身”的描述：“古冈三处有身横，紫竹沙冈各有名。数尺土深螺蚌壳，浪高三涌海潮成。”㊱

1960年和1966年上海考古工作者对马桥遗址发掘，发现贝壳堆积最厚处达32米，那些雪白粉末状的贝壳屑曾经被当地农民用来作粉刷墙的材料。㊲

“冈身”是上海地区最为原始的自然海塘，也是上海最早的海岸线，简称太仓、奉贤古海岸线，大约距今6 000年。㊳

1961年3月12日，复旦大学历史系主任谭其骧教授发表了《再论上海地区的成陆年代——答丘祖铭先生》一文，他认为上海全市应划分为冈身以西和以东两部分，以西远在数千年前就已成陆，冈东则是近千百年来逐渐出水的。㊴

也就是说冈身以西已为陆地，冈身以东还是海面，潮来成水，潮去成涂。因此，在冈身经过的地方，也就是现在的青浦、松江、闵行、嘉定、金山等先后发现了崧泽、福泉山、马桥、广富林等文化遗址。

除了自然海塘外，沿海先民为了抵御海患，不断地在海滩上修筑了一条又一条海塘，开始了一次又一次与海争地的过程。在这一过程中，浦东渐渐地成陆。因此，海塘的变迁就是浦东“扩涨”的标尺。

海塘是上海人的习惯说法，即将沿海，沿长江、钱塘江口部分堤防称之为海塘，黄浦江两岸及其支河堤防称之为江堤。

上海最早的人工海塘见于《新唐书·地理志》记载：“盐官有捍海塘堤，长百二十四里，开元元年重筑。”所谓“重筑”，说明以前已有塘堤，开元年间是在前人已建工程基础上，再次进行修建的海塘。后人称之古捍海塘。

这个记载太过简单，说海塘有“长百二十四里”，未说明它的起讫地点，仅表示海塘完成的实际里程情况。而后，明正德《松江府志》也是简单地写道：“唐开元元年筑捍海塘，起杭州盐官，抵吴淞江，长一百五十里。”

因为记载的文献太少了，因此对于这条古捍海塘，后人争议颇多。

按照谭其骧的观点，浦东还有一条下沙海塘，是“旧捍海塘以东的另一条海塘，约兴筑于十世纪初五代吴越钱氏时”。[40] 也就是说在浦东成陆的早期先后有着两条海塘：唐开元捍海塘和五代吴越下砂捍海塘。

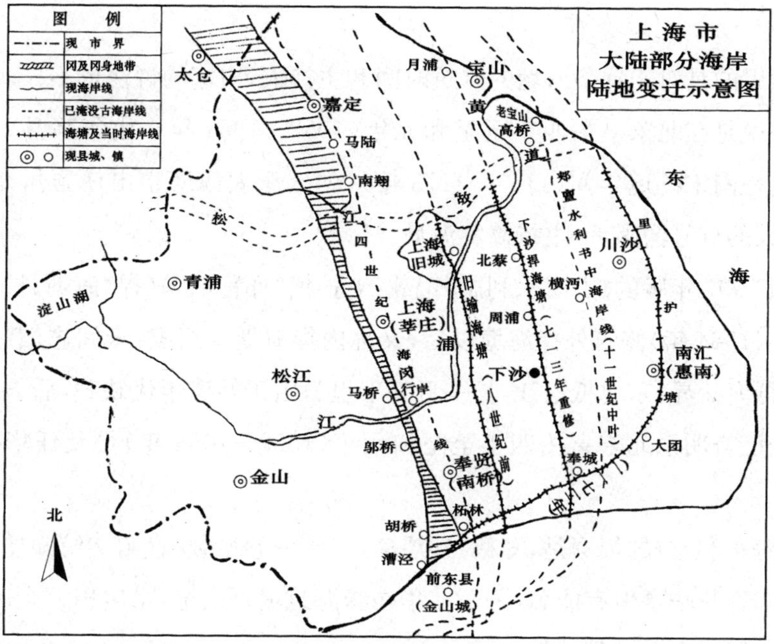

图为依据谭其骧文章的附图，重新绘制的上海地区成陆变迁示意图（载《下沙镇志》）

现代考古学家经过地质调查发现，西南起浦东的航头，向东北经过下沙、周浦，过北蔡、宝山境的江湾、月浦，迄于盛桥，有一条断断续续的沙带，西去冈身约 30 公里，与冈身相平行。这条沙带是泥沙在潮水上冲作用推动下，长期堆积于潮上带的一种地貌形态，沙带西侧曾陆续出土许多唐代器物。[41]

有学者怀疑这条被称为下沙沙带的有可能是唐开元年间所筑捍海塘的遗迹。也有学者认为下沙沙带就是明弘治《上海志》中记载的下沙捍海塘。[42]

不过，在学者的争论中有一点是肯定的，自从这片土地从水中浮出来，先民就开始在这里定居，支庶繁衍。随着人口的增加，食物需求的增加，开垦的土地也越来越多，渐渐从冈身内向冈身外发展。因此，不断地修筑海塘，也成为必要。

因此，浦东不断地向东“扩涨”，先民们几经筑塘——涨淤——筑塘，海岸线继续东进。

至宋初，今天的上海市区大部分已基本成陆。此时包括浦东在内的华亭地区盐业经济发达，成为朝廷一大财源，但该地区多次受到海潮侵害，为保护下沙等盐场，于是又有了一条海防大堤，当地人称之为老护塘，又叫里护塘、内捍海塘、大护塘。

有意思的是对于这条海塘的修筑时间和主持人，史家的说法也不一。

一种说是在北宋皇祐四年至至和元年（1052—1054 年），由华亭县令吴及筑。另一种说是南宋乾道年间（1165—1173 年），朝廷派太傅邱密出任秀州知府，在吴淞口（今天的五号沟附近）主持修复海塘。[43]

按照 1997 年版的《上海水利志》记载：老护塘“亦称旧瀚（捍）海塘、护塘。明万历十二年（1584 年）修筑外捍海塘以后，又称内捍海塘。绍熙《云间志》载：‘旧瀚海塘，西南抵海盐界，东北抵松江，长一百五十里’，由于始建年代缺载，后人长期存在争议。今已查明系北宋皇祐四年至至和元年（1052—1054 年）吴及任华亭县令时所筑”。

《上海水利志》的依据是，郑獬《郧溪集》二十一卷所载《直昭文馆知桂州吴公墓志铭》：“知秀州华亭俱有能名，……在华亭缘海筑堤百余里，得美田万余顷，岁出谷数十万斛，民于今食其利。”[44]

复旦大学历史地理研究所张修桂教授也做了这样的解释：“华亭自唐天宝十年（751 年）设县至皇祐四年（1052 年）已经历整整 300 年，经济、人口已发展至相当规模，具备一定实力；吴及又是一个好官，能为民办实事，在海面上升，华亭地区遭受潮灾严重威胁的情况下，组织民间劳力创筑海堤，不但已属可能，而且完全必要。吴及海堤沿当时海岸近旁创筑，南部海堤在大金山左右，南宋陷海；东部海堤遗址即今浦东里护塘，岁久颓圮，元明时于故址重筑，弘治《上海志》始称其为下沙捍海塘，自钦公塘创筑之后，又被称为老护塘或里护塘，它是上海地区自建县以来，第一条由县令主持创筑的大型捍海塘，意义重大。”[45]

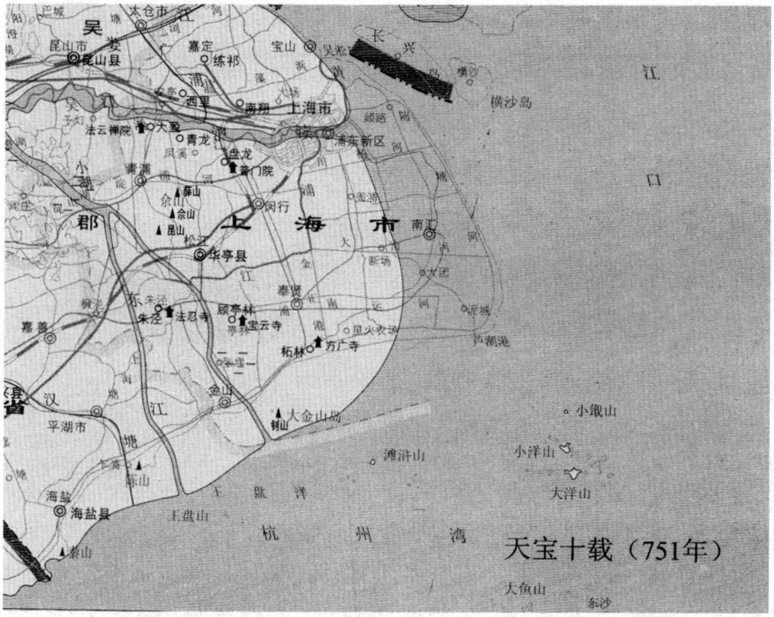

天宝十载，浦东东部还在海里，西部已经成陆（载《上海历史地图集》）

因为这条海塘，浦东“得美田万余顷，岁出谷数十万斛，民于今食其利”，这大约是历史上有记载的浦东地区最早的规模最大的围垦造田。

皇祐年间的老护塘到了20世纪70年代前遗址尚存，北起川沙黄家湾，向南经顾路、祝桥、惠南、大团折而向西，过奉城至华家角。[46]

随着老护塘的修筑，海岸线已位于原老宝山城和川沙、南汇县城，然后逐渐向西南转折至大团、奉城、柘林、金山卫一线。这条塘形成的海岸线表明了上海的版图基本形成，如两宋时代兴盛起来的袁浦、青村、下沙等盐场的主场地，都分布在老护塘内。[47]

1978年12月，在浦东黄路乡勤俭村，也就是距老护塘以东一公里处的地下发掘到一首古船，据考证系宋代沙船。由此可以得知，塘内已有人居。而上海考古学家张明华称，紧靠这条海塘内侧的浦东陈桥出图的五代黄釉执壶，宣桥出土的五代瓷器，大团水闸出土的五代瓷片，奉贤三团港捆扎完好的800多件宋代青瓷碗，以及浦东惠南的宋代篦纹瓷碗，三灶宋代四系陶瓶、铁锚，老宝山城宋墓铁牛等遗物遗存，充分证实这里在北宋以前已经成陆。[48]

在原南汇县黄路公社大治河出土的宋代瓷碗(存南汇博物馆)

也因为这条海塘，一批集镇、村落繁荣起来，人口增加、物产丰富，形成了今天的高桥、川沙、新场等古镇。

明代，倭寇不断入侵，老护塘又有了另一个功能——国防工事。开挖外壕，设立哨所，壕沟上有吊桥，官兵把守，平时百姓自由进出，如遇来犯之敌，则去吊桥据塘守，近可长矛抵御，远则飞箭大炮。

在浦东的成陆过程中，宋代的老护塘是一条重要的海岸线。但引为遗憾的是如此浩大而没有大型机械设备，仅靠人力完成的海防工程，留下的文字记载却如此之少，毕竟入宋后，中国史学、文学已经辉煌灿烂，且印刷业也很发达了。

同样，对于吴及本人——北宋天圣八年(1030年)进士，一个好官，成就了上海地区自建县以来第一条由县令主持修筑的大型捍海塘——但记载很少。

这到底是为什么？

《上海水利志》作了这样的解释："由于这道海塘为民办，正史未予记载，因而在绍熙年间所编《云间志》中只记有一百五十里长的旧捍海塘一道，而未详何人何时所筑，后人多有误传。此塘即今所称‘老护塘’，遗址尚存，对上海地区早期的开发意义重大，吴及之功不可没。”[49]

到了明万历十二年（1584 年），老护塘外筑新塘，又称外捍海塘，俗称新护塘。清雍正十一年（1733 年），在外捍海塘基础上修筑了钦公塘，遏制了陆地的后退，并恢复了淤涨。而老护塘完成了历史重任，退居二线。[50]

清光绪十年（1884 年），南汇知县王椿荫看到海塘外又长出一大片滩涂，甚为宽阔，就提议添筑一道新塘，迁民垦种，最后修成了一条高六尺的低塘。这条塘全长 42 公里。其走向大体与钦公塘相平行。人们称此塘为王公塘。又因此塘有乡绅彭以藩发起募捐集资修建的，又称为彭公塘，这条塘标志着晚清时代浦东的海岸线所在。

从清光绪末到民国三十六年之间，钦公塘、王公塘又有多段被海潮冲坍。清南汇知县李超琮、民国南汇县长袁希洛等又先后在王公塘外修筑起李公塘、袁公塘等。但这几道塘与王公塘相距没有超过 1 公里，海岸线并无多大变化。

1949 年 7 月，以李公塘、袁公塘为基础修筑了人民塘。人民塘成为新中国成立初期上海陆地海岸线。

之后，不断淤涨出大片滩地，胜利塘、七九塘、八五塘、三排塘、九四塘、世纪塘和临港新城海塘等一一修建起来。

2000 年完成的世纪塘（吴慧全　摄）

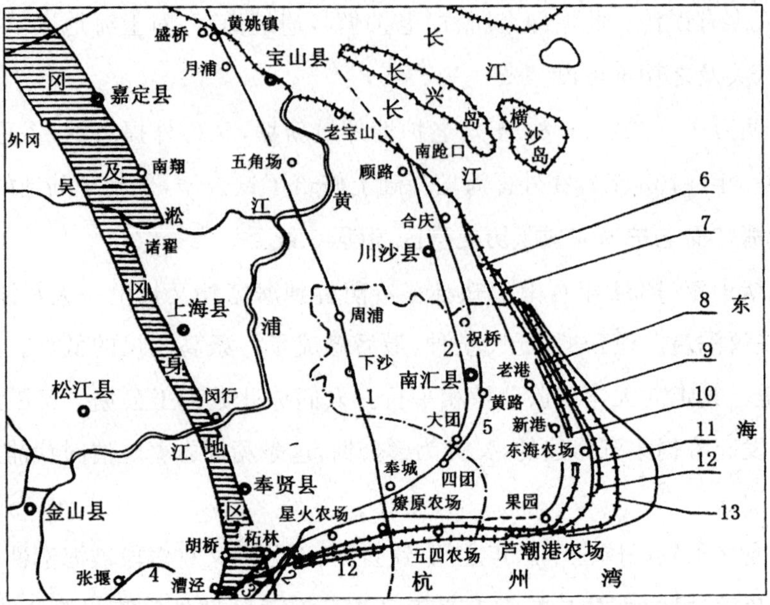

随着浦东向东延伸，一道道海塘修筑起来。1.唐古捍海塘　2.宋老护塘　3.元大德土塘　4.明成化里护塘——捍海十八塘　5.明万历钦公塘　6.清彭公塘　7.清李公塘　8.民国袁公塘清　9.民国预备塘　10.人民塘　11.团结胜利塘　12.七九塘　13.八五塘

大多数历史地理学家认为，上海由海成陆的经过，很难按一个固定的公式去计算，只能将修筑海塘向外推进的过程，看作是海岸线变化的过程了。[51]

1.6　向东发展的内生动力

浦东不断“扩涨”，由海交陆，其海岸线渐次向东延伸，浦东的开发也伴随着上海地区陆地不断向东扩的过程而进行。

从地图上看，随着海岸线延伸，浦东的版图也就越来越大了，而且速度越来越快。《南汇县志》副主编王作九曾推算过这一过程：

从唐开元元年(713 年)重筑的古捍海塘址到加固于南宋乾道八年(1172 年)的里护塘址，相隔 459 年，间距 16 公里，平均每 29 年长一公里。

从南宋乾道八年(1172 年)的里护塘址到明洪武十三年(1380 年)钦公塘最早形成的位置，相隔 208 年，间距 3.5 公里，平均 60 年长一公里。

从明洪武十三年（1380 年）到清光绪三十一年（1905 年）的彭公塘址，相隔 525 年，间距 8.5 公里，平均约 62 年长一公里。

之后，浦东“长”的速度加快。

从 1905 年到 1935 年的袁公塘址，南北间距 0.75 公里，约 40 年长一公里；1935 年到 1958 年，南北间距 1.25 公里，约 20 年长一公里；1958 年到 1985 年，南北间距 0.75 公里，平均约 36 年长一公里。[52]

大片滩地不断淤长、延伸，海塘也一道道修筑起来，由于海塘附近地面较高，适宜居住，每条海塘边上出现了村落和集镇，人气逐渐兴旺。

如宋代老护塘附近有顾路、龚路、蔡路、川沙县城、六团、祝桥、盐仓、南汇县城、大团、四团、塘外、钱桥等，明清钦公塘附近有江镇、施湾、黄路等，彭公塘附近有老港、新港、果园等。[53]

到了近现代，不断修建的海塘也发生功能变化，比如，钦公塘因为王公塘等的使用，渐渐失去海防功能，而被用来作为道路，供行人使用，之后海塘又有了旅游休闲观赏的功能。

1977 年，随着浦东运河的开凿，千年老护塘仅剩的痕迹也终于消失殆尽，只有一些地名还时不时在提醒后人——历史老人在漫长的岁月中将沧海变成了桑田。[54]

谭其骧先生认为：“继旧捍海塘之后，吴越时代所筑的下砂捍海塘和南宋所筑的里护塘等，对上海的开发也同样起着巨大的推动作用。海塘随着陆地的伸展一道道向外增筑，垦田的面积随着一天天扩大，终于到了十九世纪初，上海大陆上共建立了九个县治，上距天宝十载初设华亭县不过一千零五十年。”[55]

到 1990 年，上海陆地海塘达到了 170.8 公里，而从新中国成立后至 1990 年浦东开发开放，上海围得土地 101 万亩。海塘护卫了陆地的安宁，并推动沿海陆地的开发，而海岸线的延伸也就成为浦东经济发展、社会进步的一个标志。[56]

在这一历史过程中，浦东学者柴志光认为：“浦东地区是一个在不断壮大的区域，其海岸线的不断延伸，大量的滩涂成为良田，人口增多，物产丰富、税赋繁重，体现了这一区域的开发进程。”[57]

这也是日后浦东开发开放，不断向东发展的内生动力。了解了浦东海岸线的变迁，也就能够回答这样的问题：浦东从哪里来？浦东将向何处去？

注释

① 据《分建南汇县志》序一："皇帝闳开仁域，大邑分鳌，雍正三年乙巳，定建南汇县议。其明年，邑侯钦公迪简于廷，首莅兹土。""县治，在城内旧所之署之西北，属三团。雍正四年知县钦琏建。"载《上海府县旧志丛书·南汇县卷》（上），上海古籍出版社2009年版。

② 杨潜：《云间志校点本》，松江县地方史志编纂委员会1988年版。

③ 顾炳权主编：《上海浦东新区地名志》卷五聚落地名，华东理工大学出版社1994年版。陈杰：《实证上海史——考古学视野下的古代上海》，上海古籍出版社2010年版。

④ 明嘉靖《上海县志》卷一山水，载《上海府县旧志丛书·上海县卷》，上海古籍出版社2015年版。

⑤ 载《浦东年鉴2010》，《浦东年鉴》编辑部出版，2010年8月。

⑥ [美]罗兹·墨菲：《上海——现代中国的钥匙》，上海人民出版社1986年版。

⑦ 陈凌云：《从文物看浦东历史文脉的演讲及特征》，载《江南论坛》2006年第4期。

⑧ 吴贵芳：《从严桥遗址推断上海唐代海岸的位置》，载《考古》1976年第9期。严桥遗址现在在杨高南路峨山路边的上海市浦东中学初中部内。

⑨ 王正书：《川杨河古船发掘简报》，载《文物》1983年第7期。

⑩ 据王正书《川杨河古船发掘简报》："该船的木料标本，经文物局文物保护科学技术研究所碳十四实验室测定：船底独木（WB80—62）的年代距今2 260±95年，树轮较正距今1 195±100年，舷侧板（WB80—61）年代距今1 875±75年，树轮较正距今1 830±80年。"载《文物》1983年第7期。

⑪《元和郡县图志》卷二五，《江南道一》。

⑫ 王洪泉等编：《浦东今古大观》，上海科学技术文献出版社1992年版。
⑬ 王洪泉等编：《浦东今古大观》，上海科学技术文献出版社1992年版。抚民厅是清代独有的地方行政制度与行政区划。抚民厅可以分为两类：一类隶属于将军、省或其派出机构——道，行政层级与府、直隶州并列，是为直隶厅；另一类隶属于府，行政层级与州、县并列，习称散厅。
⑭ 顾炳权主编：《上海浦东新区地名志》卷四政区地名，华东理工大学出版社1994年版。
⑮ 潘建龙：《大浦东行政区划演变探源》，载《浦东开发》2009年第6期。
⑯ 林拓：《历史时期上海浦东地区经济开发与政区演变的相关研究》，载《经济地理》2000年3月。
⑰ 唐国良：《近代浦东民间组织的启示》，载《浦东开发》2012年第9期。
⑱ 中共上海市浦东新区工作委员会、上海市浦东新区管理委员会：《浦东开发开放十年》，上海远东出版社2000年版。
⑲ 载张建明等主编：《川沙县续志》第一卷政区，上海社会科学院出版社2004年版。
⑳ 王洪泉：《用奉献精神开发浦东》，载中共上海市浦东新区工作委员会、上海市浦东新区管理委员会编：《浦东开发开放十年》，上海远东出版社2000年版。
㉑ 徐麟：《在浦东的五年零七十三天》，载中共上海市委党史研究室：《口述上海——浦东开发开放》（下），上海教育出版社2014年版。
㉒《浦东年鉴2010》，《浦东年鉴》编辑部出版，2010年8月。
㉓ 马学强：《上海通史》第二卷《古代》，上海人民出版社1999年版。
㉔ 谭其骧：《上海市大陆部分的海陆变迁和开发过程》，载《上海地方史资料》（一），上海社会科学院出版社1982年版。
㉕《川沙抚民厅志》卷一，载《上海府县旧志丛书·川沙县卷》（上），上海古籍出版社2011年版。
㉖ 郑祖安：《"浦东"释名及历史发展简述》，载《浦东开发》1993年第2期。
㉗ 林拓：《历史时期上海浦东地区经济开发与政区演变的相关研究》，载《经济地理》2000年3月。
㉘ 据上海市原市长汪道涵回忆。载中共中央文献研究室、中共上海市委联合摄制文献电视片《邓小平与上海》（四）解说词，2004年8月13日。
㉙ 中央文献研究室编：《邓小平年谱（1975—1997）》（下），中央文献出版社2004年版。
㉚ 谢金虎、张持坚：《中南海与浦东开发》，载《瞭望》周刊1996年第17期。
㉛ 中央文献研究室编：《邓小平年谱（1975—1997）》（下），中央文献出版社2004年版。

㉜ 清嘉庆《上海县志》卷三志水利，载《上海府县旧志丛书·上海县卷》，上海古籍出版社 2015 年版。

㉝ 早在 20 世纪初，上海公共租界工部局曾邀请英国工程师海登斯坦(Heidenstan)测算了长江从上挟带到入海口的泥沙量，他推算出长江三角洲每 37 年向东海伸展 1 公里。同时，中国科学家丁文江也从历史学的角度，以江苏沿海海塘修筑的时间和东南各县成立的年代为依据得出的结论是：每 40 年向东海伸展 1 公里。

㉞《上海水利志》编纂委员会：《上海水利志》第一编境遇域海陆变迁，上海社会科学院出版社 1999 年版。

㉟ 杨潜：《云间志校点本》，松江县地方史志编纂委员会 1988 年版。

㊱ 秦荣光：《上海县竹枝词》，民国元年(1912 年)铅印本。

㊲ 张明华：《上海 6 000 年》，上海人民出版社 2001 年版。

㊳ 据张明华：《上海 6 000 年》，上海人民出版社 2001 年版："我们对最西部一条贝壳带沙冈上的贝壳标本直接进行了碳 14 测定，得到的是距今 6 400±100 年，最东部一条竹冈上的标本测得的是距今 5 680±180 年，经树轮校正距今 6 340±250 年。"

㊴《文汇报》1961 年 3 月 12 日。

㊵ 谭其骧：《上海市大陆部分的海陆变迁和开发过程》，载《上海地方史资料》(一)，上海社会科学院出版社 1982 年版。

㊶ 陈杰：《实证上海史——考古学视野下的古代上海》，上海古籍出版社 2010 年版。

㊷ 张修桂：《上海浦东地区成陆过程辨析》，载《地理学报》1998 年第 3 期。

㊸ 复旦大学满志敏教授首先发现吴及筑塘的事实并对当时的海平面上升问题进行论证，认为，南宋乾道年间邱崈所建筑的海塘在今金山境内，仅长 47 里。见满志敏：《上海地区宋代海塘与岸线的几点考证》，载《上海研究论丛》1988 年第 1 辑。

㊹《上海水利志》编纂委员会：《上海水利志》第四编防汛，上海社会科学院出版社 1999 年版。

㊺ 张修桂：《上海浦东地区成陆过程辨析》，载《地理学报》1998 年第 3 期。

㊻ 该塘原起点老鹳嘴已经于明代塌入海中，华家角今名堰墩湾，在奉贤境内。载《上海水利志》编纂委员会：《上海水利志》第四编防汛，上海社会科学院出版社 1999 年版。

㊼ 陈杰：《实证上海史——考古学视野下的古代上海》，上海古籍出版社 2010 年版。

㊽ 张明华：《上海 6 000 年》，上海人民出版社 2001 年版。

㊾《上海水利志》第十一编人物第一章人物传略，上海社会科学院出版社 1999 年版。

㊿ 张银根：《见证沧海桑田的老护塘》，载唐国良主编：《浦东老地名》，上海社会科学院出版社 2007 年版。

㉛ 谭其骧：《上海市大部分的海陆变迁和开发过程等》，载《上海地方史资料》（第一辑），上海社会科学院出版社 1982 年版。
㉜ 诸惠华、蒯大申主编：《南汇海洋文化研究》，上海人民出版社 2008 年版。
㉝ 袁志伦：《上海海塘修筑史略》，载《上海水利》1986 年第 2 期。
㉞《上海水利志》，上海社会科学院出版社 1999 年版。
㉟ 谭其骧：《上海市大部分的海陆变迁和开发过程等》，载《上海地方史资料》（第一辑），上海社会科学院出版社 1982 年版。
㊱《上海水利志》第一编水利自然环境，上海社会科学院出版社 1999 年版。
㊲ 余木：《清朝后期的浦东建置》，载《近代浦东散记》，上海社会科学出版社 2009 年版。

第二章 沧海桑田：从熬海煮盐到男耕女织

2.1 首先开始盐业生产

浦东这块土地是从海水中浮出来的，随着长江带来的泥沙慢慢成陆，滩涂越来越大，长出了大片的芦苇，迎风摇曳。

有了土地，就有人生存。靠山吃山，靠海吃海。

也无法考证是哪一天，生活在海边的古代先民发现了浅滩上细细的白色颗粒，放进嘴里有咸味，那就是盐，是海水经风吹日晒，因蒸发作用形成的自然结晶，那是大自然赠予人类的一种调味品。

幸运的浦东先民在享用了天然海盐后，并在无法满足进一步的需求时，就想到了自己生产盐。海水是咸的，芦苇是现成的，浦东先民们摸索出了利用芦苇熬海水煮盐的方法，南宋绍熙《云间志》就有“煮水成盐，植芦为薪”的记载。于是，盐成了浦东历史上最早的产业，独特的自然资源优势使浦东最先发展起盐业经济。

渐渐地，在广袤的海滩上，先民们不断地用海水煮出白花花的海盐。也因此，秦代在江南的滨海之地设立了海盐县，浦东地区属海盐县的东北。到了汉代，海盐县有了发达的海盐生产，并有了专管盐政的盐官。

唐代中期，朝廷在嘉兴府设立了盐监，并在华亭县设立徐浦盐场。五代时，从钱塘江北岸延伸到长江南岸，上海地区东南部沿海一带陆续出现了一批盐场，“海滨广斥，盐田相望”。至宋代，华亭县东南滨海地带已形成百多里长的成片盐场，最终形成五大盐场，其中下沙场与南跄场就在今天的浦东，并且成为中国古代重要的海盐生产地之一。而到了元明时代，浦东盐业经济高度发达。可以说，盐业推动了一个地区经济的繁荣、人口的增长、社会的进步。至今在浦东那些古老的集镇、村落中，还留着因为盐而产生的文明烙印。①

一种调味品、一种带着咸味的白色细小晶体竟然有如此大的作用？

2.2 浦东的根从盐场说起

通常，我们说起浦东，大半指的是地理方位，但从历史寻根，叫盐场更能体现浦东的千年历史。属于浦东的有南跄盐场和下沙盐场，前者在吴淞江南，时为华亭县高昌乡滨海之地；后者的范围包括了现在的浦东下沙沙带以东已经成陆的全部地区。②

盐场是浦东的根，而这根要从下沙说起。

下沙旧名鹤沙、下砂，《云间志》把它当作名迹来记载。古时因盛产白鹤而称著于世。大概“鹤”与“下”在浦东方言中谐音，故今多写为“下沙”。③

相传于一千六百多年前的晋朝，这里是一个海滨村庄。村头有一排参天古柏。当地传说，不知是哪年哪月，从东海飞来了一对美丽的白鹤，停留在村前的古柏上营巢栖息，并生下了一对雏鹤。雏鹤日渐长大，随着它们的父母冲霄而去，一去不返。直到一百多年之后，人们又看到从云间飞来两只白鹤，久久地在古柏上空翱翔徘徊，寻觅和辨认它们的故乡，终于又在古柏上栖息下来。此后，便常常有白鹤从云间飞来，在这里营巢生息。该村庄被称作鹤窠村，也有叫鹤坡的，村南的小河被称作鹤坡塘。鹤沙之名由此而来。④

从历史地理的角度看，下沙其实是一片由于长江夹带的泥沙冲击而成的滩涂，和对面的崇明岛一样，又因崇明岛在北面，称上沙，其在南面称下沙。可以说那时也是浦东的另一个称呼。

我们可在元代下沙场司丞陈椿的《熬波图》的序文中看到下沙的范围：“浙之西，华亭东百里，实为下沙。滨大海，枕黄浦，距大塘，襟带吴淞、扬子二江，直走东南皆斥卤之地，煮海作盐，其来尚矣。”⑤

下沙有着得天独厚的优势，即有着成片的可以作为燃料的芦苇，有着取之不尽的原料——含盐量较高的咸潮。丰厚的自然资源使得下沙成为一大盐场，相比当时其他盐场，下沙产盐的成本要低。

按照《下沙镇志》记载，隋唐时期，下沙已有煮海熬波制盐之业，此时隶属江南道苏州郡海盐县。⑥

唐代以后，随着海岸线向东延伸，从海水中浮出来的滩涂就成为理想的海盐生产地区。五代后，上海沿海盐业开始有较大发展，陆续出现了一批盐场，如浦东场（后又分出横浦场）、袁浦场、青村场、下沙场、南跄场等，但是这些场当时都未单独建置，而统一称为华亭盐场。不过，浦东场并不在今天的浦东新区范围内，而是在今天的金山区。

宋代结束了五代十国的纷乱割据局面，社会相对统一安定，政府的管理也相对有序，盐业发展加快。仅上海地区的东南滨海一带，数百里之地，盐场相接，盐田相望。到南宋乾淳年间（1165—1189 年），华亭县盐区规模扩大，从南而北，分置浦东、袁浦、青村、下沙、南跄五大盐场，涉及今天的金山、奉贤和浦东三个区。这些盐场还有分场，如下沙盐场设有四个分场。⑦

当时，一个分场下设 10 灶，一灶之下有 20 家，据此推算，华亭县五个盐场大约有 3 000 至 3 500 家，下沙场达 1 200 家左右，约占五处盐场的三分之一，是当时东南沿海 34 个大盐场之一。⑧

下沙盐场规模不断扩大，其产量、质量、税额已是华亭五场之冠。盐产地与消费人群的分离，使得盐成为流通领域的大宗商品，也就有了物流、资金流和人流。而下沙集镇当时正好处在华亭东南半圆形海岸线的圆心处，这里河道纵横，海塘以下沙集镇为中心南北延伸。贯通浦东南北水上交通的穿镇而过，交通方便。于是，南宋建炎年间（1127—1130 年）朝廷就在下沙集镇设置了盐务管理机构，将这一“煮海作盐”的“大利”牢牢控制。⑨

下沙也就能够集聚人口而在浦东最先成为一大集镇。其他小手工业逐步兴起，官商牙行在此设店经商，集镇繁荣兴旺，成为上海地区 20 个最早的市镇之一。⑩

如果穿越时光隧道来到宋末元初的下沙，可以看到这样的场景：一望无际的盐场相接，盐田相望，码头、船只、盐仓，期间来往的是盐丁、盐贩、盐官和各色商人。

2.3 古代浦东的支柱产业

那时，盐业是浦东最重要的支柱产业，也是朝廷的一大支柱产业。所谓“天下之赋，盐利居半，宫闱、服饰、军饷、百官俸禄皆仰给焉”。自然，盐业生产也就被国家高度垄断。[11]

比如宋代“计天下每岁所收盐利，当租赋二分之一”，盐带来的税收要占国家财税收入的一半左右。[12]尤其是偏安一方的南宋朝廷更加倚重盐业收入，而下沙盐场的贡献这时就开始凸显。据南宋绍熙《云间志》记载，“盐监统（华亭）县祖额五十四万七千三百四十九硕”。“祖额”及时最初的定额，“硕”就是“石”，南宋计量单位，一石为五十斤，折算下来，是一个不小的数字。[13]

入元后，朝廷的财政收入一大半依靠盐业，“朝廷经费，盐利十之八”，朝廷的财政，盐税收入要占 80%，[14]马上得天下的蒙古人也明白了盐业的重要性，故而在取得江南后，于至元十五年（1278 年）即设立两浙转运司于杭州，其下统领两浙的 34 处盐场；于浙西设嘉兴、松江两分司，松江分司统领华亭县的五场。后来，随着上海县的分立，下沙盐场归为上海县，朝廷的盐务管理机构就迁至下沙镇。[15]

这时，浦东的下沙盐场开始进入鼎盛时期，其管理区域基本形成：东北到原川沙县全境，东南以与奉贤交界的界河为界，东到东海。同时，下沙盐场制盐技术有了很大的进步，制盐的生产组织和管理也发生了巨变，这一切使得盐业的劳动生产率大大提高。

早先，下沙盐场各煎灶使用的“煎盐之器”是铁镬，产量不高，一家一昼夜仅能煎两镬，每镬 30 斤，日产盐仅 60 斤，因此当时几乎每户盐丁均必须设有一座煎灶。

入宋后，在今上海的浦东、浦南各盐场较早地推广使用煎盐铁盘，产量明显提高。同时，北宋中期，根据王安石新政推行的保甲法，改进盐场的组织，各家盐场实行了集灶为甲的结甲法，先是在场下设灶，集中三灶至十灶为一甲，后来又改甲为分场。但生产单位仍以户为主，数户共用一灶，“（一户）住火，而别户继之”。

到元初，盐场的产量又有明显提高，据浦东学者吴才珺统计，下沙盐场“南宋时年产 900 万斤左右，元代时为 1 336.6 万斤左右”[16]。

产量之所以能够提高，是因为这时的“煎盐之器”都改用了大型煎盐铁盘，铁盘由十余块厚达二三寸的生铁拼接而成，一盘用铁一两万斤。陈椿《熬波图》记载，元代使用的铁盘，已经有大、中、小三种。据上海历史学家谯枢铭推算，宋代的铁盘，依其产量推算，仅相当元代的小盘。元代的大盘，每盘可煎得盐六百斤，中盘四百斤，一昼夜煎六盘，可得盐二千四百斤至三千六百斤，为宋代的二至三倍。[17]

在古代，以如此规模、连续地使用大型煎盘生产，在没有任何大型机械设备辅助的条件下，自然就需要更多的人手合作完成生产。于是盐民们开始打破了一家一户的分散生产，以团为生产单位，此举称之为“聚团公煎”。按照陈椿在《熬波图》中的说法：“归并灶座，建团立盘，或三灶合一团，或两灶为一团。”当然，比起宋代的结甲法，能够集中力量，以便更多、更连续地使用煎盘。在团内部，还按照产盐的流程和工序进行了合理的分工，除盐丁之外，还有柴丁、车丁、火工、验丁等，各司其职，分工合作。可以说这是中国最早的生产流水线，最早的规模化工业生产，只不过都是依赖人力完成的。

当然，并灶设团还有一个原因，那就是为了控制灶户，防止私煎私贩。正如《熬波图》有诗云：“并海立官舍，兵卫森军营，私鬻官有禁，私鬻官有刑，团厅严且肃，立法无弊生。”[18]

盐业生产工艺和技术革命推动了生产组织的革命，规模经济的效果显示出来。下沙盐场的规模，按照光绪《南汇县志》的记载：“当时其鼎盛之时，盐产量之丰，灶户数之众，曾冠于浙西诸场。”[19]

下沙盐场的发展可以说明，考察一个地区经济发展，除了技术进步之外，有效率的经济组织是经济增长的关键。

自元代中叶起至明中叶止（14—16 世纪初），是下沙盐场的鼎盛时期。据《华亭县志》、《上海县志》的记载：元代下沙盐场的产量是五个盐场中最高的。[20]当然，上交税收也最高，“赋为两浙最”。据统计，其中下沙三个场中，二场最高。[21]

这确实也让后人骄傲，浦东的历史不长，但对于国家的贡献却不小。这也是后来上海地区不断地划分出独立建制的县级政府的原因之一。[22]

大明王朝的第一年（1368 年），朝廷就将都转运盐使司设于杭州，设松江分司于下沙镇。也就在这一年，明朝政府决定将原下沙盐场所属的土地分为有司地和盐场地两部分，规定盐场所辖范围仅九个团，九个团以西已垦殖的地区不再属盐场管辖。这意味着浦东沿海地区的土地产出已经发生了变化，而朝廷不得不调整经济政策。

与此同时，明朝政府还出台了一些政策以鼓励盐业生产。“优恤灶户者甚厚，

给草场以供樵采，堪耕者许开垦，仍免其杂役。又给工本米，引一石。”“甚至灶户杂犯死罪以上止予杖，计日煎盐以赎。”㉓

明正统年间(1436—1449 年)，下沙盐场进入了最后的辉煌。全场共有灶丁 1.57 万余丁(附近丁 9 000 余丁，远乡丁 6 600 余丁)；算下来，每灶户有灶丁一百多人。拥有草荡约 3.1 万顷，年产盐约 4.5 万引，折算为 1 800 万斤，达到了最高的纪录。㉔

辉煌之后是败落，其主要原因就是上海近海海水的含盐量逐渐稀薄，而随着长江江水带泥沙的不断沉积，浅海滩慢慢地向东延伸，盐场离海日远，煮盐成本日大。“熬波煮盐”也就不行了。

明末，浦东的盐业已经日趋衰落。单一的调味品不再能支撑浦东的经济。

到了清代初期，清政府因下沙盐场盐灶仅存 200 座左右，且都集中在一场，故裁下沙二场、三场大使。之后，随着下沙盐场量减，导致市面上盐的零售价格成倍上涨，也惊动了朝廷。乾隆元年(1736 年)八月，年轻的皇帝就在一道谕旨中忧虑地写道：“松江一所，原属滨海产盐之区”，“向来盐价甚溅，居民称便。十余年来，盐价增长。近则加至二三倍不等……朕心深以为忧。……朕再四图维，并留心询访，盐价之贵，固在于场盐少产……”㉕

可以想见上海境内盐业生产对于国家经济与社会的影响，但是“场盐少产”不可避免，到清道光年间(1821—1850 年)，下沙场全部停止烧盐。

如果从南宋建炎年间(1127—1130 年)至清道光年间计算，下沙盐场有着近七百年的历史，这对仅有千年历史的浦东不能不说产生了深刻影响，浦东经济与社会的发展、人口与民俗的变化中无不留下盐的烙印，明白这一历史就不会对浦东的地名中为什么会有那么多“团”“灶”感到奇怪了。

正所谓，一部浦东史，半部制盐史。

2.4 先民是盐民

因为盐，浦东的人口构成、社会的形成、行政设置乃至于地名都带上了浓浓的盐味。

正如大草原上，最早最主要的是以打猎为生的游牧民，在广袤的滩涂芦苇荡中，浦东最早最主要的是以制盐为生的盐民。所不同的是，这些盐民几乎都是移民。其中，有充军的犯人、无业游民，还有一批又一批从中原来躲避战乱的难民。其中不乏失意官宦、隐居文人、经商客贩等等，伴随着盐民，还有一批又一批官派的盐务管理机构人员和家族。

宋元时代，浦东盐业经济发展加快，自然需要更多的劳动力。而同时，中原地区不断地发生战乱，尤其是北宋末年“靖康之乱”，北方人口大规模南移，成群结队的难民来到了江南，也到了浦东地区，成为盐业经济的生力军。

有学者称此为浦东历史上一次大移民。㉖

据《南汇县志》：“本县大规模的人口迁入，先后有 4 次。第一次在北宋末年，由于金人入侵，家室南迁，北方士族地主随之南迁，定居在本县周浦及原属本县

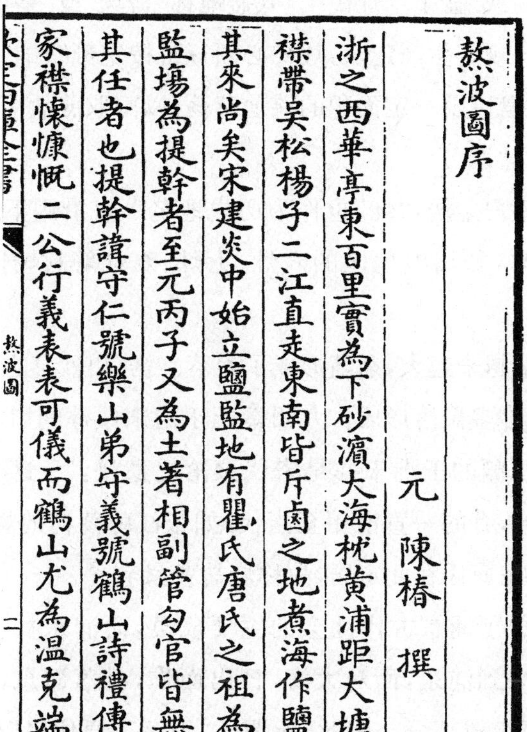
熬波圖序

元 陳椿 撰

浙之西華亭東百里實為下砂濵大海枕黃浦距大塘襟帶吳松楊子二江直走東南皆斥鹵之地煮海作鹽其來尚矣宋建炎中始立鹽監地有瞿氏唐氏之祖為監場為提幹者至元丙子又為土著相副管勾官皆無其任者也提幹諱守仁號樂山弟守義號鶴山詩禮傳家襟懷慷慨二公行義表表可儀而鶴山尤為溫克端

熬波圖 二

陈椿在《熬波图》的序言中描述了下沙盐场的范围

的闸港、杜行一带，如谈怡、李邃、王迪、陆文祥、瞿榆维等北方士族，都是携家族奴仆一起随皇室南迁定居于周浦、下沙等地的。这些士族及奴仆的后裔在本县下沙以西的居民中占有相当高的比例。第二次大规模迁入是在元代初期，当时以下沙和新场为中心地带的盐业发展起来，下沙盐司从外地招进大量的煮盐工(灶丁)。据《熬波图》记载，元至正年间，下沙盐场灶丁达1.57万余名，这些灶丁携家带眷，也在本县定居下来。本县中部地区的人口增长，和盐业的发展有着密切的关系。”[27]

大量的移民带来了资金、文化、技术和劳力，也推动了浦东地区经济与社会的发展，比如，盐场劳动力人口迅速增加，盐场的规模增大，产量也提高了。据上海历史学家谯枢铭分析：“宋初，上海五场的盐丁数约在6 000人左右，北宋中期增至15 000人，增加了一倍半。亭户盐丁既增，产量自然增加。”[28]

所谓“亭户”，又称“盐户”“灶户”。“灶”原是煮盐的灶座，“灶户”也就是煎盐之家。煎盐工称“灶丁”或“盐丁”“灶民”。煮盐地称“盐场”或“亭场”。

官府给每个灶户规定生产定额，灶户必须逐月按定额缴纳入官，由官府发给煎盐的工本钱，煎盐铁盘以及一定面积的滩地草荡，以割取煎盐用的柴草。政府规定每年缴纳的税额叫“盐课”。

随着大批灶丁落户定居，“灶”也作为历史地名一直沿用下来。现在在浦东地区还有着“灶”的称呼，如川沙地区的六灶、七灶、八灶等村，孙桥地区的三灶、四灶村。

随着移民的数量越来越大，渐渐形成了聚落。据《川沙县志》：“南渡时，北方人口大规模南迁，境内许多聚落形成。九团秦氏于南宋咸淳间(1265—1274年)迁来海滨定居。老护塘西侧的王港宋井是宋代聚落之遗迹。”[29]这些聚落也有不少与“盐”直接联系的地名，有的一直沿用至当代，如张江韩荡村的烧盐曹家宅，明代建文时聚灶煎盐，后山东曹氏在此定居，故称烧盐曹家宅。[30]

移民、盐民，构成了浦东古代社会的主要成员，而浦东社会也有了鲜明的移民社会性质。移民来到浦东，面对大海，日出而作，日落而息，娶妻生子，繁衍后代，成为浦东人重要组成部分。因此，所谓的“土著”“原住民”仅仅是一种相对的说法。

灶丁首先要盖营房。营房四周筑围墙，置关立锁，场外围挖壕沟，还有军警把守，
既防灶丁逃跑，又防盐走私，和囚犯并无多大区别。团，基本上就是一个劳改犯的集中营

不论是炎热的夏天，还是寒冷的冬天，灶丁总是在火灶前忙碌，
容不得半点差池，“烹煎不顾寒与暑，半是灶丁流汗雨”

盐就要煎成了，那是最紧张的时刻，又要撩盐，又要洒卤。
灶丁从早晨到夜里，一刻也不得喘息，人面如灰汗如血

灶丁将成品盐装船外运，边上由军人监视，
沿途还有经过一道道关防，以防走私（选自《熬波图》）

2.5 村落和集镇兴起

大量人口集聚，就有了村落，有了集镇，促进了下沙、新场、大团等一个个集镇的繁荣，灿如星汉。

下沙盐场自建立后，随着盐场规模的扩大，自南宋起，很快分成了下沙南、下沙北、大门、杜浦四个分场。其中杜浦即现在的周浦，下沙南又称为“南下沙”，那里有着已经成为小镇的“石笋里”。

南宋建炎年间（1129 年前后），朝廷在下沙集镇设立盐务衙门，管理食盐的产制、运销、课税等。下沙也就成为食盐交易集散地。用今天的说法，下沙具备了商品的集散、交易、定价功能，如运输、仓储、加工、配送，还有金融服务、信息传送，甚至餐饮、住宿、娱乐等功能。

在中国古代，盐并非随处都可以获取得到。那些出产盐的地方，人们往往趋之若鹜，物流、人流、资金流和信息流滚滚而来，那些地方就很容易一业兴而百业旺。

因此，官吏游侠、文人墨客、富商小贩，甚至避兵难民，带着梦想和憧憬，带着财物和家眷，带着不同的方言和风俗，云集下沙，坐贾、客商、牙行乃至典铺、旅店、堆场一一出现。“商贾咸集，遂成都会”，自然，人口、赋税也随之增长。下沙集镇成了上海地区东部的一个政治、经济、文化中心。[31]

因为经济的繁荣，也吸引四方名流荟萃于此。元代大书法家赵孟頫曾经在下沙镇驻足，留下了笔墨。据清光绪《南汇县志》载：“凡近镇寺院碑记，钟铭皆出其手。”[32]

下沙进入了最为兴旺的时期。但好景不长，到元代以后，由于海岸线向东和东南方向推进，盐场也随之不断扩展，移至在横沔——新场一线以东的地方，因为那里的海水的咸潮浓度更高。而在下沙的四个分场中，南下沙场离盐业生产地更近，为此，元初，政府的盐务衙门就从下沙迁至原下沙南场，仍称为“下沙盐场”，为了与原下沙区别，改称为“下沙新场”，意为新开辟的盐场。[33]

据在下沙盐场任盐官 150 年的瞿家《鹤沙瞿氏族谱》载：“新场镇一名石笋里，一名南下沙，在邑西南廿四里。旧有盐课司，场在下沙，元初迁于此，故以新名。赋为两浙最。是时北桥税司，杜浦巡司皆徙于此。歌楼酒肆、贾街繁华，虽县犹未之过也。”[34]

明弘治《上海志》有这样的记载：“新场镇距下沙九里，以盐场新迁而得名，赋为两浙之最。四时海味不绝，歌楼酒肆，贾街繁华，视下砂有加焉。”[35]

小镇的“石笋里”变为新场，很快成为浦东平原上一大镇。这也是很有意思的现象，可以说是很随意地取了一个名称——“新场”，一旦成为朝廷管理盐业的机构驻地，繁盛也就接踵而来。一些随宋室南渡的氏族和江南县府的商号也相继移居于此，人口急剧增加，新场日益繁盛，独特的市镇经济文化空间快速成型，其繁华程度曾一度超过上海县城，有“新场古镇赛苏州”之誉。由于新场的繁荣，明中叶曾有立县之议，由于川沙豪族乔镗的反对，才未成功。

伴随着财富的积累，富豪及官僚集团的成员也在新场本地增加。今天人们可以在新场镇中市的街口看到一座三世二品石牌楼，那是明太常寺卿朱国盛为其家三代都有二品官位而建造的，这座气势宏伟、雕刻精美的建筑物提示人们，这个小镇也因为官僚集团和寄食阶层的强大消费欲望，以及由此形成的奢靡之风推动了商业和服务业的繁荣。

而下沙镇随着瞿氏家族被灭和盐监司署的迁去，不再是食盐的交易集散中心，相应的功能失去，衰落也就不可避免了。[36]

一个政府盐业机构的迁移，成就了一个古镇的繁荣，也造成了一个古镇的萧条。

这样的现象，或许可以用史学家王毅的观点解释：中国传统的城市“都是作为中国皇权制度体系大网上的一个又一个凝聚和传导皇权权力的网结。中国城市以维系和传导统治权力为首要功能，这种根本的禀赋当然对于中国城市经济的性质和前途有着决定性的影响”[37]。

比如浦东的大团镇，到清代，下沙盐场产盐区已仅限于东南沿海一带，为此，朝廷的盐课司署迁到了原一团址，大团镇因此而形成。据清乾隆《南汇县新志》载：“清乾隆十三年(1748 年)，下沙头场(今新场)盐课大使陈上龄详建头场署于一团(大团)，办理盐务。”

一团成为“凝聚和传导皇权权力的网结”，盐业衙门的落户，也很快成就了大团镇的繁荣。18世纪末至19世纪，大团镇成为上海东南沿海地区商业贸易的集散地，有“金大团”之美誉。[38]

还比如，南宋绍兴二年(1132年)，华亭县沿海对外贸易及水上交通逐渐兴盛，朝廷在周浦地区设巡检司，为后来周浦发展成为“浦东第一大镇”奠定了基础。有学者认为：“南宋时杜浦巡检司的设立正是与当时的开发形势相适应，便利于必要的行政管理，杜浦镇也因巡检司的设立而人物繁广。”[39]

纵观浦东古代史，除了下沙盐场衙门由下沙移到新场，再由新场移到大团而促成了市镇的繁荣，浦东其他镇也因为盐业生产、销售、仓储、运输等而繁荣起来。可以说古代浦东地区村落和市镇的形成和繁荣，几乎都与盐业经济有关，随着海岸线东移，盐业生产地域也自西向东迁移，煮盐、贮盐、运盐等产业链也就不断地促使沿海地带兴起一批以集散海盐为主的市镇。

如果考察这个时候的区域行政，可以发现和区域经济的开发几乎是相吻合的。

按照上海历史地理学家林拓、张修桂教授的分析，元代的盐场实行聚灶公煎，归并灶座，并实行团甲制，划团定界。这一措施实是推动盐场管理向基层政区进一步转化，明代隆庆年间下沙盐场自南而北划分为九个盐区，以团为通名，大团镇等亦由此演变而来。随着浦东成陆过程中幅员的不断扩大，盐场生产亦逐渐向东推移，元代下沙盐场相应向东移至新场(新场即“因盐场新迁而名”)，并在大团设立头场盐使署，正透露出地方行政格局与区域经济开发相依相随的信息。[40]

所谓的九个盐区，据明弘治《上海志》卷五《建设志》载：“明英宗正统五年(1440年)都御史朱与言奏分为三场，每场设盐课使司。每场辖三团，各置大副使一员。”即从明代开始，朝廷对下沙盐场的管理体制和区域进行了重大调整，明确下沙盐场三个分场统领九个团。

这九个团在今天大致的分布为：一团在今大团、三墩、泥城、万祥等一带；二团在今二团、新港、老港等一带；三团在今三灶、惠南一带；四团在今盐仓一带；五团在今祝桥一带；六团在今六团、施湾一带；七团在今江镇、潘家路一带；八团在今川沙一带；九团在今曹路一带。

因为团的设置，团的官舍、卤池和盐仓所在地作为各团中心地，日后也在不同时期成为区域的经济、文化和行政中心。如大团镇、惠南镇、盐仓镇、祝桥镇等。而灶户不断归并愈来愈集中，其集中地同样也为日后的聚落造了条件，如三灶、六灶等地。[41]

这一区域的经济开发和区域的行政管理重合的管理制度一直延续到清代。

2.6 兴盛于斯，也败落于斯

盐业是浦东最早的最主要的经济支柱。单一的经济不仅仅创造了一个地区的经济与和社会的繁荣，并对未来的历史发生着重要影响。

这和中国的内陆黄土地上的自给自足的经济有很大不同。盐民生产的是盐，得到的是钱。自然，商品交换就发展起来。所谓的下沙“商贾咸集，遂成都会”，新场的“歌楼酒肆，贾街繁荣，虽县亦未之过也”，以及后来的“金大团”等集镇的繁荣，如果仅仅是靠自给自足的农耕经济，或许要经过一个漫长的岁月。

可惜，这样的繁荣因资源的消失而转向衰落，积累的财富并没有转化成更大的生产力，这是为什么呢？

因盐积累起来的财富，除了被政府剥夺之外，便是用于挥霍和享受。所有的人都知道，只要凭着一种调味品、凭着独特的自然资源、凭着垄断，就能富甲天下。如果漫游今天的浦东新场古镇，依然可以从大片陈旧的老宅中想象昔日大户人家钟鸣鼎食的生活。正因为这种繁荣是官商盐商的过度消费促成的，这种通过垄断经营、贱买贵卖等手段取得的繁荣好景不长。兴盛于斯，也败落于斯。正如因盐而发达的扬州盐商，中国近代史学家杨德泉在《清代前期的两淮盐商》一文中云：“两淮盐商把大量资金用于奢侈浪费，为自身种了嘉、道以后纷纷破产的祸根。”[42]

对于这种过度消费的另一种解释是：当社会制度不能为人们的财产提供保障，大多人有钱后最先考虑的是个人消费，而不是资本的积累。经济史学家梁方仲先生曾经做过一个非常有意思的统计，从明万历元年到崇祯十七年，72 年中，葡萄牙、西班牙、日本诸国由于贸易关系而输入中国的银元，至少在一亿元以上。但他发现，大量的货币集中到商人的手里以后，他们就往往用来作“买田、造宅、纳妾”等属于个人享受而非生产性的开支，因此资本的积累不免受到限制，由商业资本家变成工业资本家的极为少见。[43]

当然，这也不是浦东的问题，按照历史学家黄仁宇的看法：“中国的传统政治既无此组织能力，也决不愿私人财富扩充至不易控制的地步，为王朝的安全之累。”更有甚者的是那位和尚出身的开国皇帝朱元璋，并无慈悲为怀，天下初定便拿因盐暴富的瞿家人头开刀。[44]

朝廷如此，地方官对于私人商业的发展也就没有兴趣了，“地方官所关心的是他们的考成，而考成的主要标准乃是田赋之能否按时如额缴解、社会秩序之能否清平安定，扶植私人商业的发展，则照例不在他们的职责范围之内”[45]。因此，整个社会积累的财富并没有随着资源的变化、经济结构的变化而转投于新兴的产业。

浦东的这段历史既让人兴奋又让人唏嘘不已。因为靠海而有了盐，又因为有了盐，而有了先民们在浦东大地的生生不息，创造了浦东的一段繁荣和灿烂的历史。但因为资源的消失，垄断的消失，繁荣的历史也被终结。其中的教训是深刻的。

英国历史学家汤因比计算过，人类历史上一共出现过二十一种文明，其中十四种已经绝迹，六种正在衰朽，只有古希腊文明转化成了工业文明，浪潮席卷全世界。很遗憾，浦东古代盐业文明没有转化成工业文明。[46]

2.7 第一次大转型，开始了男耕女织

到了清代初期，浦东的盐业已不成气候了，不能产盐的盐碱滩被开垦成农田，盐场的盐民纷纷转业为农民。

从浦东经济发展史的角度看，那是浦东的一次经济与社会的大转型。

最先转型的是离开海岸线较远的地区，如周浦，盐场废而农垦兴。除了盐民转业之外，还有大量的移民。如在北宋灭亡、宋室皇族南迁在江南建立王朝之际，北方大量人流南迁，其中有一部分人陆续定居周浦地区，以种植农业为生，而朝廷也

颁布了“开垦滩涂”，免征三年赋税的政策，鼓励民众开垦种粮棉。[47]

浦东地处北亚热带南缘东亚季风盛行的滨海地带，属海洋性气候，四季分明，降水充沛，光照较足，温度适中。先民们在这块土地上辛勤耕耘，也得到厚报。明初的华亭县人袁凯在《沙涂行》一诗中云：“西起吴江东海浦，茫茫沙涂皆沃土。当时此产不归官，尽养此地饥民户。”[48]

尤其是临近黄浦江地区，地势高亢，土壤含碱较重，土质疏松，适宜种植棉花，明代礼部尚书兼文渊阁大学士、中国古代科学家徐光启在《农政全书》记载：“海上官民军灶，垦田几二百万亩，大半种棉当不止百万亩。”

而浦东中部地区如今川沙一带，大约在元朝初期已经开始棉花种植，那时棉花种子从福建、广东一带引进，据元末明初史学家陶宗仪著《辍耕录》记载：当时上海沿海一带，“其地土田硗瘠，民食不给，因谋树艺，以资生产，逐觅种于彼”。最初纺织加工方法很原始，没有踏车椎弓等工具，只能用手剖去子，“线弦竹弧置按间，振掉成剂，厥功甚艰”。[49]

也就在这时，元代初期，下沙盐场进入量产高峰之际，一位农家女子悄悄地从海南岛回到松江老家，她的到来书写了中国纺织历史崭新的一页，人称她为黄道婆。黄道婆将从海南岛黎族姐妹那里学到的纺织技术，最先传授给了上海地区的棉农，新技术的普及使得家庭纺织如雨后春笋，“人既受教，竞相作为，转货他郡，家既就殷”。[50]一时，家家户户纺机声通宵彻夜。民间有歌谣：“黄婆婆！黄婆婆！教我纱，教我布，两只筒子两匹布。”

这真是历史的巧合，黄道婆的来到似乎为后来盐民转岗做好了生产技术上的准备。在废弃的盐田里种植棉花，纺纱织布所获利润远高于种植其他农作物，这为转业的盐民提供了生路，迅速刺激了农家种植棉花的积极性，出现了“傍浦种木棉者十之七”。[51]故有人称：“天怜沪民，乃遣黄婆，浮海来臻。”[52]

当然，这也和明代朝廷实行的“以棉花一斤折米二斗”的赋税政策有关，客观上也鼓励东部沿海地区农民种棉，故到了明代中叶后，沿海地区的棉田开始成片。

由此，我们可以看到经济转型中、产业的发展中，技术进步和政府政策导向的重要作用。

在一个小农经济的国家，家庭纺织业是受到欢迎的，在“唧唧复唧唧”的织机声中，农家不仅解决自己穿戴，还有余到集市出售以补贴家用，购买盐油，甚至交租税。故有这样的说法，一冬三春及明年下种之费，全赖女子。清代顾彧《竹枝词》："平川多种木棉花，织布人家罢绩麻。昨日官租科正急，街头多卖木棉花。"[53]

随着家庭纺织业的发展，出现了品牌化和规模化的现象。浦东的三林塘有丁氏妇女所织的细布光洁如银，称为"丁娘子布"，很受欢迎，于是人们纷纷效仿，竟然形成了纺织丁娘派。至乾隆年间，有首《申江竹枝词》云："比户缫车月满阶，河豚上市布盈街。林塘织得丁娘派，西浦还夸胡草鞋。"人们购布开始讲究"牌子"，也推动了生产技术和产品质量的提高。用今天的说法，品牌意识和纺织业的产业链就是这样从家庭纺织手工业开始的。

浦东棉花业和家庭纺织业发展推动了贸易的繁荣，以至于出现了"松郡棉布，衣被天下"的局面。

当时三林塘生产的棉纺织品质量上乘，质量比周浦镇、县城生产的还好。据明代上海人叶梦珠撰的《阅世编》，"棉花布，吾邑所产，已有三等……出于三林塘者为最精，周浦次之，邑城为下，俱走秦晋京边诸路"，邑城即上海县城，可见三林织布的技术和工艺。[54]

高桥镇不仅是纺纱织布业的重要集镇，而且还是布匹贸易的集市和外销港口。据《宝山县续志》载，明、清两代由沙船运北方牛庄等地的纱布，都是高桥生产的。

18 世纪乃至 19 世纪的前 20 年，海外市场也悄悄地发展起来。"畴昔浦东、浦西一带出产之布，颇为著名。民国纪元前一七四年，东印度公司……试购百匹，即浦东、浦西一带所供，是为我国纺织品输出之嚆矢。嗣后逐有输出。"[55]

同时，随着棉纺手工业和纱布交易的发展，浦东在原有城镇格局的基础上又出现了一批新的城镇，聚落也相应增多。从制盐为主到植棉为主的转换已经使浦东地区的经济重心逐渐向西转移。

随着人口的不断增加，浦东也出现了地少人多的现象，而同时对食物的需求量增加了。因此，浦东农业也呈现出精耕细作的特点，按照历史学家许倬云的说法，中国传统农业是精耕农业。那么，浦东的农业则是精耕中的精耕。浦东人勤快，有着"年花、年稻"轮作习惯，轮作要求精耕细作，当地民谚云："三耕六耙九锄田，一季庄稼抵一年。”如在周浦，清嘉庆年间（1796—1820年），大熟作物（水稻、棉花、黄豆等）形成稻棉轮作制。[56]

这种精耕农业劳动强度大。农忙时，家家户户要在五更天下田，忙于耕田、落种、灌溉、锄草、施肥，每天摸黑回家。收获季节更辛苦，要连续十多天、每天十五六个小时，从事收割、脱粒、挑担、耕翻等高强度的体力劳动，真可谓谁知盘中餐，粒粒皆辛苦。有一首诗描述了浦东农民利用土地轮作获得棉花水稻丰收：“半栽禾稻半棉花，丰歉远微谚语嘉。白露看花秋看稻，农家卜岁未全差。”[57]

男耕女织，一年忙到头，用当地人说法：“只要人勤快，就饿不死人。”即便农闲季节，农户们堆厩肥、罱河泥、施饼肥，忙个不停。不少男人外出打短工、做小买卖、捉鱼摸蟹等挣一些零用钱；在家的男人还要起早摸黑从事编竹器、编蒲包、编芦花帚等家庭副业。因为需要勤快的劳作，故“濒海妇女不缠足，故莳秧拔草，踏车挑盐，得以自食其力”[58]。小孩子则放牛、放羊、打猪草。

这时的浦东已从盐业社会变为农耕社会，也开始逐步突破自给自足的分散型小农经济，出现了星罗棋布的交易集市。但精耕农业和手工业的出现并没有使得财富快速地增长，农民们早出晚归，为农桑一年忙到头时，生活也就是“饿不死人”的水平。

这确实耐人寻味。

浦东也是“一个土地最肥沃，耕耘最精细，国民最勤奋，人口最多的”地区，但是“长久以来，这似乎处于停滞状态”，因为“这个国家的法律与组织系统容许它聚集财富的最高限度业已到达。”

这可以解释，为什么浦东的纺织业尽管不断地发展，但始终停留在家庭作坊的水平。其实，不仅仅是浦东，在整个江南地区，明清手工业尤其是纺织业已经达到“松郡棉布，衣被天下”的盛况。但在一个“农业系统”内，即便曾经出现过大规模商业和贸易，经济也表现不俗，也囿于传统农业的自给自足的稳定秩序，无法“摆脱政府一手控制”，终究是孕育不出近代工业的。

从农耕社会的角度看，一千多年的历史进程，使浦东由沧海变良田，成为一片能够让当地百姓丰衣足食的平原。只是对于现代人来说，这样一个财富增长的过程太长了。

2.8 没有真正地走向大海

浦东靠海，历史上，浦东人也曾创中国航海史之先，走向大海。在元代，有川沙高桥人张瑄在中国航运史上写下了靓丽的一页。

张瑄(1245—1303年)，出生于江苏嘉定县八都(现为浦东高桥镇)，最初是在海上贩卖私盐，抢劫商船，杀人越货，后被南宋招募为海防义兵。元军南下时，招降了这支海上武装，张瑄也成了朝廷命官。

此人目不识丁，残忍蛮横，但粗鲁中也有灵光乍现的精明。元朝初期，由于京杭运河经常淤塞，漕粮运输困难，张瑄便向皇帝忽必烈提出海运的建议。朝廷命当时的上海总管罗壁会同他，还有一个叫朱清的海盗，负责海运，在上海成立漕运万户府，张瑄亲率船队以太仓刘家港为发运港，以平底海船六十艘，运粮四万六千余石，浩浩荡荡开始了中国航运史上第一次大规模的海运。[59]

由于一路上多浅沙，他们营造的平底海船船身大、结构强、吃水浅，在沙滩上搁浅时不易损坏或倾覆。平底船得以出没于沙洪之间，后人称之为“沙船”。

由于海运费比河运便宜多，而且时间短，顺风时十几天就可以到达，“当舟行风信有时，自浙西至京师不过旬日而已”，因此，海运增长速度非常快。至元二十一年(1284年)运二十九万五百石，到达京城二十七万五千六百一十石，到了天历二年(1329年)运量提高到三百五十二万二千一百六十三石，实到三百三十四万三百六石。[60]

作为北洋航线上沙船的开拓者，张瑄、朱清成功地开创了海上漕运，使南北运输在陆运和河运的基础上又有了新的通道，既为元朝的漕运立下了汗马功劳，也是中国漕运史上划时代的大事，上海也因此政治地位明显上升。张瑄因此屡受朝廷封赐，官至江南行省右丞，赏赐钞印，享受发行纸币特权，于是亦官亦商，暴富无比。

由于张瑄开海运之先，家乡高桥逐步成为沙船之乡，当地不少百姓也参与海上运输。张瑄故世后，浦东高桥人为纪念他开创海运的功绩，在其诞生地，如今的高桥屯粮巷村建造了一座西宁王庙，封张瑄为庙神，永享人间香火。

因为有了海上通道，沙船被广泛使用，到上海开埠前，上海已成全国最主要的

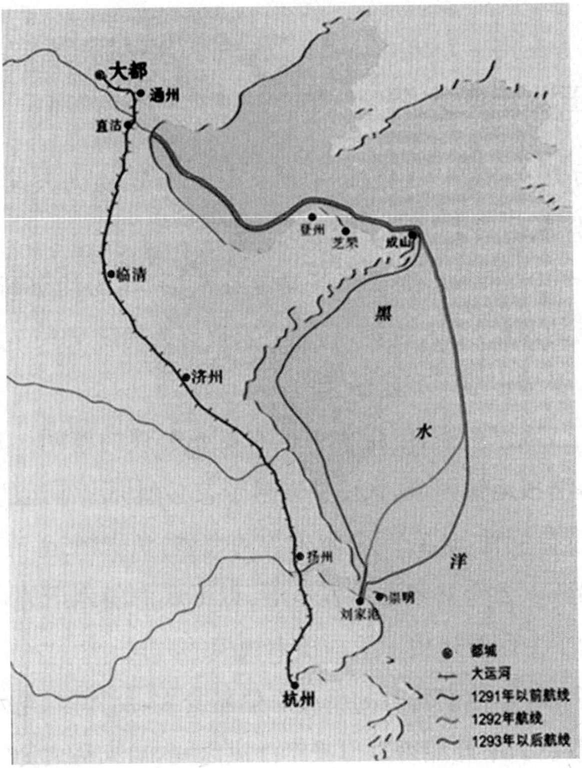

元代漕运与海运

江海中转枢纽港，沙船总数达三千五六百号，凡雇佣在船水手十余万人。[61]上海有了“江海之通津，东南之都会”的美誉。[62]

朱清、张瑄的发迹，折射出宋元两代宽松的海上政策。其间虽有几次禁商下海，大多为时短暂。南宋时财政紧张，倚重海运税收。元代及以后更是干脆“听海商贸易，归征其税”。因为有海运，上海地区港口得以发展，而棉纺织品也得以行销各地。种棉、纺织、贸易和海运共同形成一个产业链，对本地社会、经济、文化的进步产生了难以估量的影响。

到了明永乐十年（1412 年），陈瑄以总兵官的身份总督海运漕粮，上书朝廷：“嘉定濒海地，江流冲会，海舟停泊于此，无高山大陵可依。请于清浦（今浦东高桥镇），筑土山，方百丈，高 30 余丈，立堠表识。”

于是，在上海外高桥地区濒临长江出口处，建成了一座高 30 余丈的“土山”——宝山烽堠，烽堠“昼则举烟，夜则明火”，指引船舶航行，为郑和船队进出长江口提供了标识。永乐帝赐名宝山，亲书391字碑文《永乐烽堠御碑》记之，并赐名“宝山”。上海市宝山县即由此而来。

“宝山烽堠”是我国最早的、也是唯一官方的航海标识，为当时郑和下西洋和长江口航运安全起到重要的导航作用，在中国航运史上有着里程碑的重要价值。《永乐烽堠御碑》也被称中国航运第一御碑，此碑现坐落在浦东高桥中学。

明永乐御碑（来源：浦东新区档案馆）

永乐御碑现存高桥中学内

清咸丰十年（1860年），浦东人朱其昂、朱其诏兄弟在李鸿章授意下，创办轮船招商局，从事海运，海船最远到日本、菲律宾、新加坡等。

浦东靠海，按理应该像欧洲地中海沿岸的国家迅速发展海外贸易，但是由于受到地理自然环境的约束，浦东海岸基本没有可供大量船舶停靠的海港码头。《分建南汇县志》云：“沿海皆浅沙，海艘不能泊。黄浦、吴淞入海之道又属上海，故邑虽近海，而商贾不通。旧志云物产不逮闽浙百一，俗号穷海，独盐利为饶。”[63]

非但海船不能泊，“海船误行其上率多胶碎。沿海居民，以救生为名，搬抢货物，名捞洋货。”如此，商贾贸易自然就不通了。[64]

明清之际著名的布衣军事家郑若曾认为：松江海防与苏州不同，松江有海塘而无海港，其设备也以陆兵为主；苏州有海港而无海塘，其设备也以水兵为主。何谓有海塘而无海港，盖松江之海起于独山，而讫于小汤洼，迢迢二百四十八里，皆有护塘为之艰隔，高厚如城，别无港汊可以通海。[65]

更重要的是浦东人种种走向大海的努力都因明清王朝闭关自守的政策归于失败。面朝大海的浦东人只能在海滩上一日复一日或煮盐或打渔。最后，出现了明嘉靖《上海县志》所记载的现象："国朝人即知教子读书为事，江海湖乡则倚渔盐为业，工不出乡，商不越乎燕齐荆楚，男耕女织，外内有理事，田家妇女亦助农作，镇市男子亦晓女红……"[66]

每天，当太阳从宽阔的海面上升起时，浦东人就开始了一天的劳作，太阳那边和他们毫无关系，尽管那边已经发生了巨变。即便后来浦东有了农业、手工业，成为鱼米之乡，即便有浦东人试图向大海开拓，创造了中国海运史之先，但根深蒂固的黄土地文化无情地抹去了他们的向往和努力。

2.9 有人来敲门了

到了晚清，浦东人依然或煮盐，或耕种，或打渔，没有察觉到世界正在巨变，那是三千年之大变局。当中国人依然不愿意开放而"在自己广袤土地上自我陶醉于农业社会的节律"时，西方人却要敲开、乃至撬开中国的大门，不行就用大炮！

最先敲门的是英国人。

1832年6月20日清晨，吴淞口长江入海处的洋面上，驶来一首英国船"阿美士德勋爵号"。船长林德赛从望远镜中看到了前方一片广袤海岸。淤泥荒滩，飞鸟芦苇。他查了一下地图，眼光聚焦在北纬31度14分，东经121度29分的坐标点上。

那片在望远镜中出现的淤泥荒滩、飞鸟芦苇后来成为东方世界一个伟大的地方。

作为英国东印度公司的商业代表，林德赛船长其实没有想那么多，那么深远，但他本能地意识到，那是一片值得开垦的处女地。

那里是属于上海县的管辖地，整个县有着约 30 万人，是中国江南一个富庶的县。

船长林德赛和郭士立——英国伦敦会的传教士、广州地区所能找到的最好的"中国通"，驾小艇来到了吴淞口，被炮台上的中国官兵发现了，立即向小艇发射了空炮。血管里天生就流着冒险血液的船长林德赛并没有停下，而是加快了速度。

下午四时，上海县城出现了几个外国人，金黄色的头发、栗黄色的眼睛、白皙的皮肤，首先让炎黄子孙们好奇而恐慌，他们争相观望。英国人的公关意识很强，一上岸就散发了传教和贸易的小册子，声称："我们经商，来到此处，带有本国之货物，欲做买卖而已。"

当地官府也是手足无措，他们根本没有这方面的经验，也不知道应该怎么应对这些高鼻子、蓝眼睛的"夷人"。后来，道台吴其泰出来接见了他们。

吴其泰与中文名为"胡夏米"的林德赛船长等人曾有一番对话。胡夏米在他的日记中记录了其中一段对话：

> 胡夏米：由于当地官员的压迫，广州的贸易已经难以为继。既然你们的船只常来我们的港口，那我们就得来这里。我们的其余想法都写在递呈给你的禀帖之中，你看了就会明白。
>
> 道台（听了火气更大）：如果上海船只常去你们港口，那就请你们的政府把他们赶走，我们并没有要他们那样做。
>
> 胡夏米：和驱赶他们恰恰相反，我们的政府不仅鼓励他们来，而且还友善待客。我们也极希望你们能同样如此……[67]

从这段简短的对话可以看出，那时候的中国闭塞到什么程度。还算好，做过翰林，饱读古籍经典，有极高文化修养的吴其泰，以不出事为原则，只是张贴告示，"严禁与夷船互市"，但也没有对"违抗者严惩不贷"，还送菜送肉，并让洋人参观县衙、街道和吴淞炮台，但谈及通商之事则一口咬定无权答应通商，希望从速离开。[68]

18 天后，"阿美士德勋爵号"走了，临行前林德赛等还购买了中国丝绸和当地特产。当时几艘中国战舰尾随着它，相距 6 英里，鸣炮逐夷。

尽管吴道台拒绝了英国人，但最终英国人还是闯了进来，并推动上海开埠。

据说，英国人曾经躲在吴淞口的芦苇丛中整整一个星期。他们发现了一个巨大的商机：在七天之内，共有四百艘大小不同，载重一百吨至四百吨的帆船经过吴淞驶往上海。

林德赛船长离开上海后，撰写了《"阿美士德勋爵号"货船来华航行报告》，详尽地披露了他们的发现：

> 上海事实上已成为长江的入海口和东亚主要的商业中心，它的国内贸易远在广州之上……现在中国人的毛织品的消费量还是多么地微不足道，3亿6千万人口中，呢绒的总消费不过80万码，平均450人还未及一码。难道不可以大胆地推测假想一下，随着交往的更为自由和扩大，消费量可能是现在的4倍。一定时候甚至增长到10倍……这是一个人口几乎2倍于整个欧洲的国家，有足足3 000英里的海岸线，到处是世界上最好的河流和港湾……然而一个世纪以来，专制君主的孤家寡人意志便足以使将近4亿的人口与世隔绝。[69]

林德赛船长的报告在英国国会引起震动，也成为了决定英国对华发动侵略战争的重要文件。

"上海事实上已成为长江的入海口和东亚主要的商业中心。"林赛德船长贪婪的目光已经盯上了这个叫"SHANGHAI"的地方。

自清康熙、雍正开海禁后，上海县凭借上海港的优越条件，发展海上贸易和转口贸易，上海港成为全国重要的贸易港口之一。因为上海的江海贸易地位，1685年，即康熙二十四年，清廷把上海县的行政级别提升到"上海道"，其地位略高于松江府。道台的官职正四品。

或许是上海的历史太短了，直到19世纪初，上海并没有引起外国人的注意。这种现象要等到林德赛乘坐"阿美士德号"货船远征考察后，上海的形象才开始改变。林德赛的报告声称，如果他们看的情况是全年平均的话，那么上海港不仅是中国的最大港口，而且是世界的最大港口之一。

往往有西人说上海原是小渔村，是他们的到来使上海成为一个大都市，此说法实在是太夸张了，一些不了解上海历史的人也常常这样说，以扬今人之伟大，不能不说是遗憾。

不过，从上海价值被重新发现，可以认为，上海不是由自己"发现"，而是被万里远来的洋人"发现"，英国植物学家福钧在其1852年出版的《中国、印度茶乡之行》中叙述道："就我所熟悉的地方而论，没有别的市镇具有像上海所有的那样有利条件。上海是中华帝国的大门。"⑳

敲开这扇大门，如果主人不开，就用武力！林德赛船长的《"阿美士德勋爵号"货船来华航行报告》促成了大英帝国形成了共识。

1836年，英国经营进出口贸易、航运和金融共109家大公司在伦敦成立"印度和中国协会"，用他们的经济实力，左右英国政府对中国的政策，他们提供情报，督促英国政府加紧侵略中国。

这场战争的背后是一个巨大的利益集团："鸦片利益集团"和"纺织利益集团"。这其中最起劲的是怡和洋行老板威廉·查顿，这个靠贩卖鸦片起家的老手专程赶回英国面见外交大臣巴麦尊，要求英国政府尽快出兵中国迫使清廷开放全部中国口岸，至少也要开辟上海、福州、宁波等口岸。在选择上海作为通商口岸上起决定性作用的是查顿，他还提示人们必须对当时的上海港为国际贸易发展提供的前景进行更深入的研究。

1840年4月1日，英国议会下院以9票之差最终批准了对华战争议案。

这场罪恶的战争之后，1843年11月17日上海开埠。因为清政府与英国签订了《南京条约》，规定广州、福州、宁波、上海、厦门为通商口岸。

开埠，在上海历史上是一个重要的节点。之前，江南的贸易中心在苏州，大清政府控制的官银炉官钱局(苏宝局)都设在苏州。市面上流通的货币主要来源于苏宝局铸造的银锭、银两和制钱。那时上海年商品流通额在3000万两白银左右，约相当于全国主要商品流通额的7%。上海也还算不上是江南地区的经济中心，真正的经济中心还在苏州，上海只能称"小苏州"。㉑

上海的地位在清廷眼里还不如宁波，当然更不能与福州、广州相比。那时的广州才是清朝的外交、外贸中心。洋人要与中国人做生意必须去广州。

有意思的是，就在这一年的3月和4月，先后有多艘美商船只达到上海的吴淞口外，但不能进入黄浦江，而被命令须去广州做生意。㉒

但1843年11月17日，上海正式开港后，外国商船接踵而至。至年底，就有7艘英国商船进入上海港。到了1856年，上海口岸进口船舶489艘，出口船舶472艘。㉓

1843年11月17日，上海正式开港后，外国商船接踵而至。
很快，上海成为中国最大的港口，超过了广州，成为“五口”之首

19世纪中叶，中国对外贸易的三大产品是茶叶、蚕丝和鸦片。长江下游是我国主要的丝茶产地，鸦片则可以通过长江方便地销往内地，而上海位于长江出海口，从对外贸易的角度看，其地理位置不仅优越于稍处内地的苏州、杭州、南京，与广州也有的一比。

很快，上海的关税收入迅速上升并超过了广州。据统计，1844年，广州关税收入为225万，上海仅17万，还不及广州的十分之一。但从开埠后情况变了，第二年起，广州的关税收入就开始下降，总共才218万，上海则开始上升，为48万。至1856年，即第二次鸦片战争爆发的时候，广州的关税收入为108万，而上海则为182万，终于超过广州，成为五口之首，成了中国外贸活动的中心。[74]

上海开埠后一个半月内，就已经有11家洋行涌入上海滩。英国传教士、医生、领事馆人员等也纷至沓来。国门拉开了，从全球各地赶来的冒险家、暴发户、买办、金融家、商人甚至帮会流氓等各色人等也汇集其间。一时间，黄浦江中汽笛声不断，跑马路旁灯火彻夜长明；西装革履与长袍马褂摩肩接踵，四方土话与欧美语言混杂一处。[75]

历史似乎喜欢同人开玩笑。就当清政府全神贯注于广州这个“首”的时候，这个“首”却慢慢地低了下去，而上海那条“尾”却渐渐地翘了起来。首尾互换之势正不以人们的意志为转移而日趋明朗。

随着中外贸易的迅速发展，西方势力的扩张在上海获得了明显的成功，相比之

下，它在广州则陷入了到处碰壁的尴尬境地。为了摆脱这种困境，从19世纪50年代开始，西方人逐渐把他们的外交活动从广州移向上海，这座东南滨海县城也因此日益成为重要的中外交涉之地。

2.10 也是殖民者争夺的对象

1845年11月29日，英国人在上海开辟了中国第一块租界，随后列强相继在上海开设租界，并采用越界筑路等办法，不断扩大租界的范围。

最初的租界是泥滩、农田以及坟地，荒凉萧疏。但洋人赋予这个特别的区域以一种全新创业环境，让世界各地做着发财梦的人看到了机会，更吸引了中国各地有野心有梦想的人。一时大量的冒险家游荡在上海租界里。古老的封建朝廷专制和传统文化对于租界里那套当时最先进的西方制度无可奈何。制度变迁推动上海迅速成为中国最大最重要的商贸中心。

19世纪末，浦东也曾成了英法殖民者争夺的对象。英法两国为在浦东扩界，除了在外交上打口水仗外，1898年12月21日，英国还出动远东舰队五艘军舰驶向南京，对两江总督刘坤一施压，也向法国示威。两天后，清政府总理各国事务衙门约见英国公使，商议如何拒绝法国在浦东扩界的要求，询问了如果引起冲突，英国能否提供实力援助等问题。清政府还指示驻英国公使罗丰禄，称有关是否同意法国在浦东扩界一事，请英法之间直接磋商解决。最后，在一系列的外交斡旋后，列强在浦西不断地扩大租界势力范围，浦东有幸没有被划入。

没有成为租界，但外国资本的势力早已经进入了浦东的沿江地带。据1867年《中日商埠志》记载："浦东多年只是一片平芜，有几个旧式的中国船厂，和纤夫拉纤的小路。但是近年来外国人在沿江一带购买了很多块地，建造起不少宽敞的仓库、船坞和码头。"[76]

沿江的浦东有着地理优势，浦东本不是租界，也没有任何条约准予洋商买地建造码头仓库。然而由于清政府的懦弱无能，洋商强硬逼迫上海道台按照租界土地转让法发给道契，上海道台竟以这些地区邻近租界为理由，准予通融办理租地

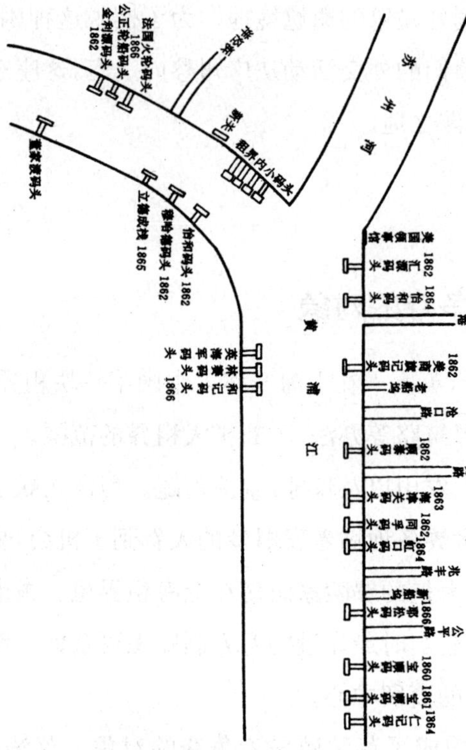

1870 年上海港轮船码头分布示意图（载《上海港史》）

手续。

由此，从 19 世纪 60 年代起，外商便在浦东租赁土地，陆续建造码头、商栈、油库。浦东的经济结构由此发生了重大变化。

浦东的第一个外商码头建于清咸丰三年（1850 年），位于今塘桥地区。至 20 世纪 20 年代，沿江主要码头仓栈已达 37 个，其布局之密，几无隙地可觅。从建造的速度、规模看，已大大超过同时期的浦西地区。据《上海港口大全》提供的数字，民国九年（1920 年）浦东外商码头长度为 3 811 米，高于浦西的 2 205 米。而浦东码头全长 13 384 米，浦西则为 5 827 米。[77]

在浦东，英商占有外商码头的 60.6%、仓库总容量的 66.7%，美商占有外商码头的 14%、仓库的 9.5%，日商占外商码头的 25.4%、仓库的 23.8%，英商是浦东码头业外资的最大投资者，日商次之。较之浦西，外商更倾向于投资浦东码头业。[78]

那时，英商怡和洋行和太古轮船公司以及日商日本邮船会社是当时码头业中

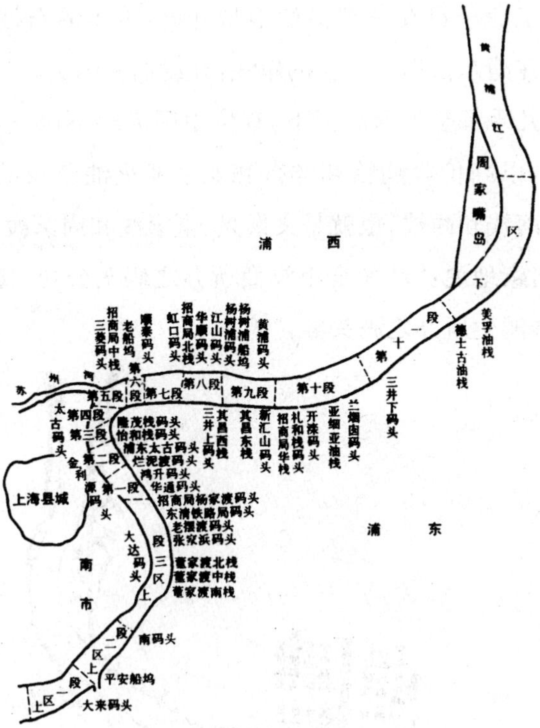

1918 年上海港码头分布图(载《上海港史》)

的三大集团。

西方列强在浦东抢占岸线建造码头、仓栈的同时，把浦东作为船舶修造业的主要地区。

1856 年，黄浦江东岸出现了一家外商修船厂。[79] 1859 年，苏格兰人莫海德也在浦东设立浦东火轮船厂，其技术和设备在行业中是领先的。上海出版的英文报纸《字林西报》说，这家厂是当时外国人“在上海得以显示自己的少数几样东西中最令人注目”的一个。[80]

1865 年，莫海德建造了董家渡船坞，时称“远东最佳船坞”，经营造船、铁工、炼钢及机器工程等多项业务。

建造船厂，一方面可应付急速增加的修理、保养等业务，另一方面也为了垄断造船行业，以便进一步掌握海上交通命脉。1860 年到 1864 年五年中上海新造的九家外资船厂中，浦东就占五家。[81]

还有一些重要工业项目在浦东沿江地带开设，英美的石油公司如美孚、亚西亚、德士古等公司，在浦东占据了很长的岸线，开设油库码头。

浦东沿江码头几乎都是外商的天下，有位中国人很不服气，也在 1918 年起经营起码头堆栈业务，以高价收购怡和洋行和亚细亚火油公司的土地，并以中华名之，建立中华北栈、南栈和西栈，也就是义泰兴、董家渡和周家渡码头。他就是著名实业家刘鸿生，他自豪地说：“环顾全市洋商所办之码头公司，比比皆是，而确能与洋商激烈竞争者，惟鸿生所办之码头矣。”[82]

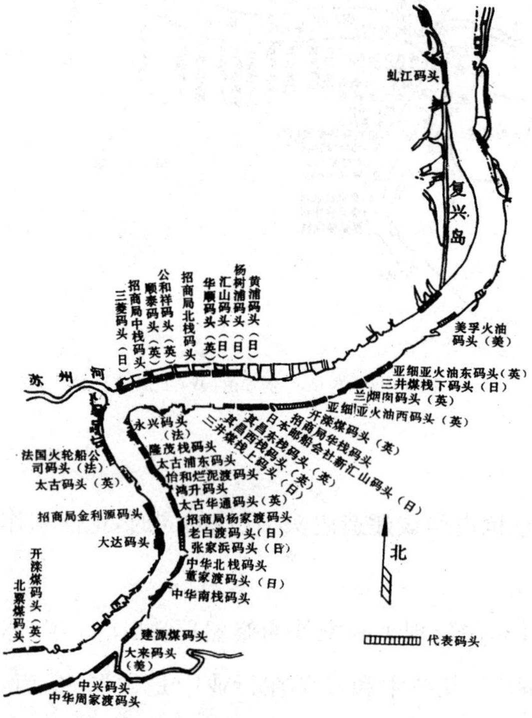

1937 年黄浦江码头分布（载《上海港史》）

19 世纪后半叶形成建设码头、仓库、堆栈的高潮，仓库、堆栈和修船厂沿江排开，沿江密布，到 1949 年，从高桥至周家渡的沿江地带几乎全为码头、堆栈、仓库、工厂所占尽，几乎使浦东没有多余的江边空地。我们可以在著名作家茅盾的小说《子夜》中看到这样的描述：

黄浦的夕潮不知怎的已经涨上了，现在沿着苏州河两岸的各色船只都浮得高高的，舱面比码头还高了约半尺。风吹来外滩公园里的音乐，却只有那炒豆似的铜鼓声最分明，也最叫人兴奋。……从桥上向东望，可以看见浦东的洋栈像巨大的怪兽，蹲在暝色中，闪着千百只小眼睛似的灯火。向西望，叫人猛一惊的，是高高地装在一所洋房顶上而且异常庞大的霓虹电管广告，射出火一样的赤光和青磷似的绿焰：Light，Heat，Power![83]

码头经济成了浦东的一大景观。然而，浦东码头装卸的货物大多是转运西岸，并未在浦东消费或进行再加工、产生。而浦东之所以会有大量的码头，按照1947年上海市政府编制的《大上海都市计划》(二稿)中的分析："起初这种码头，只沿黄浦江外滩一带，后来却发展到对岸浦东去了，这种成因，是由于浦东的地价低廉，而一般上海的工价又极低廉的缘故。"[84]

如果再比较一下荷兰鹿特丹港，更能让人看到这种遗憾：浦东尽管早就有了码头、港口、水运，但却不能像鹿特丹迅速发展起来，鹿特丹原本是一个渔村，因为港口建设和海外贸易的发展成为欧洲最大的海港，甚至曾是世界上最大的海港。

2.11 沿江带有了近代工业和城市化地区

上海以港而兴，浦东也不例外，近代浦东工厂主要集中在杨思港以北、上南汽车路以西、黄浦江以东、浦东大道以北的一条狭长地带上，约占上海工厂总数的7%。[85]

除船舶修造业之外，浦东还有卷烟业、纺织业、钢铁业、火柴业和造纸业等。

卷烟业是浦东的一大产业。英美烟公司和南洋兄弟烟草公司，这两家外资和中资巨头都在浦东设厂。

1892年，美商茂生洋行在陆家嘴开设茂生烟厂，成为上海外资卷烟业之先声。1897年美商在浦东陆家嘴创办美国纸烟公司并开设烟厂，日本村井兄弟商会在浦东开设村井烟厂。1902年，英美烟股份有限公司成立，同年即在陆家嘴收购一家烟厂，开设英美烟厂(即英美烟一厂)，此后陆续收购早期建立的烟厂，并且不断扩张资本，增加生产能力。1914年在浦东扩建新厂(英美烟二厂)，1916年筹建浦东英美烟二厂印刷厂。

英美烟公司在浦东初建时，职工仅数百人，到 1937 年，职工总数共达 25 000 人，比开办时增加了 140 倍。

中国民族卷烟业巨头南洋兄弟烟草公司 1925 年在浦东开设分厂，并在汉口、营口、青岛、天津、南京、芜湖、杭州、宁波等地开设 18 个分公司和 10 余个事务代理店。

浦东纺织也同样被外商染指，主要为日资英资。早在 1888 年，英美法德日五国商人合资在浦东办起了上海机器轧花局。1897 年美商茂生洋行又在陆家嘴投资设立鸿源纱厂。1918 年，日华纺织株式会社收购浦东陆家嘴美商鸿源纱厂，建立日华纱厂一厂，同年在陆家嘴设立日华纱厂二厂。1931 年，英商纶昌纺织漂染印花有限公司投资 695 万银两，在浦东陆家嘴购置土地 80 余亩建纶昌纺织厂。

据统计，1900 年到 1930 年，民族棉纺织业在浦东有 6 家，针织业有 2 家。规模较大的是刘鸿生 1929 年在浦东周家渡创办的中国第一家毛绒纺织厂——章华毛纺织厂，还有浦东绅商穆湘瑶与人等合作筹办的恒大纱厂，该厂产“飞机牌”棉纱，行销国内外。[86]

到 1937 年，仅川沙地区创办的现代毛巾生产厂有 202 家，机器 5 371 台，工人 869 人，年产毛巾 260 万打，产品畅销国内，而且进入了新加坡、菲律宾等东南亚国家和地区，产品已经能与日本的“铁锚牌”毛巾抗衡。

钢铁业中值得骄傲的是上海第一家民营钢铁厂在浦东诞生。

1913 年，民族资本家陆伯鸿受上海市总商会委托，赴美、英、法等国考察钢铁工业。回国后，利用其在实业界、金融界的影响集资，在浦东周家渡创建上海第一家民营钢铁厂——和兴化铁厂，于 1918 年 8 月 18 日建成投产，开工三个月所获盈利即相当于原投入资本，抗战期间为日军侵占。抗战胜利后为国民政府接管，改名为上海钢铁股份有限公司第三钢厂，也就是著名的上钢三厂，是国营大型企业。

火柴业中，浦东最早建立的火柴公司是荧昌火柴公司。1911 年 6 月，宁波商人邵尔康在浦东烂泥渡开设上海荧昌火柴公司。刘鸿生决意做大做强企业，提出了同业合并、厚集资金、协力图存的倡议。他说服荧昌火柴公司和在周浦的中华火柴公司，于1930年7月合并成立了上海大中华火柴股份有限公司，资本总额一下子扩大到191万元。刘鸿生出任总经理。

大中华火柴公司成立后生产规模日趋扩大。刘鸿生还在浦东东沟建造梗片厂，全部采用新式机器。大中华火柴公司成为当时全国规模最大的民族火柴企业，刘也有了中国“火柴大王”之美誉。

造纸业中，华章造纸厂是上海开办的第二家造纸厂。1899年，由英商耶松洋行、俄商道胜银行、法商立兴洋行、美商茂生洋行4家外商发起，据《中国近代造纸工业史》记载：“最先出现在中国洋商机器造纸厂是华章造纸厂，上海浦东陆家嘴，基建安装工程是由日本技师大川平三郎设计，经过三年建设，于1901年出纸。”[87]

后来华章造纸厂被转卖给日本三菱株式会社，改名日华纸厂，生产经营一度有所起色。1904年，日商在陆家嘴烂泥渡附近又开设了一家造纸厂，专门生产包装纸等。

凭借黄浦江优越的地理区位，浦东成为上海两个船舶修造业中心之一，码头仓栈业伴随兴起，同时，卷烟业、纺织业、钢铁业、火柴业和造纸业等也有了发展。与此同时，现代的酿造业、食品加工业和建筑业等都开始出现并得到发展，机器的使用逐步地改变了浦东地区以手工业为主的经济结构。这也意味着浦东的单一的自给自足的经济结构开始发生变化，现代经济开始萌芽。

但这些新兴工业大都设在濒临浦江的东岸地带，由于交通关系，深入浦东腹地者很少，并且在浦东腹地的企业由于资金比较薄弱，规模都不大，设备也比较陈旧，也没有形成产业集群和产业链。

浦东的这种沿岸码头经济发展，也打破了昔日沿江地区村舍簇立、阡陌纵横的乡村景致，浦东的沿江地区最先开始向城市化发展。浦东沿岸从西向东原来独立的聚落一批批消失，代之而起的是工厂或居民区，这些居民区大致可分为三类，即棚户、旧式里坊弄和城市市镇。

浦东沿江地区的城市化演变最初是在相当恶劣的环境下开始的。大量的移民来到沿江地区，住房很差，不少是简陋的“水阁子”“滚地龙”及芦苇棚，逐步形成一个个棚户区。

一百年前，一位外来访问者这样描述了浦东沿江的景象：

远眺芦苇丛生的江滩，但见满是搁浅的遇难船只残骸和飘浮上岸的货物，还有木桩和水坑。夏日西下，江滩上暑热难挡；到了冬季，西北风同样呼啸肆虐。寄生此地的人们也许能得到些许实惠，但我们很难承认对拖家带口的居民而言，这是个理想的栖息之地。[88]

浦东沿岸由于人口增加，房地产业也逐步兴盛，推动了浦东早期旧式里弄的形成。光绪后期（1900 年前后）在今东昌路出现了浦东最早兴建的旧式里弄——仁记里。据《南市区地名志》所载，南市区浦东地区共有旧式里弄 20 多处；黄浦区浦东部分尚有 100 余处，这些旧式里弄均建于 20 世纪初至抗日战争前。而据《黄浦区地名志》，20 世纪初，现陆家嘴区域的沿江地区，兴建了 120 处旧式里弄。[89]

随着沿江一带人居增加，江边又形成了白莲泾、周家渡、南码头、陆家嘴、烂泥渡、杨家渡、老白渡、庆宁寺、其昌栈、居家桥、胜利镇等集镇，成为早期的城市化区域。

这些集镇，有些是因地处交通要道，有些是因工厂、栈房集聚而形成的。居民和就业者的增加，也吸引了一家家商号到浦东开店经商，市面日渐兴盛，沿江局部地区形成初具规模的商业街。如庆宁寺最初只是个村民聚落点，清宣统二年（1910 年），浦东塘工局开设了从东沟经庆宁寺至南京东路外滩的第一条水上航线，1925 年上川铁路在庆宁寺设站，并与轮渡联运，成了浦东东部地区民众前往浦西的主要通道。庆宁寺人流迅速增加，成为浦东一个市面繁荣的集镇。[90]

20 世纪 20 年代后，浦东的沿江地区开始有了电。民国八年（1919 年），地理学家童世亨与黄炎培、穆藕初等集资在张家浜创办浦东电气股份有限公司，成为浦东地区最早的供电机构。“自新机放光以来，电力充足，灯光明亮，用户无不称便”，“报装电灯者络绎不绝”。30 年代后从沿江地区扩展到东南部。[91]

但是，浦东沿江地区的城市化毫无规划，在很长的时期内，浦东的城市化是在一种无序、低水准的状态下自然演进。

到了 1930 年前后，国民政府辟筑了今浦东南路、浦东大道和东塘路。该路北起高桥，南至周家渡，路成以后，俨然成为浦东城乡的分界线，路东依旧是泥径纵横，村舍散布，路西则为工商居住区。除旧有的洋泾镇、庆宁寺等集镇，路东直至

1949 年，依然是农村气象。

总体上看，浦东近现代形成的沿江城市化地区，市政建设落后，道路狭隘，居住条件简陋，文化娱乐设施鲜少，水陆交通极为不便，发展十分缓慢。上海人常说的“宁要浦西一张床，不要浦东一间房”，是很长时期内浦东落后的市政建设现状的真实反映。

上海的母亲河黄浦江真是有点偏心，她在奔向大海的途中弯了一下腰，把繁荣送给了浦西，把落后留给了浦东。到 20 世纪五六十年代时，浦东和浦西已经完全不能比了。

注释

①《浦东历史上的盐业》，载王洪泉等编：《浦东今古大观》，上海科学技术文献出版社1992年版。

②《川沙抚民厅志》，载《上海府县旧志丛书·川沙县卷》(上)，上海古籍出版社2011年版。

③ 据《下沙镇志》："下沙旧名鹤沙，是南汇县最早成陆地区之一。其名由来，源于盐场的发展和有关白鹤家乡的传说。解放前，下沙、鹤沙两名兼称。解放后，成立下沙区人民政府，人们即惯称下沙。"

④ 鹤窠村在今航头镇(原下沙镇)谈弄村鹤坡塘边。据葛方耀主编：《南汇老地名》，上海辞书出版社2011年版。

⑤ 陈椿：《熬波图》，载《四库全书》史部。

⑥《下沙镇志》，方志出版社2004年版。

⑦ 杨潜：《云间志校点本》，上海市松江县地方史志编纂委员会1988年版。据《云间志》，浦东场下属浦东、金山、遮山、柘湖、横浦5个分场。袁浦场下属袁浦、六鹤、横林、蔡庙、戚漴5个分场。青村场下属青村南、青村北2个分场。下沙场下属下沙南、下沙北、大门、杜浦4个分场。南跄场没有分场。有学者据此认为，里护塘是于南宋乾道八年(1172年)为保护华亭县下沙、青村、袁浦、浦东、横浦五盐场免遭海浸而修筑。见《下沙盐场与〈熬波图〉》，载《南汇老地名》。

⑧ 下沙镇编纂委员会编：《下沙镇志》第二十六章，方志出版社2004年版。

⑨ 据陈椿在《熬波图》一书的序言："宋建炎中，始立盐监，地有瞿氏、唐氏之祖，为盐监、为提干者。"另据明《鹤沙志》记载："宋建炎年间设盐课司于下沙镇，因名之下沙场，商贾咸集，遂成都会。"

⑩ 傅宗文：《宋代草市镇研究》，福建人民出版社1989年版。

⑪《资治通鉴》卷二二六。

⑫《太平寰宇记》卷一三〇。

⑬ 杨潜:《云间志校点本》卷上场务,松江县地方史志编纂委员会 1988 年版。

⑭《元史·郝彬传》。

⑮《华亭县志》卷七载:松江分司驻下沙镇,辖八场。

⑯ 吴轩:《浦东地名文化》,载《浦东史志》2015 年第 1 期。

⑰ 盘(柈)即煮盐用的一块大铁板,呈凹圆形,由几块大小不同、形状各异的铁板拼凑而成,拼凑结缝间必须紧密相连,不允许有任何裂隙。

⑱ 陈椿:《熬波图》,载《四库全书》史部。

⑲《浦东历史上的盐业》,载《浦东今古大观》,上海科学技术文献出版社 1992 年版。

⑳ 据谯枢铭:《宋元两代上海地区的盐业生产》:元代横浦场一万零二百零六引有奇;浦东场一万六千六百六十四引有奇;袁浦场四千五百五十四引有奇;青村场一万零七十七引有奇;下沙场三万三千四百一十五引有奇。载《上海史研究》二编,学林出版社 1988 年版。

㉑ 郭正忠:《中国盐业史》古代编"两浙盐课银征收、分配表",人民出版社 1997 年版。

㉒ 下沙镇编纂委员会编:《下沙镇志》第二十六章,方志出版社 2004 年版。

㉓《明史》卷八〇,《食货四·盐法》。

㉔ 下沙镇编纂委员会编:《下沙镇志》第二十六章,方志出版社 2004 年版。

㉕ 载《大清会典事例》,转引自《盐法通志》卷五一"引目"九。

㉖ 唐国良:《浦东历史上的两次大移民》,载《浦东文史》2007 年第 1 期。

㉗ 薛振东主编:《南汇县志》,上海社会科学院出版社 1995 年版。

㉘ 谯枢铭:《宋元两代上海地区的盐业生产》,载《上海史研究》二编,学林出版社 1988 年版。

㉙ 朱鸿伯主编:《川沙县志》,上海人民出版社 1990 年版。

㉚ 顾炳权主编:《上海浦东新区地名志》卷五聚落地名,华东理工大学出版社 1994 年版。

㉛ 明《鹤沙志》记载:"宋建炎年间设盐课司于下沙镇,因名之下沙场,商贾咸集,遂成都会。"

㉜ 清光绪《南汇县志》卷十八人物志六,载《上海府县旧志丛书·南汇县卷》(上),上海古籍出版社 2009 年版。

㉝ 有关盐课司署迁至下沙南场址具体时间,据薛振东主编的《南汇县志》记载为:1295 年前后(元代初期)下沙盐课司由下沙迁新场,不久,北桥税课司亦迁至新场,新场逐

渐成镇。

㉞ 载《鹤沙瞿氏族谱》第三卷，(清)瞿塘、瞿朝泰等纂修，清嘉庆十年(公元1805年)木刻活字印本，现被收藏在上海市松江区博物馆。

㉟ 明弘治《上海志》卷二山川志，载《上海府县旧志丛书·上海县卷》，上海古籍出版社2015年版。

㊱ 清《分建南汇县志》，载《上海府县旧志丛书·南汇县卷》(上)，上海古籍出版社2009年版。

㊲ 王毅：《中国皇权制度研究》(下)，北京大学出版社2007年版。

㊳ 清乾隆《南汇县新志》，载《上海府县旧志丛书·南汇县卷》(上)，上海古籍出版社2009年版。

㊴ 林拓、张修桂：《上海南汇地区环境变迁与经济开发及其政区演变的相关研究》，载《地理科学》2001年第6期。

㊵ 林拓、张修桂：《上海南汇地区环境变迁与经济开发及其政区演变的相关研究》，载《地理科学》2001年第6期。

㊶ 一团，俗称头团，今大团镇；二团，管辖万祥、三墩地区的盐业生产，现已划入大团；三团，今惠南镇；四团，盐仓，今归入祝桥镇；五团，今祝桥镇；六团，六团湾；七团，江镇，后划入川沙镇；八团，今川沙镇；九团，龚路，后划入曹路镇。

㊷ 杨德泉：《清代前期的两淮盐商》，载《扬州师范学院学报》1962年第16期。

㊸ 梁方仲：《明代国际贸易与银的输出入》，载《中国社会经济史集刊》第6卷第2期1939年12月。

㊹ [美]黄仁宇：《万历十五年》之《自序》，生活·读书·新知三联书店1997年版。

㊺ [美]黄仁宇：《万历十五年》之《海瑞——奇怪的模范官僚》，生活·读书·新知三联书店1997年版。

㊻ [英]阿诺德·约瑟夫·汤因比：《历史研究》，上海人民出版社2010年版。

㊼《周浦镇志》，方志出版社2005年版。

㊽《同治上海县志》。

㊾ 陶宗仪：《南村辍耕录》卷二四，中华书局2004年版。

㊿ 陶宗仪：《南村辍耕录》卷二四，中华书局2004年版。

51 清雍正《分建南汇县志》卷十五，载《上海府县旧志丛书·南汇县卷》(上)，上海古籍出版社2009年版。

52 包世臣：《安吴四种》卷二九，见《上海碑刻资料选辑》，上海人民出版社1990年版。

53 清雍正《分建南汇县志》卷十五，载《上海府县旧志丛书·南汇县卷》(上)，上海古籍出版社 2009 年版。

⑭ 郑祖安:《“浦东”历史发展概说》,载唐振常、沈恒春主编:《上海史研究》二编,学林出版社 1988 年版。

⑮《沪市土布业近况调查》,转引自《江南土布史》,上海社科院出版社 1992 年版。

⑯《周浦镇志》,方志出版社 2005 年版。

⑰《木棉之利骁浦东》,载《浦东今古大观》,上海科学技术文献出版社 1992 年版。

⑱《南汇县续志》卷十八,载《上海府县旧志丛书·南汇县卷》(下),上海古籍出版社 2009 年版。

⑲《元史》卷九三《食货志一·海运》,中华书局 1976 年版。

⑳ 吴贵芳主编:《古代上海述略》,上海教育出版社 1984 年版。

㉑ 马学强:《上海通史》第二卷《古代》第五章,上海人民出版社 1999 年版。

㉒《元史》卷九三《食货志一·市舶》,中华书局 1976 年版。

㉓ 清《分建南汇县志》卷三,载《上海府县旧志丛书·南汇县卷》(上),上海古籍出版社 2009 年版。

㉔ 顾柄权编著:《上海风俗古迹考》一,华东师范大学出版社 1993 年版。

㉕ 清嘉庆《松江府志》卷三三,《武备志·海防》。

㉖ 明嘉靖《上海县志》卷一风俗,载《上海府县旧志丛书·上海县卷》,上海古籍出版社 2015 年版。

㉗ 马学强:《上海通史》第二卷《古代》,上海人民出版社 1999 年版。

㉘ [英]胡夏米:《“阿美士德”号 1832 年上海之行纪事》,载《上海研究论丛》(第 2 辑),上海社会科学出版社 1989 年版。

㉙ [英]胡夏米:《胡夏米致英国外交大臣巴麦尊的信》,载《中国近代对外关系史资料选辑》上卷第一分册,上海人民出版社 1977 年版。

㉚ [美]罗兹·墨菲:《上海——现代中国的钥匙》,上海人民出版社 1986 年版。

㉛ 潘君祥:《从“小苏州”到“大上海”——上海贸易地位的变化》,载《近代中国》1994 年。

㉜《上海港志》大事记,上海社会科学院出版社 2001 年版。

㉝《上海港史》(古近代部分),人民交通出版社 1990 年版;《上海港志》大事记,上海社会科学院出版社 2001 年版。

㉞ 张仲礼主编:《近代上海城市研究》,上海人民出版社 1990 年版。

㉟ 余秋雨:《上海人》,载《文化苦旅》,东方出版中心 1992 年版。

㊱ 茅伯科主编:《上海港史》(古、近代部分),人民交通出版社 1990 年版。

⑦ 上海竣浦局编:《上海港口大全》,1921年版。转引自龙鸿彬:《外资抢占浦东沿江岸线建造港口码头》,载《近代浦东散记》,上海社会科学院出版社2009年版。

⑦8《上海公论》第三卷第10号,转引自茅伯科主编:《上海港史》(古、近代部分),人民交通出版社1990年版。

⑦9《上海船舶工业志》总述,上海社会科学院出版社1999年12月版。

⑧0《字林西报》1865年5月27日,转引自丁日初主编:《上海近代经济史》第一卷(1843—1894年),上海人民出版社1994年版。

⑧1《浦东船舶修造史》,载《浦东今古大观》,上海科学技术文献出版社1992年版。

⑧2 洛杨:《实业大王刘鸿生在浦东》,载《百年浦东同乡会》,上海社会科学院出版社2005年版。

⑧3 茅盾:《子夜》,人民文学出版社1987年版。

⑧4 上海市城市规划设计研究院编:《大上海都市计划》(下)影印版,"大上海都市计划总图草案二稿报告书"第四章,同济大学出版社2014年版。

⑧5《上海市年鉴》,1936年版。

⑧6 上海社会局编:《上海之工业》,中华书局1933年版。

⑧7 上海社会科学院经济研究所编:《中国近代造纸工业史》,上海社会科学院出版社1989年版。

⑧8 吴健熙:《九十年前的浦东一瞥》,载《上海滩》2001年第四期(摘译自佚名:《上海昼夜》,上海英文文汇报社1914年版。)

⑧9《南市区志》,上海社会科学院出版社1997年版;《黄浦区志》,上海社会科学院出版社1996年版。

⑨0 顾炳权主编:《上海浦东新区地名志》,华东理工大学出版社1994年版。

⑨1《浦东电气公司减轻电费》,载《申报》1926年1月5日。

第三章 开发先声：民间与政府的努力

3.1 小农经济开始转型，习商习工

1843年11月17日上海正式开埠，被迫打开了闭关锁国的大门，开始了从农业社会向现代国家的艰难转型。

自明清后，上海地区的家庭手工棉纺织业趋盛，“人民生事，农而已矣，有副焉者，厥为纺织”。所产土布除自给外，还进入市场流通，销往四处。但好景不长，进入工业时代的西方国家撬开了中国的大门，“不断扩大产品销路的需要，驱使资产阶级奔走于全球各地，它必须到处落户。到处创业，到处建立联系。”①廉价外国机制棉纺织品的输入很快将上海地区兴隆的手工纺织业击垮，一家一户的小农家庭手工棉纺织业陷于困境。

浦东也不例外，“旧时妇女织成布匹，经纬之纱都出女手，自洋纱盛行，而轧花、弹花、纺纱等事，弃焉若忘，幼弱女子亦无有习之者”。②

机纱取代手工摇纱，色泽鲜艳的洋布打败了土布，又快又稳的轮船战胜了沙船，昔日享誉盛名的手工棉纺织业、沙船业渐渐衰败，地少人多的浦东农村陷于困境后，浦东人开始谋求转型。

最先是机织毛巾业的兴起。棉质毛巾亦称手巾，浦东农家原也有手工织造。民国《川沙县志》记载：“其在本境，向以女工纺织土布为大宗，自洋纱盛行，纺工被夺，贫民所恃以为生计者，惟织工耳。嗣以手织土布，尺度既不甚适用，而其产量更不能与机器厂家大量生产者为敌。清光绪二十六年，邑人张艺新、沈毓庆等鉴于土布之滞销，先后提倡仿制毛巾。毓庆就城中本宅创设经纪毛巾工厂，招收女工，一时风气大开。其后经纪停闭，而一般女工，皆能自力经营，成为家庭主要工业。二十年来，八团等乡机户林立，常年产额不少，于妇女生计前途，裨益匪浅。”③

之后，又有以出口为主的手编花边业的兴起。也就是凭着一根绣花针，浦东川

沙一带的妇女在线网上编织图案，制成各种装饰品，花边美观大方，深受洋人青睐，为外商争购。

民国《川沙县志》："花边一物，西国妇女服装大概喜用。如窗帘、几毯等装饰品，亦多需此，于美国为尤盛。民国二年春，邑人顾少也发起仿制穿网花边，设美艺花边公司于上海，并在高昌乡各路口镇设传习所，教授女工，不收学费，一时本境女工习此业者，不下千数百人。其所出物品，因货美价廉，销路颇畅，除批发于同业各号外，余均行销欧美诸邦。"④

因为产销兴旺，这家公司扩充资本，"改组文明美艺花边厂于曹镇。而同业润昌号亦于龚镇分设公司，收发花边。自此以后，顾镇、徐镇、高行南北镇、新港、合庆等处，相继设立公司，传授女工。地方妇女年在四十岁以下、十岁以上者，咸弃纺织业而习之。全邑出品价值，每年骤增至五六十万元以上。妇女所得工资，达二十万元以上，贫苦之户，赖此宽裕者数千家"⑤。

这也就是浦东人自豪的"一根针"。可以看出，家庭手工业在浦东的发展。一时间，有不少浦东人凭着小小一根针发了小财。

浦东的花边业在20世纪30年代达到了鼎盛时期，仅川沙地区较有规模的花边公司和工厂就有47家，从业者23 050人，年产花边百万张。也有众多的工匠凭着这些绝技远渡重洋，到海外去发展。⑥

这些一时成为千门万户赖以维持生活的活计，但是花边业仍然属于小作坊式的纺织业。也就是说，在依然是自给自足的农耕文化中，没有组织公司、设立工厂的规模化生产要求，没有现代金融制度提供扩大再生产和技术改造的融资保障，最后对外也缺乏开拓市场的能力，完全不是现代化工商企业的发展。

这首先表现在为了谋求出路，浦东人很实际地外出习商、习工匠、进工厂。民国《川沙县志》记载："迩来壮强男子，多往沪地习商，或习手艺，或从役于外国人家，故秧田耘草，妇女日多，竟有纤纤弱质，不惮勤劳者。"⑦

于是，当地开明的乡绅也办起了各种实业。如开辟花边、刺绣、毛巾、袜子的生产，就连士大夫沈毓庆也在家中做起了毛巾生意。也有的在沪设工厂、作坊，让乡人习艺，有的设营造厂招泥、木工承包市区建筑工程。可以想见浦东那时的商业氛围。

据黄炎培1928年实地调查川沙农村经济状况后记载，当地农家副业这时更趋多样化，特别是“北部工商副业大都依靠上海市，所以北乡四十一农户中，十分之九皆有副业。”⑧

据20世纪50年代初土改时调查，沿黄浦江一带附近农村，农民使用土地较少，多兼作手工业或其他职业，80%的户数中有从事产业工人劳动者，因之在土地使用特点上，这一带出租土地数量较大。占用土地主要是因有住屋等建筑物，直接经营土地者颇少。甚至农民也出租土地，以抽身从事其他工作，这就是农民们常说的寻找“活路钿”的思想。⑨

副业，主要是手工业和服务业。浦东越来越多的人“往沪地习商，或习手艺，或从役于外国人家”，从事服务业，并在其中取得了成绩。

其中最值得称道的是浦东人的“三刀一针”。

第一把刀是泥水匠手中的泥刀，也就是浦东的建筑业。

上海开埠，因其地理、经济等综合优势，很快发展成为中国乃至远东最大的都市，城市人口也从开埠前的约27万跃增至1910年的128万余人。尤其是浦西开辟租界，形成“十里洋场”，人口急骤增加，居住用房、商业用房、公务用房及道路建设等需求高涨，出现了一个庞大的建筑市场。市政建设需要大量土木工匠。浦东同浦西仅一江之隔，得地利之便，许多原来在农村农忙务农、农闲务工的泥水工和木工都进入上海，成为上海最早的近代建筑工人。他们中最先是“水木作”工匠，习惯于作坊式经营，有着很好的技艺，只需依据业主的要求，用一张很简单的草图就能施工。

但是大量的西方人到来，不仅仅带来了西方的建筑样式、建筑材料、技术、人才等，还带来了建筑设计、工程招标，促进了上海建筑业由传统的作坊式向现代建筑业的转变。而浦东的能工巧匠在为外国业主的服务中，也渐渐地学到了西式的建筑技术和经验，完成了由“水木作”工匠到现代化施工队伍的转型。

最有代表性的是浦东蔡路镇人杨斯盛(1851—1908年)。此人没有受过高等教育，十三岁到上海学做泥水匠，先后在海关以及外商住所从事房屋修建，熟悉了西方建筑技术，也会英语。光绪七年(1880年)他在上海开设了杨瑞泰营造厂，这是上海建筑史上第一家独立的近代工程施工组织。

由此发端，杨斯盛与浦东一些主要营造厂主关系密切，如顾家曾、江裕生、张效良，被浦东帮尊为四贤。因为这四位前辈的良好关系，带领出一大批营造厂业主。

浦东籍营造业主雇佣工人时，首先是招收本乡本土的人，带动一批又一批的浦东人到浦西做工。据史料记载，1935 年，川沙县有户籍 30 618 户，在上海从事泥水工和木工的有 1.5 万人左右，平均每两户中有 1 名建筑工人。民国《川沙县志》称："川沙人在上海就业的，论其量，数之大，则以水木工人为第一。"[10]

1919 年，在上海登记注册的规模较大的营造商有 60 多家，业主绝大多数是浦东人，其中位列前 10 名的杨瑞泰、汪裕记、顾兰记等 8 家的业主都是浦东人。故有"浦东人造了半个上海城"之说。[11]

浦东人建造的一批建筑，因其独树一帜的建筑风格在行业内享有较高的声誉，如先施公司大楼、国际饭店、永安公司新大楼（又名七重天）、龙华机场、美琪大戏院、沪光电影院、美国领事馆、苏联领事馆，还有扬子江保险公司大厦、英美烟草公司、日商纱厂、美国怡和纱厂、怡和啤酒厂、上海煤气厂、马勒别墅等，均为浦东能工巧匠的传世佳品。尤其是海关大楼、和平饭店、中国银行大楼、杨树浦发电厂至今仍是上海建筑物中的杰作。

可以说，那时浦东的产业经济转型中，建筑业是最成功的，以杨斯盛为代表的浦东建筑业，不仅仅依靠着良好的技艺，更重要的是学习了先进的市场理念，有了科学的管理组织，适应了现代建筑市场的需求。

第二把刀是裁缝用的剪刀，也就是浦东手工服装业。

随着浦东棉花纺织业的发展，服装制作也在浦东发展起来，在上海未开埠前，城镇居民已开始注重服饰打扮。上海通商后，服饰方面，华洋杂处，"家无担石，华衣鲜履"。

浦东裁缝有了用武之地。起初，他们只是"做出门裁缝"，继而在乡镇上摆"裁缝作台"，最后发展到浦西开裁缝店。因为做裁缝的收入比植棉织布丰厚，浦东人做裁缝的越来越多，尤其是川沙县城内，几乎家家都有做裁缝的。许多家庭都是子承父业，世代以做裁缝为生。1950 年初统计，1950 年全县有营业执照裁缝铺 179 户，从业人员 367 人，兼农裁缝（农忙时种田，农闲时做裁缝）3 000 余人。[12]

第三把刀是厨师的菜刀。

上海开埠后，洋行里需要厨师，大都由浦东人担当。当地人将西菜称为大菜，厨师称为"大菜师傅"。浦东人更以烧本帮菜见长。"本帮菜"就是浦东菜，出名的有八宝辣酱、炒什锦、糖醋排骨、白斩鸡、腌鲜汤等。那时，几乎各家饭店都有"本帮菜"招徕吃客，因此，浦东人的菜刀也就闻名沪上。其中，最出名的是施湾乡的施锦江，他一生烹调 50 年，带徒上百名，对近代上海的餐饮业有一定的影响。

清末民初，一批身怀着精深烹饪绝技的三林厨师纷纷抢滩上海，最为著名的是三林本帮菜，鲁迅、白杨、周信芳等社会名流都曾莅临品味。2008 年，三林本帮菜被列入浦东新区非物质文化遗产名录。

一针就是"一根绣花针"，即浦东的民间花边业。

上海开埠以后，浦东由从属于自然经济转向依附于近代城镇经济和外贸经济，习商习工，并没有出现国内其他地区常见的大面积农家破产、没落，生计陷于困境的窘况。相反较早离开土地，进入城市，在城市化进程中谋得地位。

谋求出路而不拘于传统，这是浦东从海水中浮出来后，先民们在长期劳作中形成的一种意识，这种意识一旦有了合适的环境，就会推动一代又一代浦东人为了开发这块土地孜孜以求。

3.2 同乡会的家乡建设

上海开埠以后，浦东和浦西在经济与社会发展方面的落差开始加速拉大。尤其是自 1907 年起，黄浦江开始疏浚航道，形成宽阔的江面，通行万吨巨轮的黄金水道。这也使在黄浦江上架桥更加困难，因为桥面必须高于江面数十米，才不致影响通航，而要便于汽车过桥，引桥必须建得很长。建桥也就只能是一个梦想，过江难就这样形成了。

一条黄浦江成为天堑，成为两岸人流、物流、资金流的最大障碍。

黄浦江不仅成为一个自然屏障，也成为一个心理屏障。居住浦西的居民称来自黄浦江东面的人为"浦东人"，语气中多少含有"乡下人"的意思。而"浦东人"越江去浦西，称为"去上海"。

浦东、浦西经济文化发展极不平衡，给浦东人“是一种生活方式的差异，一种文明转换过程中的落差，一种西方式的城市文化对中国传统农工商业生活的巨大冲击”⑬。

浦东的有识之士看到了这一点，尤其是在浦西发展的浦东人。清光绪三十一年(1905年)，由李平书、黄炎培、叶惠钧、张志鹤、杨斯盛、顾兰洲等人发起成立浦东同人会，以宝山、上海、川沙、南汇、奉贤、金山、华亭(今松江)区域内的旅沪同乡组织而成。

浦东同人会选举浦东人、著名绅商李平书为董事长。后来还创办了一份《浦东报》。

1911年，辛亥上海光复，李平书担任沪军政府民政总长。袁世凯篡权后，李被迫流亡日本，无暇顾及同人会会务。期间，同人会由黄炎培、张志鹤等主持。

李平书晚年病多体衰，1924年同人会从浦西南市王家码头迁到望平街，选举职业教育家黄炎培任董事长。

自1928年7月至1932年1月，浦东同人会先后改名为浦左同乡会、浦东旅沪同乡会、浦东同乡会等。浦东“同乡”的范围，其时已从最初成立时的奉贤、南汇、川沙、宝山、上海五县，扩大到宝山、上海、川沙、南汇、奉贤、金山、松江七县的浦东地区。

上海青帮大亨杜月笙，出生浦东高桥，也热心参加同乡会的活动，被选为同乡会常务理事会主席。同乡会则利用杜月笙的声望，提高浦东同乡会的社会地位。

浦东同乡会成立后，开始关注浦东的开发建设。

上海开埠后，浦西地区的交通现代化发展迅速，但浦东几乎空白。同乡会成立后不遗余力地发展浦东的交通等公用事业建设。

1925年10月8日，一列火车从浦东沿江的庆宁寺站出发，驶向川沙。这列火车比一般火车要小一些，行驶轨道也窄一些。车厢内的座位和现在的地铁车厢一样，是靠边两排长座椅。车厢门也像现在地铁一样，是横着两边拉开的，据说是为了方便沿线的农民挑着担子上下车。小火车运行时，响亮的汽笛声几里路外都会听到。⑭

这条长达13.9公里的铁路正是浦东同乡会的功劳。

浦东大厦里的浦东同乡会

早在清宣统元年(1909 年)，李平书呼吁，与上海、川沙、南汇、奉贤、华亭(今松江)、金山等五县一厅的绅士们筹筑沪金铁路，但当时由于资本不足，工程未能进行。1921 年 1 月，黄炎培、张伯初等召集同乡筹建上川交通股份有限公司，得到了同乡的支持，踊跃认购，股金很快筹足。次年工程动工，铺设铁轨，至 1925 年浦东庆宁寺至川沙一段，全线通车。之后又延长至南汇县祝桥，全长 33.35 公里。与此同时，地方绅士穆湘瑶等筹建浦东周家渡到南汇周浦镇的上南铁路，1925 年建成。

公共交通事业由民间承担，这也是浦东早期开发的一大特色。尽管浦东的民间团体、机构对于浦东的开发建设贡献虽然有限，但是这种来自民间的草根力量是非常可贵的。

如今，在华夏东路川沙烈士陵园西侧静静地停着一个老式的小火车头。作为历史的见证物，无声地告诉参观者同乡会建设上川铁路的历史。

浦东濒海，多潮害，筑塘与浚河历来是浦东地方的两大工程。由浦东同乡会发起，在1929年疏浚了烂泥渡、成塘港等近浦支河。抗日战争后，又主事疏浚马家浜、都台浦（即曹家沟）。

沿海塘堤，由于没有专门治理机构，以致长期失修，隐患严重。1931年4月，沿海发生特大潮灾，造成极大危害。同年9月，浦东同乡会杜月笙、黄炎培、穆藕初等20余人聚会，经商议后决定由杜月笙、穆藕初、杨清源等赴宝山、太仓方面塘工事务局，洽谈统一组织塘工委员会，又公推三人亲赴宝山、太仓、浏河、高桥、金山嘴等处各海塘实地调查险状。由穆藕初每日定时处理有关护塘事务。

1937年4月3日，同乡会全体理监事决议，由穆藕初、黄炎培、沈梦莲、吕岳泉4位常务理事具名《致杜月笙主席理事函》，请杜同意将祝他50大寿的礼金全移建浦东海塘。

杜月笙于同年5月27日复函，表示完全赞同。[15]

当然，修建海塘工程巨大，耗费不菲，仅仅依靠祝寿礼金远远不够，同乡会又致电市政府请求尽快拨款修建海塘。可惜，没几天抗战全面爆发，修海塘之事也就被搁置。但是浦东同乡会建设家乡的举动让人起敬。

浦东沿江一带公用码头缺乏，船只出入浦东甚为不便，不利于浦东经济发展。为此浦东同乡会发起组织"市轮渡地方公营筹备会"，并向市政当局发出在浦东沿江一带兴建公用码头的呼吁，以兴利除弊，达到振兴浦东地区经济的目的。

1934年1月，浦东同乡会向上海市市长吴铁城请求，"今沿浦所有交通码头，均被收归市有，一般市民不得自由使用。今后凡市轮渡占用公路码头之旁，必须建造一民众公用码头以便市民，不使营轮渡事业者操纵垄断交通。"[16]

当时市轮渡营业所得为浦东地区财政收入的一项重要来源，但自轮渡收归官营后，弊端丛生。因此，同年同月，浦东同乡会还提出将市轮渡官营为地方公营的提案，认为"轮渡收归市公用局办理，频年增加票价，乡民负担不胜"。请求"由本会发起组织市轮渡地方公营筹备会，凡浦江轮渡统归办理"。[17]

在同乡会的工作中，实现地区自治也是一大重点。

清末，1900年八国联军的炮声，1904年日俄战争中日本的胜利，以及1905年深宫里的太后同意立宪，这一切推动了中国各地的"地方自治热"。地方精英成为了自治的主角，浦东人如李平书、黄炎培等都不遗余力卫乡卫权。

而20世纪初，是中国政局大动荡的时期，革命、政变、混战、割据，中央政府走马灯般更迭，城头不断地变幻大王旗。地方政府的行政治理能力可想而知。因此，民间自治的要求也越发强烈。

而在上海自治呼声更高，行动也更大。开埠以后的半个世纪，形成了三个区域：由清政府管辖的华界、列强治理的公共租界以及法租界。外国人在租界，修路造房，开办水电煤等公用事业，租界干净整洁，华界却是破破烂烂，水电煤供应要仰洋人的鼻息。强烈的反差刺激着上海的绅商。尤其是在上海的1905—1911年，上海地方开展了自治运动，如成立了城厢内外总工程局、城厢内外自治公所等，这一时期地方自治思想深入人心，而乡绅们自然成为自治运动的主角，积极地参与社会活动。

浦东同乡会可说是积极的鼓吹者，将实行地方自治当作开发地方事业的当务之急，而地方自治中一个很重要的内容便是振兴实业。

1932年4月22日，李程之律师为浦东同乡会起草了数以千言的《旧松属六县试办自治意见书》，请求实现浦东地方自治，意见书提出了在浦江沿岸开工业特区，引进外资，允许外国投资者自由杂居的设想。

意见书还提出："振兴实业之计，宜在沿浦两岸开辟一地段作为工业区域，聘请专家担任设计，其所需经费可向国外筹借，并允许外人投资该处。凡愿服从吾国法律者，亦不妨准其杂居，自由营业。"⑱

1937年7月20日，浦东同乡会杜月笙等又致函上海市市长俞鸿钧，请求实现浦东自治。信中称："窃以地方自治为民主国家至要之制度，亦为孙总理手定之建国计划中所认为根本政治。……就上海现状以观察，要可采官民合作之旨，而奠地方自治之基。……本会组自浦东民众始，就上海市之浦东以为计划策求实用。"

为此，还务实地提出了"勤选地方人才使服务地方"，"划定事业经费"，"规定自治步骤"，"组设办事机关"四个方面的实施构想。⑲

在浦东同乡会的大事记中，赈济和慈善也是一项重要工作。

那时代，天灾人祸时时发生。1933年9月2日、18日，两次强台风，沿海受灾惨重，同乡会与其他地区的民间组织募得银元366 563元，另加物资折合18 000余元分发各灾区。

抗战时间，浦东同乡会更是在抗日救亡运动中发挥作用。

1932 年“一·二八”事变后，2 月 4 日，浦东同乡会发出关于救济本埠兵灾同乡的通告。同乡会组织战时救济团，遣送受难同乡回籍，在周浦镇和杨思镇设立难民收容所 12 处，先后收容难民 4 186 人，并在周家渡、白莲泾、塘桥、老白渡、烂泥渡、洋泾等地设站发救灾米。其间，同乡会发动会员捐助被絮、棉背心 1 200 件，并为上海救济会转发各界捐募的面粉、大米、奶糕、大饼、面包等食品，为上海地方协会代发衣服一万余件。[20]

浦东大厦还成为抗日救亡团体集聚地。1937 年 10 月，非常时期难民救济委员会上海市分会（上海市救济委员会）成立，总办事处在浦东大厦三楼。

在浦东大厦的三楼还有洪兴协会战时工作委员会、上海市教育界救亡协会。在五楼有上海市学生战时服务团、上海市作家救亡协会、上海市电影制片业同业公会、上海市文化界救亡协会。

上海市文化界救亡协会还在浦东大厦出版《救亡日报》。该报创刊于 1937 年 8 月 24 日，每天出 4 版，郭沫若任社长。郭沫若与夏衍、田汉曾到浦东抗战前线慰问第八集团军张发奎将军的部队，撰写了《到浦东去来》一文并发表在《救亡日报》上。

浦东大厦成为当时抗日救亡活动中心，募捐物资进出分发，抗日同仁出入其中，就像强大的磁场辐射出民族凝聚力。

据称，浦东同乡会是仅仅次于宁波同乡会的第二大同乡会，其会务业绩也名列前茅。[21]

上海解放后，政府开始收编清理旧社会的各种团体。在这种形势下，1952 年 10 月，浦东同乡会函请中国人民救济总会上海分会“为使更好地为社会服务请予直接管理”。同年 11 月 19 日，浦东同乡会行政委员全体职工座谈会举行，宣布这一有着 47 年历史的同乡会结束。[22]

1953 年 2 月 3 日，浦东同乡会由救济总会上海分会接管。

3.3　塘工善后局卫乡护权

塘工局也是浦东历史上一个重要的民间开发机构，这一机构成立的机缘是一次特大暴雨。

光绪三十年八月初三(1905 年 9 月 1 日)，浦东地区忽遭特大暴风雨袭击，导致河水泛滥，冲毁堤塘，田地庄稼随之被淹没，棺木到处漂流。是夜，潮位高十八尺六寸，为近百年所未有。上海县知县汪懋琨接报后，饬令赶堵修堤，第二年新塘工完竣。[23]

有鉴于海塘不断地被冲坏，地方绅士谢源深站了出来，他会同朱日宣、朱有恒等商议成立一个处理有关善后、维护工程质量、养护海塘、预防水患的机构——塘工善后局。知县汪懋琨很快批示同意，并个人捐了一百两银子。

光绪三十一年十一月初一(1905 年 12 月 16 日)塘工局开张，由谢源深主持塘工局的日常业务，局址在浦东庆宁寺，后又迁至东沟口附近。

谢源深(1869—1921 年)是晚清举人。在中国乡村，举人是被称为老爷的，有着相当的话语权，即便他没有官职。谢源深是一个真正而有着社会责任感的读书人，清政府腐败无能，基层组织几乎无力为民办事，谢源深觉得光读书不能解决问题，因而决定不再参加更高一级的考试，专心致力于乡里的公益事业，并先后捐资创办了多所学校。

塘工局成立后立即着手海塘的善后工作，沿滩筑圩灌泥，加固加高海塘，疏浚河道，开挖淤壅，修建道路等市政工程建设。可以说，浦东近代市政工程正是从这时开始的。

其实，塘工局是一个半官方性质的市政建设机构，以水利和市政建设工程为主，后来业务扩大，又设了分局。其公务经费主要靠自筹，另外还依赖拨款、税收和捐款等，维持日常开销。

该局所辖区域主要包括上海县的洋泾、塘桥、高桥、陆行四区，为县辖二十二保、二十三保、二十四保的四十四个图，以及民国二年(1913 年)由川沙划隶之一个图。

塘工局成立不久后，就发现了一个非常严重的问题：外商频繁购置黄浦江边土地，“未售洋商者十不得一”。有的是公地被洋商非法侵占，有的是地贩将公地盗卖给洋商，还有的是洋商未按规定划出公共土地部分。

塘工局看到浦西被辟为租界，主权落于外人之手，浦东虽未开辟租界，而沿滩地大多已售洋商，忧心“浦江主权悉归外人掌握，……此时若不设法限制，将来浦江两岸无复我华人问津……否则浦东一带均在洋人势力圈中，其后患伊于胡底”。为此，在21年中，塘工局与日商三井、美商美孚、英商怡和等交涉，打了多起官司，几乎每年有好几起案件同时交涉。[24]

因此，塘工局的业务后来也不仅仅限于海塘养护，有很大的精力去清理公地契地，重立界石，没收无粮无单之地，同时收回部分外商强占之地，限制劣绅地贩买卖契地转让洋商，统一处理日益增多的中外土地交涉案。

此外，塘工局又集资兴建公益事业，建筑桥梁、码头，开设苗圃，设立小学及戒烟所等，其中以设置轮渡往返两岸最有影响。

那时的黄浦江上还没有桥，也没有固定的渡轮，只有零星的舢板出没其间。宣统二年(1910年)，塘工局开上海轮渡业之先河，购置百人客位的火轮，从浦东东沟经过庆宁寺到浦西外滩铜人码头，称东铜线。[25]

1910年南京路外滩铜人轮渡码头

到1927年，塘工局断断续续修建了洋泾镇路、民生路、道塘路、塘桥路等7条既短又窄的弹街路、煤渣路。[26]

1927年南京政府成立后，浦东塘工善后局被撤销，善后事宜移交给上海市政府浦东办事处办理。

从1906年塘工局成立到1927年结束的21年，是中国中央政府多变的时期，也是地方政府行政能力最弱的时期。这一动荡时期，谢源深等人站了出来，按照塘工局主持朱日宣的说法："所以谋公益、保主权、输文化、利交通，力图发展求适合于自治性质，经营二十余年盘根错节，心余力绌，间有不虞之誉。"

1921 年谢源深过世后，因为他在浦东早期开发中，尤其是沿江市政建设中的重要贡献，浦东民众为纪念他把张六路改名为源深路。[27]

3.4 早期浦东开发的先行者

上海开埠后，浦东一批又一批仁人志士转变思想观念，开始追求浦东的发展之路。如博览群籍，精通碑帖金石的沈毓庆竟然"弃儒服贾"，在自家中办起了毛巾厂，成为近代中国毛巾工业的先驱。绅商李平书致力于上海市政的各项改革，倾力于地方自治。教育家黄炎培坚持"要救中国，只有到处办学堂"，力推职业教育，培养学生手脑并用。实业家穆藕初引进美国科学管理制度，以"实业救国"。

这些浦东人都有着一种共同特点，注重实践，把研究学问与改造社会结合起来。

为此，黄炎培将之归纳为的浦东学派。

那是 1940 年 6 月，黄炎培为纪念浦东先辈秦锡田的逝世，以"述百年来浦东学派"为题，写了一首长诗，诗中对自 19 世纪 40 年代上海开埠后，至 20 世纪 30 年代百年间浦东学派的渊源流变、所作贡献及其代表人物作了阐述。

全文如下：

述百年来浦东学派悼秦文砚畦（锡田）兼示顾冰一（次英）、奚挺筠（世干）、张伯初（志鹤）、沈湘之（旖）、秦翰才、姚惠泉、顾向文诸子及济此家兄（洪培）、孟超侄（二十九年六月二十日）

歇浦一衣带，中外寰瀛通。其左蔚人文，百年学有宗。渊渊舒艺叟（张文虎号啸山，南汇周浦人，治学精博，著有《舒艺室集》），学海尊主峰。熹平沈氏后，父子玄与同（川沙沈树镛，号韵实，毓庆号肖韵，父子俱精金石学，藏有汉熹平石经残字，号所居曰汉石经室）。香草说群经（周浦于鬯，号香草，治经学），建义奇翻空。西奚(周浦西召家楼奚氏)与东顾(周浦东黑桥顾氏，多治朴学，奚世干号挺筠，香草之甥，清光绪间建书楼于周浦，倡新学)，相尚拾残丛。无忌似其舅，书接坐苦聋。粲粲诸门子，百里交萝松。川广非一源，迴合光昭融。其间有大师，矫矫温毅翁。于学无不窥，浑灏真体充。课实以致用，一时靡然从。我既师颖滨，进乃识长公。长公朴学者，砚田一劳农。苦学如苦耕，乐岁非倖逢。穷年治乙部，鲁叟志弥缝。兄弟补《晋书》，发愤谢雕虫。坐令十七家，家家成附庸。既珥兰台笔，遂德鄂诸钟。一官非所志，斗米腰折慵。父作子述之，鹿首迥五茸。世尊秦氏学，非徒文采丰。用以泽邦国。经济罗心胸。三林学舍成，百年莘莘童。农田曷兴利，岁岁勤水功。有院曰课勤，题桥记遗踪。蒸蒸式善俗，教孝亦教忠。温毅始创之，继起如日中。杨氏毁其家，立校曰浦东。绸缪三十年，以始亦以终。白下始议政，喷室见和衷。问谁故实语，谢彼诡辩雄。一方饮公醇，有守兼有容。民劳思小康。相期慰喁喁。

按照浦东学者顾炳权的研究，百年学有宗的浦东学派由周浦张文虎开辟于前，陈行秦氏父子奠定基石。川沙黄炎培等发挥于后。前后经过三四代人的努力，火播薪传，逐渐发展而最后孕成。[28]

1931年，由黄炎培起草的《浦东同乡会宣言》对此有集中的表述：

请更言浦左之人才，将军故垒，名士园林，里乘所书，不可问已。请言所百年来，或以学术，或以事功，有大贡献吾国家、吾社会的，学者如张啸山(文虎，南汇)，经学、小学、史学、校勘学，乃至词曲、音律无所不通，为清季一方朴学大师。算学如顾尚之(观光，金山)，天文如贾步纬(南汇)，经学如于香草(鬯，南汇)，金石如沈韵初、肖韵父子(树镛、毓庆，川沙)，皆其荦荦大者，余不胜举。海通以来，兴新政，倡新学，则有名手创招商局之朱云甫(其昂，宝山)，浦东最先兴学之顾旬侯(忠宣，南汇)，毁家创建浦东中学之杨锦春(斯盛，川沙)，而负有一方重望，凡于国家、于地方有重大兴革无不身为之倡。至不能以事名，人仰之如泰山，归之如流水，则若秦温毅(荣光，上海)，李通敏(钟珏，上海)，而李通敏尤于辛亥革命有奇功，其德深入人心而不可没。此皆为我浦左先贤，昭示后人，自立立人。之矩范者也。[29]

这段《宣言》中所提到的都是浦东学派中的主要学者。这个学派共有著述三百余种，涉及的领域十分广泛。从宣言开列的人物看，可谓人人握灵蛇之珠，家家抱荆山之玉。

浦东学派特点可以概括为"于学无不窥，浑灏真体充。课实以致用，一时靡然从"。

在提倡和振兴地方实业中，浦东学派也出现了不少著名人物。如《宣言》中提到的朱其昂，浦东高桥人。他是推进我国和上海近代化的先驱者，咸同年间承办海运，在李鸿章创的轮船招商局任总办。朱其昂逝世后，其弟其诒（字翼甫）继办招商局。又有从弟其懿（字叔彝）帮办。朱氏兄弟又曾在河北、天津、江苏、湖南等地创办机器制面、矿务、电报等。

又如，李平书在主持上海地方自治期间，成立救火联合会，创建中国品物陈列所、南市上海医院；辛亥光复后，拆除旧城，筑电车轨道，成立南市电车公司，使上海城厢地区的市政面貌有很大的改观。李平书还筹划在浦东建筑沪金铁路，旨在"保运输之权利，图沿海实业之振兴"。其后历经穆湘瑶、黄炎培、朱日宣等努力，建成上南、上川铁路。

浦东学派中许多人都以提倡教育、造就有真才实学的人才为目标。

这其中，最有代表性的是黄炎培。他是我国近代史上著名的社会活动家、教育家，是浦东学派的提出者和总结者，他的"职业教育"、"实业救国"思想在全国范围内产生了积极广泛的影响。

浦东学派诸人在为地方兴利除弊，发展经济、交通、教育和社会改造等方面，作出了各种努力，推动了浦东走向现代化的步伐。因此，浦东学者顾炳权认为，他们是早期浦东开发的先行者。[30]

更为难能可贵的是他们在地方开发和建设中有着一种开放的意识。

上海历史学家熊月之在《百年浦东同乡会》的序中指出，在一些出生浦东引领城市潮流的浦东人身上有着"浦东意识"和"浦东情结"。他指出："在先进的浦西，活跃着一批出生在浦东、引领着城市潮流的浦东人，诸如李平书、穆藕初、杨斯盛、黄炎培、杜月笙等，他们睹城思乡，油然而生一种浦东意识。这种意识，是城市化、现代化的意识，是不甘落后、见贤思齐的意识。"[31]

这种意识本质上就是一种开放意识。

3.5 伟人构想为何难以实现

除了民间对于浦东早期开发的关注，浦东也引来一位伟大人物的关注。

1918 年 6 月 26 日，孙中山来到了上海，此时他正处于痛苦甚至绝望之中。

最初孙中山暂住上海环龙路(今南昌路)63 号。屋内狭小，光线不足，白天必须开电灯。孙中山从事革命数十年以来一直流亡海外，国内没有自己的住房，中国之大竟无革命领袖立锥之地。四位华侨看不下去了，捐给了他一幢二层楼的房子。

这就是上海香山路 7 号，位于法租界的一座西式花园别墅。

在这所房子里，孙中山静坐深思，决心从理论和实践上再进行新的探索。

辛亥革命以来已有八年了，但整个中国在南北军阀的统治下，割据混战，“国家的情况一天比一天坏，环境使人们活不下去”。孙中山感到未来渺茫，“孑然无助”，承认己“对于时局问题；实无具体解决办法”，只能“杜门养晦，聊以著述自娱”；几乎完全陷于绝望的他只希望专心著书，来“启发国民”。[32]

从 1918 年到 1919 年这一年多的时间里，孙中山深居简出，写成了《孙文学说》和《实业计划》两书；连同 1917 年写成的《民权初步》合为《建国方略》。这时是孙中山从事著述的最集中、最重要的时期。

《孙文学说》于 1918 年 12 月 30 日撰成，1919 年 5 月 20 日出版。该书以饮食、用钱、作文、建屋、造船、筑城、开河、电学、化学、进化十件事为证，说明“知艰行易”的道理。全书对辛亥革命以来的教训作了比较系统的总结。

《实业计划》是用英文写的，原名“The International Development of China”，发表于 1919 年 6 月号的《远东时报》，后编为《建国方略之二：物质建设》，由六大计划共 33 个部分组成。孙中山在《实业计划》中主张：以外资从事建设生利事业，开辟市场，兴建工厂，建设铁路，修治运河，开发矿产，为建设中国规划了宏伟蓝图。或许这也就是孙中山为什么用英文写就此书的原因之一。

正是在《实业计划》中，孙中山提出了建设东方大港的设想。

孙中山从少年时就在国外接受西式教育，后来因参加革命活动而流亡英国时，经常到大英博物馆参观、读书，因此孙中山有着更广阔的视野，超前的意识。建设世界大港，适应全球经济一体化，深深地藏于孙中山的构想中，尽管那时的中国非常落后。他在书中提出：修建10万英里的铁路，修建100万英里的公路。而在中国北部、中部和南部沿海各修建一个"如纽约港"那样的世界级的大港则是孙中山心中的更宏伟的目标。

有关建设"东方大港"，孙中山设计了两项建设方案——甲：计划港；乙：以上海为东方大港。

第一个方案，孙中山设想在上海南面的浙江乍浦建设深水港，称之为"计划港"。所谓计划港，就是计划、规划中的新港口。乍浦地处杭州湾北岸，自南宋以来即为商港，自古就有"江浙门户""海口重镇"之称，清代前期和上海港并列为江南最大的两个港口。孙中山认为"计划港"最大的优势是水面开阔，水比较深，而且没有泥沙堵塞。此外，乍浦地价便宜，也几乎不需要拆迁。通过国家先控制土地，待海港建成后，土地升值，政府将获得巨大利益。"因其所挟卓越之地位，此港实有种种与纽约媲美之可能。"[33]

第一个方案是孙中山的理想方案。他之所以最先考虑选择乍浦建设"计划港"的一个重要原因是上海港的淤塞，"扬子江之沙泥，每年填塞上海通路，迅速异常，此实阻上海为将来商务之世界港之噩神也"。孙中山多次向外国疏浚专家调研此事，找不到对策。[34]

但是建设一个新港最现实的问题是巨额资金难以筹集，且需要很长时日。为此，孙中山提出了第二个方案，计划"以上海为东方大港"。

上海港自建立以来以其优越的地理条件，汇聚了长江三角洲、长江流域和全国的物流、人流、资金流，经过长期发展，上海已成为国内外经济交流的枢纽和国际化大都市。如果对上海港进行改造，具有投资少、速度快、连续运行性好、经济效益佳等优点，还能进一步改善投资环境，更多更快地吸引外资。因此，孙中山认为"上海有特殊地位，由此审度之，于上海仍可求得一种救济法也。"

在《建国方略》一书中，孙中山详细论述了他的计划构想，还绘有地图，并作了详析：

依我计划，当更延长浚渫局所已开成之水道，又扩张黄浦江右岸之弯曲部，由高桥河合流点开一新河，直贯浦东，在龙华铁路接轨处上流第二转弯复与黄浦江正流会。如此，则由此点直到斜对杨树浦之一点，江流直几如绳，由此更以缓曲线达于吴淞。

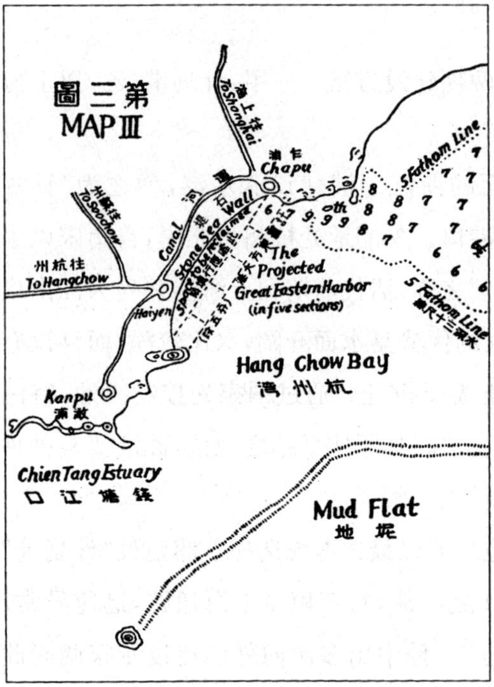

东方大港第三图(载《建国方略》)

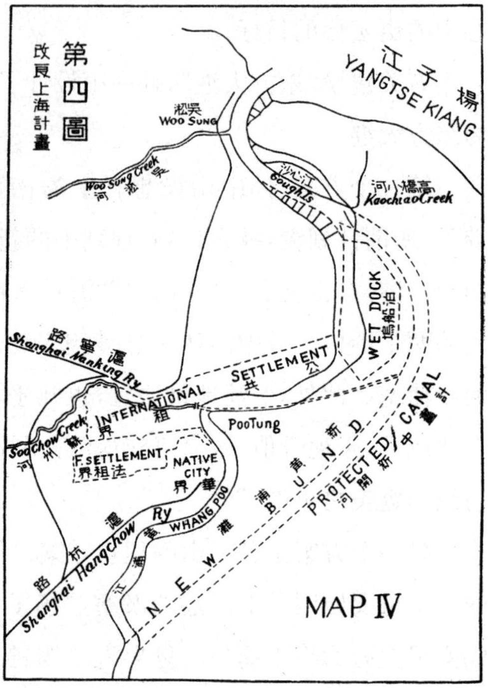

东方大港第四图(载《建国方略》)

孙中山设想：从上海浦东东北部的高桥河与黄浦江交汇处，开挖一条弧形运河，让从长江或东海进入上海的轮船通过这条浦东运河直溯黄浦江中游，并将弯曲的而又有大量泥沙淤积的黄浦江下游填埋了。

对于黄浦江填平后与新开挖河道之间的土地，按孙中山的设想："此新河约三十英里之地圈入，作为市宅中心，且作为一新黄浦滩。而现在上海前面缭绕潆洄之黄浦江，则填塞之以作广马路及商店地也。此所填塞之地，当然为国家所有，固不待言；且由此线以迄新开河中间之地，暨其附近，亦均当由国家收用，而授诸国际开发之机关所支配。如此，然后上海可以追及前述之计划港，其建造能为经济的，可以引至外国资本也。"㉟

显然，孙中山这样设计是考虑到了上海的租界问题，西方列强只关心租界利益，对建设浦东不感兴趣，因此由中国政府自己来新开一条河道，既可以建设市宅中心，还可以将这些新增繁华地带的土地价格上涨的收入作为改造上海港的资金来源。这样，浦西浦东浑然一体，而且土地属于中国政府，那些占据黄浦江西面租界的西方列强也奈何不得。

孙中山认为：在我计划，以获利为第一原则，故凡所规划皆应严守之。故创造市宅中心于浦东，又沿新开河左岸建一新黄浦滩，以增加其由此计划圈入上海新地之价值，皆须特为注意者也。盖惟如此办法，而后上海始值得建为深水海港。亦惟为此垂死之港，新造出有价值之土地，然后上海可以与计划港争胜也。[36]

作为一名领袖级的政治家，孙中山还考虑到了“获利”问题，他希望引进外资，“其建造能为经济的，可以引致外国资本也”。但那个年代，军阀混战，民不聊生，西方列强正在中国瓜分势力范围，引进巨额的外资谈何容易。至于利用土地增值，高价出售，或“授诸国际开发之机关所支配”，在没有先行资金的支持下，也是空中阁楼式的构想。

在上海，孙中山全身心投入《建国方略》的写作，几乎到了如痴如醉的地步，当时由一个叫端纳的外国记者这样写道：

> 孙中山带了一幅约六英尺见方的大地图，当他把它展开在地板上时，我看到了一个最令人信服的证据：他不仅是个狂人，而且简直是个疯子。他不因地图上的种种阻隔而气馁，只是握着画笔，在地图上尽可能地用铁路线填满各省区和属地(包括蒙古)。说他疯了，不是因他在地图上画线……而是因为他竟天真地认为，画了这些铁路线，外国资本家就会给他足够的钱，在五年至十年内把这些铁路全部建成！[37]

但是，后来尽管蒋介石在1927年7月7日上海特别市成立大会上说：“上海不仅要成为中国各地的模范都市，更要依据总理《建国方略》中的规划，一个一个地完成。”[38]而后成立的国民政府建设委员会也确实从1929年春起派员到浙江乍浦、海盐等地进行勘探，收集水文、地质资料。[39]历史证明，对于国民政府来说，无论是计划港，还是后备方案“都不是容易的解决方案，甚至也不是可操作的方案”。

2006年4月，时任国民党荣誉主席的连战在参观上海洋山深水港时激动地说："没想到中山先生90年前写的这个试验计划，今天由各位化为现实。对此我非常钦佩！"[40]

这是值得深思的，为什么那个年代孙中山的理想无法实现？

历史不能假设，但有些历史现象往往能引起人们遐想。假如孙中山能够在那时实现他的宏伟构想，那么浦东绝不会与浦西落差如此巨大。

当然，孙中山的宏伟计划也给后来历届政府在编制上海城市规划时留下了更大的想象空间。从20世纪20年代末起，上海的许多城建专家吸取了孙中山的宏伟设想，一直在计划构想开发浦东地区。

上海社会科学院部门经济研究所原所长杨建文回忆，20世纪80年代，时任副所长的陈敏之在主持国家"六五"计划课题《上海经济发展战略研究》时，"带领我们重点参考了《建国方略》就上海建设东方大港和开发浦东的规划思想"。

在图书馆第一次看到《建国方略》的那一刻，杨建文受到了震撼："这本书从全局考虑的思路对我们影响很大，具有很大的视野和气度。它讨论的是全国的问题，我们要根据这个思路考虑上海的问题，从全国、全球的角度考虑上海的发展，不然只能是解决短期具体的问题。"[41]

可以说，到20世纪90年，上海最终形成了开发浦东的决策，《建国方略》起到了重要的参考作用。

3.6 仅修了一条浦东路

20世纪20年代初，上海已成为国内最大的商埠、国际贸易港口。上海原先受江苏管辖。从上海发家的蒋介石深知上海的稳定对其刚刚建立的政权有着重大作用，上海工商界是他最主要的财源，加上列强在租界的利益，南京政府给予上海特别的待遇。1927年5月27日，国民党中央政治会议通过《上海特别市暂行条例》，条例规定上海为中华民国特别行政区域，定名为上海特别市，直隶南京中央政府，上海从法律上脱离江苏管辖。

也就在这一年，上海结束了7百年的县级待遇，成为一个市，并有了首任市长，其面积也扩大了。从一个普通县上升为一个市，而且是中央直辖市，上海实现了历史的惊人一跃。

之后，上海特别市接受了上海和宝山两县的17市乡，统一改称为区，辖境527.53平方公里。其中浦东地区高桥、高行、陆行、洋泾、塘桥、杨思6个区属上海特别市管辖。

20世纪20年代，上海畸形发展。市区中心地带已经被租界占据，繁华的商业贸易区主要集中在有特权的租界里。旧华界则城区老化，人口密集。在城市布局上，租界横亘于市中心地区，形成英租界、法租界、美租界，以及而后英美合一的公共租界和国民政府管辖区相互分割的格局。市政设施各成系统，道路交通不畅，货物运输不便，且港口吞吐量激增，码头不够使用。畸形发展的上海，迫切需要一个整体的发展计划。

和70年后上海市政府计划开发浦东以解决上海城市发展诸多问题一样，那时的上海一样城区老化，人口密集，迫切需要开辟新市区，但租界就像一道绳索死死地勒住了上海的整体发展。

于是，当时的国民市政府将视线投向了上海东北地区的江湾，拟在那里营建一个新上海，逐步将上海的中心转移。

1927年11月，市政府成立市政建设委员会。1929年8月，上海市中心区域建设委员会成立。1930年1月，《上海市市中心区域计划概要》拟订完成，同年12月，上海市政府正式提出了《建设上海市市中心区域计划书》，主要是确定了在租界以北、以江湾为中心的地区实行开发和建设，在黄浦江的最下游，毗邻吴淞口的浦西吴淞和江湾之间开辟一个新市区，以确立在国民政府直接管辖下的上海市区的地位和尔后发展的基础。

这就是后来人们所说的“大上海计划”或“大上海建设计划”、“新上海的建设计划”。该计划吸取了孙中山“设世界港于上海”的构想。

随后，该委员会陆续提出了市中心区域的分区计划、道路计划、黄浦江虬江码头建造计划和上海分区及交通计划，统称为“大上海计划”。

那么为什么浦东没有成为可开发的新市区呢？毕竟浦东没有列强租界。

在《建设上海市市中心区域计划书》中，对新市区选址和开发，是进行过综合考察和比较："查本市现在商业，均集中于公共租界之东南部分。法租界及沪西一带，则大部分为住宅区域"，因为要避开城市最繁华的、人口集中最多的地区即租界地区，老城厢没有发展空间，新市区的设置，只有两处：浦东和市北。

按《计划书》分析，"浦东方面，目前仅沿江略有码头，其余大部分均为农田。其地位与租界仅一江之隔，而地价之高下悬殊"，"将来交通方面，苟有圆满解决办法，则异日浦东之发展，诚未可限量"。

但即便是交通问题解决了，浦东有发展，因为与租界太近了，"惟其地位性质，终不脱租界附庸，无法逃其支配，故以为未来之市中心，终有所未可"。[42]

因此，最终选择了吴淞和江湾之间的大片未经开发的土地作为新上海的市中心区域。

在这个计划中，浦东地域虽不是重点，但也被圈入开发范围。按照"大上海计划"，吴淞镇以南，殷行镇以北沿浦一带为商港区，并打算将浦东岸线，作为商港区的扩充地带。又鉴于浦东近岸厂栈毗连，人烟稠密，但交通落后的状况，拟先以杨思区上南路以北，陆行基东渡路以南，黄浦江以东，浦东路以西一带的区域为规划路线，准备将前塘工局所筑之路拓宽，或另辟新路，借以畅通水陆交通。[43]

这些规划中首次出现了越江交通规划的身影。分别规划了铁路和公路穿越黄浦江工程。

铁路方面，计划将沪杭线向东延伸，筑黄浦江桥，朝北直抵高桥，使沪杭线的货物直达浦东，以便衔接水运。铁路过江的位置有二，一是在沪南（今龙华机场北端），筑桥横跨黄浦江；一是在浦东马路桥附近。前者计划采用桥梁，后者采用桥梁还是隧道未定，但是这是首次设想将在黄浦江底修筑越江隧道。[44]

公路方面，筹划修筑一条南北干道，起点为宝山镇，过蕰藻浜，经江湾镇接北四川路再经租界区域后，穿越南市老城厢、南车站，过江接上南公路直达闸港镇。[45]

而此前，民国市政府对于在浦东修筑公路，已有考虑。1929 年，工务局在给市政府呈文中说："按浦东沿江一带，洋商工厂货栈占地甚广，向无通行大道，以致往来塘桥、洋泾、高桥各区间每须绕道浦西，不便孰甚！兹拟自塘桥董家渡起，沿浦北行，跨张家浜、洋泾港……再北行越西沟、东沟、讫高桥港口止，划出一线，依次开筑，将来此路完成，再筑支路以通各乡各镇，则浦东各区间市政建设当可渐次发展之望。”[46]

由于财力所限，以及抗日战争的爆发，“大上海计划”基本上没有落地，当然，计划中的项目有部分实施了，1930 年 12 月 2 日，上海市政府第 160 次市政会议议决开辟浦东路，南起今上南路，向北经白莲泾、塘桥、张家浜、杨家渡、东昌路、今陆家嘴路而达北护塘路（此段今为浦东南路）；再自今陆家嘴路向东偏北，经其昌栈、源深路、民生路、洋泾镇、庆宁寺而达东沟（此段今名浦东大道），与黄浦江走向平行，全长 17 公里，是浦东最宽的路，仅为 10 米。

1935 年 10 月，该路建成通车，与上川铁路衔接，由此交通线伸向浦东腹地，对浦东经济与社会发展起到一定的推动作用。[47]

3.7 “大上海都市计划”中的浦东

不过，如何建设浦东仍然是一个绕不过去的议题。这在战后的设计“大上海都市”计划中，专家学者为之绞尽脑汁。

1946 年抗战胜利后，上海市政府为指导战后城市建设而开始编制“大上海都市计划”。和之前的“大上海计划”不同的是，这是第一个上海市完整的城市总体规划，也是二次大战后中国大城市编制的第一部现代城市总体规划。这个计划深受那时欧美现代主义城市规划理念如“有机疏散”“功能分区”和“区域规划”的影响。

“大上海都市计划”汇集了当时中国一流的规划设计人才，是一个相当科学合理的规划。比如，预测了上海的常住人口规模在 50 年后将达到 1 500 万，而 1996 年上海的人口为 1 471 万，确实让人敬服。[48]

但是规划在涉及浦东的部分，就没有预测到 50 年后浦东的情况。可以说规划中，对于浦东尤其是“关于浦东发展功能的讨论，反映了对城市发展方向，城市与农村关系如何把握和协调的不同取向”。[49]

比如，在初稿的“区域计划”一节中在预测未来 50 年人口将达到 1 500 万时，就强调了“浦东土地之使用，须加适当限制”。并专门论述了浦东地区的功能：[50]

以本市范围之大，食物供应问题，随之而生，其症结不在邻近各省食物供应之不足，而在一般易坏食物应在附近区域生产，否则将有种种难题难以解决。

就一般情形而论，在本市区内之青绿地及环绕本市外围之青绿地带，通常有 2—3 km 之宽度。此项地带可作高度农业之发展，包括米粮、菜蔬、家畜、农场与园艺等项。以上皆为农作之企业，利润至高，同时亦以接近市区为有利。至在市区内之绿地，则可发展为花圃及果园之用。而家畜农场，则以在市区范围之外为宜，但亦以不能超过 15 km 之距离为限制。

初稿是这样作结论的：“就此而言，浦东一带如作此项发展，实属最为有利。沿浦江如有宽度 15 km 之农作地带，足以供应本市大部所需。浦东地域所以不宜作为工业或港口发展之用，于此更可证明。”

1946 年民国政府绘制的上海市土地使用总图初稿，
从中可以看到浦东沿江以住宅区为主

而在港口码头建设规划中，涉及浦东，“大上海都市计划”初稿中认为：

同人等对于浦东筑港问题，曾作慎重之考虑，认为此项计划，非惟费用过高，且对于目前本市建成区之拥挤情形，将使更加严重。

查本计划基本原则之一，为港口设备之机械化及与铁路公路之直接连[联]系。浦东既无腹地，则势必赖桥梁或隧道与浦西之铁路公路连接。如多筑桥道，则费用浩大，及在构造上发生障碍。如数量不足，则由港口而至全市两岸之交通，必集中数主要点上。在将来黄浦西岸之全面发展时，此大量之交通，势必经过建成区域，非惟与都市计划原则全相抵触，且使浦西之新旧市区，永蒙其害。

因此，"大上海都市计划"初稿坚持"浦东地区宜发展为一农作地带"的观点：

总图内之浦东地区，除沿江一带有住宅区之发展外，其余皆列为农作地。因浦东在地理位置上，与本市中心仅一江之隔，至宜发展为一农作地带，以供应本市所需之肉食、菜蔬及鸡蛋、牛乳等日常食品，而为最经济有利之措施。在浦东发展之住宅区与市区之联系，暂可不需桥梁或隧道，如用现代新式轮渡，已足资应付，对于建设费用，亦可节省。

建筑桥梁之问题，除增加交通之集中外，尚有其他缺点。如高桥之引道位置，将使沿岸地区之车辆绕道而行，至感不便。即引道之本身，亦必呈拥挤现象也。[51]

而在尔后的二稿中更是坚持了这一观点：

在本计划中，浦东占了很重要的地位，因为供应上的近便，市区所需要的大量牛乳、鸡蛋、菜蔬，以及其他易坏食物必须赖浦东的供应。

……

目前的浦东，除沿江数段之外，全部是农业地。在大都市附近，保持些乡村发展，于都市于乡村是两蒙其益的。农业地带，不仅能够供应市区所需要的新鲜食物，并且能够阻止都市的过分膨胀。而农村因为接近都市，亦可以得到低价的供电及其他便利，生活水准可以提高。

浦东住宅区，非但能够襄助中区人口的疏散，同时亦可以疏散中区的交通。

总之，一般人认为，造桥越江，浦东一带便能同外滩一样的繁荣。外滩过去的畸形的发展，已经铸成大错，成为今日都市计划中最大的难题，怎么能为了少数人的利益，而使浦东再陷外滩的覆辙呢？

其实，那时候，上海已经存在“市区中心人口过多，工业和交通都很拥挤”问题，“300万人口密集在一块没有机灵性配合的区域之内，而只集中在全部土地的1/10的地面上”，“本市土地并没有按照功能上来分区，所以工厂、住宅、仓库和交通都与商业及店铺混杂，而绿地面积简直就是零，这现象使车辆都拥塞在陈旧的道路上。”

作为城市规划设计专家当然不希望这样的现象在浦东重复出现。

注释

① [德]卡尔·马克思、弗里德里希·恩格斯:《共产党宣言》,中央编译出版社 2005 年版。

② 民国《川沙县志》卷十四方俗志,载《上海府县旧志丛书·川沙县卷》,上海古籍出版社 2011 年版。

③ 民国《川沙县志》卷五实业志,载《上海府县旧志丛书·川沙县卷》,上海古籍出版社 2011 年版。

④ 民国《川沙县志》卷五实业志,载《上海府县旧志丛书·川沙县卷》,上海古籍出版社 2011 年版。

⑤ 民国《川沙县志》卷五实业志,载《上海府县旧志丛书·川沙县卷》,上海古籍出版社 2011 年版。

⑥ 史欣:《再读 90 年前〈新浦东〉报社论〈浦东花边业之前途〉》,载《浦东文史》2007 年第 1 期。

⑦ 民国《川沙县志》,载《上海府县旧志丛书·川沙县卷》(下),上海古籍出版社 2011 年版。

⑧ 黄炎培:《民国十七年之川沙农民》,载民国《川沙县志》,载《上海府县旧志丛书·川沙县卷》(下),上海古籍出版社 2011 年版。

⑨ 史欣:《再读 90 年前〈新浦东〉报社论〈浦东花边业之前途〉》,载《浦东文史》2007 年第 1 期。

⑩ 民国《川沙县志》卷五实业志,载《上海府县旧志丛书·川沙县卷》(下),上海古籍出版社 2011 年版。

⑪ 袁行霈、陈进玉主编:《中国地域文化通览·上海卷》,中华书局 2013 年版。

⑫ 朱鸿伯主编：《川沙县志》，上海人民出版社1990年版。

⑬ 李天纲：《人文上海——市民的空间》，上海教育出版社2004年版。

⑭ 据《上海铁路志》第一篇铁路建设第四章支线，轨距为1 000毫米。今天的标准轨距是1 435毫米。

⑮ 上海市档案馆：《民国时期浦东同乡会与浦东开发史料选辑》，载《上海档案工作》1993年第3期。

⑯ 上海市档案馆：《民国时期浦东同乡会与浦东开发史料选辑(续)》，载《上海档案工作》1993年第4期。

⑰ 上海市档案馆：《民国时期浦东同乡会与浦东开发史料选辑(续)》，载《上海档案工作》1993年第4期。

⑱ 上海市档案馆：《民国时期浦东同乡会与浦东开发史料选辑》，载《上海档案工作》1993年第3期。

⑲ 上海市档案馆：《民国时期浦东同乡会与浦东开发史料选辑》，载《上海档案工作》1993年第3期。

⑳ 康天悦：《济贫扶弱　服务同乡》，载唐国良主编：《百年浦东同乡会》，上海社会科学院出版社2005年版。

㉑ 柴志光：《浦东同乡会对文化事业的贡献》，载唐国良主编：《百年浦东同乡会》，上海社会科学出版社2005年版。

㉒ 有关浦东同乡会的接管，上海华东理工大学社会与公共管理学院郭圣莉教授有《浦东同乡会的结束》一文，做了详细的论述，见香港中文大学中国研究服务中心，http://www.mjlsh.net/book.aspx?cid=6&tid=169&pid=3996。

㉓ 许世远：《长三角洲地区风暴沉积研究》，科学出版社1997年版。

㉔ 朱菁：《浦东开发的先驱：上海浦东塘工善后局研究：1906—1927》，上海科学技术文献出版社2011年版。

㉕ 朱菁：《浦东开发的先驱：上海浦东塘工善后局研究：1906—1927》，上海科学技术文献出版社2011年版。

㉖《上海市政工程志》专记“浦东新区市政工程”，上海社会科学院出版社1998年版。

㉗ 朱菁：《浦东开发的先驱：上海浦东塘工善后局研究：1906—1927》，上海科学技术文献出版社2011年版。

㉘ 顾炳权：《百年来的浦东学者》，载《上海地方志》1993年第6期。

㉙ 顾炳权：《百年来的浦东学者》，载《上海地方志》1993年第6期。

㉚ 顾炳权：《再论黄炎培与百年来浦东学派》，载《黄炎培研究文集》，四川人民出版社

1997年版。

㉛ 李菁:《天下为公——孙中山传》,华文出版社2006年版。

㉜ 孙中山:《建国方略》之二第二计划东方大港,生活·读书·新知三联书店2013年版。

㉝ 孙中山:《建国方略》之二第二计划东方大港,生活·读书·新知三联书店2013年版。

㉞ 孙中山:《建国方略》之二第二计划东方大港,生活·读书·新知三联书店2013年版。

㉟ 孙中山:《建国方略》之二第二计划东方大港,生活·读书·新知三联书店2013年版。

㊱ 李菁:《天下为公——孙中山传》,华文出版社2006年版。

㊲《国民政府代表蒋总司令训词》,载《申报》1927年7月8日。

㊳《东方大港筹备经过》,载《申报》1930年11月3日。

㊴《连战参观洋山深水港:你们实现了中山先生遗愿》,载《第一财经日报》2006年4月25日。

㊵ 王健君、王仁贵、张楠:《〈建国方略〉的梦想与实现:孙中山的建国思想》,载《瞭望》2011年10月5日。

㊶ 魏枢:《"大上海计划"启示录:近代上海市中心区域的规划变迁与空间演进》,东南大学出版社2011年版。

㊷《风雨晦暝画未竟》,载王洪泉等编:《浦东今古大观》,上海科学技术文献出版社1992年版。

㊸ 孙平主编:《上海城市规划志》,上海社会科学院出版社出版1999年版。

㊹ 孙平主编:《上海城市规划志》,上海社会科学院出版社出版1999年版。见上海市中心区域建设委员会在所编制的《上海市全市分区及交通计划图》。

㊺《上海市黄浦区志》,上海社会科学院出版社1996年版。

㊻ 孙平主编:《上海城市规划志》,上海社会科学院出版社1999年版。

㊼《大上海都市计划总图草案初稿报告书》,载《大上海都市计划》下册,同济大学出版社2014年版。

㊽ 李德华:《大上海都市计划》序言,同济大学出版社2014年版。

㊾《大上海都市计划总图草案初稿报告书》,载《大上海都市计划》下册,同济大学出版社2014年版。

㊿《大上海都市计划总图草案初稿报告书》,载《大上海都市计划》下册,同济大学出版社2014年版。

51《大上海都市计划》上册,第一编 大上海都市计划 第六章 土地使用与区划 第二节 目前状况(二稿),同济大学出版社2014年版。

第四章 差距加大：上海“城市病”集中爆发

4.1 有投资没有开发

20世纪五六十年代，浦东现代经济有了进一步的发展，特别是国家在浦东的沿江地区开始进行巨额投资，兴建了一批以重工业为主的骨干企业，并对一些原有的企业进行了大规模的改造，形成了石油化工、钢铁、纺织和交通运输设备制造等四大支柱产业。如：上海炼油厂、高桥化工厂、沪东造船厂、上海造船厂、中华造船厂江南分厂、上海第三钢铁厂、上海耀华玻璃厂、上棉十厂、上棉二十七厂、上棉二十八厂等几十家大中型企业，都是50至60年代兴建起来的。

那时的浦东，即在1990年之前重工业比重很高。据统计，1990年，浦东新区内重工业产值为106.06亿元，占全区工业产值的62.9%，大大高于上海全市当年的重工业占工业产值48.15%的比重。

浦东的工业很"重"，且主要"重"在原材料工业，在重工业中，原材料工业占了58.2%，加工工业比重为41.8%，而且大型企业的产值所占比重很大。浦东新区有大型企业29家，占区内工业企业数的2.3%，但其工业产值占全区工业产值的比重却高达53.6%。

尽管政府在浦东进行了相当规模的工业建设，投资建造了一批大型骨干企业，但直到80年代初期，这些大工厂仍然相当分散，它们只是形成了浦东的若干"工业点"，没有形成上下游的产业链，有的行业只有两家企业，更重要的是没有同时带动浦东地区大面积的城市化。

而浦东本地的投资多集中于在毛巾业、服装缝纫业、刺绣业、建筑业、奶牛饲养业、花卉种植业中，并形成了自己的传统特色和优势。尤其是川沙县，被称为建筑之乡、牛奶之乡、毛巾之乡和花卉之乡。

在这些投资中，浦东乡镇企业迅速崛起，尤其是20世纪80年代。仅以川沙县为例，1978年，全县有乡镇企业531家，年工业产值1.91亿元；到1985年，发展到1 136家，年工业总产值为11.94亿元；到1989年，乡镇企业达到3 850多家，工业产值达29亿元，乡镇企业的经济发达，也使得川沙县名列中国综合实力百强县前十名。①

这确实值得骄傲，能够成为全国百强县前十名，但从经济结构、产业能级以及环境、制度方面考察，仍没有进入现代化的轨道。而且无论是国家和上海市政府的投资还是浦东本地的投资，都没有实现真正意义上的开发建设，因此浦东城市化进程相当缓慢。

如果离开沿江，深入浦东腹地，更大范围地区还是以农业为主。这也延续了1946年上海都市计划委员会专家的思路：从浦西的角度考虑发展浦东。因此，很自然地，浦东广袤的农村就成为上海城市副食品供应的重要基地之一。到1990年，各类副食品基地、蔬菜基地、奶牛场、养猪场分布于浦东各地，向市区提供了蔬菜19.1万吨，牛奶0.7万吨，肉猪1.7万头，肉禽28.2万只，禽蛋3 283吨。②

再从浦东地图上看，1990年浦东开发起步，新区范围（按522.7平方公里统计）内农村地区479.2平方公里（含农村集镇20.3平方公里），占新区总面积的91.7%。除了沿江有一些工厂、商业和居民住宅区，两公里之外就是一片农田菜地。因此，自浦东开发开放后相当多的记者的笔下，往往将浦东说成广袤的田野。

曾经有一位多年报道浦东的记者写道："几十年来，上海这座东方都市的三个垃圾堆场，老港、江镇和三林塘，都位于浦东。如此的'设计'，对于以往浦东的定位，实在是个再明确不过的佐证。"③

1990年浦东开发之前，浦东西侧沿江从南到北，形成了上海的主要港区。港区、厂区及商业、生活区拥挤在一块，也就是最早形成的浦东城市化区域。但是，遗憾的是没有形成如纽约、伦敦、巴黎等城市两岸共同繁荣的局面。

浦东市政建设落后，道路狭隘，比如，浦东的道路大多按照县标准设计，路面较窄，等级较低，且没有一座立交桥，如今贯通浦东北部东西向的8快2慢车道的杨高路在50年代仅仅是3.5米宽碎石煤屑路面的小路，被戏称为"羊羔路"。④浦东新区的公交基础更为薄弱。1990年底，浦东新区有公交线路48条，出租车仅35辆。⑤

杨高路原是3.5米宽碎石煤屑路面的小路

浦东的居民居住条件简陋，比如1987年前，浦东地区无一户居民使用管道煤气。[6]历史的细节更能显示真实的一面。1996年1月4日下午，上海市副市长、浦东新区管委会主任赵启正来到了浦东新区棚户区最集中的张家浜地区。赵抬头望见了“东垃圾塘”的门牌号，便问：“怎么会取这个路名？”街道干部回答：“新中国成立前，这里荒无人烟，只是堆放垃圾，后来，一些外来人无处安身，在垃圾堆物上搭建棚房安置下来。现在这一地区有24.6公顷，几千户居民住在棚房内。”

陆家嘴开发前，居民在公共水龙头前洗衣服（载《梦缘陆家嘴》）

赵启正听后内心很不是滋味，便叫摄影师："这一叫'垃圾塘'的路牌，门牌都给照下来，这是历史沧桑的见证。"⑦

浦东的文化设施少。上海一位叫陆幸生的记者回忆，20 世纪 80 年代他到浦东做一次"深入采访"，起因是浦东地区没有一家公家的新华书店，浦东的学生要买复习资料，要到浦西来，于是浦东塘桥有个张姓的年轻人，在人行道上搭建了一间一层半小房子，铺面卖书，上面是个直不起腰的阁楼供睡觉。⑧

更难的是过江。浦东开发开放前，对所有居住于浦东、在浦西工作，或居住在浦西到浦东上班的人来说，最头痛的莫过于"过江难"。1990 年底，黄浦江上有客运轮渡线 16 条，年过江人次达 3.46 亿。而浦东或浦西企业的越江运输难度更甚于普通居民，年过江车辆 399 万辆次，高峰时非常拥挤，车辆渡前每日车流排成长龙，有时过一次江需排队等候十来个小时。一旦遇雾天，矛盾更为突出。

一直到 1971 年 6 月 10 日，上海地区有了第一条穿越黄浦江江底的公路隧道，它的建成通车加速了市区人口向浦东疏解的进程，到 80 年代中期，南市区在浦东的人口已超过其在浦西的人口。⑨但这也使得交通问题——"过江难"更为严重，因此，也就有了上海人的"宁要浦西一张床，不要浦东一间房"的说法。

其实，统计数据可以说明现实比民谚中所描述的更糟，当时在浦东 100 多万 15 岁以上人口中，平均受教育年限只有 8 年，比上海全市平均低 0.4 年；以上海 1990 年颁布的中小学校舍建设标准来衡量，浦东 300 多所中小学中，学校占地面积和建筑面积同时达标的仅有 7 所；全浦东每千人床位 3.14 张，而全市水平为 4.98 张，且浦东尚无一所三级医疗机构。⑩

据参与浦东开发规划的原浦东开发办副主任李佳能回忆："浦东的社会经济基础大多是农村型的，有少部分是半城市化的。"尽管浦东已有四大产业：石油、造船、纺织、炼钢，但也带来了一个严重的问题，那就是污染不小。1988 年世界银行委派 8 个专家来上海做"上海城市发展方案"的课题，四大产业及其带来的污染也是专家们不赞成开发浦东的原因之一。⑪

纵观上海开埠到 1949 年和 1949 年后的 40 年，上海城市发展的重心始终在浦西。因为上海的向西发展的思路，也因为浦东城市建设比较迟滞，阻碍了浦东经济的进一步发展。到了 20 世纪 80 年代末，浦东和浦西已经完全不能比了。

4.2 扁舟一叶渡惊涛

城市化落后的最直观的表现就是过江难，以及过江难引发的各种“难”。这还要从明代初年说起。

明朝初年，太湖下泄河道不畅，地方官连年治理无效，苏淞一带水患频繁，洪涝成灾，百姓流离失所。明成祖朱棣特遣户部尚书夏原吉前往治水。

明永乐元年(1403 年)八月，夏原吉到吴浙之地后，察看灾情，勘察河道，发现太湖流域下游地势平缓，河道弯曲、狭窄，经常淤塞。而吴淞江下游“菱芦丛生，已成平陆”，他接受了本地一位书生叶宗行提出的“通江(吴淞江)于浦(黄浦)之说，疏通黄浦，拓宽陆家嘴北面的一条细流范家浜，即今外白渡桥至复兴岛东一段，使原来的黄浦由今外白渡桥附近向北流入吴淞江，改为东北流入海。

据明弘治《上海志》引《云间通至》记：“永乐元年，户部尚书夏原吉奏云：松江大黄浦乃通吴淞要道，今下流壅塞，难即疏浚，傍有范家浜至南跄浦口，可延达海，宜浚令深阔，上接大黄浦，以达泖湖之水。”

明成祖批准了他的方案，夏原吉率领 10 多万民工吃住在工地，实施“江浦合流”治水工程，用两年时间，在上海挖出了一条上承太湖下通大海的新河流，彻底改变了苏淞地区的水系走向和航运物流格局。

这条河就是著名的黄浦江，也称为上海的母亲河。

夏原吉的治水举措确定了上海作为中国东南沿海良港的地位，为继青龙镇港而起的上海港的发展创造了极为有利的条件。而后，上海港的开辟，使上海“襟江带海”的自然优势得到了充分发挥，“巨舰可直驶郭(上海县城)下”，满载吴中丝绸、松江细布乃至景德镇陶瓷、洞庭湖大米的海船，源源不断地从黄浦江驶入大海，驶向琉球、马六甲，驶向波斯湾，上海港一跃成为取代刘家港的海运要津，揭开了古代上海发展史上新的一页。

之后，黄浦愈益宽阔水深，又经过著名明代清官海瑞的治理，吴淞江成为黄浦的支流，人称苏州河，而黄浦则升格为“黄浦江”，江波浩荡，海鸥展翅，万船争流。

黄浦江开始成为“主流”，上海始有今天的格局。因浦江之隔，城市分为东西两部分，浦东、浦西愈益分明。不过，“黄浦江”这一称呼到了晚清才出现。而之前文献的记载中为，黄浦塘、黄浦、大黄浦。

黄浦江从一条涓涓细流逐渐演变为长江三角洲上滔滔大河，最终投入了大海的怀抱。这条大河也给两岸往来造成的困难，也造就了浦东和浦西社会经济和文化的差异。

首先就是过江难。

明代，黄浦江由原范家浜拓宽成为大黄浦时，江水浩荡，江面开阔。

那时没有建桥的能力，两岸交往，全仰船舶过渡。明嘉靖二年(1523 年)，上海县知县郑洛书分拨了 13 艘长船身的木船，并设立了高昌、南仓(今南码头)、北仓(今董家渡)、洋泾、宋家港、车沟 6 个“官渡”。⑫

非常有意思的是，在明代，黄浦江摆渡为官渡，由政府管理，而到了清代改为“义渡”，设义渡局管理，也就是说，建造码头、购置船只、渡工工资等费用均靠民间志愿集资。用今天的说是国营改为民营，当然是经过政府批准的。

如晚清上海最大的也是最具代表性的慈善机构——同仁辅元堂在沿江设立码头，订立渡船制度，委派专人管理和经营。同治年间，从龙华开始，黄浦江下游就有草庵渡、周家渡、高昌渡、南仓渡、北仓渡、永济渡、张家浜渡、老白渡、杨家渡、关桥渡等十个渡口。⑬

史料记载，黄浦、吴淞江自然形成的渡口有 35 个，从事摆渡的船民有 200 多户。此外还有没经过批准的私人做摆渡营生的。⑭

鸦片战争以后，浦江两岸工厂、码头增多，两岸交往愈频，黄浦江两岸固定渡口码头也多了，如东昌路码头、坟山码头、春江码头、南洋码头、隆茂栈码头、游龙路码头、兰路渡口(今兰州路)、其昌栈渡口、威赛码头、洋泾港渡、杨家码头、沈家滩码头、杨树浦码头、周家嘴角渡、大码头渡、塘桥渡、董家渡、江边码头渡、南码头渡等。

至清末，所有渡口的渡船均为木质小船，主要是划子、舢板，大的可载客三五十人。

到清宣统二年(1910 年)，这种局面开始改变。最初浦东塘工善后局为便利办公，租赁小轮往返浦江东西两岸，也顺便附载旅客，略微收点费用。但是渡江需求越来越大。是年 9 月，浦东塘工善后局“经禀准县道各机关立案”，“租赁小轮附载旅客酌收渡费”，“是为官办轮渡之发轫”。同年 12 月 5 日正式开航，初始航线由今北京路外滩铜人码头直驶东沟，民国 6 年（1917 年），添驶西渡（今歇浦路），民国 8 年，添驶西沟（现庆宁寺）。其时，所用轮船均为租赁。⑮

那时，摆渡船以竹篙和木桨为动力

20 世纪初，摆渡船有了统一的编号

过江摆渡由免费义渡开始演变为商业性质的渡船，这也刺激了黄浦江摆渡业的发展。至20世纪30年代，逐渐形成以官办轮渡为主，商办民渡为辅的渡运体系。

民国十七年(1928年)，上海特别市公用局接管了浦东塘工善后局，并又陆续开辟了几条新的对江渡线，至1937年抗战全面爆发前，该处共开辟了庆定、其威、东陆、春北、塘董等6条渡线。此外，一些私营船主也陆续开辟了几条对江渡线。

除轮渡公司经营的航线以及有限的私营渡口航线使用机动船载客摆渡外，其余的渡口航线仍然用舢板和划子载客渡江，因设备简陋，事故频频发生。即便是小火轮，也因超载导致落水事故发生。在上海人眼里，黄浦江就像一条天堑，一叶小舟摆渡，江面辽阔，一旦风狂浪涌，就有舟翻人亡的惨相，所谓"黄浦春风正怒号，扁舟一叶渡惊涛"[16]。

随着两岸渡口的使用频繁，很自然地成为一个区域的地名，比如清代出现的著名八长渡——赖义渡(今烂泥渡)、老摆渡(今老白渡)、杨家渡、南仓渡、高昌渡、周家渡和陆家渡，有些地名沿用至今。

其中，赖义渡(今烂泥渡)也有过一段故事。赖义渡也是清代沿江义渡之一，由民间经营运作，该渡口在今东昌路之南。当时由同仁辅元堂委托一赖姓者管理和经营码头和渡船，于是这个渡口就被叫作"赖义渡"。另一说法认为，这个新辟的义渡使用的船只较原来的渡船大，摆渡比较安全，深得渡客信赖，于是被叫作"赖义渡"。[17]

因为有这样一个渡口，据《浦东辞典》载:码头有一条南北向路，称为赖义渡路，长1.12公里，也曾经是一条繁华的商业街，茶楼酒店、货铺当店，甚至浦东商业银行也设立了赖义渡分行。1914年，政府修筑了一条由卵石、碎石铺筑的路，上海人称"弹格子路"，把渡口前的道路正式定名为"赖义渡路"，这也是陆家嘴地区靠近黄浦江最近的南北向主干道路。[18]

可惜，抗战时期沿街商家被毁，赖义渡码头被废，繁荣不再。荒凉之后是脏乱，由于沪语中"赖义"两字与"烂泥"谐音，当时居民们便把"赖义渡"码头叫成"烂泥渡"，把"赖义渡路"也称作"烂泥渡路"，久而久之，烂泥渡路反而成了正式路名。因此，也有民间称这个地名是被骂出来的。

也有另一种说法，在抗战结束后，有人提出"赖义渡"和日本人的"赖义"之姓十分接近，为了避嫌将"赖义渡路"改称为"烂泥渡路"。

浦东的烂泥渡路，浦东开发后，这里是金融贸易区，
赵启正曾后悔说："今天看，也许不应该改这个路名。"

1990年，浦东开发开放后，这条路在浦东开发后成为最靓丽的金融贸易区核心地段——银城中路，路的北段一边是金茂大厦，一边是东方明珠电视塔，路的南段是美丽的滨江园，路东是巍然屹立的楼群和世纪大道，路西是令人心旷神怡的滨江大道。浦东新区第一任管委会主任赵启正曾后悔说："今天看，也许不应该改这个路名。"⑲

1937年抗日战争全面爆发，日军占据码头，炸沉渡船，禁止过江通行，上海的摆渡业遭受极大摧残。抗战胜利后，黄浦江沿岸的轮渡线逐步恢复营业。

1949年上海解放后，市政府接管上海轮渡股份有限公司，建立了上海市轮渡公司，并于1954年10月开始，对私营轮渡公司和个体渡户以资本入股方式进行社会主义改造，并着手改造码头、渡船等摆渡设备。通过调整，黄浦江人、车辆渡航线从6条增加到14条。

进入20世纪80年代，随着浦东新的住宅区不断出现，过渡人数逐年增加，客流量以每年10%的速度增长。1983年至1985年间，过江渡客每天超过92万人次，3年共运送旅客9.28亿人次。⑳

过江难，很自然地推动了过江工程的建设。1949年前，民国政府也确实有设想规划，但迟迟停留在纸面上。这其中的故事说来也让人扼腕。

4.3 越江工程规划为何难以实现

1927年上海特别市成立后，渡江难的问题就开始摆到市政府的会议桌上。市政府最先将浦东塘工善后局所办的轮渡归为官办管理，并大规模投资扩充，有了6条航线，官办的市轮渡成为全市渡运业主要力量。

到了1930年，上海市政府出台《建设上海市市中心区域计划书》，正式将越江工程纳入市政规划之中。在计划书中，是这样写道：

建筑黄浦江桥梁按最近地产估价，公共租界南京路外滩之地价，每亩为三十万两。其对岸之浦东，沿江之地每亩平均地价三千两，再内则每亩仅二三百两。所隔不过一江，而地价之悬殊若此，交通之重要，盖可知矣。本市政府有鉴于此，是以有将铁路由龙华附近，建桥渡江，延展至浦东之主张。本市第一期干道内之浦东路，亦已开始兴筑，来年即可通车。舍此以外，苟再于黄浦江上建筑桥梁，则浦东一带，势将更形发展。为增进市中心区域之地位计，筑桥地点宜在市中心附近。浦东方面之地价，其势亦必因筑桥而高涨，由此可用土地政策，以筹得建设费用之一部分，尤属一举两得。㉑

该书附录中开列了建设市中心区域第一期工作计划大纲，其中就有建设黄浦江桥项目：

民国二十年度，第三项任务计划黄浦江桥；

民国二十一年度，第三项任务筹备建筑黄浦江桥；

民国二十二年度，第二项任务继续建筑黄浦江桥；

民国二十三年度，第二项任务完成黄浦江桥。

至于资金，计划书也进行了估算：黄浦江桥梁五百万元。㉒

那个时代上海市政府财政一直处于紧张状态。尽管从1927年到1935年，上海市政府的收入从340万元上升到1 200万元，但依然入不敷出。1936年财政赤字到600万元。㉓原因很简单，按曾经为上海市市长吴国桢的说法，南京政府50%的收入来自上海。因此，五百万元对于上海市政府来说也是一笔巨大的开支。

没有钱自然就没有了桥。

抗战胜利后，内地的企业纷纷东迁，上海又重新成为全国经济中心。为了适应上海经济发展的需要，上海市政府重新将建筑越江工程一事提上议事日程。

1946年5月10日，市政府第三十次市政会议讨论通过《筹建越江交通工程进行办法》，决议设立上海市越江工程委员会，全权负责方案遴选、勘测选址及后续相关工作。为节省经费起见，设计处工作委托中国桥梁公司代办，并核定设计钻探费为二亿元，工作期限一年。茅以升受聘担任委员会越江工程设计处处长。

5月13日下午4点，汉口路上海市政府会议厅内，上海市越江工程委员会第一次会议隆重举行。市长钱大钧、上海市参议会议长潘公展等市府要员，以及杜月笙、王晓籁等社会名流齐聚一堂。会上，市工务局局长赵祖康、中国桥梁公司总经理茅以升、市公用局局长赵曾珏分别报告了越江工程的建设目的和初步设计情况，酝酿已久的越江工程算是宣告启动。

孙中山的遗愿回荡在会议厅，上海人梦想多年的越江工程总算有了眉目。

但就在第二天，市长钱大钧便离任，不少市府要员随之纷纷辞职，由留美博士吴国桢接任市长。

尽管开局不妙，但吴国桢还是很有信心的。他兼任越江工程委员会主任委员，并聘请茅以升负责设计黄浦江越江方式。

越江工程委员会还组成技术顾问小组委员会协助开展施工方案的论证研究。在这个顾问团队里可谓“群贤毕至”，包括曾经设计外滩中国银行大楼的建筑师陆谦受，曾任成渝、滇缅铁路桥梁主任工程师的林同炎，桥梁结构专家朱国洸，著名建筑师庄俊、胡汇泉等。委员会成立后以很高效率完成了《上海越江工程研究报告》，并提出了越江工程的四种方案。

1947年1月6日，上海《申报》详细报道了这一工程的情况：“中国桥梁公司以于去年8月间拨到设计经费，开始第一期工作，经研究结果拟定越江工程四种：(一)建筑隧道穿过黄浦江底。(二)建筑高架固定桥梁，使高桅船只可在桥下通过。(三)建筑低架活动桥梁，在规定时间启闭，通过船只。(四)在黄浦江上游建筑固定式桥梁，仅使中型船只通过，高桅船只限定在桥位下游地段停泊。”

经反复比较、论证，市工务局局长赵祖康召开越江工程第二次技术小组顾问委员会讨论后，认为隧道及低架活动桥二式较为合适，且建造费较廉。而营造隧道成为首选。

同年 1 月 5 日，市工务局工程结构处处长朱国洗接受记者采访称："隧道之建筑虽耗资较巨，但是对交通之上裨益亦大，为一劳永逸计。交通之调剂，非赖于隧道不可。活动式桥梁建筑后，车辆及船之通行均须受时间上之限制，而隧道则可节省时间，且无斜坡之阻力。"㉔

据分析，这里也有国防安全考虑，隧道可以避免空袭的破坏，万一被毁也不致堵塞航道。其次，建造高架桥所需配套的引桥过长，林立的桥墩也会阻碍水上交通的顺畅，黄浦江的地质情况还会使桥墩基础出现慢性沉陷问题。至于活动桥，因为高度有限，须不时开启中段通航，必然影响运量。㉕

至于越江工程选择地点，经过现场勘测，专家们从中正东路（今延安东路）外滩、十六铺、董家渡和日晖港 4 处工程选址中确定了上述三种越江工程的具体坐落方位。最后经技术顾问小组委员会"初步讨论决定如下，（一）保留中正东路（今延安东路）外滩为建造隧道地点。（二）设定十六铺为建造活动桥梁地点。"㉖

这一选择，据《申报》记者的报道，是考虑到多种因素：比如：不能离开市区太远，以免道路迂回，影响多数过客时间及费用。施工时及完成后对水上交通阻碍必须最少。隧道出口不受高潮时江水倒灌之影响等等。

根据中国桥梁公司预算，"建筑隧道约需经费七百六十亿，桥梁则需经费四百十二亿"。这么一大笔费用从何而来？

有人建议由市政府发行公债。又有人提议呈请行政院从国家工程建筑费中拨款建造。

工商界人士提出，组织越江交通公司，通过发行公司股票或债券进行融资，待工程建成后，还可以征收通过费与土地增值费。再加上日后不可小觑的浦东土地的升值潜力，收回工程投入理当不成问题。㉗

同年 5 月 9 日，赵祖康宣称："美国人可能投资建高架桥，如能成功，或请美贷款五亿美元中拨一部给上海，即可着手。"㉘

而早在 1947 年 1 月 6 日的《申报》上，记者在报道越江工程时还乐观地称："关于越江工程之经费问题，闻拟采用土地征值法。"因为一旦越江工程告成后，沿江两岸约一公里纵深的土地地价必将增高。因此，"或有原地主补交其增值，或有公家收买后，已增值转售，其增值以十倍计算之。则工程之经费及可无虑。且越江工程一旦决定，闻中国银行等皆愿投资。故经费绝无问题。”㉙

可惜这些建议、设想都无法实现，经费是绝对有问题的。

原因就是1946年下半年开始的国共内战，枪炮一响黄金万两，蒋介石恨不得将国库里所有的钱用于军事，要想从南京政府要来如此巨款，无异与虎谋皮。至于赵祖康说的“请美贷款五亿美元中拨一部给上海”，不过是画饼充饥，蒋介石正等着这笔钱用来打内战，怎么会给上海去造桥建隧道。

内战导致了国民政府财政捉襟见肘，只能是滥印法币，物价如脱缰野马，最后进行币制改革，弄出一个金圆券，更加重了经济危机，货币贬值，谁还有心投资股票债券，更不要提土地升值了。那时，攥紧手中的金条和银元是最要紧的。

越江工程委员会成立之初曾答应支付给中国桥梁公司2亿元设计钻探费，但市政府却一直没有兑现。经茅以升等人再三催要，好不容易才领到1亿元。这1亿元法币在1946年底还可以买到1 000匹细布，等1948年，茅以升他们拿到手后，只能换回十余匹细布。㉚那时的物价上涨的速度简直无法想象：上海人到店里吃一碗面，进门时的价格和出门时的价格就不一样，因为价格已涨了。人们甚至把百元纸币当作糊墙纸，就连叫花子也不要千元以下的票子。

1948年9月，越江工程委员会第五次会议为解决经费短缺的窘境，决定废弃隧道方案，取而代之的是一个架设活动高架浮桥的新方案。活动高架浮桥的建设费用低廉，仅为隧道的1/4，且不用建造桥墩，省时省事，能保持固定净空，位置可随意迁移。㉛

可是，就连这么一个已经大为简化的方案最终还是纸上谈兵。开过第五次会议之后，技术顾问们就再也没能聚首。随着国民党政府的覆灭，越江工程连同那一代人跨越浦江的梦想终成泡影，所有的图纸资料和会议记录化作档案被束之高阁。

多年后，定居美国的吴国桢回忆当初无奈地说：“至于公共工程，在这种情况下不可能有更多的作为，但最初我还是抱有很高希望的，甚至试图寻求外资修建一条横穿黄浦江的隧道。……对这个项目，某些英国公司和一个美国公司都很感兴趣，英国公司甚至拟出了计划。到1948年，政治形势已恶化到如此地步，以致我们无法进行下去。”㉜

越江工程不能顺利上马，还有一个重要原因。

1947年8月17日，茅以升通过电台发表广播讲话。茅曾主持修建了中国人自己设计并建造的第一座现代化大型桥梁——钱塘江大桥，为三院院士：中国科学院院士、美国工程院院士、中央研究院院士。他一生学桥、造桥、写桥。

茅以升称越江工程有三种，在空中是桥梁、在水面是浮桥，在地下是隧道。越江工程是繁荣浦东的生命线，正如黄浦江是上海的生命线，但是这两条生命线不能发生冲突，越江工程要穿越黄浦江，而黄浦江上大小轮船日夜川流不息，隧道是最理想的。[33]

茅以升还谈到了经费筹集问题，"从通过费和土地受益费的两种来源，筹募工程经费，应该是有办法的"，但是他认为"目前浦东还未开发，其最大的原因是国内经济失调，何年何月，大家才来浦东建设呢？浦东不开发，过江的运输，还能增加吗？"

对于越江工程发行公债的做法，他并不乐观："上海市民对他的信用如何，能同其他国际都市相比吗？有多少人能投资到这种债券，而不去买黄金美钞呢？"

到底是三院院士，茅以升不仅仅谈及工程技术，更重要的还指出了多年来越江工程未能实现的一个重要原因："越江工程是'大上海都市计划'的一部门，要求越江工程的实现，必须其他连带的计划也能进行到同一程度，方能彼此配合，否则纵然有了越江工程，而浦东未能同时开发，这工程岂非赔本生意呢？"

也就是说黄浦江架桥建隧道的先决条件之一就是浦东要开发。

事实上，抗战后，上海的经济急转直下，浦江两岸的摆渡也渐渐萧条，抗战胜利后两岸的交通就没有恢复过元气。

4.4 一江隔两岸，东西长相叹

1953年9月，苏联城市规划专家穆欣应邀来沪指导编制了《上海市总图规划示意图》。在此基础上，1954年，上海市市政建设委员会在所编写的《上海市城市规划示意图简要说明》中提出，应在公平路和龙华两处规划越江隧道，用于连接城

市内环线。这是上海市人民政府第一次正式提出越江工程。㉞

1956年，上海市第一届人民代表大会第四次会议正式提出建设黄浦江越江工程。1958年8月，上海市规划勘测设计院编制《上海市越江工程规划报告》，对宁国路、江浦路、公平路、延安路、复兴路、董家渡、江边路、谨记路（今宛平南路）8个可能建设越江工程的位置进行了分析论证后，建议1962年前可在宁国路和董家渡两处各建一个双车道隧道，并以建宁国路隧道为先。㉟

1958年，国务院批准将江苏省的嘉定、南汇、川沙、松江等10个县划归上海，上海市辖区面积从606.18平方公里扩大为6 185平方公里。为此，1959年，上海市人民委员会邀请建筑工程部规划工作组编制完成《关于上海城市总体规划的初步意见》，提出“逐步改造旧市区，严格控制近郊工业区的发展规模，有计划地建设卫星城”的城市建设和发展方针。《意见》指出，据1958年调查，由于黄浦江缺乏便捷的越江设施，导致上海城市居民的92%、工业的95%都集中在浦江西岸，而浦江东岸仅有8%的居民和5%的工业。另一方面，因浦东有较多、较好的深水岸线，使上海大多数的码头、仓库和堆场集中在浦东，从而增加了大量的货物转驳费用。

为开辟浦东，解决沪西工业、住宅用地不足和货物转运问题，上海市政府基本建设委员会经组织有关单位论证后，认为在大型轮渡、桥梁、隧道三种越江工程中，以隧道方式最为恰当：它既不妨碍黄浦江航运，引道又短，便利运输，在国防上也较安全。㊱

关于越江隧道工程的位置，《初步意见》提出兴建跨越黄浦江的宁国路、延安东路、董家渡路及谨记路四条隧道。㊲

1964年，修建越江隧道的设想再次被提上议事日程。市城建局隧道处在《上海市黄浦江隧道选址阶段性报告》中，认为苏州河南物资驳运量大于苏州河北，因此第一个隧道工程应建于苏州河南。而在苏州河南包括谨记路、南码头、复兴东路、江边路、董家渡路、打浦路、延安东路7个可供选择的隧址中，因打浦路河床较浅，对客运有吸引力，且两岸均为堆栈，拆迁量小，有利施工，可作为处于实验阶段的上海第一条越江隧道的最佳选址。

1965年初，上海市领导亲自勘察了7个可供选择的隧址，决定正式向中央提交在打浦路筹建隧道的报告。工程代号“651”，作为保密工程进行。之后，经过6年建设，终于在1971年6月正式建成黄浦江上第一个越江工程——打浦路隧道。该隧道全长2 736米，高4.4米，通行机动车，每小时双向最大通过能力为1 000辆。[38]

打浦路隧道率先结束了黄浦江两岸长期悬隔不通的状况，圆了百年上海人天堑变通途的梦想，这也算是浦东开发的序曲。

不过，20世纪60年代，中国与苏联国家关系恶化，边境形势紧张，积极备战成为国家战略。因此，建设越江隧道更多是从国防角度考虑的。一直到80年代，作为一条国防、战备隧道，打浦路隧道仍然只对特许车辆开放，也就是说一般社会车辆通过必须有介绍信，外地牌照车辆更是无法进入。[39]

到了1978年，有人大代表提出建设第二条隧道，次年，上海决定在延安东路建设一条双车道越江隧道。1980年11月，得到国家计委批准。消息传出后，引起广泛关注。有人提出，钻地不如借天，上海的《文汇报》还登出了在延安东路建设“电力垂直升降桥”的建议。后经过专家论证，认为“电力垂直升降桥”运行有间断性，流量低，容易造成交通堵塞，而且在黄浦江上设桥墩，对航道有影响，此外，国内外尚无制造大型电力垂直升降机的经验。还是建设隧道好。1982年4月，国家城建总局派专人来沪调研，最终也认为国家批准的延安东路隧道计划任务书和初步设计文件是正确的。同年9月，越江隧道总算破土动工，到1989年5月建成通车。[40]

这段时间，随着浦东人口的快速增加，“过江难”的问题越发严重，每天人们两岸往来主要是靠摆渡。而轮渡线尽管不断增加，但仍不能满足人们过江的需求，仅仅陆家嘴轮渡线到80年代后期一天就有20万的客流量。一到大雾天停航，就有两三万乘客积压在码头上。因此，市轮渡公司方面对于日益增长的轮渡压力一直忧心忡忡。[41]

终于在1987年底爆发了陆家嘴轮渡惨案。[42]

那是1987年12月10日清晨，大雾弥漫，黄浦江上的轮船全部停航了，上万人挤在黄浦江陆家嘴轮渡站焦急地等待过江上班。当大雾散去，轮渡船开航时，大量的人群拥挤着往船上赶，秩序开始混乱，而偏偏人群中又混杂着各种自行车。你挤我挤，人难走，自行车更难走。突然，一个中年男子连同他的自行车一起被汹涌的人流挤倒，紧接着一个接一个人被挤倒，倒下的人挣扎着要爬起来，但向前拥挤的人群被一股巨大的力量推着，发疯似地踩着那些倒地的人冲向前方，此时，前面轮渡的闸门已经关上，但后面的人还在向前冲去。一起惨祸就这样酿成了。

踩死 16 人，重伤 30 人，近百人被挤伤。陆家嘴轮渡线惨案震惊中外。[43]

至截稿时统计已死亡十一人伤九十余人

陆家嘴轮渡站发生重大伤亡事故

雾散轮渡开航 万人一涌而上

大雾中赶上班的人们 夏永烈 摄

本报讯 今天上午，黄浦江上一场大雾竟酿成浦东陆家嘴轮渡站上罕见的惨祸。

上午9时，大雾消散，被迫停航4个多小时的陆家嘴轮渡站恢复通航，由于乘客极度拥挤在轮站浮桥上，前面闸门已关，后面数万人流仍往前涌，造成近百名乘客被挤倒压伤，经紧急送往市第一人民医院、仁济医院、黄浦区中心医院等医院抢救，截止发稿时，据上述医院称，已死亡11人，重伤30余人。受伤者中有老人、孕妇和儿童。其中有一人当场惊吓成紧张性精神病。死亡者中青年男性占多数。

今晨4时40分左右，黄浦江上浓雾弥漫，陆延线轮渡自4时30分从延安东路发出开往浦东陆家嘴的头班轮渡后，立即停航。直至9点左右江上迷雾始散，此时，在浦东陆家嘴轮渡站前等待过江的乘客已有二三万人。

调了10多名工作人员，崂山派出所等派出所派来40多位公安干警协助轮渡秩序，并采取浦西封站，先从浦东往浦西疏散的办法。公安干警与轮渡站工人在开航前，每道门都有人把关。谁料，轮渡站门一开，乘客犹如潮水

图为《新民晚报》关于陆家嘴轮渡惨案的报道

那时，上海市政府机关大楼就面临黄浦江，江对面就是发生惨案的陆家嘴轮渡站。惨讯随着阴冷的江风在大楼内散布，上海冬天的冷是中国南方特有的一种阴湿冷，能够冷到人的骨头里，而惨讯让人冷到心里。

“过江难”，越江工程更难，这也就成为两岸人心中的一个痛，一江隔两岸，东西长相叹！

4.5 新市长面临的难题

陆家嘴轮渡站惨案发生不久后，次年开年，突如其来的疫病大流行，让上海进入了非常时期。

1988年的日历刚刚翻开，上海就出现了甲肝流行，开始时每天发病100人左右，后来上升为每天发病1000人左右，到1月底，每天发病10000人左右，到2月1日达到最高峰，当天发病19000人。最后，全市共有近30万人染病，按照医学上的规律，没有进入临床，但身上携带了甲肝病毒的患者是其四倍，这意味着上海有150万人携带了甲肝病毒。那时上海的人口为1200万。[44]

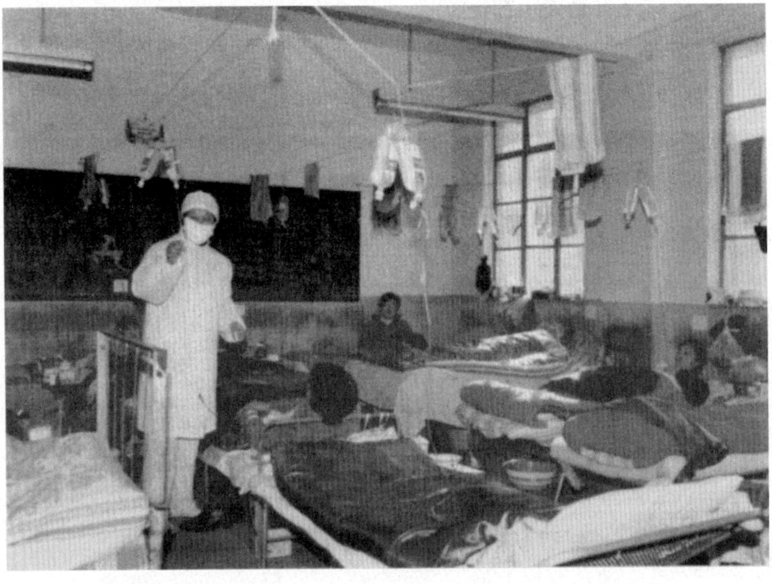

1988年上海甲肝大流行，病房不够用，一些学校教室、工厂仓库都用来作为临时病房，收治甲肝病人(载《改革创新(1978—1992)》)

天灾人祸让刚刚到上海任市长的朱镕基感到了巨大的压力。从1988年4月到6月，60岁的朱镕基绝大部分的夜晚是在办公室里度过的。人们在电视上看到朱镕基那张消瘦的脸很少有笑容。[45]

经历过那个年代的上海人都知道，那时的上海困难重重。老百姓有一句口头禅："上海搞不好了"。而知识分子则说：上海滩真的要"瘫"了。

那年头的上海市长真不好当。摆在朱镕基面前的是一连串让人尴尬的数字：新中国成立后，上海在计划经济体制下，从 1949 年到 1979 年的 30 年间，物价年平均上涨率只有 1.3%。而到了 80 年代后期实行双轨制后，大量的原材料价格上涨，然而上海产品的生产、销售、定价还是被计划之手牢牢控制住。计划定价，一件棉毛衫的利润只有 2 分钱，企业还有什么活路？

那一年正是中国领导人欲闯价格改革关的年头。1988 年 5 月 29 日，邓小平会见外宾时表示，理顺物价，改革才能加快步伐。物价改革非搞不可，要迎着风险，迎着困难上。

“中国不是有一个‘过五关斩六将’的关公的故事吗？我们可能比关公还要过更多的‘关’，‘斩’更多的将。过一关很不容易，要担很大风险。”邓小平说。㊻

1988 年 5 月 8 日，中国人民银行宣布将发行面额为 100 元和 50 元的人民币。

接着，8 月 17 日，中共中央北戴河会议决定，放开绝大多数商品价格，变长痛为短痛闯物价改革关。一时物价大涨，抢购风遍及大江南北，火柴、肥皂、毛巾、皮夹克、羊毛毯、洗衣机、录音机，乃至金饰品，见什么抢什么。那一年，物价比上年上涨 18.5%。

上海是中国最大的工商业城市，流通发达，市场供应算是稳定的，但此时在计划管制突破前夕，变得那么不正常了，市民人心不稳。

上海市委机关报《解放日报》也发表记者的文章，直言上海一边是几千种商品价格上涨，一边是地方财政收入的连年滑坡。

让上海人更加失落的是在整个 20 世纪，上海综合经济实力一直领跑全中国。特别是新中国成立后 30 年中，上海始终是中国的工业和财政支柱，居共和国经济长子之位。但是，20 世纪 80 年代的上海，经济发展开始陷入困境。如 1978 年到 1988 年，占全国的比重逐年下降，上海的国民生产总值由 7.9%降为 4.7%，国民收入由 8.2%下降为 4.9%，工业总产值由 13%下降为 6%，出口总额（口岸）由 29.7%下降为 9.7%，地方财政收入由 14.9%下降为 5.9%。㊼

这一时期，上海还是以计划经济为主，产业结构以国有企业为主。在 1979 年从安徽凤阳小岗村掀起并席卷全中国的农村改革大潮并未使上海直接受益，而城市改革，上海又比中国的其他城市晚了 5 年。承包、租赁及用工制度等改革已在重庆、武汉、沈阳、广东抢得先机，上海却没有动作。

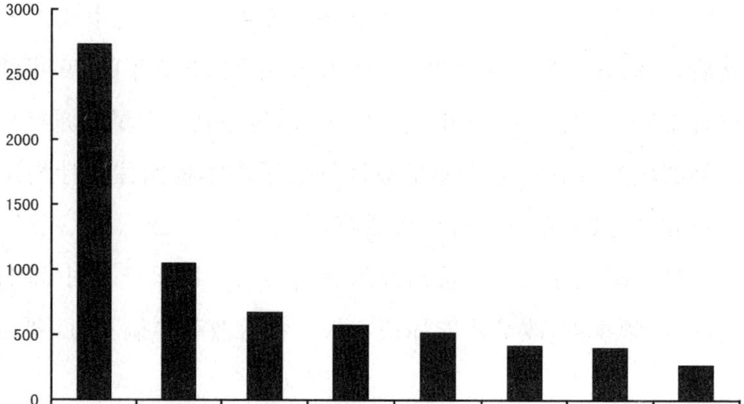

	上海	辽宁	江苏	天津	北京	山东	浙江	广东
53-92年	2732.89	1049.76	673.31	577.36	518.71	418.96	403.75	270.22

单位：亿元

新中国成立后，上缴中央财政前8名地区

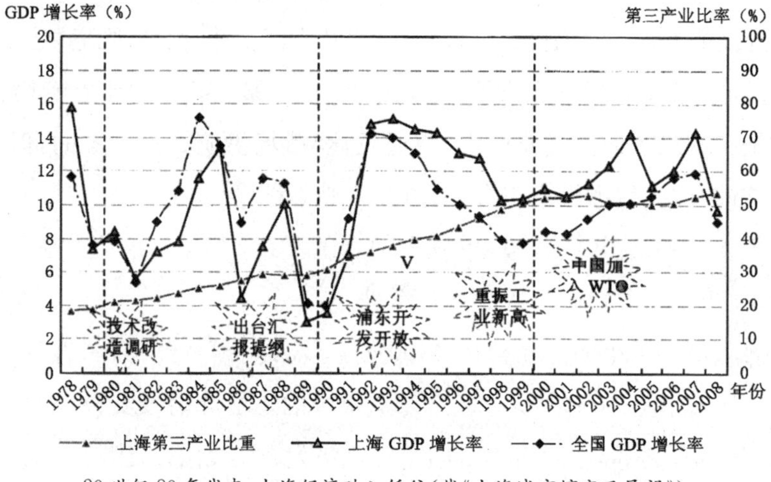

20世纪80年代末，上海经济跌入低谷（载《上海城市嬗变及展望》）

外国学者在分析海外对中国投资时写道：总而言之，上海是日本企业想回避的地区，之所以要回避，主要是因为上海是“中国最官僚、最令人沮丧的城市”。[48]

美国著名的咨询智囊库——兰德公司的专家说，中国的经济中心已出现南移的趋势，广东将取代上海。

但是，这位“长子”——“温顺的大儿子”，仍“对内地负起经济责任”，仍在为全国供血。[49] 1985年前，中央政府对上海的财政基本上是属于“统收统支”，用曾担任上海市市长汪道涵的话说：“上海是中央财政。”上海当年的利税收入上缴中央，上海要用钱再向中央申请。毕竟上海是中央政府的重要财源：从新中国成立到20世纪末，上海共上缴国家财政收入近4 000亿元，占全国总收入的六分之一。[50]而这时的上海土地面积仅仅占全国的1/1 500，人口仅占1/100。

上海曾被称为中国计划经济的堡垒，到了80年代后期，中国出现了计划和市场的双轨制，计划和市场不断地博弈着，引发了许多奇特的现象，一段时间内，长期计划体制下所产生的“路径依赖”使得上海不得不承受更大的困难。

朱镕基是从国家经委来到上海的，到任后他发现自己手中没有钱，没有物。这时的上海已经成为一个以工业为主的单功能城市。1952年，上海第三产业占工业总产值的50%，到1978年，这一比例降到了18.6%。[51]

上海没有矿产资源，原先生产需要的原材料是由国家统一计划调拨，但是双轨制后上海只好拿桑塔纳、彩电、冰箱去和兄弟省市换原材料，甚至连猪肉都要换，市府开会时还要通报猪肉库存。

经济学家、上海社科院副院长姚锡棠清晰记得当年市长汪道涵经常召集各部委开会，每次总会说到一个话题——“今年的原材料缺口怎么办”。

姚锡棠道出了其中的原因：上海有技术、有人才、有传统、有经验，唯独没有原材料。之前是依靠国家全力保障上海。1978年改革开放，南方城市以广东为代表经济迅速崛起，苏浙沿海也迸发强大活力，各地经济都在快速发展，都需要大量的原材料。上海的原材料显然更加紧缺。[52]

称朱镕基为经济专家并不过分，他任国家经委副主任时，兼任了清华大学经济管理学院院长。朱镕基曾是清华大学的博士生导师，这一头衔并非虚戴，他带过四个技术经济的博士生。但是上海的经济状况也给他——清华博导出了难题。

4.6 上海“城市病”集中爆发

1980年10月3日的《解放日报》在头版头条的位置发表了《十个第一和五个倒数第一说明了什么？——关于上海发展方向的探讨》的文章，作者为上海社会科学院部门经济研究所研究员沈峻坡。文章占了半个版的篇幅。报纸还加了很长的编者按。

解放日报
JIEFANG RIBAO

十个第一和五个倒数第一说明了什么？
——关于上海发展方向的探讨

胜利了更要多读马列

市科协大力培训在职科技人员

就蔬菜、污染、住房等问题听取群众意见

杨树浦煤气厂搞好节日生产

抓紧检修设备 确保节后生产

人民欢乐我幸福

上海国际举重邀请赛12日揭幕

《解放日报》头版发文章，指出上海的“五个倒数第一”，反响强烈

编者按：根据四化的要求，我们应当建设一个什么样的上海？这是全市人民普遍关切、议论颇多的一个重大问题。要找到这个问题的正确答案，首先要对上海的历史和现状作一番实事求是的分析和探讨，从中引出经验和教训。上海社会科学院部门经济研究所沈峻坡同志的文章，在这方面进行了有益的探索，提出了一些值得重视的材料和见解。现将此文发表，以期引起讨论。

长期来，上海一直存在着一种极不正常的矛盾现象：一方面，生产建设上一马当先，名列前茅，有不少个全国第一；另方面，城市建设上却“老牛拖车”，十分落后，有若干个全国倒数第一。为什么“最佳”和“最差”两种截然相反的状态可以在一个大城市里并行不悖地同时存在？为什么“骨头”和“肉”的比例失调情况如此严重？为什么生产和生活的矛盾如此尖锐？原因当然是很多的，但大量的事实表明，根本原因在于“左”倾思想对经济领域的长期干扰和破坏。在“左”倾思想的影响下，人们无视社会主义生产的目的，置客观经济规律于不顾，盲目地信奉什么“干劲无穷尽，上游无止境，多快好省没有底”，一味追求不切实际的高指标、高速度、高积累，无休止地拼设备，无限制地挖“潜力”；其结果必然是竭泽而渔，杀鸡取蛋，把上海变成了一个生产高度发展、生活矛盾重重的“畸形儿”。这种由“左”倾思想所造成的严重恶果，应当成为我们永远牢记的历史教训。

“前事不忘，后事之师”。我们希望全市各条战线特别是经济战线上的同志，都来就这篇文章提出的问题充分发表意见。在讨论中，要联系实际，回顾历史，分析现状，进一步把“左”倾思想批深批透，彻底肃清其流毒，按照党的三中全会所确定的思想路线和政治路线来认识建设上海的方向。这样，我们就有可能为发展上海经济提出一个正确的方针，尽快地改变比例严重失调的状况，扭转经济畸形发展的状态，摘掉“倒数第一”的帽子，创造更多的全国第一，使上海这个经济“巨人”从病态中迅速康复起来，在四化建设中迈开矫健的步伐向前奋进！

显然，报社是赞赏这篇文章的。沈峻坡是一位经济学者，在《十个第一和五个倒数第一说明了什么？》一文中开门见山列举了上海在经济上至少有十个全国“第一”：

一、工业总产值占全国八分之一强，产值之大，居全国各省市的第一位；

二、出口总值占全国四分之一强，其中本市产品占60%，创汇之多，居全国第一位；

三、财政收入占全国总收入的六分之一，上缴国家税利占中央财政支出三分之一，上缴之多，居全国第一位；

四、工业全员劳动生产率1979年为30 013元，高于全国各省市平均数1.5倍以上，居全国第一位；

五、工业每百元固定资产实现的利润：1979年全市平均63.73元，为全国平均数的四倍，居全国第一位；

六、工业资金周转率为69.5天，周转之快，为全国大城市的第一位；

七、按人口平均计算每人每年国民生产总值，1979年为1 590美元，生产水平之高，居全国第一位；

八、能源有效利用率，1979年为33%，高于全国平均28%的水平，居全国第一位；

九、商品调拨量，上海商业部门调往各地的日用工业品占全国调拨量的45%，居全国第一位；

十、输送技术力量，解放以来上海迁往内地的工厂300多家，并通过其他各种途径，输送技术人员、技术工人超过100万人，居全国首位。

文章又列举了上海五项全国“倒数第一”：

一、市区平均每平方公里有4.1万人，城市人口密度之大，为全国之“最”；

二、建筑密度高达56%，按人口平均计算，每人拥有道路仅1.57平方米，绿化面积仅0.47平方米（像一张《解放日报》那么大），建筑之密，厂房之挤，道路之狭，绿化之少，均为我国大城市之“最”；

三、上海市区按人口平均计算，每人居住面积为4.3平方米（包括棚户、简屋、阁楼在内），4平方米以下的缺房户有918 000多户（其中困难户、结婚户、特困户、外地调沪无房户共69 000多户），占全市户数60%左右，缺房户比重之大，为全国大城市之“最”；

四、上海平均每万辆车一年死亡人数为42.5人，车辆事故为全国大城市之“最”；

五、由于三废污染严重，上海市区癌症发病率之高为全国城市之“最”。

文章质问：十个全国第一和五个全国倒数第一，在上海同时并存，这说明了什么呢？这说明上海在取得重大进展、作出重要贡献的同时，出现了不少矛盾，主要是综合平衡遭到了破坏，比例失调相当突出。

此文一出，反响强烈。文章戳到了上海的痛处。报社收到300多篇来稿，当天的《解放日报》零售脱销。[53]

造成这种城市畸形发展的原因很多，比如城市发展没有边缘的约束，摊大饼式地四面扩张，久而久之，城市布局严重不合理和城市运行严重不经济，20世纪80

年代的上海可以说是这种表现的经典案例。

曾在 1981 年至 1985 年任上海市市长的汪道涵遗憾地说过这样的话："在我当上海市长的期间，我上对得起'朝廷'（喻中央政府），每年上海上缴国家财政占国家财政收入的六分之一，但下对不起黎民百姓（喻上海市民）。每天早晨我看到马路上有那么多的煤球炉在生火，到处是烟雾腾腾，那么多马桶在马路上刷洗，我真感心痛，上海实在没有多余的资金来改善和发展市民的生活了。"[54]

他的后任，1985 年起担任上海市市长的江泽民也写道："当我们在车站上、车厢里看到拥挤不堪的人群时，当我们看到孩子们在简陋甚至危险的教室里上课、数万名幼儿入托入园难使年轻父母愁眉不展时，当我们了解到有的怀孕女工因上班挤车造成流产、全市有两万名职工上下班路上要花四小时以上的时间时，当我们看到一场暴雨使十一万户居民家中进水，心里就感到深深不安。"[55]

居民每天起来做的功课：升煤炉（载《浦东老镜头》）

那时路边的马桶司空见惯（载《浦东老镜头》）

曾任浦东新区区长的胡炜回忆："80年代初的时候，我是黄浦区的房地局局长，当时上海人的居住环境非常窘迫，那时实行的是福利分房的政策，只有困难户才可以分到福利房，人均2平方米才符合条件。当时我到一户家庭走访，这户人家是三代七口人，11平方米，他们是怎么睡觉的呢？他家有张上下铺的床，四个人睡在上下铺，一个人打地铺，一个人睡在桌子上，一个人在箱子上搁块板睡在上面。"[56]如果要在家方便，其他人就要出去，夏天洗澡也只能出门回避，这也造成上海的弄堂总是那么热闹。

也因为一直心存这种内疚和深深的不安，汪道涵从20世纪80年代初起就筹划要开辟一个上海新区，以解决上海在城市发展中的困难。而这种内疚和不安也深深地埋藏在上海的不少领导干部心中，日后成为浦东开发开放的一种巨大的原动力。

如果要打一个比方，畸形发展的上海，看上去是个"顶天立地"的巨人，其实是个"健康欠佳"的病人。上海患上了城市病，病得喘不过气来。

当时的舆论界有这样几个比喻：

一是上海城市形态像一只夹花的"大饼"。几十年城市建设"摊大饼"式扩张，造成住宅、工厂、商业、学校等无序地混杂在一起。"螺蛳壳里做道场"成为那时上海人住房最形象的说法。狭窄的空间也挤压了上海人的视野和心胸。"斤斤计较"成为外地人嘲笑上海人的一个形容词。

二是上海城市容貌像一个作坊式的"大家庭"。全国各地向上海输送能源、原材料，供上海通宵达旦地加工生产。在大量工业品源源不断地运往全国各地的同时，废水、废气、废渣留在了上海。一个曾经的国际大都市却成为一个大作坊，既是作坊，又是民居，市民生活环境日益恶化。1988年，朱镕基出任上海市长后叹苦道："现在一天我们收到100多封人民来信，都是讲粪便横溢、垃圾成堆、交通拥挤、住房紧张，简直就要爆炸了。"[57]

三是上海城市功能像一个心肺衰竭的"老人"。无序扩张和基础设施的无限制利用，使得上海的交通电力等基础设施如人之心肺衰竭。上海像一头老牛被鞭子不断地抽着，生产能力被无休整地榨取，更遑论环境保护。

上海曾是一个租界城市，西方列强在租界建设中各搞一套，诸如管道运行、电话接口等不同租界都不一样，这也造成后来人进行旧城维修改造的极大困难，甚至比建设一个新区花费人力物力财力更大。这也是上海城市改造建设落后的一个重要原因。

"80 年代后期上海得了严重的'城市病'，道路拥挤，空气污染，人均绿化全国倒数第一；80 万个煤球炉，还有 80 万个马桶。"曾任浦东新区宣传部长的邵煜栋回忆道。后来的上海市领导还把到 2000 年消灭上海的 80 万只马桶和 80 万只煤球炉，解决市民住房难作为军令状。[58]

浦东沿江有了现代经济，但是城市化进程缓慢

20 世纪 70 年代，随着中美关系解冻，国门微微开启，少数的外国友好人士也得以进入曾经是国际化大都市的上海。

1972 年，美国总统尼克松访华，美国作家赖斯顿也随同到达他阔别多年的上海。他的观感是，除了半殖民地时代的华丽建筑，上海的市政建设在他的脑海里再没有留下任何其他印象。

1974 年，法国社会学家朗兹先生考察了上海。他将考察结果写了一篇札记。

札记中写道：我看到在一条凝滞不动的小河边搭建起来的一间小屋。屋顶披着歪斜着的羊毛毡，上面压着几十个瓶瓶罐罐。窗户的玻璃全都破裂，显示着利齿般形状。至多只有10平方米的空间，却住着5口之家。时时可闻腐烂的蔬菜气息荡漾在小屋四周。这情景让我想起了孟买、加尔各答和新墨西哥城……[59]

而"文革"结束后，海外回来探亲访友的侨胞，几乎可以熟门熟路地找到几十年前的旧居——上海大部分地方几乎没变过。要说变了，那就是铁锈和腐木比以前更多了——上海被时任美国总统福特称为"生锈的城市"，更有甚者，来华采风的意大利电影艺术家安东尼奥尼把上海称为"二战前西方建筑艺术的活化石"。[60]

上海就像一张黑白照片，凝滞在20世纪50年代，毫无生机。

往事不堪回首，即便是一个上海人，没有经历过那个时代也难以理解，即便在那个时代，初到上海的外国人也无法理解在中国最大的工商业城市，曾有"东方巴黎"之称的城市怎么会有这样的状态！

因为这种艰难，日后上海就有了开发浦东——建设"新上海"，减轻"老上海"的压力的强烈冲动。

4.7 两地落差巨大的历史原因

那时浦东的城区建设怎么样呢？老一代浦东居民都知道，当时东昌路是浦东地区最繁荣的一条商业街，被戏称为浦东的南京路，与之成丁字形相交的一条叫烂泥渡路。烂泥渡路大约四五米宽。一旦雨天，水漫泥路。

从20世纪五六十年代后，世界城市已经从"母子城"走向"姐妹城"，上海浦西却仍在沿用"摊大饼"式的发展模式，终于导致1988年"城市病"的集中爆发。

世界上有很多城市被一条河流穿越。如纽约、伦敦、巴黎、布达佩斯，皆有一河穿越，而且这些城市都实现了两岸共同繁荣。

比如，被人们誉为"多瑙河明珠"的匈牙利首都布达佩斯，原是隔多瑙河相望的一对姐妹城市——布达和佩斯，1873年这两座城市正式合并。布达在多瑙河西岸，公元一世纪建市，1361年成为都城，匈牙利历代皇朝均在此建都。它依山而建。山坡上别墅星罗棋布，科研机关、医院和休养所群集。佩斯始建于公元 3 世纪初叶，位于多瑙河东岸，地势平坦，是行政机关、工商企业和文化机构集中地。布达佩斯曾在两次世界大战中遭到极大破坏，多瑙河上的所有大桥都是战后重新建造的。20 世纪 70 年代起，布达佩斯按新布局进行规划和建设，住宅和工业区分开，政府机构迁往郊区，其城市工业分布更加均衡，城市比过去更加繁华有序。

平静的多瑙河从西北蜿蜒流向东南，穿越市中心。8 座别具特色的铁桥和一条地铁隧道将这对姐妹城市紧紧地连为繁荣的一体。

但是为什么在上海这座东方名城，一江之隔浦东和浦西的落差如此巨大？

其实在上海开埠之前，东西差异不大。现代经济在开埠后从浦东起步也很早，比如最早几乎和浦东同步的航运和造修船业，至 20 至 30 年代，浦东沿江的航运、造船、烟草、纺织业得到蓬勃发展，也有了铁路、公路。50 至 60 年代，现代经济有了进一步的发展，特别是国家投资兴建了一批以重化工业为主的骨干企业。而且浦东的农业大县——川沙县曾名列中国综合实力百强县前十名。

但随着时间的推移，浦西城市化进程迅猛，到 40 年代后期成为世界第五大城市。而浦东和浦西的差距越来越大，据 1958 年调查，上海城市居民的 92%、工业的 95%都集中在浦江西岸，而浦江东岸仅有 8%的居民和 5%的工业。[61]

从表面上看，是因为一条大河隔离，缺乏便捷的越江设施的缘故。但根本原因并非在于黄浦江，睿智的上海市市长汪道涵曾经几次说过，世界上哪一座大都市中间没有一条名河贯穿其中？[62]

但是仅从黄浦江的越江工程建设就可以看出浦东没有和浦西同步繁荣的原因。

从历史顺序的角度看，首先是租界的存在造成了东西两地的巨大差异。开埠后尽管西方商人对浦东沿江地带发生兴趣，租界当局还想过江扩张，但未能得逞，因此对于开发建设浦东，租界当局自然不感兴趣。而浦西沿江主要地段为英美租界和法租界，而东边则是中国政府管辖。两岸主权不同，事权不一，如果要建造越江设施，无论是大桥还是隧道必然涉及各方的利益。

到了 20 世纪 40 年代租界收回、抗战胜利后，民国政府也没有大规模开发浦东的构想，仅仅是将浦东作为农业区为市区提供农副产品，并为解决市区人口拥挤而设立的住宅区，最多也就是在沿江地带利用水运的优势，发展相关的产业。40年代后期，民国政府确实也想修建越江工程，但因应付打仗而无钱建设。

在这期间，确实有不少人看出了浦东浦西两地因一江之隔而造成地价的巨大差异，更有投资者认为只要有了越江交通，就能引来投资和地价上涨，并且获利，以实现浦东开发建设。因此，民间也一直有集资建设的呼声，但是在一个长期动荡不定的社会环境下，这一切都是纸上谈兵。

1949年后，中国引入了计划经济，所有的投资都有国家计划进行，而土地按照宪法规定为国家所有，按建设需要无偿调拨，即便是农村集体所有的土地也不允许买卖。因此，也有没有土地市场，更无所谓两地的地价落差了。因为越江设施花费巨大，仅仅依赖一地政府投资，尽管上海是相对富裕的地区，仍然难以承受。

而在构想越江设施时，无论是40年代的民国政府，还是50年代以后的人民政府，都考虑到战争的因素，而这也是当年孙中山在勾画东方大港时不曾想到的。1946年11月7日，在上海市都市计划委员会第二次会议上，曾有人称一颗原子弹已可毁尽。上海市公用局长赵曾珏对于这种言论愤然道："若根据原子弹之破坏力，则可不必作计划！"[63]

但是，战争思维确实一直影响着市政建设。尤其是在60年代后，实施了备战备荒的国家战略，上海一直到了70年代初才有了一条越江隧道，而且是国防、备战用的特许车辆通过的隧道，而非开发建设浦东之用。

遗憾也就这样形成了，1990年浦东开发之前，浦东仅仅在沿江形成了港区、厂区及商业、生活区拥挤在一块的城市化区域，没有形成如纽约、伦敦、巴黎等城市两岸共同繁荣的局面。这种情况一直到20世纪90年代浦东开发开放后才改变。

注释

① 1990年，川沙县乡镇企业产值达到46.35亿元，被列为全国“百强”县第十名。

② 以上数据均来自于赵启正主编：《新世纪·新浦东》，复旦大学出版社1994年版。

③ 陆幸生：《捷径和大道》，载《浦东开发》1998年第1期。

④ 吴念祖：《我所参与的浦东杨高路工程建设和上海内环线工程建设》，载中共上海市委党史研究室：《口述上海——浦东开发开放》(上)，上海教育出版社2014年版。

⑤ 以上数据均来自于赵启正主编：《新世纪·新浦东》，复旦大学出版社1994年版。

⑥ 李春涛主编：《上海建设1991—1995》，上海科学普及出版社1996年版。

⑦ 唐雷：《万家忧乐系心头》，载《浦东开发》1996年第3期。

⑧《浦东开发开放20年：陆家嘴成上海最具魅力地方》，载《新民周刊》2010年4月14日。

⑨ 承载：《上海通史》第13卷《当代社会》，上海人民出版社1999年版。

⑩ 新华社上海4月16日电：《中国特色社会主义的“浦东样本”》，记者季明、肖春飞，载新华网2010年4月17日。

⑪ 李佳能口述：《浦东开发的准备、研究和早期开发》，载《口述上海——改革创新(1978—1992)》，上海教育出版社2014年版。

⑫ 明嘉靖《上海县志》卷之三建置，载《上海府县旧志丛书·上海县卷》一，上海古籍出版社2015年版。另据清同治《上海县志》，车沟即周浦塘渡，明知县郑洛书设。宋家港渡，亦郑洛书设，今无考。

⑬ 薛理勇：《浦东“烂泥渡”的来历》，载《浦东开发》2001年第10期。

⑭《上海内河航运志》编委会：《上海内河航运志》第六章渡运，上海社科院出版社1999年版。

⑮《上海内河航运志》编委会：《上海内河航运志》第六章渡运，上海社科院出版社 1999 年版。

⑯ 张之翰：《过黄浦》元代翰林侍讲学士知松江府事，由此可看出，明代黄浦江未形成前，黄浦就是一条浪急的河流，给渡河人几多惊吓。载嘉靖《上海县志》卷七，载《上海府县旧志丛书·上海县卷》，上海古籍出版社 2015 年版。

⑰ 薛理勇：《浦东"烂泥渡"的来历》，载《浦东开发》2001 年第 10 期。

⑱ 梁文：《从赖义渡路到烂泥渡路》，载唐国良：《浦东老地名》（上），上海社会科学院出版社 2007 年版。

⑲ 李宁源：《赵启正谈浦东开发来龙去脉》，载《新闻晚报》2008 年 6 月 23 日。

⑳《浦江下游的摆渡业史》，载王洪泉等编：《浦东今古大观》，上海科学技术文献出版社 1992 年版。

㉑ 上海市市中心区域建设委员会：《建设上海市市中心区域计划书》，引自魏枢：《"大上海计划"启示录：近代上海市中心区域的规划变迁与空间演进》，东南大学出版社 2011 年版。

㉒ 上海市市中心区域建设委员会：《建设上海市市中心区域计划书》，引自魏枢：《"大上海计划"启示录：近代上海市中心区域的规划变迁与空间演进》，东南大学出版社 2011 年版。

㉓ [法]安克强：《1927—1937 年的上海市政权、地方性和现代化》，上海古籍出版社 2004 年版。

㉔《沪越江工程多数主张建筑隧道》，载《申报》1947 年 1 月 6 日。

㉕ 张姚俊：《国民政府上海越江工程流产记》，载《世纪》2009 年第 1 期。

㉖《沪越江工程多数主张建筑隧道》，载《申报》1947 年 1 月 6 日。

㉗ 张姚俊：《国民政府上海越江工程流产记》，载《世纪》2009 年第 1 期。

㉘《浦江大桥美愿投资》，载《申报》1947 年 5 月 29 日。

㉙《沪越江工程多数主张建筑隧道》，载《申报》1947 年 1 月 6 日。

㉚ 张姚俊：《国民政府上海越江工程流产记》，载《世纪》2009 年第 1 期。

㉛ 张姚俊：《国民政府上海越江工程流产记》，载《世纪》2009 年第 1 期。

㉜ [美]裴斐、韦慕庭访问整理：《从上海市长到"台湾省"主席（1946—1953 年）：吴国桢口述回忆》，上海人民出版社 1999 年版。

㉝《工程专家茅以升博士播讲黄浦越江工程》，载《申报》1948 年 8 月 18 日。

㉞《上海城市规划志》第六篇第三章专项工程规划第一节越江工程，上海社会科学院出版社 1999 年版。

㉟ 李开亚主编：《上海人民政府志》第四篇城市建交通第四章，上海社会科学院出版社2004年版。

㊱《1959年上海城市总体规划档案选录：市区交通部分》，载《档案与史学》2002年第5期。

㊲ 李开亚主编：《上海人民政府志》第四篇城市建交通第四章，上海社会科学院出版社2004年版。

㊳《上海城市规划志》第六篇第三章专项工程规划第一节越江工程，上海社会科学院出版社1999年版。

㊴ 薛志明：《上海市政工程建设史上的奇迹——打浦路隧道》，载《上海市政公路》2014年10月第213期。

㊵ 李开亚主编：《上海人民政府志》第四篇城市建交通第二章城市基础设施，上海社会科学院出版社2004年版。

㊶ 卢方：《设备简陋　吞吐缓慢　每遇高峰　局面严峻——市轮渡公司经理谈本市轮渡现状》，载《新民晚报》。

㊷《浦江下游摆渡业史》，载王洪泉等编：《浦东今古大观》，上海科学技术文献出版社1992年版。

㊸ 俞天白：《上海：性格即命运——当代上海经济纪实》，上海文艺出版社1992年版。按李开亚主编：《上海人民政府志》大事记载，为踩死16人，伤60多人。上海社会科学院出版社2004年版。

㊹ 据当时上海市卫生局长王道民回忆："1月29日至3月21日，肝炎发病共计292 301例，死亡31例，直接死于甲肝并发症（急性及亚急性黄色肝萎缩）的有11例。"载《难忘1988年上海甲肝大流行防治》，载《口述上海——改革创新（1978—1992）》，上海教育出版社2014年版。

㊺ 刘建平、朱强、谢春雷、马凌、徐璇：《上海施政》，载《南方周末》2003年3月8日。

㊻ 邓小平：《理顺物价，加速改革》，载《邓小平文选》第三卷，人民出版社1993年版。

㊼ 李开亚主编：《上海人民政府志》专记"浦东开发开放"，上海社会科学院出版社2004年版。

㊽［美］瓦尔特·阿蒙德：《90年代日本在上海浦东投资趋势研究》，载俞可平、田赛男编：《海外学者论浦东开发开放》，中央编译出版社2002年版。

㊾ 余秋雨：《上海人》，载《文化苦旅》，东方出版中心1992年版。

㊿《上海财政税务志》编纂委员会编：《上海财政税务志》，上海社会科学院出版社1995年版。

㊿① 汪仲启采访整理：《为上海城市发展战略做了基础性研究》，载《社会科学报》2014年10月16日。

52 蒋娅娅访姚锡棠：《两次上海战略大讨论，我有话要说》，载《解放日报》2014年1月12日。

53《解放日报》连续在报上发表了9期讨论文章，从不同侧面联系实际，反映了要求改变面貌的强烈愿望，并提出不少有益的建议。但讨论中个别文章的标题不妥，如说这是中央大平调的继续。接着，沈的文章和评论被认为是代表上海向中央"施加压力"，受到国务院个别领导人的批评，讨论随即终止。《解放日报》负责人向市委作了检查。1986年9月，沈峻坡写的这篇文章获得中共上海市委宣传部颁发的优秀论文奖状。载《上海新闻志》，上海社会科学院出版社2000年版。

54 上海交通大学编：《怀念汪道涵》，交通大学出版社2007年版。

55 江泽民：《人民政府要为人民办实事》，载《江泽民文选》第一卷，人民出版社2005年版。

56 胡炜：《浦东开发是中国梦的华丽篇章》，在浦东"创二代"精神系列讲坛上的主题发言，2014年9月17日，http://www.pdtw.com/infoshow.aspx?info_id=20626&item_id=122。

57 朱镕基：《成立上海市外国投资工作委员会的几项原则》，载《朱镕基上海讲话实录》，人民出版社、上海人民出版社2013年版。

58 文献电视片解说词《邓小平与上海》(一)(中共中央文献研究室、中共上海市委联合摄制)，载《文汇报》2004年8月13日。

59 杨继绳：《邓小平时代：中国改革开放纪实》，中央编译出版社1998年版。

60 周振华、熊月之、张广生、朱金海、周国平等：《上海城市嬗变及展望》上卷《工商城市的上海1949—1978》，格致出版社、上海人民出版社2010年版。

61 赵启正主编：《新世纪·新浦东》，复旦大学出版社1994年版。

62 彭运鹗：《高山仰止，先生之道》，载《报国有心　爱国无限》，上海人民出版社2015年版。

63《大上海都市计划》上册，同济大学出版社2014年版。

第五章 天降大任：总设计师向世界打出一张王牌

5.1 上海向何处去?

自从 1978 年中国实行改革开放后，南方地区迅速崛起，尤其是深圳等五个经济特区一马当先，经济与社会以一日千里的速度发展，新思路、新理念不断地冲击着上海人。

炽热的南风猛烈地吹动着黄浦江水，上海人的失落感比任何时候都强。上海人在苦苦思索；上海的症结何在？上海的出路何在？上海的经济要继续大发展，上海城市的功能要全面发挥，上海要重新成为中国同世界交往的枢纽和中心，像目前这个样子能行吗？60 年前，上海是远东最繁华的大城市！

正是在对这些问题的紧迫思考中，一个共识正在上海人中逐步形成：上海要重塑远东大都市的形象，一定要有大动作，要有新的发展空间。

人们不约而同把眼光投向了黄浦江东面的那片土地。

曾任浦东新区开发办副主任的沙麟回忆道："当时我记得老领导陈国栋同志在一个会上就明确问，我们上海是不是要沉沦了，这个是非常发人警觉的一个警告，也是一个呼声，也是一个思索。特别是上海新的发展空间在哪里？上海市的一个新的增长点在哪里？……在 80 年代中期的时候，全国改革开放的形势已经到了势不可挡的程度，浦东开发的研究就在这样的一个背景之下，就进一步由浅入深地向前推开了。"①

1980 年 3 月 13 日，市计委副主任韦明来到上海市政协，向政协委员们作《上海远景规划问题的报告》。政协委员们非常认真地听取和讨论报告，并于 3 月 20 日、4 月 4 日，由市政协经济研究委员会召开扩大会议，讨论上海市经济发展长远规划问题。

讨论会上，多数委员主张建设开发浦东。浦东是处女地，同市中心隔江相望，易于按现代化城市的要求来建设。上海要发展外贸，需要扩建港口设施，向浦东发展是最有利最合理的选择。浦东沿江地带市政建设已有基础，发展也有条件，还可以建成经济特区，对外商有吸引力。浦东与浦西之间可造隧道和大桥。市区地界可适当扩展，改善目前过于拥挤现状。卫星城镇建设要办成独立的社会单元，不能搞单一性工业。要结合疏散人口、政策配套、工业结构调整等多方面通盘考虑。

委员们的这些建议是基于这样一个共识：市中心要疏散人口，要进行老市区改造。后来，委员们的许多建议被吸收进《上海市城市总体规划纲要》。但那时对于浦东开发的认识还是局限于解决上海城市的困境和发展空间上。②

1981 年至 1982 年，上海全市掀起了“上海向何处去，建设什么样的上海”的讨论热潮。

1983 年 8 月，中共中央总书记胡耀邦视察上海时提出：上海要充分发挥口岸和中心城市的作用，发挥经济、科技、文化基地功能，作全国四化建设的开路先锋。③

1984 年 8 月，中央财经领导小组会议在听取了上海市的汇报后，决定由国家计委牵头，与上海一起调查研究，提出改造振兴上海的战略方案。9 月，中央委派由国务委员兼国家计划委员会主任宋平以及马洪等领导率领的国务院改造振兴上海调研组，进行了为期半个月的调查研究，分别听取了市政府 19 个委、办、局的汇报，开展了 6 个专题的调研。

在此基础上，上海市长汪道涵随即组织了一批专家和学者，同国务院调研组一道，邀集了中央以及全国各地的专家学者，在衡山饭店召开了近百人参加的“上海经济发展战略战役研讨会”。这次高规格的讨论会被称作“衡山会议”，对上海日后的发展产生影响深远。

据负责记录的上海社科院部门经济研究所朱金海回忆：那次会议尽管规格很高、与会者众多，却并不怎么讲究排场和形式，“甚至连个席卡也没有，大家也不论资排辈，找着位子就坐着听”。会议开了两三天，在一次讨论中，马洪说：“请宋平同志说说吧。”这时，年轻的朱金海才发现，原来，那位恰巧坐在自己旁边、几天来只是安静倾听着的人，正是宋平。④

12 月，上海市人民政府向国务院提交了《关于上海经济发展战略汇报提纲》。

在上海的城市发展史上，这是一个非常了不起的提纲，尽管还是粗线条的提纲，但确实是新中国后，上海的第一个操作性很强、着眼于上海经济现代化发展的战略提纲，而后来的历任上海市领导正是在这个基础上，推进上海的现代化建设。

《汇报提纲》提出，上海应当成为全国四化建设的开路先锋；要充分发挥对外开放和多功能中心城市的作用，力争在20世纪末，把上海建设成为开放型、多功能、产业结构合理、科学技术先进、具有高度文明的社会主义现代化的城市。

1985年2月8日，国务院批转了这一报告。《国务院批转关于上海经济发展战略汇报提纲的通知》明确指出："在新的历史条件下上海的发展要走改造、振兴路子，充分发挥中心城市多功能的作用，使上海成为全国四个现代化建设的开路先锋，力争在本世纪末把上海建设成为开放型、多功能、产业结构合理、科学技术先进、具有高度文明的社会主义现代化城市。"

《汇报提纲》中提到了浦东开发，指出："要创造条件开发浦东，筹划新市区的建设。今后新建工业企业都要放到新区，并将老市区的一部分老企业逐步易地到新区去进行技术改造。"还提出，在"七五""八五"期间，上海要规划和建设一批大型的骨干工程，沟通黄浦江两岸的过江隧道和桥梁。⑤

显然，那时的浦东开发主要是实施逐步改造老市区与积极建设新市区相结合的方针，实际上是要解决把市中心的工业转移出去的问题。

5.2 民间舆论的第一呼声

可以说，从1984年起，浦东开发正式摆上地方政府桌面上进行讨论了，其研究被纳入了上海发展战略的方案构思之中，开发浦东的声音也就越来越大了。

民间舆论中的第一声呼唤是值得写一写的。

1980年2月，上海市建委的简报《基建情况》上登载了陈坤龙关于在浦东地区建设新市区的建议。同年10月，上海社科院的《社会科学》月刊发表了陈坤龙的文章《向浦东广阔地区发展》，陈提出了"把浦东地区建设成为上海新城"的观点。

陈坤龙是上海市城市规划局的工程师，他写道："要从根本上改变上海城市的

‘乱、挤、脏’的现状，出路在哪里？我认为：向浦东这一个广阔地区发展是比较理想的。因为它具有许多有利的条件。浦东位置好，与现市区隔江相望，东临东海，背靠黄浦江，地多、厂少、污染轻；它北与宝钢工业区为邻，南与金山、闵行、吴泾靠近。吴淞口有三岔港，东有白龙港，南有芦潮港。内河、远洋运输都很便利。”⑥

鉴于上海城市摊大饼式发展的弊病，陈坤龙提出了类似许多国外城市形态发展方式：设想中的浦东新城，是上海政治文化的中心，它的建筑形式和布局要改变老一套的做法。现在的市区和卫星城镇均为块状向四面放射逐步扩大发展。新城采用“带”式城市形式，在一条公路两侧为市区居住生活区，逐步向两侧外发展。

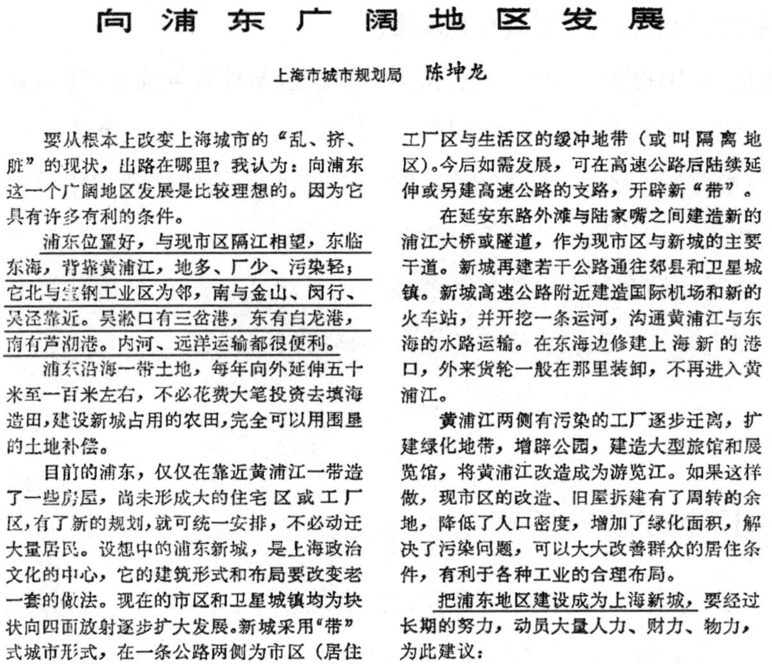
向浦东广阔地区发展

上海市城市规划局　陈坤龙

要从根本上改变上海城市的“乱、挤、脏”的现状，出路在哪里？我认为：向浦东这一个广阔地区发展是比较理想的。因为它具有许多有利的条件。

浦东位置好，与现市区隔江相望，东临东海，背靠黄浦江，地多、厂少、污染轻；它北与宝钢工业区为邻，南与金山、闵行、吴泾靠近。吴淞口有三岔港，东有白龙港，南有芦潮港。内河、远洋运输都很便利。

浦东沿海一带土地，每年向外延伸五十米至一百米左右，不必花费大笔投资去填海造田，建设新城占用的农田，完全可以用围垦的土地补偿。

目前的浦东，仅仅在靠近黄浦江一带造了一些房屋，尚未形成大的住宅区或工厂区，有了新的规划，就可统一安排，不必动迁大量居民。设想中的浦东新城，是上海政治文化的中心，它的建筑形式和布局要改变老一套的做法。现在的市区和卫星城镇均为块状向四面放射逐步扩大发展。新城采用“带”式城市形式，在一条公路两侧为市区（居住工厂区与生活区的缓冲地带（或叫隔离地区）。今后如需发展，可在高速公路后陆续延伸或另建高速公路的支路，开辟新“带”。

在延安东路外滩与陆家嘴之间建造新的浦江大桥或隧道，作为现市区与新城的主要干道。新城再建若干公路通往郊县和卫星城镇。新城高速公路附近建造国际机场和新的火车站，并开挖一条运河，沟通黄浦江与东海的水路运输。在东海边修建上海新的港口，外来货轮一般在那里装卸，不再进入黄浦江。

黄浦江两侧有污染的工厂逐步迁离，扩建绿化地带，增辟公园，建造大型旅馆和展览馆，将黄浦江改造成为游览江。如果这样做，现市区的改造、旧屋拆建有了周转的余地，降低了人口密度，增加了绿化面积，解决了污染问题，可以大大改善群众的居住条件，有利于各种工业的合理布局。

把浦东地区建设成为上海新城，要经过长期的努力，动员大量人力、财力、物力，为此建议：

上海市城市规划局陈坤龙发表在《社会科学》月刊上的文章，
这是上世纪80年代，民间有关浦东开发研究的第一篇

陈坤龙为了写好这篇文章，骑着自行车带着儿子在广阔的浦东勘探。为了核实数据，完整立论，他一次又一次地骑车过江，深入调查，实地考察。

同年，上海市城市经济学会易新在《社会科学》第6期上发表了《在浦东沿江建

立新的市中心——要在6 100平方公里上做大文章》一文，文章提出“在浦东沿江建设新的市区中心城市”。易新认为，“浦东地区具有很好的建设条件，与现在的市区中心城市隔江相望，浦东地多、厂少、人稀、污染轻，在建设上来说，还是处女地，大有发展前途。随着沿海涨滩，浦东土地可以通过围滩吹泥成地而增多，二十年后完全建成的现代化的市区政治中心城市，将东望临海港口城，西顾浦江对岸的商业金融城，南指金山石油化工轻纺城，北视宝山钢铁城”。⑦

这两篇文章一前一后激起了反响，也得到了呼应。

1981年市政协五届三次全体会议上，政协委员、城建专家、同济大学教授殷体扬提交了《建议筹设开发浦东建设和规划机构》的提案，政协委员陆子芬、俞颖生提出了《请积极准备建立浦东新区，建设成为新型国际城市楷模》的提案，还有政协委员李立侠、姜庆湘等的提案《引进外资建设浦东发展上海经济》。

陆子芬、俞颖生均为上海海运学院教授，该校在浦东，因此对于浦东的现状很清楚。在提案中，两位政协委员这样写道：

> 以往几年，市政府为了减轻市区住宅密集，交通拥挤，已在浦东建立大批住宅，迁去大批居民，但由于未作出科学规划，住宅布局结构未尽合理，马路未形成网络，水陆码头未适当扩建，原有浦东大道修修补补无一定计划，交通经常堵塞。在上下班时间，浦东大道与浦东南路车流负担过重，码头渡口拥挤不堪。
>
> 另外，商业网点虽有配备，但数量不够，商品花色少，更缺中高档商品。医疗卫生主要靠浦东中心医院，由于人口相对密集，门诊拥挤为各区之冠，病员往往得不到妥善治疗……
>
> 交通工具除公共汽车外，只有老化即将报废的三轮车5辆，对带行李旅客极为不便。娱乐场所少，饭店少，菜场供应远较沪西为差，加上濒临川沙县地区，马路损坏，市县推诿不修。⑧

这三件提案在建设上提出开凿隧道、建造大桥，扩建水陆码头，修建道路干线，开辟商业网点，增添文教卫生设施等建议。在引进外资上，提出投资原则是在不损害中国主权的前提下，以外资经营为主，必要时也可以合资经营；同时规定经营年限，期满即收回等建议。在浦东新区规划和机构上，提出在浦东地区作出整体规划，第一步先设置浦东新区，第二步合并一部分郊区，并统一使用和管理浦东地区土地，使用者要付出土地使用费或地价费，以及设立浦东开发总公司等建议。其中，陆子芬和俞颖生还详细地提出了着手建立延安东路隧道、建设大桥等 12 项十分具体的建议。⑨

1983 年，上海社科院部门经济研究所副所长陈敏之领衔的“上海经济发展战略研究”被列入全国哲学社会科学“六五”规划重点项目，该课题提出了：“开发浦东，应当提到上海城市发展战略的议事日程上来，并且应当占有重要地位。”其具体设想为：“应当考虑将浦东建设成上海的政治中心，同时辅之以文化中心、教育中心、科技中心和信息中心。”⑩

这一大胆而卓有远见的计划，超越了以往仅将浦东视为市区的延伸辅助地带的传统观念，这对于上海的城市发展思路来说，是一个重要的变革。

这一时期，政府政策研究部门、高等院校、科研机构以及民主党派的学者发表了大量文章，如《在浦东沿江建设新的市中心》（1981 年 3 月）、《开挖浦东运河——综合解决上海城市改造问题》（1982 年 2 月）、《发展浦东的几点看法》（1983 年 6 月）、《对上海城市发展方向的探讨》（1983 年 11 月）、《上海的曼哈顿区在哪里？》

20 世纪 80 年代，学者专家撰写了大量有关浦东开发的研究文章

(1984 年 10 月)、《一个新的上海可望在浦东形成》(1985 年 6 月)、《上海应该在外高桥新建一个多创汇的经济特区》(1985 年 10 月)、《综合开发浦东，建设上海新城》(1986 年 3 月)、《加快开发浦东步伐，关键方便群众》(1986 年 9 月)等。⑪

即便是 20 多年后建立的上海自贸区，同样也可以在当年找到有关研究：1985 年 6 月，由上海市九三学社的王纲怀执笔的《上海的特区在哪里？——结合上海体制改革在外高桥建设经济特区》和 1986 年 9 月，上海经济研究中心的於品浩在全国开放城市研究会第一次讨论会上提交的论文《上海辟建自由港区的探索》。

前者提出在浦东外高桥建设经济特区，发挥“两块跳板”的作用，即从内地到沿海，从国内到国外，从国外到国内，从沿海到内地。后者更是大胆提出在上海辟建自由港区，其功能不应该是单一的，而应该是综合的。自由港区应是保税仓库区、出口加工区、自由贸易区、科学园区。⑫

这些文章的陆续发表，在 20 世纪 80 年代前 5 年形成了到浦东建立新的开发区的舆论氛围，引起了社会各界的关注。

专家学者们关于开发浦东新区的建议和探索得到了中央和上海有关政府部门的高度重视。80 年代后 5 年，政府关于浦东开发的态度越来越明确了。⑬

就在这一时期，1984 年 4 月，中央决定进一步开放沿海 14 个港口城市。上海也列入名单。消息传来，对于为上海寻找出路的学者是一震动。上海将如何进一步开放呢？

5.3 形成四个可选择方案

1986 年春，在市政府的支持下，上海市城市经济学会、上海经济研究中心等 10 家单位联合发起召开了“上海城市发展战略研讨会”。与会者各抒己见，充分发表意见，争论激烈，气氛热烈。

会上形成了一个共识：鉴于目前上海老市区膨胀病严重，为振兴上海，必须跳出框框，另辟途径，疏解老市区人口，为老市区改造创造条件。会后，上海经济研究中心首先委托九三学社上海市委组织力量进行“上海新市区建设预可行性研究”。

之后，不同研究部门就上海向何处发展提出了四个可供选择的方案："西扩""北上""南下""东进"。

"西扩"指以中心城为点向西面扩展，向虹桥机场以西拓展，逐渐扩大城市化地区，但这种"摊大饼式"的设想很快遭到否决，因为改造旧区要比建设新区投入的人力、物力、财力更大，且世界旧城改造史上鲜有成功典范。因此，最先被否定。

"北上"，是指往北，以江湾机场为中心沿长江南翼开发宝山、吴淞地区，与建设中的宝钢连为一体。显然，"北上"借鉴了 20 世纪 30 年代初"大上海计划"的思路。

"南下"，是指向邻近江浙两省的吴泾、闵行、金山等发展，一直到杭州湾。著名经济学家于光远不顾年迈体弱，也参加了这次讨论。他提出"南下"方案，即向上海市南部、距市中心 70 公里处的金山发展。而且金山的环境很好，尽管上海石化在 20 世纪 70 年代中期以后搬到了金山，由于全部采用的是进口设备，并未对金山的环境造成很大污染。可以说，"南下"是当时受到最多肯定的方案。

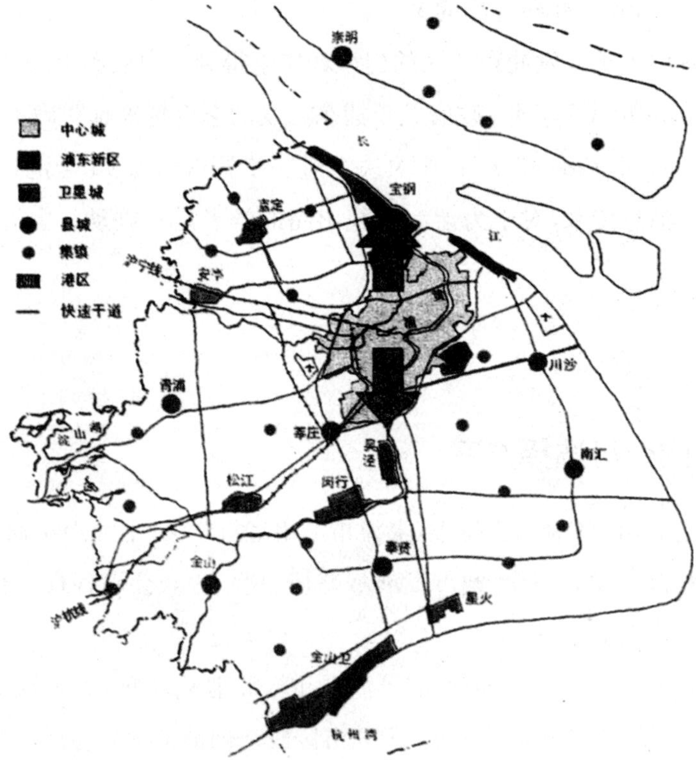

"南下""北上"方案

“东进”即是跨越黄浦江，开发浦东。但是东进最大的困难是如何跨越黄浦江。曾为上海市副市长兼市基本建设委员会主任杨堤回忆：“当时我们的技术设备、水平、条件，搞这样的越江工程，困难比较大。所以，比较多的意见倾向于南北发展，重点是建设中心城区，逐渐向两翼发展。”⑭

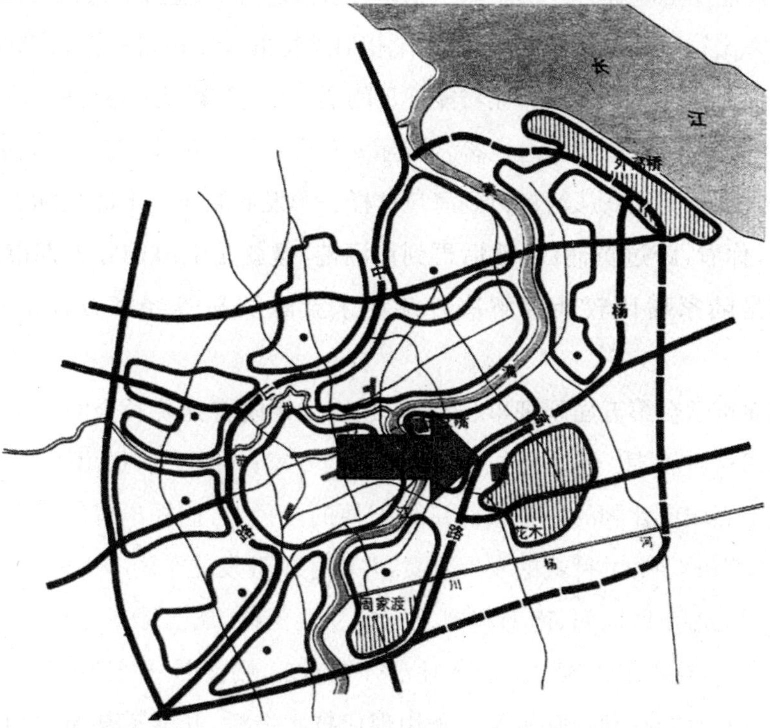

东进方案，跨越黄浦江，开发浦东

联合国派来和上海合作开展“上海城市发展方案”研究的外国专家不赞成开发浦东，认为浦东是尽头，面向太平洋，他们提出沿沪宁线和沪杭线拓展城市。⑮

一时间，东进浦东和向南北发展的意见成为主流。

而这在官方的文件中也有体现。1984 年，市政府和国务院调研组联合向国务院上报的《上海经济发展战略汇报提纲》明确：上海的城市和工业布局“重点是向杭州湾和长江口南岸南北两翼展开，创造条件开发浦东，筹划新市区的建设”。⑯

而 1986 年 10 月 13 日国务院批准的《上海市城市总体规划方案》的批复中则提出：“要重点发展金山卫和吴淞南北两翼，加速若干新区的建设。当前，特别要注意有计划地建设和改造浦东地区。要尽快修建黄浦江大桥及隧道等工程，在浦东发展金融、贸易、科技、文教和商业服务设施，建设新居住区，使浦东地区成为现代化新区。”[17]

经过反复讨论、论证，最终，“东进”的方案终于得到了共同认可。

据李佳能回忆解释：“经济学家于光远，他比较倾向于金山。也不是说他不对，金山离上海比较远，可以有条件建设一个相对独特的大城市，但是要依靠南下方案来真正解决上海金融等第三产业功能不足的话，金山方案似乎还不够，恰恰是以黄浦江为界的浦东最合适。东进也符合国际大都市发展的规律，它总是先沿河、江两岸，然后从上游到下游、从河口再到海口这样一个发展规律。上海实际上已经验证这一点了，你看，跨过黄浦江，然后再到芦潮港，这就是上海国际大都市发展的规律。特别是陆家嘴比较能够解决外滩原来金融贸易等经济方面的一些功能欠缺。”[18]

中国建筑学会第五届副理事长、华东建筑设计院首任院长金瓯卜是坚决主张“东进”。1984 年 5 月，金瓯卜在上海城市规划专家讨论会上，提出了“开发浦东是疏解上海中心城市臃肿的一条最经济最方便的捷径”。他提出应修改上海原来向两翼延伸发展的“摊大饼”式的发展方案，并论述了开发浦东的十大好处。

他说：“上海市区向西、南郊和向北方向一再延伸，现已摊得过大。摊得愈大，矛盾亦将愈多，这不是上策。曾有人建议开发浦东，则又因‘望江兴叹’，未能实现。其实黄浦江只有 350 到 500 米宽。采用现代技术造桥、开隧道甚至通地铁都不困难……黄浦江上造桥和隧道快则两三年内，花两三亿元就可通往浦东。”[19]

此时正好金瓯卜刚刚从伊斯坦布尔和香港归来，他看到香港造了海底隧道，从此带动了九龙的发展，伊斯坦布尔干脆在海峡上架桥，连通了欧亚。到上海来前，他心想，人家海峡都过了，上海以黄浦江这样的黄金河道跨不过去，只做半块大饼实在太可惜了。[20]

他还找了当时的市委书记陈国栋和市长汪道涵，详细陈述了开发浦东的必要性。

金瓯卜也因这些建言后来被视为开发浦东建言者之一。

在这一决策中，老市长汪道涵起了很大作用。他说：“城以港兴，上海市作为全国经济中心的大城市，发展一定要依托港口。上海的港口在东面，要发展上海，开发浦东势在必行。”他还说：“世界上著名大城市都是跨江发展的。上海也是这样，最早发展起来的是苏州河以南，后来跨过苏州河，苏州河北面迅速发展。当今再要发展，必须跨过黄浦江，向东发展。”㉑

在热烈的讨论同时，在上海市政府的领导和组织下，由上海市城市规划设计院编制完成《上海市总体规划方案》。1986 年 10 月 13 日，好消息传来，国务院正式批复了这一方案。这是上海城市发展史上第一个经过国家批准的城市总体规划。

这个规划方案对于浦东开发有了更具体的构想：“有计划地建设和改造浦东地区。将划出一定地段发展金融、科技、文教、信息和商业服务设施。在陆家嘴附近将形成新的金融、贸易中心，成为上海市中心的延续部分，为此，要尽快修建黄浦江大桥及隧道等工程，解决过江交通。浦东地区，还规划有外高桥港区备用地，南黄海、东海等海上石油钻探的后方服务基地以及第二国际空港，将形成新的现代化交通枢纽。……浦东地区具有濒江、临水的优势，将通过精心规划使之成为上海对内对外开放都具有吸引力的优美的社会主义现代化新区。”㉒

对于上海方面的规划设想，中央认可了，在《批复》中明确：“当前，特别要注意有计划地建设和改造浦东地区。”

这是中央第一次在正式的文件中提到了浦东建设。浦东新区原领导人胡炜认为：“这在浦东规划思想上是一个很大的飞跃。”1986 年之前，浦东是作为上海工业和居住疏散区之一，为缓解上海城市的日益膨胀，而接纳浦西老市区搬迁过来的工厂和居民。㉓

对于浦东开发，自新中国成立后，上海市政府城市规划部门曾分别在 1953 年、1959 年和 1983 年，三次做过规划。当时规划的战略定位是将上海市区的中心东移，在黄浦江两岸建成上海市中心城区，再以此为基础向浦东纵深扩展，以此来疏散上海的工业和人口，逐步减轻浦西老城区的压力，然后进行老城区的改造，建成一个横跨黄浦江两岸的大上海。㉔

此战略定位仅仅是浦西老工业区和居民区的延伸，到了 1986 年《上海市总体规划方案》后，就改为要重新发挥上海的经济中心功能和枢纽功能。而浦东开发的战略定位也就由单一功能的工业基地，转变为发展工业、商业、金融和服务业等多种功能的型大都市。

之后，对于“东进”各界渐渐形成共识。有关部门开始进行了更具体的可行性研究和论证。

1987 年 2 月，九三学社上海市委的研究报告《上海新市区建设预可行性研究——浦东新区建设方略》经过专家评估获得通过。该报告由九三学社社员王纲怀任总负责人。报告对开发浦东新区的指导思想、规划设想、总体布局、近期安排、资金及政策、立法与体制等方面作了比较详细的设计和阐述。

除了九三学社上海市委外，上海经济研究中心、市计委和市科委、同济大学、上海城市规划设计院等，也相继提交了《现代化浦东地区发展形态的研究综合报告》《浦东新区经济、科技、社会、文化发展纲要》两份重量级的研究报告。

学者们也渐渐形成了共识，浦东开发已不再是一个从属于浦西市区改造的侧面配合计划，而是重建大上海的战略构想的一个核心内容：开发浦东与改造浦西相配合，以浦东开发带动浦西改造，同时充分利用浦西的雄厚基础来支持浦东的开发。

在这一研究过程中，老市长汪道涵亲力亲为，起了很大作用。

据上海市政府原副秘书长李开亚回忆：“80 年代初，他（指汪道涵）就率先提出要开发浦东的战略目标，对他这种设想，当时回应者并不多，还有些阻力，但他仍然坚持与很多专家学者如美籍华人林同炎等进行深入研究和探讨，对开发开放浦东的战略目标、建设方针、功能定位以及规划等提出了一系列有前瞻性的建议。……这些建议，后来大多被采纳。所以，后来朱镕基市长说：‘开发浦东问题的提出，道涵同志是最大积极分子。’”㉕

1987 年 2 月 11 日，在陕西北路 186 号九三学社上海市委的一个礼堂召开了《浦东新区建设方略》的课题评审会，汪道涵全程参加会议。他说：“对上海浦东的开发，我一直是很感兴趣的，浦东开发有前途，新加坡、香港等（四小龙）在这方面的经验值得研究。浦东新区的开发要依靠老市区，以新市区开发带动老市区的建设。开发浦东要有指导思想，要有全国观念，要有创业精神，这样浦东开发才有意义。”

多年后《浦东新区建设方略》课题负责人王纲怀回忆："当时的与会者和知情人无不为之赞叹：一位德高望重的老市长，不辞辛劳地全程参加一个由民主党派承接的课题评审，应该说十分少见。"㉖

同年9月至10月合刊的《城市经济研究》发表了这些报告，汪道涵欣然撰文，其中写道："开发浦东，建设现代化的新市区，以推动老市区的改造，促进上海经济振兴，使上海早日成为太平洋西岸最大经济贸易中心之一，这是上海许多有识之士的共同愿望。多年来，他们就如何开发浦东写了大量文章，提出了许多有益的建议。特别在经济研究中心、市科委的组织下，计委、经委等主要委办，九三学社、社科院、城市规划设计院、同济大学等一大批研究人员和实际工作同志，都进行了一定程度的研究，提出了不少有见解的报告，为我们进一步研究浦东开发的预可行性报告提供了基础。"

王纲怀认为，到1987年2月，浦东开发由"半官方"状态逐步过渡到"全官方"状态，"民间"研究亦逐渐地完成了自己的使命。㉗

但从历史看，浦东开发在启动之前，其理论研究已经先行一步，有了一个坚实的基础，这也是浦东日后能够高起点、高层次、高速度发展的重要原因之一。这种现象是其他特区不曾有的。而这种民间和政府聚焦于一个地域经济与社会发展，并自觉地进行大量研究的现象在浦东开发初期过后就不再出现了。

不过，那时对于浦东的开发都着眼于上海市本身的建设，着眼点是建立一个新城区，同时减轻旧城区的压力，大多属于中观和微观层面。而并没有从国家战略的高度、从世界大格局中来考虑浦东开发。

但很快，有关浦东开发的着眼点开始转移。

5.4 要建设一个"新上海"

官方对于浦东开发的重视也到了前所未有的程度。

其一，早在1986年7月，美籍华人建筑大师林同炎向时任上海市长的江泽民写了万言书，提出浦东的开发问题，建议要立足浦东、放眼世界。江泽民对此十分重视，请上海老市长汪道涵全力推进。

1987年7月，上海市政府成立了开发浦东联合咨询研究小组。由副市长倪天增任中方组组长，外方组组长为林同炎，汪道涵任总顾问。此时汪道涵已退出一线，任国务院上海经济规划办公室主任。这个小组成员囊括了规划、设计、法律、金融、土地等领域的专家。[28]

研究咨询小组中方组从战略研究、政策研究、法律条例研究、资金筹措研究4个方面，分成15个课题，开展了大约一年的研究，形成《开发浦东预可行性研究报告》(大纲)、《关于开发浦东几个主要问题的汇报》等文件。外方组以林同炎、陈乃东为代表完成了《开发浦东——建设现代化的大上海》的研究。[29]

据浦东新区原副区长、曾为开发浦东联合咨询小组成员的周汉民回忆，他是以国际经济法专长成为小组成员，成员都是兼职。“在中山东一路12号上海市人民政府底层，搭有一排铁皮房，市里借了一间给我们办公。”[30]

七十高龄的汪道涵夜以继日地工作。用他的话来说，“一定要在离开这个世界之前，为上海的经济发展找到一条好的出路，为上海人民多解决一些实际困难，见到马克思时也好有所交代。”[31]

其二是研究浦东新区规划，1987年8月，由市规划局编制完成了《浦东新区规划纲要》(草案)和相应的初步方案。

这个纲要草案明确了浦东新区的三个关键问题：第一，浦东新区是中心城的延伸，是疏解中心城的方向之一。第二，重点发展第三产业，划出一定地段重点发展金融、贸易、科技、文教和商业服务设施。第三，发掘浦东潜在的功能作用。在重点发展第三产业同时，可以适当安排一些工业区和开发外高桥港区。[32]

可见那时官方和民间对于浦东开发的共识还是在解决上海城市改造的困难。

但是，这时北京高层正在谋求更大的开放。据周汉民回忆，“1987年，是非常关键的一年，党中央毅然决然开始推进的一项重要工作，就是中国提出恢复在世界关贸总协定的席位”。[33]

世界关贸总协定也就是世界贸易组织(WTO)的前身。无疑，北京高层还正在谋求通过进入世界贸易大家庭来推动中国更大的开放，促进更深层次的改革。

到了1988年4月24日，朱镕基在上海市九届人大一次会议上作为市长候选人发表演讲，正式提到了“开发浦东”四个字。

在演讲中，他先介绍了自己的简历、政绩和施政纲领。他告诉与会者，他是一个孤儿，父母早死，50年代被打成右派，开除党籍，下放农村劳动，种田、放牛、养猪、做饭等什么都干。“我的信条就是独立思考，我心里怎么想的，我认为就应该怎么讲。”他说。

朱镕基坦言：“到上海来了后，这三个月的白头发比什么时候都多。”但他依然信心十足地表示：“如果选我为市长的话，我决心让下一届市政府成为全心全意为人民服务的、高效率的、廉洁的政府！”

他大声说：“目前上海的困难还没有走到谷底，应该有一种危机感，然后从危机感里面激发起奋发图强的精神，哀兵必胜啊！”

对于上海的困境，朱镕基提到了“开发浦东”。他说：

> 目前我们的希望是开发浦东，黄浦江上面多建几座大桥，把工厂、人口向浦东疏散，这样旧市区才便于改造。这件事情是非常重要的。浦东是上海未来的希望，那边要建设一个“新上海”，以减轻“老上海”的压力。所以对开发浦东，江泽民同志很重视，最近要主持讨论这个问题。这个建设是一个宏伟的计划，不可能在短期实现，但是我们总是要扎扎实实地去工作，先苦后甜。㉞

其实，更早先的时候上海市领导已经将视线投向了浦东，以开发浦东来振兴上海。因此，朱镕基在人代会上郑重告诉与会代表：浦东是上海未来的希望，那边要建设一个“新上海”。

朱镕基坦诚而自信的演讲打动了代表们，如同一把火点燃了在场代表振兴上海的信心，会场不断地响起了一阵阵的掌声。

眼看发言限定的时间到了，朱镕基转过身问：“主持人，能不能再给我点时间?”还没等主持人回答，会场掌声再起，有的人激动得眼睛湿润了，困境中的上海太需要这样的大声疾呼了。

有细心的记者统计，会场上共响起了30余次掌声。无疑，代表们已经将振兴上海的希望寄托在这位新市长的身上。

朱镕基率真的个性和袒露胸怀的语言风格在官场里少见，却为百姓所称道。当天下午，大会执行主席吴邦国宣布选举结果，朱镕基正式当选上海市的第七任市长。

当晚，上海市民从电视里看到了新市长的容貌：瘦削又带些冷峻。在上海话中，朱镕基的“镕基”二字的发音与“雄鸡”相同，当时上海市民对于新市长寄予深深的希望，希望新市长“雄鸡一唱天下闻”。

1988年5月1日，风和日丽，浦东新区开发国际研讨会在上海虹桥路1921号西郊宾馆隆重召开。会议为期三天。140多位来自世界银行、亚洲开发银行，以及中国香港和美国、巴西、加拿大、新加坡等地的中外专家出席，群贤毕至，少长咸集，这是浦东开发史上一次里程碑的会议，第一次向全世界传递了开发浦东的信息。

之前，中国共产党第十三次代表大会召开，会议要求在广度和深度上进一步加大对外开放的力度，尤其是沿海开放城市更应着力发展外向型经济，加快发展对外经济和技术交流和合作。

时任上海市委书记的江泽民、上海市市长的朱镕基在会上发表了热情洋溢的讲话。江泽民在会上提出了结合老城区的改造、建设一个现代化新区的方针，并强调要再造“经济中心的功能和对内对外枢纽的功能”。江泽民指出近30年来上海“削弱了经济中心的功能和对外对内枢纽的功能”时，大声疾呼：“这种状况当然不能再继续下去！”

会上江泽民说：

> 上海是世界闻名的都市，在本世纪三十年代就已经成为亚洲最大的国际贸易中心和金融中心，但是在经济表面繁荣的同时，还存在不少难以克服的矛盾。解放三十多年来，我们重视了经济发展特别是工业的发展，由于种种历史原因，来不及相应的进行城市改造和建设，以致削弱了经济贸易中心的功能和对外对内枢纽的功能。这种状况当然不允许再延续下去。我们先后采取过多种办法来改造老市区，但耗资巨大且困难较多，所以又提出了结合老市区改造、建设一大块现代化新市区的方针。我认为，这样思考问题和研究问题是必要的。十分明显，上海要加快外向型经济发展，建设社会主

义时代太平洋西岸最大的经济贸易中心，不开发浦东，只靠老市区改造是不容易实现的。[35]

其实，开发浦东的思考已在江泽民心中多时。据美国作家库恩所著的《他改变了中国：江泽民传》，1985 年，江泽民任上海市市长后就不遗余力推动浦东的开发："新市长最远大的计划是为未来浦东新区的发展打下基础，这是影响及于全国的重大地区发展尝试。"[36]

20 世纪 80 年代初，江泽民任国家进出口委员会和外国投资管理委员会副主任、秘书长，分管广东、福建实行特殊政策、灵活措施和试办经济特区的工作。据深圳原市委书记秦文俊回忆，江泽民常到深圳特区，以至多少次都记不清了。在深圳特区初创那几年，江泽民倾注了极大的心血。他与国务院领导谷牧一道考察初创的深圳经济特区，风里来雨里去，两人的套靴里全都灌满了泥沙和污水。[37]

1980 年 8 月 26 日上午，在全国人大常委会议上，江泽民还代表国务院作了有关建立特区和制订《特区条例》的说明，并最终获得通过。因此，库恩认为，江泽民的远大计划和他以前建立经济特区的经历和经验有关。

到了这时，1988 年 5 月，浦东开发已成为凝聚全上海各界力量的一种契机。

一年后，1989 年 10 月 26 日，朱镕基在研究浦东开发专题会上分析并解释了上海发展"西扩""北上""南下""东进"四种方案中，为什么选择了"东进"——开发浦东。朱镕基说：

第一个问题，为什么现在我们要提出加速开发浦东？

我想，这是为了上海的改造和发展。上海目前主要的问题，就是人口十分拥挤，交通非常困难，工业过分集中，污染比较严重。浦东实际上是老市区的延伸，所以开发浦东具有最好、最优越的条件。它所花费的，主要在基础设施、越江工程，除此之外，费用比东进、西进也好，南下、北上也好，都要省得多，而且可以大大利用原来旧市区的商业。浦东也是缓解和疏散老市区的人口和工业的一个最理想的地区。从长远来看，上海要面向太平洋、面向全世界，要建成现代化的城市，建成太平洋沿岸最大的经济、贸易中心，当然也要开发浦东。它靠港口、靠海，地理位置非常优越，所以现在提出加速开发浦东。[38]

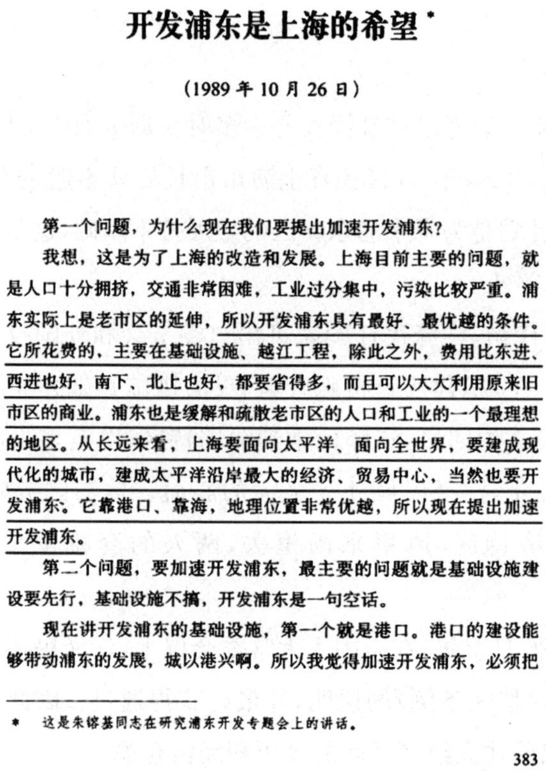

开发浦东是上海的希望*

（1989年10月26日）

第一个问题，为什么现在我们要提出加速开发浦东？

我想，这是为了上海的改造和发展。上海目前主要的问题，就是人口十分拥挤，交通非常困难，工业过分集中，污染比较严重。浦东实际上是老市区的延伸，所以开发浦东具有最好、最优越的条件。它所花费的，主要在基础设施、越江工程，除此之外，费用比东进、西进也好，南下、北上也好，都要省得多，而且可以大大利用原来旧市区的商业。浦东也是缓解和疏散老市区的人口和工业的一个最理想的地区。从长远来看，上海要面向太平洋、面向全世界，要建成现代化的城市，建成太平洋沿岸最大的经济、贸易中心，当然也要开发浦东。它靠港口、靠海，地理位置非常优越，所以现在提出加速开发浦东。

第二个问题，要加速开发浦东，最主要的问题就是基础设施建设要先行，基础设施不搞，开发浦东是一句空话。

现在讲开发浦东的基础设施，第一个就是港口。港口的建设能够带动浦东的发展，城以港兴啊。所以我觉得加速开发浦东，必须把

* 这是朱镕基同志在研究浦东开发专题会上的讲话。

383

这是朱镕基1989年10月26日在研究浦东开发专题会上对开发浦东的解释（载《朱镕基上海讲话实录》）

此时，上海的两位主要领导已经有了共识——“不开发浦东，只靠老市区改造是不容易实现的”。

5.5 美籍华人建筑师献计

还有一位被誉为在海外提出开发浦东的第一人——林同炎也应该重墨书写。他在1988年5月1日浦东新区开发国际研讨会上也作了发言。

美籍华人建筑大师林同炎被公认为其所处时代最伟大的结构工程师之一。他创立的“预应力混凝土”理论，开创了世界工程建筑新的里程碑，享有“预应力混凝土先生”的美誉。作为桥梁建筑大师，他设计建造的桥梁楼房遍布全世界。他曾对

美联社的记者说：“花无数的钱制造威力无比的炸弹和其他武器，不到十年它们就落后了，你不得不抛弃甚至销毁它们。我们建造大桥吧，因为她是永恒的！”

林同炎的大哥是复旦大学名教授林同济，莎士比亚研究专家。在大哥的呼唤下，1979 年，林同炎首次回到中国，他漫步上海外滩，平阔奔涌的黄浦江引发了他想在江上架桥的念头。1946 年，国民政府曾有计划在黄浦江上架桥，林同炎作为专家也参与了造桥的论证，但最后不了了之。

他清楚上海位于长江入海口，是中国的商业、金融、工业中心，如果有一座桥就能将浦东浦西更加紧密地联系在一起。更重要的是浦东有着大量可利用的土地，可以解决大量人口密集于浦西的困难。

林同炎回到美国，下飞机即驱车到公司，召集部下会议，第一句话就是：“祖国来了任务”。然后提出黄浦江大桥设计设想。随即马不停蹄绘制了《黄浦江大桥计划》，于 1980 年送上海市政府。[39]

和其他设计师不同的是，林同炎在考虑建桥的同时，更注意到开发浦东问题。1985 年 10 月，他在旧金山向刚刚卸任的上海市市长汪道涵毛遂自荐，提出开发浦东的建议。林同炎说：“我愿意帮助祖国发大财，造福祖国人民。”他很具体地提出：“上海先在浦东开辟一块土地造桥修路，地价上涨之后，将其出租或出卖，如此滚动开发出租，国家可以不花一分钱，收回一个现代化的浦东，上海规模也可以成倍扩大。”林同炎还主持了“林同炎中国公司”为浦东设计论证土地批租，并承诺可以帮助筹资。[40]

汪道涵对此很感兴趣，感激地对林同炎说，国家不会忘记你的。1986 年，林同炎提出了《开发浦东——建设现代化的大上海》的报告，引起上海市委市政府高度重视。

林同炎在《开发浦东——建设现代化的大上海》的报告的引言中写道：

> 上海为全国工商业人才发源地，也是铁路、公路、河道、港口交汇之枢纽，实乃工商文化交流中心。奈以地区有限，无法发挥其功能与潜在力，实为可惜。好在黄浦江对岸浦东有大好土地一片，尚待开发。只因一江之隔，比邻竟成天涯。所以我们必须把它和上海市中心连成一片，来建成现代化的大上海。
>
> 上海与浦东之间目前只有一、二座狭窄隧道，实感不敷使用，故修建大桥

联接两岸实乃第一要务。若在浦东再加以基础建设，其土地价值必然大涨，我们便可收到高价的使用费，使浦东成为工商财经的重地。政府可以坐享其成，建设一座最现代化的城市，达到世界一流的标准，包括社会主义的真正精神，并具有中国传统的优点。这个中西文化交流的枢纽，可为国家赚来足量的财富和税收。

林同炎的报告还就规划设计、财务投资、基础建设等方面提出了具体建议，并把开发浦东建设大上海与新加坡和香港的情况做了对比。他写道：

看看香港、新加坡，地方这么小，为什么会发展繁荣起来？主要是他们把它当做远东的发展中心。这中心的生产力，大部分是靠银行家、轻工业、管理、技术、商业、金融和进口出口荟萃而成的。因为有了这个中心，世界各处都向这里投资。因为交通、居住等等也都很方便，宾至如归，所以大家都会安顿下来，经营他们的事业，协助了这个地方的繁荣。

再看这两个地方，他们政府是怎样发的财。英国政府就是卖地皮发财的，地皮价高得不得了，他一块块地卖给中国人，卖给香港老百姓去盖高楼。钱到哪里去呢？英国拿走了，英国发了财，可是香港也繁荣起来了。

新加坡也是由国家拿出许多土地，开标租购，所以政府赚了不少钱。不过他们的对象多半是当地有钱人或者是华侨、华人和部分外国人。我们中国在浦东的对象就不同了，大部分都是租让给外国人，赚到外汇。但是原则是一样的。当然我们不能完全抄学香港或新加坡，但是我们可以参考他们的成就和经验，借鉴比较，截长补短而青出于蓝。

香港、新加坡范围都小，而上海的范围有十万万人为背景，这里面至少有三万万人的产品和技术都是从上海经过，而且上海的工业比较先进，所以这地区的重要无可比拟。但必须坚持在国家政策上，确是向外开放的，不断地引进技术、管理，提高品质，减低成本，增效增产，供销进出口货品。这种机会，恐怕是世界无双，不但造成现代化的大上海，而对整个国家的贡献，也是不可限量的。[41]

林同炎对开发浦东倾注了巨大的心血。他前后写了报告12份。

林同炎原名林同棪，14岁时以第一名的成绩考进当时的最高工程学府——交通大学唐山学院土木工程系。他每试必冠，是校长茅以升、教授孙宝琦的得意门生。他接受恩师茅以升的建议，把“棪”改为“炎”，认为“既好懂，又代表自己是炎黄子孙”。

有人问他：“海外的炎黄子孙，是不是更爱国？”

他回答：“正因为他们在海外，所以更觉得祖国可爱，更希望祖国可爱。”

在浦东新区开发国际研讨会上，林同炎作了如下发言：

开发浦东地区，建设现代化的上海，这显然是一个空前的机会，这是世界上几百年甚至于上千年才有的机会，因为我们有这么一块宝地，就在上海中心城市旁边，尽管还有许多问题，需要英明的领导，大众的努力，结果一定会成功的。我们看到政府的目标要引进外资，用创新的办法建设世界一流的城市，而且已经有一块三百五十平方公里的土地作规划区，这是有远见的政策。希望不久得到中央的正式批准。

开发浦东的原则，经过市府联合咨询小组的探讨，已经有了正确的方针，二年前提出的疑问，已经有了明显的答案。有些人会问，是不是要搞成个租界？难道我们中国人不会办吗？为什么不可向北，向西发展？这些问题，研究小组考虑得很详细。现在，已决定要开发浦东地区。但是，很多办法和步骤还在研究之中，这是我们今天开会的目标。我们要在二十年之内，把一个与上海中心相等的面积，建成一个现代化的财政工商科技枢纽，当然不是一个“简单”举动。但是，新加坡、香港以及从前上海建成的时间也不过二三十年时间，主要必须利用现代化人力、物力、财力，而避免封建和官僚的老习惯。我们也知道，国内整个落后的环境是个最大的阻碍，但是，这也是一个最大的机会，因为起点越低，进展就越快，我们可以从很低的地方做起，前途非常光明，浦东没有开发，所以，开发起来更容易。还有一点，中国的决心非常重要，看这形势，政府与民众都下了决心。下了决心之后，你们可能会想象不到中国的成就。

我对浦东是非常乐观的。在世界上没有第二块地能比得上浦东新区的地位，与上海市中心只一江之隔，桥梁隧道都在修建之中，建成后，这块地方的重要性将会大大增加，必须把这块地皮尽量发展，以达到预想目标。不能充分利用这块宝地，我们不仅对不起我们自己，也对不起我们的后代。因此，今天的会议非常重要。当然，新区的开发千头万绪，简单地说，至少有以下几个重要问题：怎样用土地批租的办法尽量开放我们的门户；中外合作如何组织一个公司来统筹一切，法规的讨论与权限的确定。

文化交流是重要的，因为我们不是建成一个纯粹西化的城市，同时也不会要一个古老化的城市。我们要中西文化交流，要采用高技术等等。规划的问题很大，这么多年来，没有一个国家规划过这么大一块地，如巴西、澳洲，可它们设计的首都，不是在上海这么好的地皮旁边，而且赵祖康先生早就建议造桥等等。所以这个条件别人是不能与我们比的。可是问题也在这儿，有了机会，但我们国家的人民没有这方面的经验，不过我们的人民非常聪明，只要经过训练，就一定能成功。这些问题，市顾问小组都已作了分析，都有可能解决。希望主持者要探讨如何采取适当的办法来筹措资金，设立体制。

总之，开发浦东，建设现代化的大上海，经过两年来的推动，已经成为国策了。现在，就如何引进外资，建立一流的城市，请大家贡献意见。我想借此机会，感谢主人和会议组织者，感谢不远万里来到上海的各位外国顾问，特别是雅格布，他是从欧洲来的。……最后，让我恭祝大会成功，谢谢大家！[42]

也同在这次会议上，开发浦东联合咨询研究小组成员分别做了专题发言。张绍樑的《开发浦东建设世界一流新市区》、於品浩的《扩大开放，建立新体制，浦东开发的两个重要条件》、李佳能的《上海浦东新区总体规划构思》、俞汉卿的《关于土地政策构想》、陈泽浩的《开发浦东新区资金的筹措和运行》等，这些报告对于浦东开发做了很深的研究和论证。[43]

这次国际会议开得非常成功。正如老市长汪道涵在会上说的：开发浦东，天时（指国际国内形势）、地利（指有老市区的依托和长江三角洲及全国的联系）、人和（指国内外各方的支持和帮助）三者具备，建设一流新市区的时机正在趋向成熟。[44]

此后，浦东开发的筹备工作不断加速。

1988 年 9 月 30 日，江泽民、朱镕基、汪道涵在北京向中央领导人专题汇报上海开发浦东的筹备情况，中央领导强调，浦东开发的主要方针是利用外资，并同意建立开发浦东的筹备机构。[45]

同年 11 月，在获得中央原则同意开发浦东后，上海市人民政府宣布成立浦东开发领导小组，由顾传训、倪天增两位副市长担任正副组长，聘请汪道涵为顾问。

下设办公室，由外商投资工作委员会副主任叶龙蜚任办公室主任。朱镕基等多次在浦东召开现场会议，进行实地考察。[46]

1989年10月9日，朱镕基在会见上海市市长国际企业家咨询会议的代表时再次表示，要加速开发浦东，使其在建设新上海中起战略作用，欢迎外商前往浦东投资。

为开好这次会议，朱镕基出面邀请了美国、英国、日本、法国、加拿大、德国、意大利等10个国家的18位世界知名企业家，并特别邀请美国国际集团公司董事长莫里斯·格林伯格担任会议主席，上海的领导人再一次虚怀若谷，洗耳恭听关于开发浦东、振兴上海的世界智慧。

到这时，浦东开发已经是水到渠成了。

同年10月，《浦东新区总体规划初步方案》编制完成，规划用地从1986年的《上海市城市总体规划》中确定的63平方公里扩展到150平方公里，人口规模也从90万人增至150万人。[47]

其实，在理论研讨、论证的同时，上海市领导已经开始将开发浦东的规划从纸面落实到了行动上。1988年12月5日，在江泽民、朱镕基的指挥下，跨越黄浦江的南浦大桥打下第一根桩基，上海开始了越江工程。据说，按当时的设计预算，一座斜拉索桥的资金可以造三条过江隧道。但朱镕基力排众议，拍板造桥。

这确实是睿智之举，浦东开发必须造桥，而且应该造多座大桥。而历史上，有关越江工程基本是在没有考虑浦东开发的前提条件下设计的。简言之，如果不开发浦东，就没有必要造桥。这也为后续的历史证明了。

李佳能回忆："那是1989年5月的一次浦东开发的汇报会。朱镕基同志刚从北京、天津考察回来，他立即到浦东听取开发浦东研究情况汇报，会议地点选在杨高路旁边的公交五场的一个车间。朱市长在听完汇报后当即表示要向北京、天津学习，要加大上海开发浦东的力度。后来很不巧的是受到政治风波的影响，浦东开发的日程推后了。"[48]

5.6 总设计师期望的一张王牌

1990年的春节，上海下起了中国南方并不常见的大雪，纷纷扬扬的雪花给人一丝惊喜。但上海市民过节休息也没有多大的变化，一如往常，走亲访友，合家欢聚，嗑着瓜子聊天。

在上海西郊，一座绿荫掩映的宾馆内，已经卸任的中国领导人邓小平正在上海过第三个春节。

邓小平自1988年起在上海过春节，此后连续七年春节都在上海度过。邓小平在上海驻留，其用意引起一些政治观察家的关注。此时中国改革开放大局初定，南方经济特区发展迅猛，作为一种战略布局，邓小平开始思索改革开放的下一步突破点。

窗外，不时传来了贺新春的爆竹声，空中一阵焰火闪过，充满着温馨祥和的气氛。但是86岁的邓小平并没有休息，他在思考，一根接着一根地抽烟，他外表平静，一项重大的战略决策正在内心形成。

在上海期间，他坦率地对朱镕基等上海领导人说，请上海的同志思考一下，能采取什么大的动作，在国际上树立我们更加改革开放的旗帜。[49]

在中国的领导人中，邓小平说话简短直白，言语中也没有晦涩难懂的理论色彩，微言大义。听者也明白邓小平此话的分量。那么，是什么样的动作呢？

从20世纪80年代末起，国际局势出现了大动荡。

1989年11月9日，民主德国统一社会党总书记埃贡·克伦茨突然下令凿开了柏林墙，宣布开放东西柏林、东西德的分界线，长久以来作为东西方对抗标志性的建筑——柏林墙轰然被推倒，东德人顷刻像潮水一般迅猛地涌向西德。

柏林墙倒塌恰如一块多米诺骨牌倒下，东欧八个社会主义国家和苏联也跟着发生了剧变。

同年11月17日，捷克斯洛伐克首都布拉格出现超过十万人的游行活动，之后每天都有大量民众上街游行，要求结束捷克共产党统治，捷克政府举行了第一次的多党选举，完成政权的和平转移，被称为“天鹅绒革命”。

同年12月19日，波兰人民共和国改名为波兰共和国，红底戴王冠的白鹰为波兰的国徽。波兰正式走上了政治上奉行西方式的议会民主，经济上实行私有化的发展道路。

罗马尼亚的剧变是东欧国家中最惨烈的。1989年12月16日，罗马尼亚西部城市蒂米什瓦拉市市民与军警发生冲突，引发了全国性的危机。12 月 22 日，游行的群众占领了电台和电视台。接着，军队同保安部队发生了激烈的冲突。逃往外地的总统齐奥塞斯库夫妇被逮捕，被军事法庭以贪污和屠杀罪判处死刑，立即执行。

全球政治格局出现雪崩式的变化，就像一场奇变的魔术让全世界的观众目瞪口呆。

这年夏季，日裔美籍学者法兰西斯·福山在美国《国家利益》杂志上发表了《历史的终结?》一文，认为西方国家实行的自由民主制度也许是“人类意识形态发展的终点”和“人类最后一种统治形式”。此论一出震惊思想界。[50]

1990 年元旦，英国首相撒切尔夫人贺新年电致苏联领导人戈尔巴乔夫，以铁娘子的口吻道：社会主义肯定完蛋。[51]

2 月 2 日，让全世界共产党人揪心的消息传来，苏共中央举行全会同意修改宪法，结束共产党对权力的垄断，实行多党制。中国共产党人产生了前所未有的危机感，党内的分歧加大了。

当时，中国的经济状况也不为海外投资者看好。

1988 年中国经济过热，政府高调进行价格改革，导致罕见的商品抢购风潮，尤其是大城市里，传言四起，人们什么都抢购，人心惶惶。为防止经济失控，中国政府不得不作出对国民经济实行“治理整顿”的决策。

经济治理整顿的后果是经济增长放缓。1989 年和 1990 年是中国自 1978 年改革开放以来经济最为低迷的两年。上海 GDP 的增长没有超过 4%。而紧缩政策造成银根收紧，一些地方政府只能以记账单而不是现金来收购农民的粮食，也就是“打白条”，引起农民的普遍不满。

1989 年政治风波后，欧美等国发起了对中国的“制裁”。美国带头，两次宣布对中国进行制裁，20 多个发达国家纷纷跟进，一些受美国影响的国际组织也采取了相应行动。世界银行停止了向中国提供 7.8 亿美元的贷款，关贸总协定表示该组织已无限期推迟有关中国申请加入的讨论。中国的外部环境严重恶化。海外的投资者裹足不前，犹豫再三。大多数西方在中国的公司已经停止运营，只是静观其变。中国在世界市场上获得中长期贷款的渠道被关闭，来华外国投资减少 75%。

中国外贸部门的官员也在抱怨：外商投资减少，生意难做。[52]

黑云压城，中国在改革开放、经济建设、国内稳定以及国际关系方面同时遭遇严重困难。这种“三碰头”的局面，是新中国成立以来罕见的。

西方舆论也用怀疑的眼神看中国的经济改革，1989 年 3 月，英国《卫报》刊登头条文章《北京改革陷入停滞》，6 月，美国《新闻周刊》发表题为《邓小平的大倒退》的文章，9 月，英国《经济学人》登载《巨龙因何陷滞胀之困》一文。而中国国内的左派通过宣传工具掀起了反对以市场经济为导向的改革。

这一切使得整个中国不安的情绪到了 90 年代初异常强烈。

静观天下大势后，邓小平出来表态。1989 年 6 月 16 日，北京发生的政治风波刚刚平息，邓小平与江泽民等几位中国领导人谈话时就提出：要进一步把开放的旗帜打出去，要多做几件有利于改革开放的事情。显然，他急切地要向世界表明：“我们改革开放的政策不变，而且要进一步地改革开放”。[53]

对于西方国家实行的制裁和封锁，同样是伟人，毛泽东自信十足，采取了自力更生奋发图强的对策，他曾在著名的《别了，司徒雷登》评论中写道：“多少一点困难怕什么。封锁吧，封锁十年八年，中国的一切问题都解决了。”而邓小平则坚持要对外开放，要把国门开得更大。

在之后连续的几次谈话中，邓小平都强调了中国的对外开放：

“现在国际上担心我们会收，我们就要做几件事情，表明我们改革开放的政策不变，而且要进一步地改革开放。”[54]

“我过去说过要再造几个‘香港’，就是说我们要开放，不能收，要比过去更开放。不开放就发展不起来。”[55]

1979 年，邓小平一锤定音，批准了中国南方的地方官员在边陲深圳等地办起了经济特区，这些经济特区实行特别的经济政策，以吸引境外的投资者。在此前，毛泽东时代并不欢迎外资，为避免引进外资的失败导致的麻烦，邓小平谨慎而务实地选择了远离北京政治中心的小镇，向世界开了一个窗户。事实证明了邓小平这一举措的正确。经过十年的发展，深圳由边陲小镇变成了现代化的城市，以其令人眩晕的年均经济增长 26.9％的速度创造了经济特区奇迹。

曾经有一个美国新闻代表团访问中国，在此期间去了深圳，之后一位成员写的访问手记中记录了这样一段对话：

“真没想到，这个普通美国人听也没听说过的城市（指深圳）有这么多高楼大厦。跟它一比，我觉得我们那个城市就像个小渔村。”

“我觉得这些年被自己的同行们骗了，他们总说中国怎么怎么不好。”[56]

10年后，邓小平显然已经不满足于深圳、珠海这几个经济特区的对外开放，他要找更强有力的支撑点，撬动中国改革开放在更高的起点上加快发展。因此，他说，要再造几个“香港”。

在哪里造“香港”呢？

邓小平辞去中央军委主席职务后，他的大脑依然在为中国的改革开放高速运转着。

这时，老人脑海中“发展”成为关键词。邓小平强调：“要实现适当的发展速度，不能只在眼前的事务里面打圈子，要用宏观战略的眼光分析问题，拿出具体措施。机会要抓住，决策要及时，要研究一下哪些地方条件更好，可以更广大地开源。”

邓小平的视线投向了上海，他当年就是从黄浦江畔登船赴法国勤工俭学的。酷爱打桥牌的邓小平还打了一个比方：“比如抓上海，就算一个大措施。上海是我们的王牌，把上海搞起来是一条捷径！”[57]

5.7 浦东的命运彻底改变

作为中国改革开放总设计师，邓小平的眼中开发浦东绝非是上海一地的事，对于上海在对外开放方面拥有的优势，如地理位置、交通条件、人才资源、自然资源以及历史积淀、国际交往的联系和经验等，他看得清清楚楚。

酷爱打桥牌的邓小平已经将上海浦东开发开放视为手中的一张王牌，认为开发浦东“不只是浦东的问题，是关系上海发展的问题，是利用上海这个基地发展长江三角洲和长江流域的问题”。

这意味着，进入20世纪90年代，中国对外开放的区域开始由南向北转移。这又是中国改革开放史上一个具有战略意义的大转移。

进入90年代以后，中国的改革开放、经济发展和城市化进程都已经到了一个关键性的、具有历史转折意义的新阶段。在这个关键的“十字路口”，急须在整体思路上寻找一个新的突破口，在地域上需要一个带动力强、腹地广阔、对国内外可产生巨大带动效应的城市或地区进行更大程度的先行开放试验，以此来促使中国对外开放的进一步深入。

总设计师邓小平的视线越过重重层层迷雾，穿透历史和未来。一种崭新的思路已在他心中形成：浦东开发开放要成为一项跨世纪国家战略。

后来，经济学家和历史学家几乎都用了这样的表述：上海浦东的开发被称为“T字形发展战略”或“大鹏鸟式经济发展战略”。这一称谓缘于上海所处的地理位置。上海位于海岸线（弓形）的正中间，浦东宛如满弓上搭的箭的箭头。其以两翼及长江沿岸上的江苏、浙江、湖南、四川等地为依托，是长江流域经济和沿海地区经济的结合部。[58]

正如中国著名文化史学家余秋雨所说：“只要稍稍具有现代世界地理眼光的人，都会看中上海。北京是一个典型的中国式的京城：背靠长城，面南而坐，端肃安稳；上海正相反，它侧脸向东，面对着一个浩瀚的太平洋，而背后，则是一条横贯九域的万里长江。对于一个自足的中国而言，上海偏踞一隅，不足为道；但对于开放的当代世界而言，它却俯瞰广远、吞吐万汇、处势不凡。”[59]

邓小平要在政治风波后的非常时期打出一张改革王牌，因此，浦东开发开放的决策也就理所当然地上升为国家战略。经历过战争年代，指挥过千军万马的邓小平深知战机稍纵即逝，而在内心他已经感到上海的改革搞晚了。因此，邓小平比上海市领导更加急迫。满弓搭箭，总设计师期望浦东成为90年代中国最强力的箭头。

对于浦东，这真是一个不同寻常的春节。初春的阳光照亮了浦东开发的前程、照亮了上海的未来，也让上海人的心扉亮堂了，几代人的宏愿终于从这个春节起开始付诸实施，一个伟大的财富增长试验也就在这年春节拉开了序幕。

春节过后，1990年2月13日晚，邓小平乘专列离开上海返回北京，在前往火车站的途中同朱镕基谈话。在谈到建议开发浦东时，邓小平用略带遗憾的口气说：你们搞晚了。但现在搞也快，上海条件比广东好，你们的起点可以高一点。从80年代到 90 年代，我就在鼓动改革开放这件事。胆子要大一点，怕什么。在谈到浦东开发需要优惠政策时说：我赞成，你们应当多向江泽民同志汇报。[60]

2 月 17 日，邓小平在北京会见香港基本法起草委员会的全体成员。会见前他郑重地嘱托在场的中央领导说，我已经退下来了，但还有几件事，我还要说一下，其中之一就是上海的浦东开发，你们要多关心。邓小平特地要求当时的李鹏总理负责抓一下浦东的开发和上海的发展问题，说：你是总理，浦东开发这件事，你要管。[61]

据时任国务院副秘书长、兼国务院特区办公室主任的何椿霖回忆："李鹏同志当天中午就找了我，了解浦东开发的规划，还要求我加快起草关于外商在开发区内开发成片土地的文件。李鹏同志对文件提出三条原则：一是不得丧失主权，二是公用设施的管理权要掌握在政府手里，三是不允许'跑马占地'和炒卖土地，要坚持以项目带动开发。"[62]

下午，何椿霖直接致电朱镕基。朱镕基承认浦东开发的报告已经讨论了两三个月，总是不太满意，但答应当晚加班改好立马送中央。[63]

在中国最高领导人强力的推动下，浦东开发从纸面上的讨论进入了实质性启动，速度大大加快了。

2 月 18 日，也就是邓小平嘱托的第二天，国务委员兼国家计委主任邹家华一行来上海浦东考察，在朱镕基的陪同下，一行人还坐船来到外高桥新港区。朱镕基告诉邹家华：目前开发浦东的总体规划和分布实施规划已初步拟定，越江交通建设已有较大进展，水电、煤气、通信等建设前景看好，浦东开发的起步条件已趋于成熟。邹家华听后表示赞同："好，好！还是先搞基础设施框架，把道路、能源、通讯、上下水这一套先搞好。"[64]

邹家华出生在上海，他的父亲就是中国杰出的出版家和新闻记者邹韬奋，邹韬奋在上海主编的《生活》周刊成为"风行海内外，深入穷乡僻壤的有广大影响的刊物"。

2 月 26 日，上海市委、市政府正式向中央提出《关于开发浦东的请示》报告，提出了浦东开发开放的基本构想。

当日，朱镕基向到上海视察的中央领导乔石汇报时，言辞恳切地说："我们现在希望增强中央下决心的力量，批准我们这个报告。我们保证鞠躬尽瘁，死而后已，为全局做贡献，让上海真正在全国一盘棋中做出他应有的贡献，我们有这个决心。”[65]

乔石也出生在上海，并在上海求学读书，做学运工作，对上海熟悉。

3月3日，邓小平再次找到江泽民、李鹏等中央负责同志，谈话中又提到了上海：“要用宏观战略的眼光分析问题，拿出具体措施。机会要抓住，决定要及时。”“比如抓上海，就算一个大措施。上海是我们的王牌，把上海搞起来是一条捷径！”[66]

显然，推动上海进行浦东开发已经成为总设计师心中的一张王牌、一条捷径，就是要在上海黄浦江东面的那块土地上实现更大程度的开放。邓小平要通过上海的大动作，告诉西方世界，中国不会关上国门，反而会将国门拉得更开。

3月28日至4月8日，北京派来了一个更加高级别的考察团，由国务院副总理姚依林率领，由国务院特区办、国家计委、财政部、中国人民银行、经贸部、商业部等部门领导组成的庞大的工作班子来到上海，对浦东开发问题进行专题研究和论证。在听取上海市关于浦东开发基本思路和总体规划的汇报后，他们又对浦东外高桥地区进行了实地考察。

朱镕基分别在3月29日、4月2日、4月7日向姚依林汇报浦东开发问题。

在3月29日的汇报会上，姚依林说：这次镕基同志、国栋、立教、道涵同志到北京开六中全会，就分别跟我谈了上海向何处去。我把这个情况向江泽民同志、李鹏同志作了汇报。江泽民同志提出你是否可到上海去一次？当时，李鹏同志也准备到上海来。我就与李鹏商量，我先给你打个前站吧，李鹏同志对我拱手。……这一次来，我就是来打前站，跟大家交换意见，研究一下浦东开发开放的步骤方法，回去以后要向中央报告。[67]

姚依林到上海，还传递了中央对于浦东的战略构想。时任上海市委副书记的王力平回忆说：“他（姚依林）这次就明说，小平同志讲不仅是开发浦东，还要开放浦东。开放浦东是小平同志加的，我们原来讲的时候没有，只有开发浦东。”[68]

从3月29日下午起，上海方面分成特区、投资、财政、外贸、商业、金融6个专题组，向国务院有关部门进行了详细汇报。

在4月2日汇报会上，朱镕基说：

最后一个问题，就是宣布上海进一步开放的时机。那天依林同志提出这个问题，我觉得提得很好，这是一个重大的问题。我个人认为，最好是在李鹏同志到上海来以后宣布这件事。这是一张政治王牌，是会有利于国际形势的转变的。外国人现在是看我们在4、5、6三个月能不能稳得住。有些人希望我们垮台，但也有些人希望我们稳住了以后，他们好说话。如果在这个时候宣布上海进一步开放，公布若干优惠政策，加上上海目前在外国人心目中仍是一个有利于投资的地方，我想可能对转变形势有一定的好处。所以我希望依林同志考虑一下我的意见，建议李鹏同志在4月中旬到上海来的时候，能够宣布这个政策，这个宣传效果将是非常好的。[69]

此时的朱镕基已经完全领会了邓小平的意图。开发浦东已经不是一个地区的事情，事关中国的对外开放，是一张政治王牌！

汇报会上，朱镕基还深有感情地说："今天我跟天增同志讲，我是过了60岁的人了，他们也50岁出头了，我们真正要拼搏也只有这几年了，我们还是有干头的，还可以好好为上海人民办一点事。"[70]

姚依林带队对浦东专题调研后，仅仅5天就形成了《关于上海浦东开发几个问题的汇报提纲》。

4月7日，再次召开小范围会议，研究《汇报提纲》。会上，姚依林也完全理解了上海方面的紧迫感，他说，同志们讲的，我觉得都很好。我想首先讲一点，这个《汇报提纲》不是作为一个定论，而是我们研究以后提出的初步意见。这件事本来还可以仔细再研究，但是时间来不及了。因为你们不是要求李鹏同志最好在4月18日来宣布嘛，今天已是4月7日了。我就是想争取这个时间。[71]

同年4月10日，李鹏总理在北京主持国务院会议，听取姚依林关于开发浦东的专题报告，并对开发开放中的若干问题逐个作了研究。两天以后，在同一个会场，总书记江泽民主持中央政治局会议，原则通过了国务院提交的浦东开发方案。

与此同时，国内外专家也被请到上海，做浦东开发开放的可行性研究。

4月15日下午，在上海听取了上海市的工作汇报和开发浦东的设想后，李鹏说，依林同志回到北京以后，向国务院常务会议作了汇报，我们开了一次会，后来在政治局常委会上也作了汇报。大家原则上都同意“开发浦东、对外开放”八个字。[72]

他还告诉上海领导：“历史上，上海就是中国最大的商业中心、经济中心、工业中心。由于当时国际形势的分析，要准备大打、早打，立足于打核战争，所以没有处理好内地和沿海的关系，上海在新中国成立后的三十年发展比较缓慢，这十年得到一定的发展。”

李鹏还比较了广东和上海：“上海的经济腹地要比广东大得多。广东的经济腹地基本上是珠江三角洲，如果再辐射大一些，现在衡广铁路复线通了以后，也不过加上福建、广西、湖南的一部分地区。但上海辐射面是整个长江流域，这是中国经济比较发达的地区，还有长江这样的黄金水道。”

他还以肯定的口气告诉上海领导人：“今后十年，国务院觉得应该把上海这个地方作为全国发展的重点，要发挥上海的优势，这个观点中央是一致赞成的。”[73]

1990 年 4 月 18 日，历史意义的一刻来临。李鹏在上海大众汽车有限公司成立五周年大会上宣布了中共中央、国务院关于开发开放上海浦东的重大决策：同意上海加快浦东地区开发，在浦东实行经济技术开发区和某些经济特区的政策。[74]

由此，一个城市发展战略上升为国家战略，上海从中国改革开放的后卫变成了前锋。

由此，浦东的命运彻底改变了。

注释

① 五集文献电视片《邓小平与上海》(中共中央文献研究室、中共上海市委联合摄制)，载《文汇报》2004 年 8 月 13 日；中共上海市委党史研究室：《邓小平在上海》，上海人民出版社 2004 年版。

②《上海人民政协志》编纂委员会编：《上海政协志》，上海社会科学院出版社 1998 年版。

③ 李开亚主编：《上海人民政府志》专记一　上海经济发展战略，上海社会科学院出版社 2004 年版。

④ 杨群、胡宋萍、李谧欧：《一场轰轰烈烈的大讨论》，载《解放日报》2014 年 1 月 2 日。

⑤《国务院批转关于上海经济发展战略汇报提纲的通知》(国发〔1985〕17 号)，1985 年 2 月 8 日，中国中央人民政府网站，http://www.gov.cn/xxgk/pub/govpublic/mrlm/201310/t20131014_66455.html。

⑥ 陈坤龙：《向浦东广阔地区发展》，载《社会科学》1980 年第 5 期。

⑦ 易新：《在浦东沿江建立新的市中心——要在 6 100 平方公里上做大文章》，载《社会科学》1980 年第 6 期。

⑧《两份老提案　巨变 27 年》，载《新民晚报》2008 年 11 月 17 日。

⑨《上海人民政协志》编纂委员会编：《上海人民政协志》，上海社会科学院出版社 1998 年版。

⑩ 陈敏之：《上海经济发展战略研究》，转引自承载：《上海通史》第十三卷《当代社会》，上海人民出版社 1999 年版。

⑪《建设一流新城区》，载王洪泉等编：《浦东今古大观》，科学技术文献出版社 1992 年版。

⑫《建设一流新城区》，载王洪泉等编：《浦东今古大观》，科学技术文献出版社 1992 年版。

⑬ 周振华、熊月之、张广生、朱金海、周国平等：《上海城市嬗变及展望》中卷《中心城市的上海》，格致出版社、上海人民出版社 2010 年版。

⑭《见证历史见证辉煌——采访杨堤备忘录》，载中共上海市委党史研究室：《开发开放：浦东迈向现代化》，上海书店出版社 2008 年版。

⑮ 李佳能：《浦东开发忘不了老市长汪道涵同志》，载《报国有心　爱国无限》，上海人民出版社 2015 年版。

⑯《国务院批转关于上海经济发展战略汇报提纲的通知》（国发〔1985〕17 号），中国政府网，http://www. gov. cn/xxgk/pub/govpublic/mrlm/201310/t20131014_66455. html。

⑰《国务院关于上海市城市总体规划方案的批复》（国函〔1986〕145 号），中国中央人民政府网，http://www.gov.cn/xxgk/pub/govpublic/mrlm/201207/t20120706_65312. html。

⑱ 李佳能口述：《浦东开发的准备、研究和早期开发》，载《口述上海——改革创新(1978—1992)》，上海教育出版社 2014 年版。

⑲ 金瓯卜：《在评议上海城市总体规划座谈会上的发言》，载《建筑师》1994 年 2 月刊。

⑳ 张伟群：《京官不减当年情》，载《党政论坛》1995 年第 8 期。

㉑ 万学远：《忆汪道涵同志在上海》，载《报国有心　爱国无限》，上海人民出版社 2015 年版。

㉒ 李开亚主编：《上海人民政府志》，上海社会科学院出版社 2004 年版。

㉓ 胡炜：《论上海浦东新区的开发与管理模式》，载《走过十年》，上海人民出版社 2004 年版。

㉔ 李开亚主编：《上海人民政府志》，上海社会科学院出版社 2004 年版。

㉕ 李开亚：《战略型领导干部汪道涵》，载《报国有心　爱国无限》，上海人民出版社 2015 年版。

㉖ 王纲怀：《对浦东开发早期研究的回忆》，http://www.sh93.org.cn/。

㉗ 王纲怀：《对浦东开发早期研究的回忆》，http://www.sh93.org.cn/。

㉘ 据周汉民回忆："小组由汪道涵任顾问，副市长倪天增任组长，建交委主任张绍樑任副组长。组员有市委研究室副主任俞健，他对政策的把握非常独到；有市政府经济研究中心综合处处长於品浩，他是我们小组最重要的笔杆子；有市规划设计院总工程师李佳能；有土地管理局的一位老处长俞汉卿；中国银行金融研究所陈泽浩；还有

我，当时我是上海对外贸易学院国际经济法系刚刚毕业的硕士研究生，留校出任老师。”载《浦东要为中国改革开放树立样板》，载中共上海市委党史研究室：《口述上海——浦东开发开放》(下)，上海教育出版社2014年版。

㉙《上海通志》编纂委员会：《上海通志》第三十一卷《浦东开发开放》，上海人民出版社2005年版。

㉚ 周汉民：《浦东要为中国改革开放树立样板》，载中共上海市委党史研究室：《口述上海——浦东开发开放》，上海教育出版社2014年版。

㉛ 於品浩：《胸怀全局　心贴人民》，载《浦东史志》2015年第1期。

㉜《上海城市规划志》第二篇第四章浦东新区总体规划，上海社会科学院出版社1999年版。

㉝ 周汉民：《浦东要为中国改革开放树立样板》，载中共上海市委党史研究室：《口述上海——浦东开发开放》(下)，上海教育出版社2014年版。

㉞ 朱镕基：《在上海市九届人大一次会议上的讲话》，载《朱镕基上海讲话实录》，人民出版社、上海人民出版社2013年版。

㉟ 江泽民：《开发上海浦东新区》，载《江泽民文选》第一卷，人民出版社2005年版。

㊱ [美]罗伯特・劳伦斯・库恩：《他改变了中国：江泽民传》，上海译文出版社2005年版。

㊲ 张明杰：《江泽民与我国经济特区的初创》，载《党的文献》2010年第5期。

㊳ 朱镕基：《开发浦东是上海的希望》，载《朱镕基上海讲话实录》，人民出版社、上海人民出版社2013年版。

㊴ 叶尚志：《世界级建筑、桥梁大师林同炎》，载《人才开发》2000年第4期。

㊵ 叶尚志：《世界级建筑、桥梁大师林同炎》，载《人才开发》2000年第4期。

㊶ 谢国平：《财富增长的试验：浦东样本》，上海人民出版社2010年版。

㊷ 姚海同主编：《浦东之路》，上海文艺出版社2000年版。

㊸ 李佳能：《浦东开发忘不了老市长汪道涵同志》，载《报国有心　爱国无限》，上海人民出版社2015年版。

㊹《浦东新区开发国际研讨会开幕》，载《解放日报》1988年5月3日。

㊺ 李开亚主编：《上海人民政府志》专记《浦东开发开放》，上海社会科学院出版社2004年版。

㊻ 陈志龙等编著：《浦东开发开放简论》，复旦大学出版社1991年版。

㊼《上海城市规划志》第二篇上海城市总体规划　第四章浦东新区总体规划，上海社会科学院出版社1999年版。

⑱ 李佳能口述：《浦东开发的准备、研究和早期开发》，载《口述上海——改革创新（1978—1992）》，上海教育出版社 2014 年版。
⑲ 中央文献研究室编：《邓小平年谱（1975—1997）》（下），中央文献出版社 2004 年版。
⑳ 法兰西斯·福山：《历史的终结及最后之人》，中国社会科学出版社 2003 年版。
㉑ 凌志军：《变化：1990—2002 年中国实录》，中国社会科学出版社 2003 年版。
㉒ 阮建平：《战后美国对外经济制裁》，武汉大学出版社 2009 年版。
㉓ 邓小平：《第三代领导集体的当务之急》，载《邓小平文选》第三卷，人民出版社 1993 年版。
㉔ 邓小平：《组成一个实行改革的有希望的领导集体》，载《邓小平文选》第三卷，人民出版社 1993 年版。
㉕ 邓小平：《组成一个实行改革的有希望的领导集体》，载《邓小平文选》第三卷，人民出版社 1993 年版。
㉖ 张结海：《城乡收入差距大的一个注解》，载《广州日报》2008 年 9 月 2 日。
㉗ 邓小平：《国际形势和经济问题》，载《邓小平文选》第三卷，人民出版社 1993 年版。
㉘ 俞可平等编：《海外学者论浦东开发开放》，中央编译出版社 2002 年版。
㉙ 余秋雨：《上海人》，载《文化苦旅》，东方出版中心 1992 年版。
㉚ 中央文献研究室编：《邓小平年谱（1975—1997）》（下），中央文献出版社 2004 年版。
㉛ 谢金虎、张持坚：《中南海与浦东开发》，载《瞭望》1996 年第 17 期；中央文献研究室编：《邓小平年谱（1975—1997）》（下），中央文献出版社 2004 年版。
㉜ 何椿霖：《读〈李鹏论宏观经济〉有感》，载《人民日报》2012 年 8 月 6 日。
㉝ 朱镕基：《向姚依林同志汇报浦东开发问题》，载《朱镕基上海讲话实录》，人民出版社、上海人民出版社 2013 年版。
㉞ 邹昔民、陈毛弟：《开发浦东先搞好基础设施》，新华社上海 1990 年 2 月 18 日讯。
㉟ 朱镕基：《向乔石同志汇报时的发言》，载《朱镕基上海讲话实录》，人民出版社、上海人民出版社 2013 年版。
㊱ 中央文献研究室编：《邓小平年谱（1975—1997）》（下），中央文献出版社 2004 年版。
㊲ 中共上海市委党史研究室编著：《邓小平在上海》，上海人民出版社 2004 年版。
㊳ 中共中央文献研究室：《中国 1978—2008》，湖南人民出版社 2009 年版。
㊴ 朱镕基：《向姚依林同志汇报浦东开发问题》，载《朱镕基上海讲话实录》，人民出版社、上海人民出版社 2013 年版。
㊵ 朱镕基：《向姚依林同志汇报浦东开发问题》，载《朱镕基上海讲话实录》，人民出版社、上海人民出版社 2013 年版。天增同志，即副市长倪天增。

㉛ 中共上海市委党史研究室编著：《邓小平在上海》，上海人民出版社 2004 年版。
⑫ 吴可番：《上海浦东开发开放重大决策写真》，载《领导广角》2000 年第 5 期。
⑬ 李鹏：《开发开放浦东要走高起点的路子》，载《李鹏论宏观经济》（上），中央文献出版社、中国电力出版社 2012 年版。
⑭《李鹏总理在上海宣布：中央同意加快开发浦东》，载《解放日报》1990 年 4 月 19 日。

第六章 只争朝夕：特定区域内的大试验

6.1 浦东的历史翻开了绚丽的一页

1990 年 4 月 18 日早晨，浦东本地居民就像往常一样起来。在烂泥渡路的棚户区，睡眼惺忪的人们纷纷把木制的马桶拎出家门，由清洁工将粪便倒了，然后哗哗地刷洗。路边还不断地弥漫出呛人的煤烟，那是人们点燃煤炉，生火做饭，之后匆匆地赶去上班。

但这一天注定是浦东历史巨变的起点。那天阳光明媚，国务院总理李鹏出席上海大众汽车有限公司成立 5 周年庆祝大会。大会上午 8 点 30 分开始，李鹏讲了一段庆贺的话，之后，话锋一转，代表中央宣布，党中央、国务院同意上海加快浦东地区开发，并在浦东实行经济技术开发区和某些经济特区的政策。并称：这是我们为深化改革、扩大开放作出的又一个重大部署。①

总理的声音，通过媒体迅速传及海内外。敏锐的海外观察家发现，上海浦东的开发开放已经成为 90 年代中国政府的一项国家战略。

从这一天起，浦东的历史翻开了绚丽的一页，而中国的改革开放也翻开了新的一页。

当时新华社记者写了这样一条消息：

> 国务院总理李鹏于 4 月 14 日至 18 日视察上海工作，宣布党中央、国务院同意上海加快浦东地区的开发，在浦东实行经济开发区和某些经济特区的政策。他要求上海的同志进一步坚持四项基本原则，坚持改革开放，搞好治理整顿，充分利用上海的优势，群策群力，艰苦奋斗，把开发浦东的事情办好，为进一步发展外向型经济，巩固和发展政治、经济、社会稳定的局面而努力。
>
> 李鹏同志于 4 月 15 日听取了上海市的工作汇报和开发浦东的设想，就开

解放日报
JIEFANG RIBAO

上海市市政工程管理局
关于换发车辆购置附加费凭证的通告

中外经济技术合作的丰硕成果
上海大众汽车公司庆祝成立五周年
李鹏总理出席大会并作重要讲话

李鹏总理在上海宣布
中央同意加快开发浦东
将实行经济技术开发区和某些经济特区的政策

为发展中国的轿车工业而努力奋斗
李鹏

在上海大众汽车公司成立五周年庆祝大会上
李鹏总理的讲话

李鹏总理在沪会见科林巴总统
朱镕基市长设宴欢迎中非贵宾

李鹏看望好八连

李鹏总理会见哈恩董事长
希望与大众公司的合作继续发展

《解放日报》刊登浦东开发开放消息

发浦东问题和当前政治、经济、国际形势作了重要讲话。他说，党中央、国务院专门听取了姚依林同志关于开发浦东的专题报告，中央原则同意上海浦东进一步对外开放。开发浦东，开放浦东，中央同意给一些优惠政策，也就是实行经济开发区和某些经济特区的政策。

李鹏说，开发浦东，要充分发挥上海的优势。上海在历史上就是中国最大的经济中心。由于历史原因，前三十年发展比较缓慢，这十年发展就比较快。钢铁、石油化工、轿车、造船、电子和轻纺工业等都是在全国领先的。上海有经济比较发达的长江流域作为腹地，又有长江这样的黄金水道。总之，开发浦东具有其他地区所没有的优越条件，上海可以充分运用自己的综合优势，更多地吸收利用外资开发浦东，发展现代化的和外向型的工业。②

4 月 30 日，上海市政府向国内外宣布了浦东新区对外开放的十条优惠政策。消息迅速传向全球，不仅传递了中国政府的一种动作，更传递了中国政府的一种态度和信心：中国的改革开放不会停滞。

5 月 3 日下午 3 点，成百上千的浦东居民像过节一般扶老携幼，围在布满鲜花的浦东大道 141 号门口，争看浦东开发办公室和浦东开发规划研究设计院挂牌的仪式。一位老人伸长脖子激动地说："浦东这下有希望了，有希望了！"③

当披着大红绣球的浦东开发办和规划研究设计院两块牌子挂在墙上时，围观的群众报以热烈的掌声。浦东的普通百姓抱以极大的热情，他们渴望改变，渴望富起来。浦东开发激活了他们的渴望，这种渴望在浦东开发后转化成巨大的激情能量，涌动于乡村、工厂、学校、黄浦江边的棚户区、潮涨潮落的码头上，而且激情不断高涨。共产党人因势利导，使之成为推进浦东开发的重要力量。

沙麟，曾任浦东开发办副主任，回忆那段岁月依然感动："开发办公室挂牌的那一天，就有位老百姓在门口等，他要献出他家里的两亩地、一头牛，说浦东开发了，浦东老百姓迎到了曙光了，要把这一点点家产捐献给政府，捐献给开发办。"④

浦东开发办和规划研究院的牌子竖立起来

1990 年 5 月 3 日，上海市人民政府浦东开发办公室和上海市浦东开发规划研究设计院正式成立。朱镕基出席了成立仪式(新华社　图)

5 月 3 日上午八点半，浦东开发办的第一位客人便是从香港匆匆赶来的商人姚伟权。姚的老家是浦东，他在香港听到开发浦东的消息后，立马飞过来，要在家乡投资办厂。

这一天，朱镕基也走进了刚刚修葺一新的浦东开发办公室的楼房。朱镕基对黄浦区浦东文化馆发扬奉献精神，一天就让出文化馆办公楼，三天就把浦东开发办公室装修一新的做法大加赞赏。他握着浦东文化馆馆长的手说："浦东开发，你立了第一功。"⑤

在这幢沿马路的二层小楼的底层，还有洗澡间、卫生间、库房，堆了不少东西，很凌乱。经过整理，为了"遮丑"，工作人员把下层过道用一块门板挡住。朱镕基看到门板很奇怪，就问里面是什么，工作人员回答是杂物，霉味太重，所以要挡一挡。朱镕基推开门板向里看了一眼，指着黑洞洞的过道说："不要用门板挡住过道，要让来开发办的人看一看，我们浦东开发是在什么样的基础上开始的。"⑥

在会议室里，朱镕基显然有点动情了，他眼睛有点泛红、湿润，他说，能够把浦东开发这件事情做好，对得起上海人民。

这一天，近百名来自日本、法国、加拿大和中国台湾、香港等地的投资者走进了浦东大道 141 号。到了 6 月 1 日，已经有来自 20 多个国家和地区的 600 多批客商走进浦东开发办公室。接待人员平均20分钟要接待一批客商，说得口干舌燥，甚至舌头生疮，嘴唇起泡，连饭都吃不上。入夜，这座绿树掩映的小楼也是灯火通明，一片繁忙。

还有不少浦西的市民也自发赶往浦东考察，他们多半是受了海外亲友的委托。大量访客来到，给寂寞的浦东带来了人气，据说第一个发财的居然是糕团店，糕团生意好到天天早早卖完了。

4月18日这一天，作为总理，李鹏在日记中这样写道：

四月十八日　星期三　晴

今天我在上海大众汽车有限公司成立5周年大会上的讲话中宣布：中共中央、国务院同意上海市加快浦东地区的开发，在浦东实行经济技术开发区和某些经济特区的政策。这是我们为深化改革、扩大开放作出的又一个重大部署。我们欢迎外国的企业家以及港澳同胞、台湾同胞和海外侨胞投资、参加浦东开发，我们将为此提供优惠的合作条件和日趋完善的投资环境。

开发和开放浦东，对于上海和全国都是一件具有重要战略意义的事情。中央要给予必要的支持，全国各地也要给予积极的支持，但更主要的是要依靠上海人民的努力。

桑塔纳轿车国产化已达50%，发动机生产线已基本建成。目前汽缸铸造尚未解决，要从联邦德国买进来。现在已委托第二汽车厂铸造。

晚7时离开上海，8时50分安全抵达北京西郊机场。至此结束上海之行。⑦

1990年4月18日，浦东就像一台火车头呼啸出发，拉动上海这个特大型城市驰上快速车道。而1990年的春天后，上海人的精神状态也开始变了。

6.2 当年崇明也曾被列为特区

史海钩沉，当初中央在选择特区时除了深圳、珠海等，还有上海的崇明岛！但为什么后来就不见动静？

1979年4月中央工作会议后，国务院颁发了《关于大力发展对外贸易增加外汇收入若干问题的规定通知》（又称国发〔1979〕202号文件），其中有这样一段文字：

> 试办出口特区。为调动爱国华侨、港澳同胞参加社会主义建设的积极性，更有效利用他们的资金、技术和设备，发展我国出口商品生产，在沿海少数有条件的省市，划出一定地区，如广东省深圳、珠海、汕头、福建厦门、上海市崇明岛等单独进行管理，作为华侨和港澳商人的投资场所。⑧

按照深圳大学特区研究中心钟坚教授的说法，从地理条件看，上海的崇明岛与大陆自然隔离，最适宜于办特区，但最后确定时没有它。⑨

1981年12月22日，在中央召开的省、自治区、直辖市党委第一书记座谈会上，中共元老陈云要求，经济特区现在第一位的任务是认真总结经验，既要看到特区的有利方面，也要估计到特区带来的副作用。当时不少省市都向中央要求试办经济特区，但是陈云明确指出："广东、福建两省的深圳、珠海、汕头、厦门四个市在部分地区试办经济特区（广东不是全省特区，福建也不是全省特区），现在只能有这几个，不能增多。当然，来料加工，合资经营，现在许多地方也在做，但不能再增加特区。……像江苏这样的省不能搞特区。"⑩

对此，现代史学者、华东师范大学中国当代史研究中心研究员萧东连认为，陈云对试办特区态度比较谨慎。他不反对试办经济特区，但要求注意特区带来的负面影响，坚决不主张扩大特区的范围，特别不赞成在中国的经济心脏——江浙地区办经济特区。陈云讲这个话，打消了其他地区办特区的想法。⑪

确实，1980年当深圳等经济特区旋风般崛起，当财富快速增长首先在中国南方实现时，也曾让一些学者和官员不解，中国政府在南方偏远的乡村设立经济特区时，为什么不考虑上海，为什么要到十年后才想到了上海浦东？

还有学者很书生气地说："假如经济原则是适用的话，那么人们就会问，类似的政策为什么不在主要的工业城市，如广州、上海和天津采用，那里现有的工业基础和熟练劳动力的环境更适合于外商投资。换句话说，如果在这些城市采用当前的'增长极'战略的话，单位投资的边际成本会更低。"⑫

而在历史上，上海是中国最为开放的城市，也是外商最钟情的城市，有“冒险家乐园”之称，上海最多时有10多万外国人居住。在这座城市里，“西装革履与长袍马褂摩肩接踵，四方土话与欧美语言混杂一处”。中外文化相融，一切是那样的自然，和谐。⑬

对此，有两种解释。一种解释认为在没有任何经验和案例可借鉴的情况下，上海贸然建立经济特区的风险太大，不宜放在第一批。只能等一等。

上海被称为计划经济的堡垒。长期计划体制下所产生的“路径依赖”，使上海的市场化改革较之其他地区具有更大的难度。中国经济学家高尚全曾在1956年到上海调查过一个很荒唐的案例：那年上海的天气很热，企业需要购买一些降温用的鼓风机。但是企业没有自行购买的权力，要向上级打报告，报告要经过七个部门审批，结果，最后一个公章盖下来，夏天已经过去。高尚全就此写了一篇题为《企业要有一定的自主权》的文章发表在《人民日报》上，报纸还配了一幅漫画《“必要”的手续》。因为这篇文章，高尚全差一点被打成右派。⑭

从这个案例可以想见上海要走向市场经济，不得不承受“路径依赖”所带来的阵痛。改革开放12年后，时任上海市计委主任的李良园如此评价：“上海是计划经济体制‘最完善’的城市，是中国的‘工业母机’，改革没有任何现成经验，上海如贸然先行，风险太大。”⑮

谷牧，国务院副总理，曾经负责中国经济特区的建设，被外媒称为“中国经济特区的CEO”，也持有同样观点：“上海是国民经济总产值的六分之一，四个特区没有起来，还不敢设想上海怎么样。改革开放是必须做的，但究竟该怎么做，没有经验。”⑯

2012年，中国入世谈判首席代表、原国家外经贸部副部长龙永图接受电视采访时认为，浦东开发之所以到了90年代才被正式提出来，是因为上海当时经济总量占中国的六分之一，上海的经济如果出现大的波动，对全国经济的影响力比现在大得多。所以当时选择了深圳作为对外开放的试验点，第一波的开放没有在上海。⑰

亲身经历这一历史过程的上海学者朱金海认为：“浦东开发开放也不可能更早，因为当时上海发挥着全国改革开放后卫的作用，上海的财政收入当时要占到全国的六分之一，各地的大量轻纺产品靠上海供应，没有上海做后卫，沿海‘四大特区’就难以大胆开放。到上个世纪80年代末90年代初，‘四大特区’的开放已基本成功，沿海开放的态势已逐步形成，所以浦东的开发开放水到渠成。”[18]

除了“风险太大”的说法外，还有“长子”一说。

据浦东开发的一位参与者回忆，有一次，中央某领导来上海考察讲了一番情真意切的话，大意是中国几十年来体制机制僵化，走了很长的弯路，通过改革开放我们可能会找到一条新路，但是这个过程或会产生风险，这个风险，可以让穷一些的地方去冒，但上海一旦出风险，成本太高，同时，我们国家就像一个大家庭，又是一个穷家庭，上海就是这个家庭的长子，为了照顾家庭，可能要承担得多一些，结婚成家晚一些。[19]

相比之下，深圳不过是经济落后的一个小县城，计划经济相对薄弱，体制机制的改革相对阻力小。靠近香港，更容易引进外资；本地人口少，也容易移民，这样外商和外来移民自然也就容易成为改革的新增动力。

而这两点恰恰是计划经济时代的上海不具备的。

浦东开发的时机选择也和中国改革开放“摸着石头过河”的经验有关。换言之，改革之初，中国并没有清晰的战略和方案，即使有也是局部的、多争议的，可以说是“摸出来”的。人们并不知道自己要走向何方。不断地“试错”是中国改革成功的一个重要经验。

正是因为有了试错思维，在南方办经济特区，“杀出一条血路”，如果成功就推广，如果失败，就是关掉也无大碍。这种“试错法”可以将改革的政治风险最小化，而且可以“从干中学”，慢慢摸索。

这种“摸着石头过河”的做法，使中国改革开放的步子走得稳健而明确，也避免了拉美以及俄罗斯出现的经济与社会动荡不稳的现象。

而到了90年代启动浦东开发，南方试办经济特区“杀出一条血路”恰好能够提供了大量的经验和教训，使得浦东开发可以驶上又快又稳的高速轨道，并带动长江流域经济。

这也是浦东幸运之处。

6.3 对浦东的定位开始转变

1990年4月18日，浦东开发开放的发令枪响过后，上海开始迅跑，政府机关就像一台高速运转的发动机，几乎是夜以继日地运作。

4月21日，上海市长朱镕基在市九届人大三次会议上作《政府工作报告》，他深情地说，开发浦东、开放浦东是上海人民的长期愿望。经过多年努力，现在浦东开发的条件已经成熟。我们将按照"面向世界、面向21世纪、面向现代化"的战略思想，借鉴国内外大城市开发新区的成功经验，把黄浦江两岸的规划和建设作为一个整体来考虑，有计划、有重点、分层次、分步骤地加以实施。[20]

显然，作为上海市领导，朱镕基这时对于浦东的构想已经不同1988年人代会上所说的构想了。

4月23日下午，常务副市长黄菊受市政府委托在市人大九届三次会议上向人大代表详细介绍了开发浦东的专题报告。

这也是上海市政府首次向全市人民代表，并通过代表向上海市民汇报浦东开发的酝酿、决策过程和开发浦东规划的初步设想。

黄菊告诉人大代表，上海提出开发浦东由来已久。早在1984年，市政府制定的《上海经济发展战略汇报提纲》就提出了开发浦东的问题。国务院在这个汇报提纲的批复中明确指出，要创造条件开发浦东，筹划新市区的建设。后来，国务院在批复《上海市城市总体规划方案》时又一次指出，有计划地建设和改造浦东地区，使浦东成为现代化的新区。为了落实国务院的批示精神，上海专门成立由副市长担任组长的开发浦东联合咨询小组，还邀请了一批海外知名人士担任顾问。1988年5月，市政府召开"开发浦东新区国际研讨会"，在这个会议上，江泽民同志从总结历史经验的高度，阐明了开发浦东的必要性，提出了结合老市区的改造，建设一个现代化新区的方针。自此以后，上海市加速了关于浦东开发的前期研究工作。市政府专门成立由两位副市长担任正副组长的开发浦东的领导小组，统一领导开发浦东的工作。去年，朱镕基市长和黄菊、倪天增副市长多次到浦东召开现场会，进行实地考察。在老一辈无产阶级革命家和中央领导同志的关怀、支持下，今年2月

26 日，市委、市政府正式向中央上报了《关于开发浦东的请示》报告，受到党中央、国务院的高度重视。3 月 28 日至 4 月 8 日，姚依林副总理受党中央、国务院的委托，率领国务院有关部门的负责同志来上海，对浦东开发问题进行了专题研究、论证。4 月 15 日至 18 日，李鹏总理来上海视察工作时，视察了浦东地区，于 4 月 18 日正式向国内外宣布，党中央、国务院同意上海加快开发浦东、开放浦东。

黄菊接着介绍了开发浦东规划的初步设想。规划开发的浦东地区，控制范围是指黄浦江以东，川杨河以北，紧靠市区的一块三角形地区，大部分地区都在距市中心 15 公里的半径之内，总面积约 350 平方公里。按照“面向世界、面向现代化、面向二十一世纪”的战略思想，借鉴国内外城市开发新区的成功经验，设想经过努力，把浦东建成一个设施配套比较齐全、现代化的和外向型的工业基地，成为上海乃至我国进一步扩大对外开放的新的窗口。[21]

不过，这时对于浦东的未来构想定位于“把浦东建成一个设施配套比较齐全，现代化和外向型的工业基地”。而 4 月 18 日，李鹏宣布浦东开发开放时也是这样说的。[22]

历史地看，将浦东定位于“工业基地”也就是以第二产业为主的构想很快发生了变化。

黄菊在报告中还谈到了浦东开发开放的意义。

他说，进入 90 年代以后，由于日趋激烈的、国内市场竞争所带来的双重挑战，上海面临着两种选择：一种是现有的综合优势继续削弱，经济日益萎缩，在全国的地位不断下降；另一种则充分发挥自身的综合优势，利用投资环境正在逐步改善的有利条件，进一步深化改革，扩大开放，加速外向型经济发展，走出振兴的新路子，争取把上海建设成为外向型、多功能、现代化的国际城市。市委、市政府经过反复研究后认为，上海作为中国最大的经济中心和太平洋西岸有影响的国际城市，经过四十年来特别是近十年的发展，经济实力有了新的增强，特别是上海在地理、工业、科技、人才等方面具有优势，决定了上海在经济发展和改革开放中应当走在全国前列。这是党中央、国务院对上海的殷切期望，也是上海应尽的职责。上海是有条件、有可能在对外开放方面采取比较大的动作的。事实上，开发浦东的意义还远远超出了上海本身。国务院领导同志一再强调，开发浦东不仅面向上海，而且还可以促进江浙地区，以至带动长江两岸经济发展。我们从中央领导同志把开发浦东放到更大的、更高的要求中，深受启发和鼓舞，更体会到开放浦东不仅对上海，而且对全国都是一件具有重要战略意义的大事。当前抓紧开发浦东起步，也是进一步表明了我国坚持对外开放的决心。㉓

作为地方领导能够这样领会中央的精神很不容易，按照邓小平的设想开发浦东"不只是浦东的问题，是关系上海发展的问题，是利用上海这个基地发展长江三角洲和长江流域的问题"。也就是要发挥上海"龙头"作用，带动长江三角洲和整个长江流域地区经济的新飞跃。正如中国著名社会学家费孝通教授所言："长江是一条可以带动整个中国经济起飞的巨龙，而龙头就是上海。"

黄菊在报告中提到了"上海是有条件、有可能在对外开放方面采取比较大的动作的。"这也正是回应了邓小平1990年对上海领导人提出的要求："请上海的同志思考一下，能采取什么大的动作，在国际上树立我们更加改革开放的旗帜。"㉔

会上还宣布，黄菊担任浦东开发领导小组组长，副市长顾传训、倪天增担任副组长。㉕

4月30日，上海市政府举行了开发浦东新闻发布会，黄菊告诉记者，浦东开发是一项宏大的跨世纪工程。浦东开发开放将分三步实施：第一步，"八五"计划期间(1991—1995年)为开放起步阶段。主要是编制规划、整治环境和着重解决交通问题，积极为吸引外资创造条件。第二步，"九五"期间(1996—2000年)为重点开发阶段，继续建设区内骨干道路和市政公共设施，初步形成基础设施比较配套的浦东新区的大格局，为以后几年的大发展打下基础。第三步，2000年以后的二三十年或更长一些时间，为全面建设阶段。届时通过浦东的建设和浦西城区的改造，上海将建设成为设施配套比较齐全，以外向型经济为主的重要现代工业基地和金融、贸易、科技、文化、信息中心。㉖

会上，朱镕基宣布成立浦东开发领导小组，下设浦东开发办公室和浦东开发规划设计研究院，并向众记者介绍了办公室负责人沙麟，时为上海市科委副主任，曾是复旦大学电子学教授。㉗

同年9月10日，上海市政府为浦东开发举行了第二个新闻发布会，会上发布了有关浦东开发开放的9个法规文件，并配有英文和日文版。中国人民银行副行长陈元、财政部副部长项怀诚、海关总署署长戴杰以及上海市常务副市长黄菊分别宣布了这些法规。[28]

会上朱镕基回答了包括美国《时代》周刊记者等的提问。

英国《独立报》记者问："在海外，浦东的开发在很大程度上是同您的名字联系在一起的，今后一旦您离开上海，这个局面会怎样？"

朱镕基答："我认为浦东的开发不是与我的名字联系在一起的，而是党中央和国务院的战略决策，不管谁在上海当领导，这个决策是一定要实现的。至于我嘛，我的任期还有三年。"[29]

"发布会上，他介绍浦东时滔滔不绝，像浑身插了电，充满力量和雄心。"19 年后，当时参加新闻发布会的美国记者吉米回忆起来依然印象深刻。[30]

6.4 地方愿望上升为国家战略

此时，浦东开发已经从上海地方的愿望被改革开放总设计师上升为国家战略，而浦东开发已经变为浦东开发开放。

开发浦东的热流涌向中国各地，也刺激着各地的政府产生加快发展的冲动。

1990 年 8 月 2 日，国务院总理李鹏在全国工业生产工作会上提醒各地的与会者："浦东开发开放宣布后，有的省、市坐不住了，纷纷想多吸收一点港台和外国资金。有的认为现有的开发区不够了，想搞新的开发区；有的以同浦东开发开放相配合为由，要搞自己的开发区。我建议，在这个问题上大家要保持清醒的头脑。李鹏强调：党中央决定开发和开放浦东，这是一个重要的战略部署，它不仅关系到上海的发展，也关系到从长江流域和全国的经济发展，需要集中力量把它办好。"[31]

同年 11 月，中共中央总书记江泽民在深圳特区建立十周年纪念大会上，进一步解释了浦东开发的意义："党中央、国务院从我国经济发展的长远战略着眼，今年又作出了开发与开放浦东新区的决定，这将充分发挥上海和长江沿岸腹地的经济资源和科学技术优势，使我国的对外开放出现一个新的局面。"[32]

我们还可以沿着历届中国共产党的代表大会的报告看出中央对于浦东开发的思路。

1992年，江泽民在中共十四大报告中指出，要“以上海浦东开发开放为龙头，进一步开放长江沿岸城市，尽快把上海建成国际经济、金融、贸易中心之一，带动长江三角洲和整个长江流域地区经济的新飞跃”。

1997年，江泽民在中共十五大报告中指出，浦东要“在体制创新、产业升级、扩大开放等方面继续走在前面，发挥对全国的示范、辐射、带动作用”。

2002年，江泽民在中国共产党第十六次全国代表大会报告中要求：“鼓励经济特区和上海浦东新区在制度创新和扩大开放等方面走在前列。”

2007年，胡锦涛在中共十七大报告中指出：“更好发挥经济特区、上海浦东新区、天津滨海新区在改革开放和自主创新中的重要作用。”

历史决定了浦东必然承担起国家战略实施的重任，但浦东如何开发开放？是步深圳之后，还是另走一条新路？

我们先来看看北京高层对浦东开发开放定下的思路。

1990年6月2日党中央、国务院给了上海关于开发和开放浦东请示的批复。批复如下：

中共上海市委、上海市人民政府：

五月四日《关于开发浦东、开放浦东的请示》收悉。党中央、国务院原则同意你们的《请示》。

开发和开放浦东是深化改革、进一步实行对外开放的重大部署。上海有良好的政治经济基础，有一批素质较高的科技和管理人才，有一支强大的产业工人队伍，有优越的地理环境和便利的交通运输条件，又同海外各地有着广泛的联系。充分利用这些优势，有计划、有步骤、积极稳妥地开发和开放浦东，必将对上海和全国的政治稳定与经济发展产生极其重要的影响。

开发和开放浦东是一件关系全局的大事，一定要切实办好。上海市委、市人民政府要坚持四项基本原则和改革开放的方针，使浦东开发和开放有利于国家的政治稳定和经济的繁荣发展；要抓紧组织力量，认真听取各方面的意见，进行充分的科学论证，从全局出发和长远考虑，把浦东开发和开放的规划搞好；要从实际出发，扎扎实实地做好各项前期准备工作，合理地确定分阶段实施的方案；要首先搞好交通、通信和基础设施的建设，把浦东开发与上海老区的改造和发展很好地结合起来；要发扬自力更生、勤俭节约、艰苦奋斗的光荣传统，调动广大群众的社会主义积极性，在浦东开发和开放中走出一条高效率、高效益的路子来。

开发和开放浦东，主要是利用国外资金发展外向型经济。上海市要努力改善投资环境，为国外投资者创造有利的投资条件。对于涉及国家主权的问题，要严格按照国家的有关法律和法规办理；需要另行规定的，请上海市起草单行法规草案，报国务院审议发布。利用外资要按我国的法律和法规进行管理，要符合国家产业政策的要求，把引进的重点放在技术密集型产业上，并且从一开始就要注意保护生态环境。

党中央和国务院相信，在各地区、各部门的大力支持和密切配合下，具有光荣革命传统的上海市人民，一定能够得到深化改革、开发和开放浦东的成功，为我国沿海地区和全国的经济发展做出新的贡献。

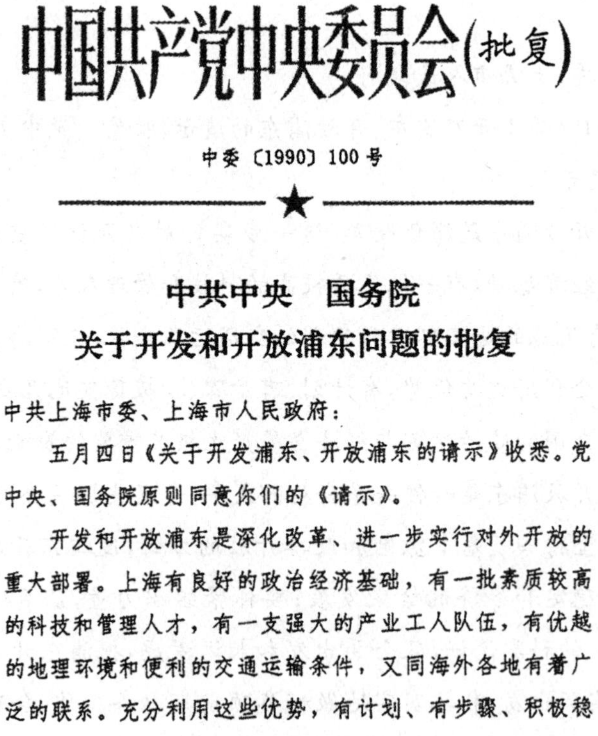
中国共产党中央委员会(批复)

中委〔1990〕100号

中共中央　国务院
关于开发和开放浦东问题的批复

中共上海市委、上海市人民政府：

五月四日《关于开发浦东、开放浦东的请示》收悉。党中央、国务院原则同意你们的《请示》。

开发和开放浦东是深化改革、进一步实行对外开放的重大部署。上海有良好的政治经济基础，有一批素质较高的科技和管理人才，有一支强大的产业工人队伍，有优越的地理环境和便利的交通运输条件，又同海外各地有着广泛的联系。充分利用这些优势，有计划、有步骤、积极稳

1990年，党中央国务院关于浦东开发开放的批复

在这份批复中，中央强调了利用上海的三个优势：人才、区位和对外联系。可以说这份批复还是比较宏观和原则的，对于浦东开发的国家战略并没有更详细的构想。

中央和上海市政府对于浦东开发的认识也有一个过程。

1990 年 2 月 18 日，国务委员兼国家计委主任邹家华来浦东考察，新华社的一则电讯稿报道时用了两个有利于：有利于老市区的工业、交通、人口的疏解，有利于加快经济结构和城市布局的调整。[33]

同年 4 月 8 日，国务院副总理姚依林来到上海，他说开发浦东对内有强大的辐射力，可以促进和带动长江两岸经济的发展，同时也是进一步对外开放的一个重要战略措施。姚的地位更高，对问题看法也更宏观。

1992 年，中央对于浦东开发有了明确的说法。这年 4 月，李鹏总理在全国“两会”上作政府工作报告中三次提及浦东开发开放，并明确把浦东开发开放作为 90 年代中国经济发展战略的重点，并提出浦东开发开放带动长江三角洲及长江流域的经济发展。

同年 10 月，中国共产党十四次全国代表大会，江泽民在报告中更加明确：“以上海浦东开发开放为龙头，进一步开放长江沿岸城市，尽快把上海建成国际经济、金融、贸易中心之一，带动长江三角洲和整个长江流域地区的新飞跃。”[34]

之后，上海的干部很自豪地归纳为“一个龙头，三个中心”。

6.5 20 世纪 90 年代的“增长极”

在中国改革开放中，有一个通俗的说法“摸着石头过河”，指的是以试试看的态度推进改革，要是成功了就可以再走。没有经验，没有理论，但是，中国人在过河中一直不停地进行着理论的探索，在 20 世纪 80 年代，中国学者们从欧洲引入了经济增长极理论。

该理论是 20 世纪 50 年代法国著名经济学家佩鲁提出的，该理论认为一个国家增长势头旺盛的主导部门和有创新能力的行业常常聚集于某些大城市，这些城市具有人才、资金、商品、技术和信息的聚散功能和创新功能，成为某些周边地区的“增长极”。这样一个具有强大吸引力、辐射力、竞争力的经济中心的形成，必将带动其周边地区经济发展。

后来增长极理论分别由法国经济学家布代维尔、美国经济学家弗里德曼、瑞典经济学家缪尔达尔、美国经济学家赫希曼等进一步丰富和发展。这一理论被很多国家运用于区域发展规划当中，成为指导经济发展的重要工具，用来消除落后地区的贫困，促进各地区经济协调发展。

1949年后，中国人更多地受苏联生产配置理论的影响，而且理论界对马克思主义经典作家关于平衡发展论述的机械、教条式的理解，再加之一些历史遗留原因和国际政治经济形势的变化，从而导致平衡发展战略在中国区域经济发展中占据主导地位，片面追求地区经济自成体系，工业布点“遍地开花”。这种脱离中国是一个地区差异极大的发展中国家的实情，盲目追求各地工业大而全、小而全式的平均主义做法造成了宏观和微观经济效益低下。

中国改革开放后，邓小平断然采取允许一部分人一部分地区先富起来的战略，在80年代创办经济特区，90年代提出开发开放浦东，允许这些地区利用体制优势和特殊政策优势先发展起来。这些特殊区域，作为中国经济的增长极从落后的地区变成了经济发达的地区，并依靠其辐射作用带动落后地区的发展，最终走向共同富裕。

学者们论证，我国经济特区的建立就是以佩鲁的“增长极”理论为代表的区域经济学非均衡发展理论的应用，或者说邓小平的先富后富理论与非均衡发展战略不谋而合。[35]

在中国改革开放历史中，“增长极”理论非常流行。无疑，中国领导人也希望浦东成为中国90年代新的增长极，成为一个具有强大吸引力、辐射力、竞争力的经济中心带动周边地区。

此前，北京一位年轻的学者针对中国的国情，提出了在中国实施“国际大循环”战略。

1987年11月1日，国家计委经济研究所副研究员王建在新华社的内部刊物《动态清样》发表文章《走国际大循环经济发展战略的可能性及其要求》，提出在沿海地区进一步扩大开放，发展大进大出的加工型经济，参与国际经济大循环的构想。此文后以《选择正确的长期发展战略——关于国际大循环经济发展战略的构想》为题，发表于 1988 年 1 月 5 日的《经济日报》。

该战略的要点是：(1)充分利用我国人力资源丰富的优势，在沿海地区大力发展劳动密集型产业，大搞来料加工和进料加工。(2)沿海加工业坚持两头在外、大进大出，就是把生产经营的两头(原材料和销售市场)放到国际市场上去，以解决沿海与内地在这两个方面的矛盾。(3)积极引进外资，重点是吸引外商投资，大力发展三资企业。(4)大循环主张劳动密集型产业→重工业→农业的发展顺序。

尽管在“国际大循环”战略构想提出之前，梯度推移理论已经体现在国家逐步扩大对外开放的举措中，王建提出的“国际大循环”战略构想还是大大拓展了关于中国参与国际分工形式和内涵的思路。一时反响巨大。

“国际大循环”战略比梯度推移理论更进一步提出了缓和沿海与内地争原料、争市场的矛盾的解决办法，以及利用中国劳动力资源优势发展外向型经济的思路，同时着眼于产业结构调整。这一战略得到中央领导高度重视，为 1988 年初“沿海地区经济发展战略”的正式确立提供了依据。而这一理论也为浦东开发开放提供了理论参考。王建也因此被评选为“1988 中国十大杰出青年”。

在新中国成立后的 30 年中，中国借鉴苏联的经验，选择以优先发展重工业来带动轻工业、农业进而促进整个经济的发展，实现赶超发达国家的经济发展战略。当时领导人用了一句大白话解释中国经济发展战略：“一个粮食，一个钢铁，有了这两个东西就什么都好办了。”为了保证重工业发展所需的要素，只能实行低利率、低工资，最后是压低农产品价格，这种勒紧裤腰带的做法导致了整个经济结构失衡。

这种非常痛苦的选择是现实的，也是历史的。而且在理论上，也有其支撑依据。

二战后，许多发展经济学家都认为，穷国无法用开放的方式实现经济起飞和国民富裕。他们认为，穷国能够出口的主要是农产品和矿产品等初级产品。而富国才能生产工业品。农产品和矿产品等初级产品在国际市场上的价格有越来越便宜的趋势。因此，穷国出口越多农产品和矿产品，可以换回来的工业品越少。相反，如果模仿富国的经济结构，通过国家动员和分配资源，建立独立自主的工业体系，生产自己的工业品，替代国际市场上越来越贵的工业品进口，那么，穷国会逐步发展工业、积累财富。美国和德国这些以前的殖民地和农业国，都是通过保护本国市场、发展本国工业而发展起来的。

这些发展经济学家还认为：发展中国家的经济在结构上不同于发达国家；资本积累和工业化是经济发展的首要问题。由于迅速工业化的需要和市场有待培育，穷国和富国经济实力的悬殊，发展中国家必须应当实行经济计划化，贸易保护和进口替代。

那时的中国、印度、巴西以及亚非拉的绝大多数穷国，也都选择了进口替代的工业化发展道路。

到了80年代，中国又面临战略选择：一是“出口导向”的工业化发展道路；二是“进口替代”的工业化发展道路。因为中国的香港、台湾和韩国、新加坡从20世纪60年代先后转向出口导向的工业化发展道路，在发展的路上迅跑，一时美誉“亚洲四小龙”。

天佑中华，天佑浦东。当经济学家们还在争论是“出口导向”还是“进口替代”，是外向型还是内向型时，发达国家正经历了一轮产业向外转移。“亚洲四小龙”也面临着货币升值的压力，也在转移劳动力密集型产业。实行“出口导向”的战略，在中国尤其是在沿海地区，深圳、浦东等特殊区域，成为历史和现实的选择。

而年轻大胆的王建提出的“国际经济大循环”战略，为中国确立“出口导向”的外向型经济战略，从重工业优先的赶超发展战略，向充分发挥比较优势的发展战略转型中起到推波助澜的作用。回首中国改革开放30年来的区域经济发展，“国际大循环经济”发展战略应当重重写上一笔。

20世纪90年代，产业转移、“出口导向”，机会偏向了浦东。

6.6 叫新区不叫特区

浦东开发开放之初遇到一个起名的问题，那块土地应该叫什么呢？也就是说和其他的中国开发区应该有什么不同呢？在中国，起名叫什么往往有着重要的意义。

十多年前，中国领导人也曾为在南方边陲的特殊经济区域取名而绞尽脑汁，最后是邓小平一锤定音：叫特区。此后，在中华人民共和国的版图上有了深圳、珠海、汕头、厦门和海南五个经济特区。

那么浦东呢，还是叫经济特区吗？浦东不叫特区，叫新区。有三种解释，也可以看出浦东的定位：

第一种说法是上海方面的解释。

1987年，时任上海市长的江泽民带队到广东考察经济特区回来后，主动向中央提出两个前所未有的提法：浦东不搞"特区"搞"新区"，不搞"开发区"搞"功能区"。

曾为上海市政府发展研究中心主任的王战教授曾参与了20世纪80年代以来上海的历次重大规划、改革的论证和出台，他这样解释："我们提出搞新区，是想利用新区开发的带动作用，带动整个上海的发展。上海后来向中央汇报，希望利用浦东开发来'东西联动，再造中心'。这和经济特区不一样，经济特区一般都有强大的资源吸入功能，新区则要释放能量。"㊱

也就是说从浦东开发起，上海就有一种强烈的辐射周边地区、释放能量的意识。而且不愿意重复深圳之路。

在2008年，纪念中国改革开放30周年时，上海的《解放日报》发文《浦东探索创造新区开发模式》介绍了当时的背景：

> 在中央宣布浦东开发前后曾有争论，焦点在于是把浦东建成新的工业基地，还是发展成为新的金融贸易中心。上海市委、市政府多次研究讨论浦东开发作为国家战略的主要内涵和邓小平同志的一系列重要指示精神，最后得出结论：功能单一不可取，浦东要建设成为既有发达的金融贸易产业、又有先进制造业的多功能的综合经济中心。
>
> 市委、市政府还专门组织到深圳考察，形成两点意见：一是不搞特区搞新区，就是不把浦东搞成一个相对独立的经济体，这样不仅无法解决浦西的城市功能重塑问题，而且离开了浦西的城市功能依托，浦东开发也不可能成功。二是不搞经济技术开发区搞功能开发区，就是不单纯搞工业，而把上海整体经济

中较适合浦东发展的一些功能放在浦东，推动上海城市空间布局和产业结构调整。[37]

用王战的话说，这和深圳不同，是“局部中心再造”。

可以看出，上海无论是市民还是官员的中心意识非常浓，因为这种中心意识，上海开发浦东的抱负也就更大了，这或许归为上海开埠后到20世纪三四十年代形成的远东经济金融中心的历史地位和文化传承？

在20世纪90年代初，地方政府公开提出中心说的并不多，因为计划经济逐渐被市场经济替代后，地方政府表现为尽兴地发展地方经济。从这个角度看，浦东开发开放启动后就以建设“中心”为远大目标，不能不说是一大进步，这对中国各地方政府带来的影响是，到了21世纪后，各种各样的中心都被地方政府作为振兴经济的战略提了出来。

第二种说法是海外学者的解释。

与深圳、厦门、汕头和珠海四个经济特区不同，浦东是上海这个特大型城市的一部分，上海的地位和作用在中国又很特殊。按一位旅美学者的说法：“在中文意思中，‘浦东’就是黄浦江的东岸，‘浦’就是黄浦江，‘东’就是东面。‘浦西’，即上海的中心，表示黄浦江的西面。所以，浦东和目前的上海密切地联系在一起，是上海很重要的一部分。由于下面两个原因，这个区域被称作‘浦东新开发区’或者‘浦东新区’，而不是‘经济特区’或经济技术开发区。首先，‘浦西’是上海的老区，因此，浦东应该称作‘新区’。其次，也许是更重要的，和中国其他地方相比较，浦东拥有更多的政策特权，所以浦东具有比‘经济特区’和‘经济技术开发区’更特殊的地位。因此，从名称上讲，‘经济特区’不能充分表达浦东的特征。相比较而言，使用‘新区’的概念更具有可接受性。”[38]

第三种说法是当事人李鹏总理的回忆。

据李鹏回忆，那一年的3月3日，“小平同志把江泽民同志和我约到他家里‘嘱咐’开发浦东的事你们要认真抓”。[39]

在五集文献电视片《邓小平与上海》中有李鹏在一次谈话中的录音：

3月3号，泽民同志和我，我们应邀来到小平同志住处，就广泛的当时的国际形势、国内形势作了谈话，小平同志在这一次谈话中用很长的篇幅，谈了浦东开发开放的问题，他说上海有它独特的优势，工业中心，技术上有优势，特别讲人才的优势，我们把它加以很好的开发的话，这将是促进中国发展的一条捷径，我特别记得他讲的，这是一条捷径，发展中国经济的一条捷径。他还很谦虚地说，当年我们搞深圳、珠海四个经济特区，现在看来很后悔，没有当时就把上海放进去，晚了十年了，这个责任在我。他很谦虚的。我们听了以后非常感动，后来从小平同志那里出来，泽民同志就和我商量，一个要抓好这件事情，另外也考虑到当时的情况，就是全国不少的城市都要求成立特区，如果特区太多了那就不特了，那么我们商定，浦东就不叫特区，而叫浦东新区。我认为3月3号，1990年3月3号是浦东开发的关键的一次谈话。[40]

事后有学者解释：名称不一样的背后，意味着浦东和深圳发展模式的迥异。不搞“特区”，意味着浦东开发开放将不倚重国家给予的特殊政策，而是靠新思路、新理念和新的发展方式。更重要的是浦东开发开放不只是浦东本地的事，事关整个上海乃至长江流域和全国的发展。这和用近百公里长的铁丝网隔离起来的深圳经济特区特立独行地发展不一样。

不过，那时还有一些人表示怀疑：一定是中央还没有给浦东那么开放的政策，否则怎么不叫浦东特区，而叫浦东新区？对此，朱镕基解释：新区新区，不特而特，特中有特，比特还特。这话很快也被浦东的各级官员传诵，并以此不断地告诉一批又一批的外商投资者——“新区、新事、新章、新办”。

李佳能回忆：“关于‘浦东新区’的命名，1986年国务院批的上海城市总体规划还叫‘浦东地区’。当时我们在规划院做的浦东总体规划也是称呼‘浦东地区’。‘新区’是后来研究小组研究的一项成果，提出新区的用意是有别于特区，也有别于经济开发区。1987年三稿有‘新区’这个概念了。有什么特别？按照镕基同志讲的‘不特而特’，更加容易利用特区的政策和开发区的政策。而且是城市里新开的区域，不是在另外的地方。”[41]

按照原浦东开发办副主任黄奇帆的回忆：“我们自己给新区一个定义，就是所有经济技术开发区所具有的十大政策，浦东通通都有，都可操作；所有五个特区在1990年以前确定的九大政策，浦东都有；所有的经济技术开发区和特区都没有的五大政策，浦东也有。”“所以浦东不叫特区叫新区，这个话就是这么来的。”[42]

不管怎么解释，20世纪90年代的第一春，一个特大型工业城市以浦东开发开放为契机开始走上了整体转型之路。上海，开始像一只头雁，带动着整个长江流域，共同经历了中国经济高速增长的黄金年代。

黄浦江东面的这块土地，因为出现过不同的名称，而在中国改革开放历史上起着不同的作用。最初，叫做浦东新区，但因为享受了经济特区的政策，被称为“不是特区的特区”。之后，又有了一个称呼：国家综合配套改革试验区，再后来，中央政府又在浦东设立了中国（上海）自由贸易试验区。各种称呼确实让人费解，其实就像在实验室里进行着不同的试验，样本和成果自然有不同的叫法。因为中国改革开放就是一场大试验。

6.7 信号：中国并未关闭大门

在中央高层强力支持下，浦东开发开放进入热火朝天的建设时期。来自全国各地的建设者开始涌入浦东，投身于一个激情火焰般燃烧的岁月，理想和智慧的双翼在一片新天地中尽情翱翔。浦东的一位学者王建刚回忆道：

> 1990年开发浦东时正遇到制定浦东新区八五计划这件事。1990年的浦东GDP为60亿，财政收入6 000万。八五计划除了中央给的十大工程的150亿额度外，五年计划的盘子就只有150亿投资加一个零头。当时市府浦东办搞计划的同志怎么也不甘心，开始拍脑袋，有的说八五计划应该200亿，有的就250亿，有的说干脆说300亿。最后，在解放思想的激励下，竟定下了五年400亿的全社会固定资产投资规模，并送到了市府。
>
> 上海市的八五计划更为大胆，竟定了上海五年1 200亿的全社会固定资产投资规模，为七五计划的六倍之巨，其中浦东的盘子也再次刷新为455亿，而八五计划的最终执行结果是整个上海超4 000亿，浦东五年全社会固定资产投资超过了800亿。浦东开发如火如荼地开展起来了，真真开始一年一个样、三年大变样了。[43]

浦东，一个曾经冷落的地名，开始在外商投资中热起来。一位香港商业顾问说："浦东是当前人们谈论的热门话题，顾客来电话，我还没来得及告诉他们到哪里投资最好，他们就说：'浦东，浦东，我愿意去浦东'。当然，你现在去那里，那里还是一片建设工地。"

学理科出身的浦东新区管委会主任赵启正也是激情难抑，他为浦东开发写了一首诗，并由上海著名学者、复旦大学陆谷孙教授翻译成英文，并被美国波士顿交响乐团的作曲家谱曲，在一次大型音乐会上演唱：

你好，浦东
一个中国的美少年
生长于长江之畔
呼吸着太平洋的清风
你好，浦东
一个成长中的少年
融合着古今的智慧
面对着21世纪的路程
你好，浦东
你迸发出全世界的热情
全世界的人们都爱你

可以看出，那时浦东建设者井喷式的精神状态。这种精神状态源自于邓小平的一项改革战略——选择特定区域进行试验性的改革，取得成效后，再向中国的其他地区推广，以减少政治风险和中央政府的失误。

十年前，在中国南方靠近香港的地方，中国政府以开设经济特区实施优惠政策的方式进行试验，设立了深圳、珠海等经济特区，实行市场经济，让现代经济学的创始人、英国人亚当·斯密所说的"看不见的手"决定资源配置，之前实行的是计划经济，所有资源都是由政府说了算。

对这样一个试验，中国政府采取了谨慎与大胆相兼的务实态度。1985年6月29日，邓小平在会见阿尔及利亚客人时说："深圳经济特区是个试验，路是否对还要看一看，总之，它是社会主义新生事物，搞成功了是我们的愿望，不成功是个经验。""这是个很大的试验，是书本上没有的。"[44]

之后，他又对日本客人说："我们的整个开放政策也是一个试验，从世界的角度来讲，也是一个大试验。"㊺

浦东开发开放，也是延续着邓小平这一务实的思路，用中国人的说法是"摸着石头过河"。"摸着石头过河"来自于中国的民间歇后语，比喻边干边摸索经验。

其实，这也是中国的改革和前苏联东欧的改革不同点，或者说是中国领导人高明之处。

1978年，中国开始改革开放时领导人手中并没有严格意义上的规划蓝图；只是按照从简单到复杂的顺序推进改革，因而，整个改革开放过程就是一个试验的过程，一个渐进的过程，有时还走走停停。

"摸着石头过河"，中国的改革开放就是这样一步步走过来的，特别是通过特定的区域内不断地进行各种制度试验。浦东就是这样一个实行制度试验的特定区域，通过试验最后让全中国分享成果。中国经济学家姚洋说，显然，这种做法将大大降低中央政府选择无效制度的概率。

对于中国政府的这项大试验，引来西方记者的高度关注。

浦东开发启动不久，出于职业敏感，美国《纽约时报》记者纪思道看出了其中的新闻价值。1990年7月15日，《纽约时报》以半个版的篇幅发表长篇报道《中国告诉世界：我们还在"场"上》。不愧是美国普利策奖的获得者，记者纪思道已经从浦东开发看出了其中的新闻价值，他开头写道："中国正在建立亚洲的金融中心，同时向世界证明，它仍然未关闭对世界的大门。"

纪思道曾为驻北京首席记者，1990年，他和同为《纽约时报》记者也是他的妻子伍洁芳合著的《中国觉醒了》一书，获得普利策新闻奖，成为第一对获得普利策新闻奖的夫妇。

纪思道敏锐地指出这是中国坚持走改革开放道路的一个重大信号，中国正在将其经济发展的中心从珠三角移到了长三角。

最初，纪思道对浦东开发是有怀疑的。但他跟着浦东官员沙麟来到浦东实地采访后，看法变了。沙麟回忆：纪思道"看了我们浦东开发办的实际情况，很感动，就写了一篇很长的报道，说53岁的上海浦东开发办负责人沙麟，带领63名工作人员，脚踏实地地工作，完全没有官僚主义，是真正干事业的人"。

路透社 9 月 14 日的电讯稿这样写道：上海浦东新区的面积比深圳和厦门两个经济特区的面积总和还要大，给这个地区与特区相同的开发条件，目的是要重新振兴上海。此外，开发浦东新区还将成为中国政府能否继续改革开放的一块试金石。从这个意义上说开发浦东也格外引人注目。

西方媒体在关注浦东，也密切关注浦东开发的领导人。《中国告诉世界：我们还在"场"上》一文引用一些人评论说："如果有人可以使这个计划（指浦东开发）运转，那就非朱镕基莫属。他任命的那些技术型政治家们毫不犹豫地支持着他。"

同年 9 月 11 日，《洛杉矶时报》也以《为低迷的上海倾注活力》为题，大幅报道浦东开发。该文中则这样评价浦东开发和朱镕基的关系：现任的上海市市长，61 岁的朱镕基，被一致认为是中国政坛正在升起的一颗明星。浦东的成功将对他的政治事业提供帮助。[46]

美国《时代》周刊认为：如果朱镕基的计划得以实现，浦东这块占地 350 平方公里、约半个新加坡大小、主要由农田构成的土地，将会变成"社会主义香港"，一个拥有自由港、外资银行分支机构和高科技企业的金融、贸易、工业中心。[47]

浦东这个在当时的地图上还没有标上地名的三角平原，让世人瞩目。尤其是西方世界瞪大了眼睛，试图从上海黄浦江东部曾经被冷落的地方透视出什么。

6.8 邓小平承认一大遗憾

20 世纪 90 年代初，邓小平为 80 年代没有在上海设立经济特区不止一次地表示遗憾。

1990 年 2 月 13 日晚，邓小平乘专列离开上海返回北京，在前往火车站的途中同朱镕基谈话。在谈到建议开发浦东时，邓小平以略带遗憾的口气说：你们搞晚了。但现在搞也快，上海条件比广东好，你们的起点可以高一点。从 80 年代到 90 年代，我就在鼓动改革开放这件事。胆子要大一点，怕什么。[48]

1991 年 1 月 28 日晚，邓小平和往年一样到上海过春节。在去住地的途中他听取了朱镕基汇报，在谈到浦东开发问题时他惋惜地说：浦东开发至少晚了五年。浦东如果像深圳经济特区那样，早几年开发就好了。

同时，邓小平又说："开发浦东，这个影响就大了，不只是浦东的问题，是关系到上海发展的问题，是利用上海这个基地发展长江三角洲和长江流域的问题。"[49]

1991年2月18日，即农历大年初四上午，上海市民还沉浸在新春的节日气氛中，邓小平兴致勃勃地登上了新锦江大酒店41层的旋转餐厅，那是当时上海最高的旋转餐厅。窗外晴空万里，阳光明媚。他一边透过宽敞明亮的玻璃窗眺望上海中心城区的面貌，一边对身边的朱镕基说："我们说上海开发晚了，要努力干啊！"

改革开放总设计师依然是一万年太久，只争朝夕。

旋转餐厅里挂着两张大幅地图，一张是上海地图，另一张是浦东新区地图，地图旁摆着浦东开发的模型。

"为向小平汇报，我们办公室准备了好几天。大年三十，我接到通知，当天下午我们就开始准备。为了更直观地汇报浦东开发，我们自己动手做模型，又到浦西找到南京路的王开照相馆放大照片。"时任浦东新区开发办公室副主任的李佳能回忆说。

李佳能回忆：朱镕基引着邓小平到事先准备好的圆桌前，大家围着圆桌坐下，表示是家庭谈心式的汇报。邓小平穿着灰色的两用夹克衫，精神很好，非常慈祥，笑容满面。

朱镕基开始汇报，汇报当中小平就开始讲话。"小平讲话是浓浓的四川口音，听起来很亲切，口气是商量性的。"李佳能说。[50]

邓小平看着地图和模型，有点遗憾地说："那一年确定四个经济特区，主要是从地理条件考虑的。深圳毗邻香港，珠海靠近澳门，汕头是因为东南亚国家潮州人多，厦门是因为闽南人在国外经商的很多，但是没有考虑到上海在人才方面的优势。上海人聪明，素质好，如果当时就确定在上海也设经济特区，现在就不是这个样子。十四个沿海开放城市有上海，但那是一般化的。浦东如果像深圳经济特区那样，早几年开发就好了。"[51]

他还叮嘱道："抓紧浦东开发，不要动摇，一直到建成。"

同年3月1日，时任总理李鹏在日记中写到："上午，去小平同志处。他谈了国际形势、开发浦东、顾问委员会等问题。参加的有江泽民、杨尚昆和我。小平同志谈话有以下要点：对上海开发晚了10年，至少晚了5年，应由我负责。上海有着众多优势，主要是人才的优势。听说你们都答应了，我很高兴。这件事，李鹏是主管，应更多关心。"[52]

在邓小平眼里，如果从1980年深圳等经济特区建立算起，浦东开发晚了十年，如果从1984年中国开放14个沿海城市算起，浦东开发则至少晚了五年。

在1992年"南巡"中，邓小平再次来到上海，他竟然承认自己的失误："回过头看，我的一个大失误就是搞四个经济特区时没有加上上海。要不然，现在长江三角洲，整个长江流域，乃至全国改革开放的局面，都会不一样。"

1992年2月17日下午上海西郊宾馆，邓小平在听取上海市领导关于浦东开发和发展规划的汇报，并审看浦东新区规划图后，惋惜但仍鼓励道：浦东开发是晚了，但可以借鉴广东的经验，可以搞得好一点，搞得现代化一点，起点可以高一点。起点高，关键是思想起点高。后来居上，我相信这一点。[53]

他还说："我国的经济发展，总要力争隔几年上一个台阶。当然，不是鼓励不切实际的高速度，还是要扎扎实实，讲求效益，稳步协调发展。""比如上海，目前完全有条件搞得更快一点。上海在人才技术和管理方面都有明显的优势，辐射面宽。"[54]

检索史料，类似浦东开发晚了的话，邓小平说过多次，可见其内心遗憾之深。在中国的领袖人物中，对一个地方的建设反复地表示歉意，并公开承认自己的失误是不多见的。

曾有记者问首任浦东新区管委会主任赵启正：小平同志感慨浦东开发还是晚了些。他这样讲，究竟有什么含义？

赵启正答："在改革开放之前，上海就是中国最大的工商业城市，这个城市所提供的税收，曾占到全国的六分之一或七分之一。以此为试点，一旦失败，整个国民经济都会受到严重影响。再则，是在深圳开发积累了10年经验的基础上才开始浦东开发的，披荆斩棘的是深圳，而不是浦东。深圳开发时我们有多少观念是落后的，如土地不能批租，如不能实行股份制，如与外商合作是不是让他们占了便宜，如能不能让一部分人先富起来，等等，都是一个问号。这些问题都由深圳开发解决了。所以，在改革开放历时10年之后，在深圳开发已经获得基本成功之后，中央才下决心开始浦东开发。这实际上是邓小平对中国的责任心所致，浦东开发可以说是恰逢其时。那么，为什么邓小平要说浦东开发晚了？我理解，这无外乎是邓小平对我们的激励，鼓励我们后来居上。”[55]

1993年春，邓小平再次提醒上海市领导：“希望你们不要丧失机遇。对于中国来说，大发展的机遇并不多。中国与世界各国不同，有着自己独特的机遇。”[56]

而上海市领导人对这样一幕印象深刻：1994年2月19日，邓小平乘专列离开上海。车站上，火车即将出发前，他又把上海市委书记吴邦国和市长黄菊叫进列车，一再关照：你们要抓住20世纪的尾巴，这是上海的最后一次机遇。上海有特殊的素质，上海完全有条件上得更快。[57]

可以看出，从1978年中国实行改革开放后，一种紧迫感一直伴随着这位中国改革开放的总设计师。邓小平身上的紧迫感也成为上海和浦东领导的压力。

中国的第三代领导集体也意识到这一点，也把希望寄予浦东，把浦东开发定位于“中国今后十年开发开放的重点”、“带动长江流域经济起飞的龙头”、“中国改革开放的标志”等，浦东开发已成为国家意志的体现。

那时，面对到浦东来采访的记者，浦东的官员总会提醒一下，注意到了吗？浦东开发可写进了党的十四大报告，这是前所未有的。

6.9 “喜看今日路，胜读百年书”

邓小平从不作诗，但在1993年，他在浦东吟诵了两句诗。

1993年12月13日，邓小平漫步于高高的杨浦大桥。那是一座才建成通车两个月的新桥，犹如一道彩虹横跨在黄浦江面上。

那天，西伯利亚寒流南下，天空还不时飘着细雨，风力6级，上海气温骤然降至摄氏零度左右。邓小平在上海市领导的陪同下，乘坐一辆面包车经南浦大桥，驶向上海内环线浦东段和浦东罗山路、龙阳路两座立交桥，沿途看到了浦东生机勃勃的建设景象，他兴奋地吟道："喜看今日路，胜读百年书。"

小女儿毛毛在边上说，我四十多岁了，第一次听见你作诗。邓小平对在场的上海市领导说，我这不是诗，这是我内心的话。[58]

邓小平和毛泽东不同。身为政治家的毛泽东还是一位浪漫诗人，他的一些诗句被中国人传诵。邓小平从不作诗，这也是邓小平一生中惟一所作的两句诗。

诗言心声，看得出对于浦东开发开放的速度，邓小平还是满意的，浦东热火朝天的建设景象深深地打动了老人的心弦，浦东开发是三年前他向世界打出的一张王牌。

汽车驶上了杨浦大桥。陪同官员考虑到邓小平年事已高，劝他不要下车，但是邓小平兴奋地下了车迎着寒风，走在宽阔的大桥上。风越来越大，雨也越来越大，邓小平走到桥中，透过琴弦般的斜拉索，眺望着远方的浦东。大桥建设总指挥朱志豪告诉他桥面距离黄浦江面 62 米，是世界第一大跨度的斜拉桥。邓小平听后露出满意的笑容。

或许是这个原因，南浦、杨浦大桥的桥名都是由邓小平题写的。两座大桥被贷款方亚洲开发银行称为设计、安全、先进几乎达到了无懈可击的程度，成为上海靓丽的景观和地标。[59]

从 1990 年春天，邓小平拍板决定浦东开发开放后，也就三年多的时间，浦东开发高速起步。经济总量从 1990 年的 60 亿元人民币到 1993 年的 164 亿，年均增长的速度是 21%。从浦东开发到 1993 年 11 月，外商投资项目 1 522 个。522 平方公里的土地上近 3 000 个工程项目正在建设中。[60]

也就在第二天，上海地标性建筑，黄浦江东岸的东方明珠电视塔实现了 350 米主体结构封顶。电视塔设计高度为 463 米，时为亚洲第一。

那日放晴，淡淡的阳光下，有记者为电视塔总设计师、中国工程院院士江欢成拍下了一张照片，背景正是东方明珠电视塔，塔身清晰可见。这座被《纽约时报》誉为"新上海崛起的象征"的建筑，体现了他在设计中的诗意：大珠小珠落玉盘。

6.10 中国领导人为何如此关注浦东?

对于浦东开发，中央领导层显示出了前所未有的关注。这也是浦东开发能够高起点、高速度顺利进行的重要原因。

1990年2月13日，在去上海火车站的途中，朱镕基与邓小平谈到浦东开发。据时在场的上海市委一位官员回忆，坐在前排的邓小平转过身来，严肃地对朱镕基说："你们提出来开发浦东，我赞成。你们去跟江泽民同志说。"朱镕基当即回道："泽民同志刚到北京，上海的事情要他讲不方便。"

邓小平爽快地答应："好，我来讲！"[61]

从《邓小平年谱》《李鹏经济日记》中可发现，仅仅在1990年2月17日到4月20日，邓小平三次会见江泽民、李鹏都谈到了浦东开发，其中，3月3日的谈话被收入了《邓小平文选》第三卷，也就在这次谈话中，邓小平提出了"一张王牌"的著名论断。

而4月20日的谈话在《李鹏经济日记》中有载：

> 上午10时，泽民同志、尚昆同志和我到小平同志处，听取他对国际形势、中国总理访苏和开放浦东的意见要点如下：
>
> 经济上有两大政策一条是对重点地区如上海浦东，重点行业如电力，要集中力量扶植；另一条是利用海外境外华人资本。

就在两天前，李鹏在上海宣布了浦东开发开放启动。

史料显示，仅仅从1990年初到1995年初短短的五年内，邓小平、江泽民、李鹏、朱镕基视察浦东和上海十多次，尤其是作为新一代中央领导集体的核心江泽民。

1993年5月11日，江泽民到浦东视察。那时，由于经济领域正在实行宏观调整政策，海内外的一些人士担心，中国开发和开放浦东的政策是否会发生改变，海外的媒体对此进行了许多推测。面对这种情况，江泽民庄严地宣布，中央关于开发、开放浦东的政策是坚定不移的、是不会改变的。"中央对上海未来的发展寄予很大的希望。"

赵启正回忆了这样一个历史细节："1996年4月，他(指江泽民)视察浦东，在审阅陆家嘴中央商务区规划图时，看得非常认真。他问：我们这些规划的高楼，到香港回归时都能建成吗？我们回答，现在已经在建的，到明年大多数都可以封顶，陆家嘴的中央商务区可见雏形，他听后非常高兴地说，届时，内地也能有一个像样的城市与香港媲美。”[62]

可以看出，香港回归的大背景也是中央寄希望于浦东开发，高度关注浦东开发的一个重要原因。法国学者白吉尔认为：“上海得到高层领导人的谅解的重要原因之一，就是香港局势的变化。香港居民在港岛举行空前的大游行和新任港督彭定康无视北京的独断专行，都使中国领导人担心这股抗议思潮会蔓延到南方省份，慎重的做法是把改革中心把广东和福建向距离较近、政治上易于控制的上海和长江下游地区转移。”[63]

1992年“五一”劳动节前夕，中共元老、长期主管经济的陈云在上海听取汇报，陈云笑着对上海市市长黄菊说：“不是有新闻记者向你打听陈云对开发开放浦东的态度吗？你回答得很好，我非常赞成开发浦东，开放浦东！”

陈云在听取上海市委书记吴邦国关于开发浦东要打“中华牌”时说：“是啊！应该这样。上海有很好的基础，尤其是人才优势。上海今后的发展一定会很快。”[64]

自浦东开发启动后，中央领导人经常去上海和浦东进行视察，并且给予指导和帮助。这是从中华人民共和国建立后，还未曾有过的事情。当年，深圳等特区开发启动五年之后，邓小平才去了一次，尽管广东方面几乎年年都邀请他。

有位美国学者认为：这些经常性的视察有着以下几个特殊的目的：

(1)不断地向世界通告：中国开发浦东的决心是坚定的、不可动摇的，从而增强了那些投资者尤其是海外投资者的信心，由于这些投资者正在进行着许多项目，从而吸引了更多新的投资者。(2)向地方政府显示中央对此项规划的重视程度，鼓励他们尽力做好工作。(3)在项目实施的过程中不断为新出现的问题提供解决问题的办法，从而保证了浦东开发的顺利进行。[65]

因此，相比深圳特区，浦东开发进程中承受的风波、挫折、困难要小得多。

注释

① 卢方口述：《浦东，这片土地有股魔力》，载《浦东开发》2012年第7期。

②《李鹏总理在上海宣布中央同意加快开发浦东》，新华社上海4月18日讯（记者 陈毛弟）。

③ 蒋心和：《浦东开发办和设计院正式办公》，载《解放日报》1990年5月4日。

④ 沙麟：《难忘从事浦东开发开放的激情澎湃岁月》，载中共上海市委党史研究室：《口述上海——浦东开发开放》，上海教育出版社2014年版。

⑤ 郁人盛：《三天内腾空》，载《2号楼纪事》，上海辞书出版社2010年版。

⑥ 沙麟：《做开发开放浦东的拓荒牛、铺路石》，载中共上海市浦东新区工作委员会、上海市浦东新区管理委员会：《浦东开发开放十年》，上海远东出版社2000年版。

⑦《市场与调控：李鹏经济日记》（中），新华出版社、中国电力出版社2007年版。

⑧ 深圳大学中国经济特区研究中心编：《中国经济特区文献资料》第一辑，社会科学文献出版社2010年版。

⑨ 钟坚：《大试验：中国经济特区创办始末》，商务印书馆2010年版。

⑩ 陈云：《经济建设的几个重要方针》，载《陈云文选》第三卷，人民出版社1995年版。

⑪ 萧冬连：《试办经济特区的决策内情》，载《党史博览》2008年第6期。

⑫ James Kung, 1985, "The Origins and Performance of China's Special Economic Zone", *The Asian Journal of Public Adminstration*, Vol. 7, no. 2 (December): 198—215.引自张军：《不为公众所知的改革》，中信出版社2010年版。

⑬ 余秋雨：《上海人》，载《文化苦旅》，东方出版中心1992年版。

⑭ 高渊：《"耄耋改革者"高尚全：一个甲子的改革情结》，载《解放日报》2016年3月22日。

⑮《从后卫到前锋——上海各界代表人士对话录之一》，载《解放日报》2002年10月15日。

⑯ 茹晴：《不改革开放，中国会永远落后》，载《梁广大珠海为官十六年》，中国经济出版社2001年版。

⑰《赵启正、龙永图对话：南巡20年浦东再回首》，载《浦东开发》2012年第4期。

⑱ 周知秋、朱金海：《1980年代，上海如何讨论未来》，载《东方早报·上海经济评论》2014年1月21日。

⑲ 吴英燕：《浦东的重估与重建——专访浦东改革与发展研究院院长万曾炜》，载《东方早报》2012年5月15日。

⑳ 李开亚主编：《上海人民政府志》专记《浦东开发开放》，上海社会科学院出版社2004年版。

㉑ 此时，上海的面积为6 340平方公里，人口1 300万。按照李佳能的回忆，这一面积是美籍华人林同炎提出来的。“林先生提过很多建议，其中包括以长江、黄浦江和川杨河为界围合的范围，他认为这样和老市区能隔开。当时我用求积仪一测，大约始350平方公里。就这样很快把‘350平方公里’的面积定下来。”李佳能口述：《浦东开发的准备、研究和早期开发》，载《改革创新(1978—1992)》，上海教育出版社2014年版。

㉒《李鹏总理的讲话》，载《解放日报》1990年4月19日。

㉓《开发浦东宏图绘就序幕揭开》，载《文汇报》1990年4月24日。

㉔ 中央文献研究室编：《邓小平年谱(1975—1997)》(下)，中央文献出版社2004年版。

㉕《开发浦东宏图绘就序幕揭开》，载《文汇报》1990年4月24日。

㉖ 孙中连：《搞好浦东开发这一宏大的跨世纪工程》，载《文汇报》1990年5月1日。

㉗《凭借上海综合优势　筹措浦东开发资金》，载《文汇报》1990年5月1日。

㉘ 中国人民银行副行长陈元、财政部副部长项怀诚、中华人民共和国海关总署署长戴杰分别宣布了《上海外资金融机构、中外合资金融机构管理办法》《关于上海浦东新区鼓励外商投资减征、免征企业所得税和工商统一税的规定》和《中华人民共和国海关对进出上海外高桥保税区货物、运输工具和个人携带物品的管理办法》三个政策法规。上海市常务副市长黄菊宣布了《上海市鼓励外商投资浦东新区的若干规定》《关于上海浦东新区外商投资企业审批办法》《上海市浦东新区土地管理若干规定》《关于上海浦东新区产业导向和投资指南》《关于上海浦东新区规划建设管理暂行办法》《上海市外高桥保税区管理办法》六个政策法规。

㉙《关于浦东开发开放政策答记者问》，载《朱镕基上海讲话实录》，人民出版社、上海人

民出版社 2013 年版。

㉚ [美]吉米:《他的眼眶似乎有点红了》,载《朱镕基答记者问:未被收录的总理采访手记》,载《南方周末》2009 年 9 月 17 日。

㉛ 李鹏:《努力启动市场　促进生产适度发展》,载《李鹏论宏观经济》(上),中央文献出版社、中国电力出版社 2012 年版。

㉜ 中共上海市浦东新区委员会党史办公室、上海市浦东新区地方志办公室:《浦东开发开放 20 年大事记》,上海人民出版社 2010 年版。

㉝ 邹昔民、陈毛弟:《开发浦东先搞好基础设施》,新华社上海 1990 年 2 月 18 日讯。

㉞ 江泽民:《加快改革开放和现代化建设步伐,夺取中国特色社会主义事业的更大胜利——在中国共产党第十四次代表大会上的报告》。

㉟ 李红锦、李胜会:《中国经济特区建立的理论背景及启示》,载《特区经济》2010 年 8 月。

㊱ 周放、杨金志:《上海市政府发展研究中心主任王战谈上海发展之"新"》,载新华网上海频道,http://www.sh.xinhuanet.com/tebiebaodao/tebiebaodao/changjiang.htm。

㊲《浦东探索创造新区开发模式》,原载《解放日报》2008 年 12 月 8 日。

㊳ [美]黄健荣:《浦东新区建立过程中的政策制定研究》,载俞可平、田赛男编:《海外学者论浦东开发开放》,中央编译出版社 2002 年版。

㊴ 李鹏:《纪念邓小平同志》,载《求是》2004 年 8 月。

㊵ 五集文献电视片《邓小平与上海》(中共中央文献研究室、中共上海市委联合摄制),载《文汇报》2004 年 8 月 13 日。

㊶ 李佳能口述:《浦东开发的准备、研究和早期开发》,载《改革创新(1978—1992)》,上海教育出版社 2014 年版。

㊷ 黄奇帆:《浦东的精神就是创新》,载中共上海市委党史研究室:《口述上海——浦东开发开放》,上海教育出版社 2014 年版。

㊸ 王建刚:《浦东开发开放——一项国家战略决策》,上海市社联第六届学术年会论文。

㊹ 邓小平:《改革开放是很大的试验》,载《邓小平文选》第三卷,人民出版社 1993 年版。

㊺ 邓小平:《特区经济要从内向转到外向》,载《邓小平文选》第三卷,人民出版社 1993 年版。

㊻ 赵启正:《浦东逻辑》,上海三联出版社 2006 年版。

㊼ 最初,浦东开发面积为 350 平方公里。

㊽ 中央文献研究室编:《邓小平年谱(1975—1997)》(下),中央文献出版社 2004 年版。

㊾ 中央文献研究室编:《邓小平年谱(1975—1997)》(下),中央文献出版社 2004 年版。

⑩ 李佳能：《回顾浦东新区的规划和建设》，http://news.eastday.com/epublish/gb/paper167/2/class016700001/hwz322627.htm。

⑪ 邓小平：《视察上海时的谈话》，载《邓小平文选》第三卷，人民出版社 1993 年版。按上海市委党史研究室编著的《邓小平在上海》，这段话是在 2 月 18 日，而《邓小平年谱》(下)记载则为 2 月 13 日。

⑫《市场与调控：李鹏经济日记》(中)，中国电力出版社 1991 年版。

⑬ 中共上海市委党史研究室：《邓小平在上海》，上海人民出版社 2004 年版。

⑭ 中央文献研究室编：《邓小平年谱(1975—1997)》(下)，中央文献出版社 2004 年版。

⑮ 谢国平：《财富增长的试验：浦东样本(1990—2010)》，上海人民出版社 2010 年版。

⑯ 中央文献研究室编：《邓小平年谱(1975—1997)》(下)，中央文献出版社 2004 年版。

⑰ 中央文献研究室编：《邓小平年谱(1975—1997)》(下)，中央文献出版社 2004 年版。

⑱ 中央文献研究室编：《邓小平年谱(1975—1997)》(下)，中央文献出版社 2004 年版以及五集文献电视片《邓小平与上海》(中共中央文献研究室、中共上海市委联合摄制)，载《文汇报》2004 年 8 月 13 日。中共上海市委党史研究室：《邓小平在上海》，上海人民出版社 2004 年版。

⑲《上海市政工程志》第三篇　第一章跨黄浦江大桥，上海社会科学院出版社 1998 年版。

⑳ 赵启正主编：《新世纪·新浦东》，复旦大学出版社 1994 年版。

㉑ 原市委副书记王力平回忆，载中共中央文献研究室、中共上海市委联合摄制文献电视片解说词《邓小平与上海》(四)，载《文汇报》2004 年 8 月 13 日。

㉒ 赵启正：《浦东逻辑：浦东开发与经济全球化》，上海三联书店 2007 年版。

㉓ [法]白吉尔：《上海史：走向现代之路》，上海社会科学院出版社 2005 年版。

㉔ 赵启正主编：《新世纪·新浦东》附录一《党和国家领导人及重要文献论浦东开发开放》，复旦大学出版社 1994 年版。

㉕ [美]黄健荣：《浦东新区建立过程中的政策制定研究》，载俞可平、田赛男编：《海外学者论浦东开发开放》，中央编译出版社 2002 年版。

第七章 没经验有理念：站在地球仪旁边思考浦东开发

7.1 向世界“借脑”

浦东究竟应怎样开发？上海人并没有经验，但是有理念。

早在1989年10月26日，上海市研究浦东开发专题会上，市长朱镕基就高瞻远瞩地提出：“上海的发展一定要考虑面向太平洋、面向未来，各种基础设施的布局一定要按这个要求。”他引用中国著名建筑设计师吴良镛教授的话“要浪漫一点”。朱镕基指出：

> 浦东是将来上海的窗口、上海的希望，那是最现代化的城市，但任何一个城市都不是一蹴而就的。上海老城有150年的历史，外滩是二十世纪二十年代建起来的，现在也60多年了，浦东形成一个新的城市恐怕也得50年以上。

朱镕基还举出了日本名古屋的例子：

> 就像名古屋，是日本规划得最好的城市，他原是航空工业密集的地方，因为在第二次世界大战中全部被炸掉了，是战后重新规划的，确实很漂亮，规划得比较好。据说当时的市长要把马路修宽一点，大家批评他好大喜功，但他坚持自己的意见。现在一看，马路都窄了，要不是当时他坚持就更不行了。吴良镛教授讲得很好，要浪漫一点，特别是陆家嘴，就是外滩的对岸这条线，一定要很好地设计，这是上海的最中心了。外滩这一带的风景确实是了不起的，二十年代设计的规划，再过100年也坏不了。①

一年后，1990年12月，朱镕基主持了浦东新区总体规划审议会，并计划先从黄浦江边的陆家嘴金融贸易区开始，打造一个集中国与世界、现在与未来相融合的上海新标志地区。这也是一个经中国政府批准设立的金融贸易区。

朱镕基说：“不但陆家嘴的设计，整个这一带的设计，要向全世界招标。这条线是跟外滩相对的，大家都知道外滩，你这一条线的设计至少不要比外滩次，要有特点。要号召全世界的建筑设计师来投标，这就一下子提高了上海的知名度。”②

1991年4月，朱镕基访问法国，对于法国巴黎的拉德芳斯新城印象深刻。拉德芳斯原是巴黎西郊一片僻静的无名高地，修建于20世纪50年代，成为世界第一个城市综合体，也是巴黎都会区首要的中心商务区。中方向法方介绍了中国唯一以金融贸易区命名的陆家嘴金融贸易区。法方很感兴趣，法国政府装备部与中方签署协议，向浦东无偿提供200万法郎，用于陆家嘴中心地区1.7平方公里的规划设计。有了这笔钱，浦东率先向世界招标。

1992年11月20日，上海国际贸易中心三楼，五个精心制作的陆家嘴金融贸易区中心地区的规划模型摆放在中央，世界顶级规划设计大师们围着模型而坐，各抒己见。

为此，浦东召开了两次由10多个国家的30余位专家参加的国际规划研讨会，英、法、日、意、中国的设计师都拿出了他们各具特色的设计模型。

来自日本的设计师的规划模型现代感极强。其外形恰似一个集成电路板，呈条形码的形状，住宅、商业、办公楼以及沿江的休闲旅游带等形成了一个超现实的信息系统。

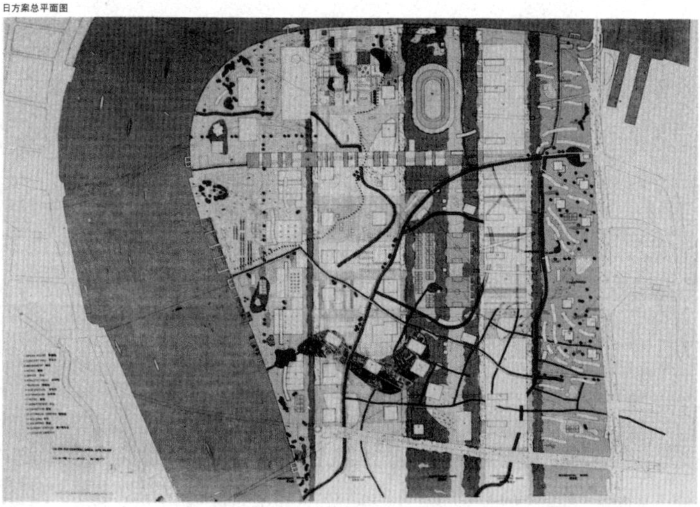

日本方案

文艺复兴发源地的意大利设计师竟然玩起了东方文化，规划模型是椭圆形的一个古城堡方案。中间的一条河流分隔成阴阳两大区域，隐含中国古代阴阳太极图的理念。

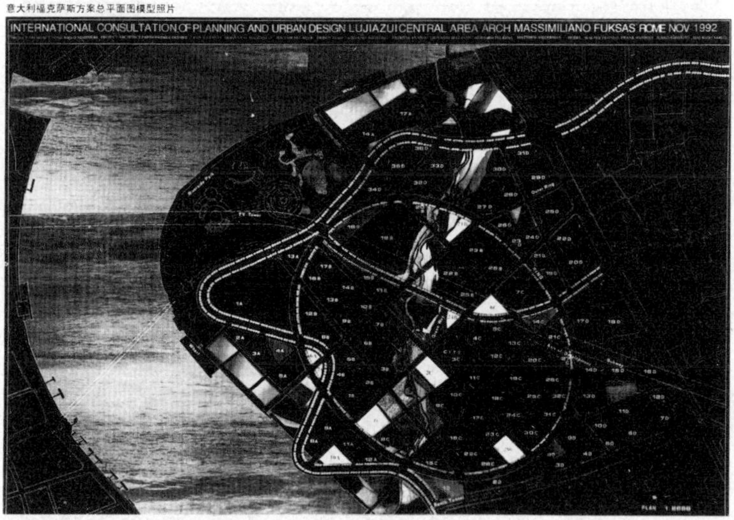

意大利方案

浪漫的法国设计师的规划模型十分大胆，突出了现代抽象、简洁的陆家嘴，与外滩的古典精致形成了强烈的对比。

法国贝罗方案

严谨的英国设计师的规划模型，就像一个古罗马的角斗场，中间是大面积的绿地和水池，既富古典韵味，又考虑现代生活对水、绿、光照的要求。

英国罗杰斯方案总平面图

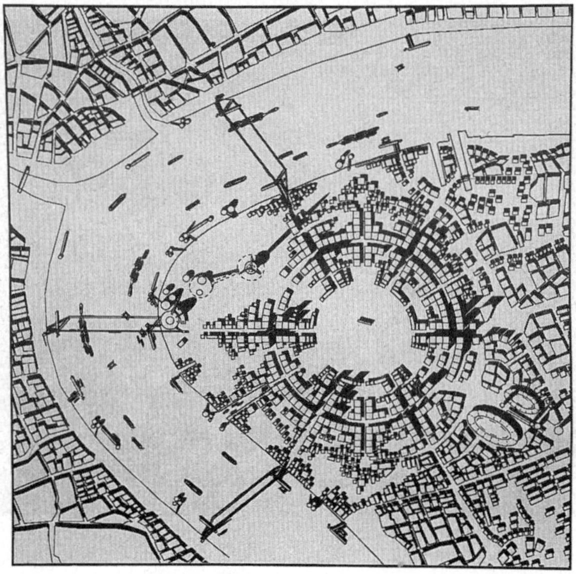

英国罗杰斯方案

中国设计师的规划模型则更重实用，中规中矩。规划强调了东西向的轴线功能和开发潜力。

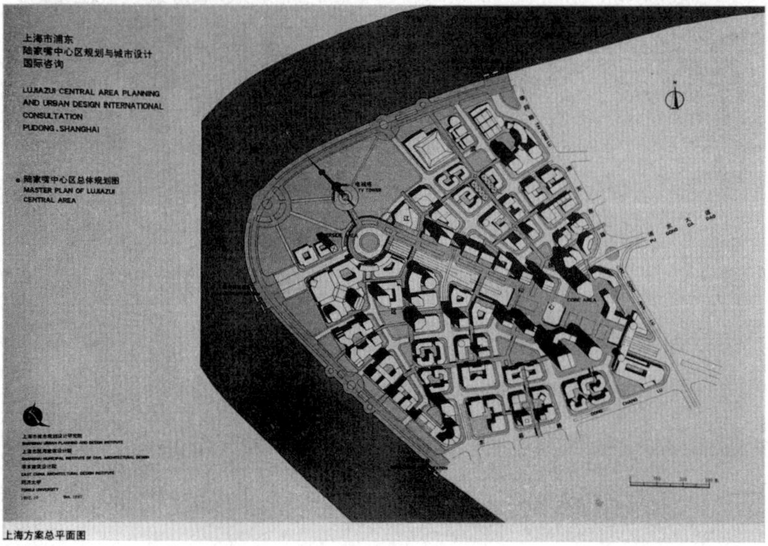

上海方案总平面图

上海方案

上海方案设计模型

“各国设计各有特色，坦白讲，都比我们自己设计得好。”参加会议的赵启正回忆说。③

经过 17 轮讨论修改，历时两年，最后完成了陆家嘴中心区域的规划。这在中国历史上是第一次为一个地区规划进行国际咨询，产生第一个汇集国际智慧的规划方案。

“一个中国概念的品牌将首次出现在 21 世纪的建筑学教科书中。”罗杰斯·G.理查德，一位世界著名的英国设计师如此评价。④

有意思的是，在国际设计师的眼里，浦东是一块“极品之地”。按照一位海外学者的描述：浦东由黄浦江的东岸、长江入海口的西南岸、川杨河的北面构成，这片地域是一个等腰三角形：顶角是黄浦江和长江的汇合处，左底角由黄浦江和川杨河汇合而成，右底角是川杨河和长江的汇合处；这片地域的绝大部分在上海市中心 15 公里的辐射范围之内，人口 110 万(1989 年)；面积 350 平方公里，和目前上海整个城市中心地区的面积一样大。1992 年面积扩大到 522 平方公里。环绕黄浦江和长江入海口的水域，水深超过了 12 米，浦东可以发展海河运输。与此同时，覆盖数百平方公里的那片陆地，也有巨大的潜力发展制造业和第三产业。所以，浦东被许多世界著名的城市规划专家和建筑师视为 20 世纪世界大都市中最后的一片“极品之地”。⑤

因为是一块“极品之地”，除了陆家嘴中心区域的规划，浦东大地上出现的各种地标性建筑也都向世界“借脑”，“号召全世界的建筑设计师来投标”。状似大鹏展翅的浦东国际机场和如同一朵盛开的白玉兰花的东方艺术中心是法国著名设计大师保罗·安德鲁的杰作；上海新国际博览中心是德国人的匠心之作；浦东新区行政办公中心邀请了日本藤田公司设计；1.4 平方公里的世纪公园则由英国设计师实现了中西文化的融合。

因为面向世界，浦东也就出现了贝聿铭、格雷夫斯、黑川纪章、矶琦新、安德鲁、罗杰斯、日建、SOM、KPF 等建筑设计大师或大师级建筑师事务所的身影。

联合国前任秘书长加利光临浦东后由衷感叹：“你们正在进行一场世界奥林匹克建筑设计大赛，这是浦东的骄傲，也是联合国的光荣。我祝你们成功。”⑥

近处蝴蝶兰形状的东方艺术中心是法国著名设计大师保罗·安德鲁的杰作；远处浦东新区行政办公中心邀请了日本藤田公司设计；再远处，1.4 平方公里的世纪公园则由英国设计师实现了中西文化的融合（中国上海新闻航拍联盟钮一新　摄）

仅仅到 1994 年，就有 5 百多家中外建筑设计机构参加这场竞赛。在浦东大地上，出现的这场“号召全世界的建筑设计师来投标”设计大赛背后是对现代文明的尊重和宽容，以及强烈的与世界对话意识。⑦

这样的国际招标在现在看来很普通，但在那时的中国是一个突破。有很多人表示怀疑。“一个城市的规划，向全世界征求方案，在当时是触动了‘红线’！”原浦东新区管委会副主任李佳能说，在 20 世纪 90 年代初，基于国家安全考虑，城市的设计规划通常被认为是“保密”的，参与设计人员都有严格的要求，更别提花大价钱请外国人去设计和规划。⑧

还有人认为这费时间，而且还很花钱，没有什么必要。尤其是浦东那条著名的世纪大道，是邀请了多方设计机构竞标，最后由法国人中标，当时也受到质疑：就造一条马路也要外国人来设计，花费上百万？

但浦东坚持住了。

随着时间推移，人们也慢慢地看到向世界“借脑”后的效果。

比如，到陆家嘴金融贸易区的人无不赞叹陆家嘴中心区域的一大片绿地，草地，阳光，蓝天，湖水，草地上散落银杏树叶，鸟儿从空中掠过。

浦东陆家嘴中心绿地里高大的梧桐树绽放红色树叶，
给浦东增添了诗歌般童话式美景（刘思弘　摄）

那是 1992 年冬天，陆家嘴中心地区规划及城市设计国际咨询会在上海举行。

英国、法国的两位专家陈述了自己的设想：“陆家嘴四周是建筑群，中间建一块圆形的绿地，让人和自然融合，置身于大自然的环抱当中。”

有人问道：“建中心绿地需多少土地？”

外国专家回答："要占地10公顷。"

一时间，会场震动了，陆家嘴是一块黄金宝地，在这里发展房地产必将产生黄金效应。而在此建中央公园，不仅赚不了钱而且可能亏本！

"这样的想法，何止是设计上的突破，更是观念上的碰撞，在场的人有些坐不住了。"李佳能回忆说。⑨

但通过国际招标后，浦东建设者在于外方的交流中形成了共识，高楼林立的金融贸易区不能只有"水泥森林"没有绿荫。⑩

曾有泰国一位很有名的企业家劝时为浦东新区领导人的赵启正，陆家嘴中心区的地价这么高，沿江边和在中心位置搞绿地太可惜了。

赵启正告诉那位企业家："从城市的功能考虑，舍得这样做。"他认为，城市需要呼吸，需要"肺"，需要绿色。这是现代城市功能的需要，是人和自然和谐发展的需要，是上海建设国际金融中心的需要。⑪

这块被媒体称为世界上最昂贵的绿地，在高楼林立的水泥森林中就像一块绿宝石镶嵌其中。

10万平方米的陆家嘴中心绿地，曾被媒体称为世界上最昂贵绿地，在高楼林立的水泥森林中就像一块绿宝石镶嵌其中（中国上海新闻航拍联盟钮一新　摄）

又比如浦东和德国的公司共同投资建造了那时被称为展览面积最大的博览中心，但建成后，展览业内有些人说它不好看，造型不新颖。但自从开张后，却是最受参观者和展览者欢迎的，经济效益也是最好的。

“为什么呢？我们采用的是最先进的技术和设计理念，展览中心的通道、展区各方面都是采用对展览者和参观者来说最方便舒适的设计，展厅全部都是一层无柱式结构，方便各种大型设备进出；如果展厅里到处都是楼梯、柱子，那大型的展览品怎么搬进来呢？”原浦东新区管委会外事办公室主任陈炳辉回忆说。⑫

这家名为上海新国际博览中心是中国最成功的展会中心之一，每年吸引约200万名海内外观众和2万余名国内外参展商。

浦东政府的一位官员引用了一句西谚：吃牛肉不是为了变成牛，而是为强壮身体。

这时候的上海人放下了架子，扬弃了长久在内心深处鄙薄外地人的心理定势，体现出更为虚心的态度和更为强烈的学习劲头。

1990年初春，当时的上海市市长朱镕基专门邀请了天津市城市建设代表团前来上海传经送宝。通过双方切磋交流，上海更为重视交通建设先行对开发浦东新区的意义，并明确了在浦东开发初期建设两条快速干道“环线”的方案。这就是首先通过南浦、杨浦两座大桥辟建一条连接浦东和浦西的环状交通干道，然后辟建一条环绕现有上海全部市区和浦东新区的更大的环状交通干道（全长约200公里）。这也是天津、北京最近十年来城市建设的重要经验。⑬

1990年3月14日，朱镕基专门会见了香港仲量行董事梁振英，也就是后来的第三任香港特首。朱镕基就结合开发浦东，如何采取新的土地政策，利用级差地租吸引外资详细询问了梁振英。

同年初夏，上海市常务副市长黄菊带领市府干部赴广东、福建两省和深圳等经济特区考察、学习，详细请教南方80年代改革开发过程中的种种经验与教训。这次南方考察对上海有许多重要启发，完善了上海关于开发浦东新区的政策思路。

1990年和1991年，上海市政府两次邀请世界银行和其他重要的国际金融机构的专家同中国专家一起，共同研究怎样在上海建设一个金融中心，以及在浦东开发过程中怎样更为有效地筹集资金。这些活动，不断扩大着上海人的眼界和思路，增加了许多筹资途径和方法。

7.2 开发模式的选择

浦东选择哪一种开发模式，最初是有相当大的争论的。

第一种是经济技术开发区模式。这种开发区实际上是工业小区，20 世纪 80 年代各地都纷纷创办经济技术开发区，成功率较高，但是其功能单一，经济规模比较小，不具备城市经济的集聚与辐射功能，与浦东开发的目标不相符合。

第二种是经济特区模式。经济特区规模也比较大，但特区模式必须以浦东浦西分隔为前提，用拉铁丝网的方式将上海一分为二，达不到重构上海的全国经济中心目标的要求。

第三种是“再造香港”模式。香港模式具有经济中心功能，以第三产业为主，但香港产业结构高度空心化，而且香港是完全自由市场经济体制。浦东可以借鉴香港的经验，但也不能完全搬照香港模式。

第四种是“再造新加坡”模式。新加坡实行政府调控型经济，实行五年计划与十年计划而又面向市场经济；国有企业产值在国内经济中占 70%，而又做到国有企业与外资企业、私人企业平等竞争；政府鼓励外资银行而国内银行依然发展，成为国际金融中心，将 8 平方公里旧城最终改造成为 298 平方公里的世界一流花园城市。新加坡发展模式值得学习借鉴，但是浦东与新加坡在体制、产业结构上仍然有不同。

讨论最后形成了“全方位，多层次开发的新区方式”。如设立陆家嘴金融贸易区和外高桥保税区，实行“金融贸易先行”，设立金桥出口加工区和张江高新技术园区，充分利用上海工业和科技优势。加快城市基础设施建设，促进上海旧城改造，加速浦东农业地区城市化，等等。最终在浦东实现全方位多层次的综合开发，总体上提高上海的开放度，既要实现东西联动，又可使得对于长江流域乃至全国形成强有力的辐射作用。[14]

这一选择还与“开发浦东，振兴上海，服务全国，面向世界”的开发战略有关。

浦东新区管委会副主任、规划专家李佳能回忆：“我们研究提出开发浦东的立意不是为上海而上海。为上海而上海比较简单，就是扩大一个城市区，随便怎么扩大都比较容易。但是从国家的高度来看，开发浦东就不只是市区扩大到浦东的问题了。所以，当时浦东为什么开国际研讨会？浦东开发开始以后，还开过几次全国性的会，定位就是把浦东放在上海、放在全国来考虑。……所以，有这么个战略高度，指导浦东开发不仅为上海而且为全国，要实现服务全国，面向世界，这种指导思想贯穿在浦东开发的全过程，才使浦东新区很快达到了一种新境界。”⑮

7.3 搞功能开发区

开设园区也是推动区域经济快速发展的一种思路。浦东开发之初，就有了四个国家级的园区。但是浦东的做法和一般的经济技术开发区和经济特区不同。

1990 年 9 月，外高桥保税区开发公司、陆家嘴金融贸易区开发公司、金桥出口加工区开发公司同时成立，1992 年 7 月，张江高科技园区开发公司成立。这是浦东开发历史上著名的四大开发园区。其中，陆家嘴金融贸易区是中国惟一以金融贸易命名的开发区，外高桥保税区是中国第一家为中央政府批准的保税区。

经济园区，作为一种经济现象，最早于 1574 出现在意大利的雷格亨自由港区。此后，自由港、自由贸易区等多种形式的经济开发园区在世界各地也不断出现。但园区经济的大发展却是在 20 世纪 50 年代之后。美国硅谷是成功的典范，20 世纪 80 年代之后，设立经济园区在世界范围内形成热潮，呈现了加速发展的趋势。

中国人也希望通过建立经济园区，实现快速增长，尤其是中国各级地方政府创建经济园区的冲动更为强烈，浦东也不例外。但是如何办园区，浦东人更为高明地强调了“再造中心”和“功能开发”。

上海社科院院长王战教授回忆：“当时浦东提出来‘不搞经济技术开发区，搞功能开发区’。20 世纪 80 年代以来，全国特别是东部沿海风起云涌，搞的都是经济技术开发区。但是浦东研究下来，既然要再造中心，这个中心是功能性的东西，光靠经济技术开发区，引进一批外资搞工业不行。所以，设立什么样的开发区？第一个想到的是外高桥，这是贸易口岸，所以当时就定位保税区。有了这个口岸，肯定要进来一大批项目，要进来跨国公司，又在金桥设立出口加工区。经济活动最后总是需要金融来支持的，所以再往里一点，在陆家嘴这个位置，区域条件好，设立一个金融贸易区。80 年代中期以来的第三次高技术发展浪潮，觉得要发展高新技术，于是又有了张江。当时还有一个区，叫六里现代生活园区，其位置就在现在的世博园区，大致这么一块地方。实践证明，当时不定经济技术开发区，而定功能开发区，这个思路创新是对的。”⑯

所谓的功能开发区到底是怎样的区域？浦东的功能区究竟是怎样搞起来的？曾任上海市副市长、浦东新区开发办副主任的沙麟回忆说：“把陆家嘴地区规划为金融区很好理解，因为与陆家嘴一江之隔的外滩原先就是金融集中地，所以，在陆家嘴发展金融，就与老市区联成一体，组成一个金融中心、信息中心；金融上去了，整个城市就活了，资金也有了，这是浦东新区开发建设最显著的特点之一。再者，陆家嘴的区位优势明显，因此要充分发挥其级差效应，使开发效益最高。”

金桥出口加工区是中国唯一的以出口加工为主的开发区。沙麟说：“20 世纪 80 年代，上海外汇奇缺，许多东西都要创汇指标，而且换汇的成本很高，出口开始也很困难。这首要的原因是体制上的障碍，还有一个重要的原因就是我们的产品结构不行，低附加值，好多是原料型的，比如土特产，都是一箱一箱出口。像中药，出口时不值钱，但是人家一加工、一分装，一下子就身价百倍。服装也大量出口，但创汇很少。江泽民同志当上海市市长时，强调上海能不能形成拳头产品。朱镕基同志要求浦东发展现代化的、资金密集的、技术密集的、劳动市场量广、原材料能耗少、出口创汇能力强的工业。”

因此，就有了金桥出口加工区，但是，上海提出发展带有支柱产业性质的、附加值高、深度加工的产品，包括航空设备、化工设备、机械设备、家用电器等。“当时觉得提高我们产业的国际消化能力，首先是一定要参与国际交换，其次要优化产业结构，提高出口创汇能力。所以，金桥出口加工区的汽车产业就变成了我们的支柱产业，汽车马上就升级换代，成为高端产业链的一部分，参加国际产业链的构成。……从而使上海在先进制造业方面形成了较为完整的产业链，对上海产业结构调整和产品升级换代发挥了积极的作用。”沙麟说。

浦东开发 20 多年后，沙麟在接受采访中回忆解释：“外高桥保税区就是商品进入到这个区以后境内关外免税，保税。现在讲要搞自由贸易试验区，其实早在那时候就提出建设外高桥自由贸易区了，朱镕基同志就讲要建立自由贸易区，是用英语讲的，后来由于多种原因，就是搞保税区。规划张江高科技园区主要是考虑到上海的改造和振兴不仅要靠传统工业，而且还要有高科技产业。”⑰

外高桥保税区开工，当时的媒体称之为中国大陆开放度最大的自由贸易区（新华社　图）

沙麟曾是复旦大学教授，从事微电子专业教学和科研。1990 年他刚过知天命之年，但却像年轻人一样对于浦东开发无限憧憬，激情满怀。

“再造中心”和“功能开发”是浦东建设四大功能开发区的指导思想。

7.4　形态建设服务于功能开发

浦东建设者非常重视功能开发，赵启正到任浦东后一再强调了功能开发，他说：“功能设计、开发，应领先于形态设计和开发。”坚持以功能为主导，形态建设服务于功能开发，项目引进服从于功能定位的发展模式，事实证明这种发展模式是十分成功的，特别是适用于原来经济基础较为薄弱，从农业区直接城市化的发展地区。⑱

在中国，城市发展过程一般难以避免重复性和盲目性，上海城市发展的历史也是这样，往往都是先入为主，只要有机会发展就以形态配合功能，功能服务于项目，使城市发展的随意性增大，造成的浪费与损失也十分严重。因此，在20世纪80年代来到上海的外国人，都会发现一个难以忍受的局面——工厂和民居混在一起，甚至繁华的商业街——淮海路边上也有大小各种工厂。

浦东开发吸取了过去上海“摊大饼”式的城市发展教训，以城市的功能分区域，把金融、贸易等放在黄浦江东边的陆家嘴地区，与昔日的金融街外滩一江之隔。把出口加工放在金桥地区，港口吞吐、物流仓储放在黄浦江入海口的外高桥地区，高科技放在浦东中部的张江地区。这样的按功能规划区域在中国还是第一次。

当然，这也是上海市官方和专家学者就浦东开发的功能定位进行了较长时期研究的结果——最终提出了浦东开发要重塑上海经济中心的多功能作用，而不是一个单纯的工业和人口疏解基地；要新辟建一个现代化、国际化的新城区，而不是一个大型的经济技术开发区或是一个无所不包、功能定位不清的开发区。

1991年4月，时任上海市委书记、市长的朱镕基率友好代表团访问意、荷、比、法、西、德6国友好城市，向外国商会、雇主协会及跨国公司、金融巨子推介浦东新区。⑲

当时，外方最关心的是基础设施如何保证。有位法国银行家曾调侃地说：“我从香港飞上海只要一小时五十分，但从虹桥机场到外滩却要一个半小时，如果再要到浦东还要花四十五分钟（当时是渡轮），这对我们来说是难以忍受的。”为此，有关同志介绍了正在施工建设的南浦大桥及延安东路过江隧道工程，引发了会场上的活跃气氛和掌声。

上海市原市长徐匡迪回忆：他们提出整个浦东新区在分区功能定位后，需配置相应的要素与设施，如出口加工区企业的产业链必须“无缝”链接，即元器件、零部件及整机厂应尽可能在一个园区中，而海关、税务、银行、物流则要就近实现“零距离”服务；对高科技园区来说，应该有大学、研究所、“孵化器”、风险投资公司，以及可共用的检测中心、计算中心等。所有这些，对以后浦东新区乃至整个上海市规划的形成与修订都产生了重要的影响。

这些建议促动了浦东开发建设者进一步思考："当时我们已经感到，浦东的开发开放，决不是围一块地，修几条道路、建若干高楼，而是要借鉴国际上通用的市场经济运作方式和贸易规则，方能知己知彼地制定好我们的发展策略，做到'筑巢引凤'，吸引高水准的外国投资项目，建设国际一流的开发区。"徐匡迪说。[20]

之所以重视功能开发，与上海的中心再造有关，这也是上海能够站得更高看得更远一点来思考浦东开发的原因。

赵启正认为："上海不仅是中国的重要城市，也是世界的重要城市之一。什么才是重要呢？是功能。它能做什么事情，扮演什么角色。它是一个金融中心、贸易中心，也是物流航运中心，甚至于应该是一个通讯中心。应该先考虑功能，为了功能设计城市。功能设计、开发，应领先于形态设计和开发。所谓形态就是楼、路、电、厂。当时有一个很通俗的比喻，我们要修建一个足球场，为什么？为了世界杯，为了足球赛。修建这个足球场，铺绿地、修看台，就是形态建设。最后用国际规则，国际裁判，国际球队都来比赛，这个球场功能就发挥出来了。浦东开发就是这样设想的，盖楼、盖工厂、修道路，最后运行起来达到我们预期的，成为中国经济城市的重要组成部分。"[21]

在某一会议上，赵启正再三告诫与会的浦东干部：有些人士忧虑浦东开发前五年注重于形象开发而忽略了功能开发，这是对浦东新区政府的一个提醒。我觉得有一定道理，也是对我们的一个提醒。[22]

也因为功能开发，浦东有了三个层次的主体，一是以国家为主体，目标是把上海建成"四个中心"。二是以上海和新区为主体，将市场功能做好。三是以企业为主体，将开发区的功能做好。

也因为功能开发，中央和上海不断地将市场经济功能所需要的某些政策优先给了浦东，让浦东先行先试。

功能开发也是浦东开发的经验。

7.5 有序规范地开发

1992 年 10 月，上海市政府向市人大常委会提交了《上海市浦东新区总体规划方案》。总体规划目标：按照“面向世界，面向21世纪，面向现代化”和建设社会主义现代化国际城市的战略思想，借鉴国内外新区开发的经验，设想经过几十年的努力，把浦东新区建设成为有合理的发展布局、先进的综合交通网络、完善的市政公用设施、便捷的通讯系统以及良好的生态环境的现代化新区。通过新区开发，带动浦西的改造和发展，恢复和再造上海作为全国经济中心城市的功能，为把上海建设成为远东地区经济、金融、贸易中心之一奠定基础。[23]

这样的规划必须要有很好的坚持和执行。但是在那时有这样一句顺口溜：“规划规划，纸上画画，墙上挂挂。”有不少人对于规划的实现表示了怀疑。

曾任金桥开发公司总经理的朱晓明对此有着深切的体会。他原先是上海市纺织局副局长。1990年，他来到金桥，眼见的是一片农田。

“良好的开始是成功的一半，我们做好开发区的规划无疑就是这个良好的开始。”为此，朱晓明用整整3个月的时间投入研究，撰写了十多万字的《论金桥出口加工区开发的战略》，发给每一个员工。

这份研究报告指出：“新区初创之日，纵有千头万绪，纵有百端待举，我们必须循着如下的程序开展工作：做战略→订规划→抓计划。”“必须把开发与规划的战略思考作为第一位的事来抓。”

朱晓明回忆说：“浦东是面向21世纪、面向国际的开发区，金桥虽然定位在工业区，但它必须按‘城市规划’做。”

那时，中国各地争相办开发区，但大多没有一个整体的科学规划，更多的情况是一边草草设计，一边匆匆施工，结果事倍功半，甚至半途而废，或者留下许多反复修补的遗憾。用中国的一句俗语说，那就是“翻烧饼”。

为了严格规划的执行，金桥用了一年时间编制了更详细周密的执行计划，还编印了《金桥出口加工区规划图册》。

“招商引资对开发区来说是一种频繁的商务活动，我们金桥开发公司一般不请客送礼，不过一定会送投资者这本规划图册。这一措施得到了外商的充分肯定。”朱晓明说。[24]

朱晓明在编制金桥规划中吸收了国外出口加工区的成功经验，起点高，定位准，执行严格。许多投资者来到金桥发现，无论是地上、地下，各种系统的配套，每幢建筑物的定位，还是每条管线的走向，都是按照精确的规划有序实施的。

浦东有着这样一批高素质的官员坚持着规划先行，为浦东开发打下了良好的基础。

原浦东新区管委会副主任李佳能，曾是上海市规划院的副院长，他清楚地记得最初在一家宾馆的套间里，身为高级规划师的他为浦东绘制厚厚的一叠图表。他说："浦东的开发一开始就是按照规划先行、基础先行、金融先行、法制先行一步一个脚印，有序规范的开发，世界上也很罕见。"㉕

凡是到浦东新区和浦东下属的四个开发区考察、采访和访问的外来者，接待人员总要带着他们看规划模型，并告诉他们：瞧，这就是我们的未来，不会偏离规划的。

1997 年 10 月 25 日，挪威国王哈拉尔五世访问浦东，就感觉到浦东在建设中有着非常明确的规划和理念，他说："浦东开发是世界城市开发史中的一个非常独特的成功例子。世界上几乎所有城市开发事先都没有经过全面规划，因此城市建设的随意性很大，效果并不好，而浦东是经过仔细规划后在进行建设，这非常可贵。"㉖

2002 年 9 月，世界著名 CBD 权威、英国大伦敦市市长特别经济顾问斯蒂芬森参观浦东后，他由衷地告诉浦东官员："上海浦东是全球世纪之交城市开发最成功的区域之一。"

斯蒂芬森也是一名规划师，曾经指导或参与了伦敦道克兰、纽约布鲁克林、法国巴黎拉德芳斯、加拿大多伦多梅西、澳大利亚悉尼广场中心区等各国国际经济中心城市核心区域的再开发项目。

斯蒂芬森博士做了这样的解释：上述国际经济城市区域开发都相当出色，但就经济引擎功能而言，上海浦东开发是最成功的，气势宏大，起点更高。短短十几年，不仅建成了举世瞩目的国际金融贸易中心区，而且激励自主科技创新成规模地发展起高新技术产业；不仅实现了 GDP 难以置信的持续跃升，而且在城乡开发、文化繁荣与市民素质上也同步发展。他回去后将建议伦敦市长有机会多来浦东看看。㉗

当然，规划是人执行的，在执行中也曾经出现这样那样的纰漏。

2013 年 4 月，陆家嘴开发公司原总经理王安德应邀发表演讲，回忆往事，也带着一些遗憾，承认当年有些不足：这个地方发展太快了，有很多准备不足。一个是强调金融功能，但是生活东西少了，居住、商业、文化娱乐少了。第二个是陆家嘴项目地块比较小，楼都像铅笔一样往上长。第三个是交通。第四个是环保节能。假如今天再做，有很多东西还是值得反思的，可以做得更好。[28]

2015 年，《梦缘陆家嘴》一书出版，书中，上海市市政工程管理局副局长、规划专家倪秉也遗憾地说道：陆家嘴“从形态上看，不比国外的金融中心（像巴黎拉德芳斯）差，但从开发效率和集约度来说，我们与他们还是有差距的。他们的基础配套设施是整体开发，再进行项目建设，所以开发综合度很高，而我们那时受制于观念、实力、开发进度的要求，我们要尽快确立形象，在过程中采用滚动开发的模式，包括实施过程中的资金问题、工程技术问题等原因，导致了最后一些设施无法按照规划设想实施成体系（像地下交通体系）”。[29]

7.6 睿智立法

1990 年 7 月初，中央派出以朱镕基为团长的中国市长代表团出访美国。市长代表团由汪道涵任顾问，又配了一个由 5 位学者组成的上海市学者代表团。这 5 位学者是：国际问题研究院美国问题研究所主任丁幸豪，复旦大学政治经济学教授洪文达，复旦大学美国研究中心副主任周敦仁，上海社会科学院世经所所长姚廷纲，还有时任上海对外贸易学院法律系主任的周汉民。

美国《纽约时报》以很大篇幅报道了浦东开发，并附有浦东的彩色地图。据查，这是目前能够找到的国外媒体中第一篇写有“浦东”（Pudong）一词的报道。[30]

多年后，一位旅美学者评价浦东开发时认为：这就传递给国际社会一个信息：上海欢迎世界资本主义，中国需要世界体系来发展经济。[31]

代表团在纽约开座谈会时，有个美国记者提问，浦东开发开放的十项优惠政策登在报纸上，就巴掌大的篇幅，就凭这个何以推进浦东开发开放？外国的企业不敢来，因为没有法制保障。朱镕基斩钉截铁地回答：我们一定会立法，用法律来保障浦东开发开放以及外国投资者的权益。[32]

7月下旬，代表团回到上海，市政府常务会议决定，浦东开发开放必须立法。要求所立之法正式颁布时，使用中文、英文和日文三种文字向全球发布。

研究国际商法的周汉民教授回忆："我被任命为立法小组的成员，后来又被专门任命为英文版的总审定。我记得很清楚，那年夏天，我们就住在沈大成楼上春申江宾馆的客房里埋头苦干，主要任务是对英文译稿予以审校。但法律的英文翻译与审校都太难，我不得不寻求在上海联谊大厦里工作的美国律师葛范德先生帮忙，我们是在律师业务交往当中认识的。我向他说明自己现在身负重任，因为立法讲究严谨，请他帮我对英文译稿'抛抛光'，我吃不准的地方就和他切磋。浦东立法强调的是如何保护外资和如何促进投资环境的改善。我认为，这是法律重要的功能。"[33]

两个月后，浦东开发开放的首批法规在9月10日举行的上海市人民政府新闻发布会上，同时发布中文、英文和日文三种语言版本。这些法律法规包括《关于上海浦东新区外商投资企业审批办法》《关于上海浦东新区规划建设管理暂行办法》《中华人民共和国海关对进出口上海外高桥保税区货物、运输工具和个人携带物品的管理办法》《上海市浦东新区土地管理若干规定》《上海市鼓励外商投资浦东新区的若干规定》《关于上海浦东新区产业导向和投资指南》《关于上海浦东新区鼓励外商投资减征、免征企业所得税和工商统一税的规定》《上海外高桥保税区管理办法》。

后来又逐步制定和完善了《上海市鼓励外地投资浦东新区的暂行办法》《上海浦东外高桥保税区外汇管理实施细则》《关于浦东新区外商投资项目审批和管理暂行办法》《上海市浦东新区对外经济贸易管理办法》《上海外高桥保税区条例》等，这些法律法规构成了浦东开发开放的法律框架。

浦东开发启动后，立法先行，为之后浦东的长治久安、长远发展打下了坚实基础。这和80年代初南方几个经济特区建立时干起来再说，法律滞后的情形完全不同了。汪道涵在浦东开发之初就说过，"小智做事，大智做人，睿智立法"，这是极为深刻的思想。

7.7 率先在第三产业突破

1992年4月15日晚7时，武汉东湖碧波宾馆，参加长江沿岸中心城市经济协调会第6次会议的上海代表团举行记者招待会。时为浦东开发办副主任的黄奇帆坦率地告诉诸位记者："和深圳比，浦东开放在金融、商业等第三产业上政策很突出，反映了中国的开放由第二产业转向第三产业，这是一种更高层次的开放。"[34]

今天"第三产业"这个名词，人们已经耳熟能详，但是在20世纪80年代，人们对之既陌生又疏远。而浦东开发开放启动后，正是在第三产业上实现了大突破，在中国改革开放进程中也实现了惊人一跃。

据经济学家、浦东改革与发展研究院前院长姚锡棠回忆，大约从1982年关于上海经济发展问题的讨论开始逐渐热闹起来，其中有一个重要的议题，那就是上海要不要发展第三产业。到了1984年，讨论达到高潮。随着思想不断解放，思路也越来越清晰。上海经济结构调整，发展第三产业，成为这个时期话题的焦点。

"当时对于发展第三产业，很多人思想不通，觉得第三产业不创造财富，就连当时的统计指标都只有工农业产值，而没有一个关于第三产业的。"姚锡棠说。那时候，对于是不是要发展第三产业，领导和学者们都非常严肃地对待这一话题。[35]

这并非笑话，而是真实的历史。

有这样一个历史细节可以佐证：当时，上海已形成了即将提交中央的《上海经济发展战略汇报纲要》。就在《汇报纲要》提交前夕，汪道涵市长谨慎地再次就上海发展第三产业的问题征求两派专家的意见，并在上报的材料中将两种不同意见都附上了。

好在那时的市领导很开明，在1985年后的很长一段时间里，每两周市里面就会召开一次专家讨论会。会议比较开放和随意，话题讨论深入。"江市长时常会亲自参加讨论，有时也会和大家就某个观点进行争辩。"姚锡棠说。

领导的开明和学者们的开放是有着一个大的背景，那就是千千万万中国人的思想开始冲破牢笼，在改革开放的大道上迅跑。

"对我来说，印象最深刻的一次，讨论的话题居然是上海要不要建证券交易所，这在当年是非常'前卫'的。"姚锡棠记得那一次讨论会，是在王战带队去美国考察了纽约证券交易所回来之后，从介绍国际经验到结合上海实际情况，这一场讨论尤其热闹，从上午9点一直持续至中午12点半。最后，江泽民作了总结："根据大家的讨论，我看某种程度上，社会主义也是可以建立证券交易所的。"[36]

这句话给姚锡棠留下了极其深刻的印象。领导人思想如此解放，大胆尝试，锐意改革，上海第三产业将会有大的突破。

在中国发展第三产业并不容易，计划经济时代，中国经济拷贝苏联模式，一向是以工业为中心的，而且是以重化工业为重。即便到了 20 世纪 80 年代，中国对外开放也以第二产业为主，尽管市场经济有了长足发展，但第三产业大多数行业还处于对外封闭的状态。

历史的契机来了，1990 年浦东开发启动，时为上海市委书记的朱镕基不失时机地提出："我们应该很好地考虑浦东开发、上海开放走什么道路、采用什么模式、朝什么方向发展、抓住几个什么产业来发展，确实值得我们来思考、讨论。"

同年 6 月，朱镕基访问了香港和新加坡，引发了他进一步思考。回来后，他在上海市党员干部会议上，向与会者提问：香港为什么这十年发展这么快？

朱镕基曾在 1983 年路过香港，住了三天。但这次去香港，他发现："现在已经不是那个时候可以比的。他是前店后工厂。前面店在香港，后面厂在广东，我们几千万人给他做后盾，大部分钱都是他赚了。为什么？因为值钱的东西都在香港，就是第三产业，包括金融。"

因此，他郑重提出："要充分认识第三产业在国民经济发展中的作用。第三产业不光是旅馆、还包括金融、信息、咨询等为整个经济和工业生产服务的行业，这样这些行业非常重要，发展起来赚的钱要比工业企业赚多得多。"

这时，作为地方领导，朱镕基确实站更高，他对发展第三产业的思考已经不仅仅局限于上海，而是面向全国，他说："我们要把第三产业发展起来，才能为长江流域、为长江三角洲服务，把他们带动起来。作为一个窗口，我们在这方面的作用，比单纯搞几个工厂的作用大得多，而上海本身的繁荣也是要靠这个。"[37]

朱镕基决心通过浦东开发走活第三产业这着棋，推动着上海这个特大型的工业城市走上整体转型之路。

1990 年 6 月，朱镕基为团长、汪道涵为顾问的上海经济代表团访问香港、新加坡，推广浦东开发。朱镕基告诉香港工商界：浦东开发开放有四个特点：第一个特点，我们以建立一个"自由港"为目的，建立一个保证商品、人员、商船关税豁免，自由出入的自由贸易工业区。第二个特点，我们要以引进外资银行，搞活金融为先导，开放和发展各种配套的服务性行业。第三个特点，我们将要在土地的使用权转让，或者叫作土地批租和发展房地产市场方面，做一些新的探索。第四个特点，我们要进一步改进吸收外商直接投资的办法，准备采取股份制的办法，包括在基础设施建设方面也可以吸收私人投资。[38]

接着代表团又访问新加坡，会见当地工商界领导人，并发出邀请开发浦东。朱镕基还透露了一个更大的新闻：上海将在年内建立证券交易所。

朱镕基胆子更大的是还用英文直截了当地告诉外商，浦东还将建立 Free Trade Zone（自由贸易区）。但那时在中文里却只能叫保税区，朱镕基清楚，如果告诉外商浦东要建保税区 Bonded Zone，外国商人听不懂。此时，北京政治风波平息不久，在中国"自由"仍是一个非常敏感的词，往往会被人联系上资本主义，这在当时的中国是一个很严重的问题。[39]但朱镕基却明白无误地告诉世界，中国还将建立 Free Trade Zone，可见朱镕基之魄力。而事实上，在中国真正建立 Free Trade Zone 是 23 年后的事了。

朱镕基还亲自坐上直升飞机俯视了浦东每一个角落。站得高看得远，很快浦东开发开放就提出了"三个先行"指导方针，其中一个先行就是"金融贸易先行"。

由此浦东有了中国第一家保税区——外高桥保税区、第一家金融贸易开发区——陆家嘴金融贸易区、第一家中外合资商业零售企业、第一家外资银行落户，等等。第三产业发展走上了快速道。

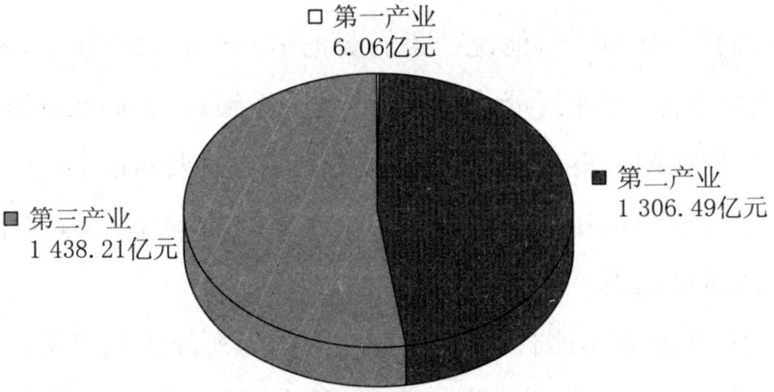

到 2007 年浦东第三产业超过了第二产业。

而这一切，也正是浦东向中央要求的功能性政策所致，这也是其他经济特区所不具有的。

1992 年 4 月 15 日，也就是长江沿岸中心城市经济协调会第 6 次会议期间，黄奇帆很自豪地向众记者透露，浦东有着深圳等特区所没有的 5 项新政策：

一、允许外国企业在浦东新区搞商业，开办百货商店、超级市场。最近，中日合资上海第一八佰伴有限公司已获批准，这是中国第一个中外合资的大型零售商场。

二、特区一般只允许在特区范围内开办银行、财务公司保险公司等机构，而浦东开放，外国金融可以在整个上海市范围活动。

三、和深圳一样，上海市可以在中央核定的额度范围内自行发行股票和债券，同时允许全国各地发行的股票在上海上市交易。

四、浦东在外高桥设立了全国开放度最大的保税区，也就是自由贸易区。

五、生产性项目，总投资在 2 亿以下的，上海可以自行审批，非生产性的基础设施项目，上海一般都可以自行审批。[40]

那些敏锐而资深记者发现，在这五项新政策中，竟然四项是关于发展第三产业的！其中两项是关于金融的，两项是关于贸易的，这和深圳不一样嘛！

那时，浦东招商人员在接待投资者和记者时，总要强调一下："这是新区新政策！"

在浦东开发开放的 25 年中，有两个历史时刻体现了发展第三产业的"惊人一跃"。

第一个时刻是 1990 年 12 月 19 日 11 时，在欧式风格的浦江饭店内，上海证券交易所总经理尉文渊敲响了开市的铜锣，一时国内外反响强烈。上海曾经是远东地区的金融中心，有着最大的证券交易所，在政治风波之后，将早已被彻底端掉的证券交易所重新开张，显示了中国继续对外开放，上海重塑金融中心的决心。

继上海证券交易所成立后，上海的要素市场建设也就高潮迭起。上海期货交易所、中国金融期货交易所、上海钻石交易中心、上海产权交易所也一一在浦东陆家嘴金融贸易区建立起来，这些交易平台的建立，初步为上海搭建起了全国性的金融体系。

第二个时刻是 1995 年 12 月 20 日，日本八佰伴、香港八佰伴和上海第一百货商店合资的上海第一八佰伴在浦东开张，107 万顾客顶着凛冽寒风，潮水般涌入商场。这一数字，也被载入吉尼斯世界纪录。

1995 年 12 月 20 日，中国第一家中外合资的第一八佰伴开业典礼上，浦东领导向对方赠送礼物（黎自立　摄）

之前，中国国内的商业界里没有外国投资者涉足，上海第一八佰伴首次打破了中国商业中资经营的一统天下。20 年后，人们可以随意地进入沃尔玛、家乐福超市，随意地在浦东陆家嘴那些顶级世界品牌专卖店里闲逛，这在 20 世纪 80 年代是不可想象的。

7.8　海纳百川，融合中西文化

在浦东开发中，建设者更关注中外文化的融合。随着大量投资者来到浦东，盖楼就成为必须。那么，盖什么样的楼？浦东的投资者来自世界各地，有着不同的文化背景，中外文化的融合就成为建设者所考虑的。

1992 年，中国外经贸部打算在浦东找一个最好的地方，为各家外贸进出口总公司盖一幢最高的“中华第一高楼”。[41]

最好的地方就是在陆家嘴金融贸易区的沿江核心区，而最高的，要建 88 层，420 米。

浦东要建“中华第一高楼”也吸引了全球建筑师的目光。1993 年 2 月，浦东正式面向国际开始了金茂大厦设计方案的招标。众多实力雄厚的建筑事务所纷纷来到上海。9 家设计机构投入了竞争，其中有日建、波特曼、SOM，无一不是国际顶尖的建筑设计巨头。

SOM 是世界超高层的权威设计机构，据称，全世界每五幢超高层摩天大楼中就有一幢是 SOM 设计的。但日建志在必得，光是准备方案，就花掉了 100 万美元。投票表决那天，12 位评委把注意力集中在了日建和 SOM 的两个方案上。最后来自日本的黑川纪章却把手头的一票投给了 SOM，他说：“要是日建获胜，那么我会觉得耻辱，因为 SOM 的方案太出色了。”

SOM 能够脱颖而出的关键是把中国文化之精髓深深地融入了这座大楼。

美国设计师接手这个项目的投标任务后，首先考虑的是如何将现代超高层建筑与中国历史建筑文脉相沿袭。他们在中国大江南北寻找了大量古代高层建筑的式样，最终他们选定了西安的大雁塔作为构思上海金茂大厦的原型。

塔，作为佛教的一种纪念性建筑，早在一千八百多年前的东汉时期，便由印度传入中国。之后，开始遍及中国的城市和乡村，成为中国本土建筑的一道风景线。

在设计这座大厦时，SOM 的首席设计师阿德利安·史密斯，一位有着一头银发的可爱的美国老头，当初也被中国宝塔吸引住，他研究了中国 2 000 多座宝塔。“我们发现佛塔的形式其实是最早的高层例子之一。塔的层层叠叠的形式，向天空的运动中有收进，我发现这很有意思，很适合金茂大厦。”史密斯说。

同时，美国设计师又参考了中国另一个最著名的古建筑群——北京紫禁城的平面布局，并将其中的设计元素引入金茂大厦的形体设计中。[42]

中国文化深深地植入了这座钻石般精致的建筑，88 层高度，8 角型外观。五年后这座塔形建筑耸立在浦东，尽管那里高楼林立，但路人都会对金茂大厦宝塔外形所吸引住，影响着人们对于中国改革开放的认识和评价。

中国建筑大师邢同和指出：金茂大厦实际上是外方先进的理念、先进的技术，加上我们中国的文化风格交融起来的一个作品。

史密斯认为金茂大厦不会适合于芝加哥，正如沃尔沃斯大厦不会适合于上海。民族的、地域的、文化的等等因素铸就了独特的建筑，也只能在特定的场所。

大厦建成后向游客开放。每天金茂大厦里的电梯以每秒 9.1 米的速度从地下一层向上飞升，经历耳膜因骤然高压带来的片刻胀痛后，人已抵达 88 层的观光厅，体验一番浦东速度。

而在观光厅可以 360 度俯瞰整个浦西浦东。玻璃幕墙上印着“前方，中山公园：12 公里；巴黎：9 250 公里”的字样，无意地拓宽了游客的视野：世界并不遥远，不过是一个地球村。

大厦内入驻了上百家金融中介机构，3 到 50 层可容纳一万多人同时办公，被称之为“垂直的金融街”。

或许是因为 20 世纪的“中华第一高楼”，到浦东的导游都愿意向游客推荐，其象征意义更大。

《中国国家地理》杂志 2007 年第 5 期登载了一张照片：两个外国人坐在高空中，其中一人探出平台伸出两个手指转身做胜利状，他们身后的背景是东方明珠电视塔、黄浦江和林立的高楼大厦。照片说明写道：寻求刺激的外国人选择上海金茂大厦作为跳伞平台情有可原：这里号称“中华第一高楼”。在古老中国最具现代感的城市上空进行西方式的探险似乎意味深长——完成了古老与现代、东方和西方的对接。[43]

有意思的是，有一位叫刘心武的中国作家认为浦东的金茂大厦，望去却并无“粗壮大汉”压人一头的霸气，感觉上，是亲切的，甚至有美女亭亭玉立满面春风的感觉。他写道：“更像笋形。中国乡野山峦的毛竹，可以长得很粗很高，其摩天气概丝毫不让松柏樟榉等乔木，但它那节节拔升与枝叶纷披的体态，却又格外地玲珑秀美，不知金茂大厦的设计构思灵感，有无中国毛竹的触动？”[44]

浦东的世纪公园，也是不同文化交融的结晶，而英国设计师的灵感也是从中国文化中得来的。

当时，浦东要建一个 140 公顷的中央公园，浦东领导人赵启正提出“中西方文化的结合”，要体现上海海纳百川的城市精神。

浦东方面邀请了美国、日本、德国、法国、英国、中国的 6 家设计事务所来设计。最后选定了英国的方案，据公园建设指挥部总指挥朱纯宏回忆，“英国的设计领会我们的意图比较好，中国传统园林文化与西方的大草坪结合，事实证明选择是正确的”。

据说，为设计这座公园，英国设计师们骑着自行车，逛遍了上海大大小小的公园，了解中国文化和中国人的生活状态，他们看到在中国公园里有人下棋，有人跳舞、唱歌，有人喝茶，有人打太极拳等等。[45]

不同的文化在这座后来被称为世纪公园的设计中实现了融合，英国设计师巧妙地做到了“人与自然的结合，中西文化的结合”，成就了上海最大的富有自然特征的生态城市公园。

上海市民走进这个公园，忽然发现它和以前计划经济时代建造的千篇一律的公园完全不同：大面积的草坪、森林、湖泊，还有中央湖岛、休闲广场、乡土田园、国际花园、疏林草坪等景区，以及鸟类保护、科学体验、儿童游乐园等设施。游人悠闲地垂钓、放风筝，甚至还能享受野餐。

浦东的建设者一再强调文化融合是因为有榜样在前。美国是一个移民国家，其融合了非洲美洲和亚洲等地民族的文化，集世界文化之精华，美国文化这种优势助推了美国成为世界头号经济强国。日本也是从明治维新后大力学习西方文化，融合东西方文化，实现了经济腾飞。

赵启正认为，浦东开发中我们与世界交流的不只是吸引世界的资金、世界的技术还吸收了世界的智慧。也就是我们进行跨文化的交流，主动与世界对话等，这些在浦东开发中形成的文化是推动浦东开发高速发展的重要原因。[46]

中西文化的融合，不仅仅让中国人容易接受，也让外国人容易接受。

2011 年 6 月 3 日，赵启正访问美国耶鲁大学，该校法学院中国法中心主任保罗·格维兹告诉赵启正：他曾带 13 岁的儿子去中国。

“我认为第一印象是非常重要的，所以我希望第一次带他去中国一定要去一个非常特别的地方。”格维兹说。

他们来到上海，从机场去了酒店，办完手续之后就直接去了黄浦江东边的滨江大道，正值入夜，黄浦江和陆家嘴璀璨的灯火令人入迷。“我跟我的儿子说，我希望他站在那儿 360 度地环视一下他的周围。我希望他见证浦东的飞速发展，让他看见高楼大厦、周围的黄浦江以及江面上行驶的船只。”格维兹回忆说。

美丽的景色深深地印入了一个13岁男孩的脑海中。

格维兹兴奋地告诉赵启正：我的儿子现在说中文已经非常流利。他一共去过中国六次，他现在是大二学生，他在中国居住的时间大概有一年。我对此非常的高兴，也想借此感谢您，因为是您在上海的工作让我的儿子有机会更好地认识中国，这是一个真实的故事。

赵启正听后心潮起伏，因为在场还有不少人，他努力地抑制住了自己的激动心情。他告诉对方：浦东的规划也是一个世界性的规划，是由来自意大利、法国、英国、日本和中国等世界一流设计师设计的。[47]

7.9 吸收“世界营养”，展开经济对话

据当年曾较长时间从事浦东开发报道的新华社记者谢金虎、张持坚回忆，那些日子里，上海的干部们议论最多的就是浦东开发要“东西联动”，振兴上海，同时要打“长江牌”、打“中华牌”，要为长江流域的经济和全国的经济发展服务；开发浦东的起点要高，要面向世界，按国际惯例办事，努力把浦东建成与世界经济的联结点。[48]

由此，一条更加形象的标语“站在地球仪旁边思考浦东开发”也就挂在了浦东开发开放的“前线指挥部”——浦东大道141号简陋的食堂里。

这条标语的创意者是时任浦东新区管委会主任的赵启正。他曾解释，这条标语是为了提醒所有的浦东干部都要具备国际眼光、国际思维和国际战略。

“浦东开发是面对世界的，以其功能来说，目标是要做一个世界的经济城市，因此它需要世界的经营者来此做经济活动，也需要世界的投资、需要世界的经验、世界的作为，所以我们是站在地球仪旁边观察浦东，而不是站在上海观察浦东。”赵启正说。[49]

赵启正还有两个更形象的比喻。

一是“世界营养”说。

赵启正说，浦东开发是为全国服务的，然而它面对的是整个世界，它需要世界范围内的经验、知识和资金。

他问：如果你和长江流域一块吃榨菜、吃泡饭，你能长得身强力壮吗？你喝太平洋的水，吃太平洋里的鲨鱼，吃牛排、吃带血的牛肉，就壮了。浦东开发就是这样，它是世界级的开发，需要世界级的“营养”。

当然，这并不容易，20世纪90年代初，中国正处于非常困难的时期，而且很多的投资者，也包括部分干部对于浦东开发的规划必须是达到世界高标准表示质疑。因此，赵启正又作了另一个比喻。

二是“经济对话”说。

赵启正是这样解释的，国家的对话有两类对话：一个是政治对话，另一个是经济对话。政治对话是通过首都、通过国家领导人进行的，经济对话不是整个领土的对话，主要是通过最大的经济城市的对话，比如美国首先是纽约，然后是芝加哥、旧金山，日本的对话者是东京，而决不是迪士尼乐园，不是北海道的札幌。我们中国政治上是强大的，但经济上缺少一个能跟纽约、法兰克福、伦敦、东京平起平坐对话的现代大城市。在中国需要这类大城市。

那时他认为，目前，我们还不能挤进经济对话的前列。为什么呢？因为我们的经济不够发达。浦东开发就是要使上海更有条件具备与国际现代大都市平等对话的资格。所以说，我们浦东开发是为了振兴上海，振兴上海是为了促进中国的经济发展，这个道理我们要反复地思考。浦东新区的规划要着眼于提升上海的国际等级，着眼于中国和世界的经济对话。[50]

因为站在这样的高度，赵启正解释：“这样我们在规划中就不一样了，金融、产业、贸易都是与世界市场接轨的，是世界市场的组成部分，浦东在经济上要有国际水平的质和量，否则难以在世界市场中立足。”[51]

浦东新区原区长胡炜也有这样的观点：“从浦东开发的参照空间取向与作用半径定位的角度来看，它既不是面向上海的开发，也不是面向中国的开发。如果将开发目标定在上海的方位体系内，很可能成为浦西部分污染工业或替补产业的疏散区域或老城区居民的搬迁区；如果将开发目标定在中国的方位体系内，则可能侧重成为周边省区吸引外资的有限通道及内地产品的集散地，而这二者都无法履行‘三个中心’的功能。只有面向世界的开发，才是浦东开发的逻辑展开，也是浦东开发模式的特征所在。”[52]

浦东新区领导人这时候确实是站在地球仪边思考浦东开发了。

有外国学者总结指出：“浦东开发要有高起点、高标准。这些高起点、高标准是基于以下几个因素而来的：(1)上海的特殊优势；(2)上海在中国和世界的重要地位；(3)10多年创办中国经济特区经验教训的启示。”[53]

浦东开发启动后，最先流行这样的一句话：“80年代看深圳，90年代看浦东。”之后，又流行这样一句话：“深圳的速度，浦东的高度”。

注释

① 朱镕基：《开发浦东是上海的希望》，载《朱镕基上海讲话实录》，人民出版社、上海人民出版社 2013 年版。

② 朱镕基：《开发浦东是上海的希望》，载《朱镕基上海讲话实录》，人民出版社、上海人民出版社 2013 年版。

③ 赵启正：《卓越，是永恒的追求》，载《浦东开发》2014 年第 7 期。

④ [美]黄健荣：《浦东新区建立过程中的政策制定研究》，载俞可平、田赛男编：《海外学者论浦东开发开放》，中央编译出版社 2002 年版。

⑤ [美]黄健荣：《浦东新区建立过程中的政策制定研究》，载俞可平、田赛男编：《海外学者论浦东开发开放》，中央编译出版社 2002 年版。

⑥ 赵启正：《浦东逻辑：浦东开发与经济全球化》，上海三联书店 2007 年版。

⑦《五百中外设计商倾力浦东》，新华社上海 1994 年 9 月 4 日电(记者谢金虎)。

⑧ 秦勇、李湉湉：《浦东：新观念创造奇迹》，载《重庆日报》2008 年 4 月 10 日。

⑨ 秦勇、李湉湉：《浦东：新观念创造奇迹》，载《重庆日报》2008 年 4 月 10 日。

⑩ 李佳能：《编制浦东新区总体规划的前前后后》，http://shszx.eastday.com/node2/node5368/node5380/node5396/u1a90164.html。

⑪ 2014 年 5 月 30 日晚，赵启正接受作者采访。

⑫ 陈炳辉口述：《让世界了解浦东》，载《浦东时报》2012 年 9 月 20 日。

⑬ 李开亚主编：《上海人民政府志》，上海社会科学院出版社 2004 年版。

⑭ 姚锡棠：《浦东崛起与长江流域经济发展》，上海科学技术出版社 1995 年版。

⑮ 李佳能口述：《浦东开发的准备、研究和早期开发》，载《口述上海——改革创新(1978—1992)》，上海教育出版社 2014 年版。

⑯ 王战：《浦东开发开放是创新驱动的过程》，载《浦东开发》2013年第5期。按原浦东新区管委会副主任胡炜在1995年8月23日发表的《上海浦东新区开发开放的现状和发展前景》一文，陆家嘴金融贸易区，面积28平方公里。外高桥保税区，规划面积10平方公里。金桥出口加工区，面积21平方公里。张江高科技园区，面积19平方公里。六里现代生活园区，面积约5平方公里。载《走过十年》，上海人民出版社2004年版。

⑰ 沙麟：《难忘从事浦东开发开放的激情澎湃的岁月》，载中共上海市委党史研究室：《口述上海——浦东开发开放》，上海教育出版社2014年版。

⑱ 万曾炜、袁恩桢：《透视浦东　思索浦东》，上海人民出版社2001年版。

⑲ 李开亚主编：《上海人民政府志》，上海社会科学院出版社2004年版。

⑳ 徐匡迪：《浦东逻辑》序，载《浦东逻辑》，上海三联书店2007年版。

㉑《浦东新区管委会首任主任赵启正：惜土如金开发浦东》，载《第一财经日报》2008年11月17日。

㉒ 赵启正在1995年3月6日会议上的发言：《开发浦东的功能现在是时候了》。

㉓ 李开亚主编：《上海人民政府志》第四篇城建交通，上海社会科学院出版社2004年版。

㉔ 朱晓明：《规划与执行并重　打造稿标准金桥》，载中共上海市委党史研究室：《口述上海——浦东开发开放》，上海教育出版社2014年版。

㉕ 肖林云：《名流话浦东之七：他们为浦东勾画蓝图》，中新社上海2000年4月19日电。

㉖ 赵启正：《浦东逻辑：浦东开发与经济全球化》，上海三联书店2007年版。

㉗ 庄崚：《经济引擎》，载《浦东开发》2012年第12期。

㉘《承载国际金融中心使命的陆家嘴》，载《浦东时报》2013年4月11日。

㉙《梦缘陆家嘴》第一分册　总体规划　专家视角，中国建筑工业出版社2015年版。

㉚ 复旦大学新闻学院精确新闻报道课题组：《上海浦东20年发展报告》，载《瞭望东方》2010年第16期。

㉛ [美]刘海善：《中国经济特区——从深圳到上海的特区政策变迁与现代化新路径》，上海人民出版社2008年版。

㉜ 周汉民：《浦东要为中国改革开放树立样板》，载中共上海市委党史研究室：《口述上海——浦东开发开放》，上海教育出版社2014年版。

㉝ 周汉民：《浦东要为中国改革开放树立样板》，载中共上海市委党史研究室：《口述上海——浦东开发开放》，上海教育出版社2014年版。

㉞《内地要善于利用浦东政策》，载《光明日报》1992年4月16日。

㉟ 蒋娅娅访姚锡棠：《两次上海战略大讨论，我有话要说》，载《解放日报》2014 年 1 月 12 日。

㊱ 蒋娅娅访姚锡棠：《两次上海战略大讨论，我有话要说》，载《解放日报》2014 年 1 月 12 日。

㊲ 朱镕基：《访问香港、新加坡引起的一些思考》，载《朱镕基上海讲话实录》，人民出版社、上海人民出版社 2013 年版。

㊳ 朱镕基：《上海要进一步向世界开放》，载《朱镕基上海讲话实录》，人民出版社、上海人民出版社 2013 年版。

㊴ 沙麟口述：《难忘从事浦东开发开放的激情澎湃的岁月》，载《口述上海——浦东开发开放》，上海教育出版社 2014 年版。

㊵《内地要善于利用浦东政策》，载《光明日报》1992 年 4 月 16 日。

㊶ 1993 年 2 月 10 日，由对外贸易经济合作部所属的中国化工、中国粮油食品、中国五矿、中国轻工等 14 家股东发起设立中国上海对外贸易中心股份公司投资 46 亿人民币建造金茂大厦。

㊷《中国之巅》，中央电视台科技频道《中华百年建筑经典》系列，2004 年 10 月 12 日。

㊸ 郑作时撰文，刘伟雄摄影：《珠三角和长三角：把中国与世界相连》，载《中国国家地理》2007 年第 5 期。

㊹ 刘心武：《玲珑》，载《刘心武种四棵树》，漓江出版社 2011 年版。

㊺ 朱纯宏口述：《世纪公园背后的故事》，载中共上海市委党史研究室：《口述上海——浦东开发开放》，上海教育出版社 2014 年版。

㊻ 赵启正：《浦东逻辑：浦东开发与经济全球化》，上海三联书店 2007 年版。

㊼《二轨外交是公共外交的一种重要方式》，载赵启正等：《跨国对话：公共外交的智慧》，新世界出版社 2012 年版。

㊽ 谢金虎、张持坚：《中南海与浦东开发》，载《瞭望》1996 年第 17 期。

㊾ 赵启正：《浦东逻辑：浦东开发与经济全球化》，上海三联书店 2007 年版。

㊿ 赵启正：《浦东逻辑：浦东开发与经济全球化》，上海三联书店 2007 年版。

51 赵启正：《外事为刃经济为体》，载《浦东开发》1994 年第 6 期。

52 胡炜：《论上海浦东新区的开发与管理模式》，载《走过十年》，上海人民出版社 2004 年版。

53 [美]黄健荣：《浦东新区建立过程中的政策制定研究》，载俞可平、田赛男编：《海外学者论浦东开发开放》，中央编译出版社 2002 年版。

第八章　攻坚之役：浦东要戴着钢盔顶住

8.1 财政资金空转，土地批租实转

在浦东进行的这场改革大试验从某种意义上说是被逼的。

浦东开发开放后，500 多平方公里的土地上同时开工建设的工地最多时达到 3 000 个以上，随处可见吊车高耸，施工车辆穿梭往来，搅拌机轰鸣，满地泥浆，尘土飞扬。

这样大规模的基础设施建设需要大量的资金，这些钱从什么地方来？

1992 年 11 月 14 日上午，浦东新区管委会副主任李佳能回答了台湾“海基会”访问团：“浦东开发的资金来源有 5 个方面：第一，中央拨款、贷款；第二，世界银行等国际财团贷款；第三，地方拨款、贷款；第四，发行浦东新区的债券、股票等有价证券，以筹集资金；第五，引进外资。以上资金来源比例各为五分之一，各为 100 亿人民币，总共 500 亿人民币。”①

浦东开发后，整个浦东就像一个大工地，有 3 000 个以上的工地同时开工，摄于 1994 年（新华社　图）

但事后看，500 亿远远不够。据统计，浦东第一轮十大基础设施总投资 250 亿，第二轮十大基础设施总投资近千亿。②

赵启正回忆，1996 年 11 月 21 日，美国国务卿克里斯托弗访问上海，站在黄浦江西岸眺望着吊车林立的浦东，问赵启正："据说世界银行报告写着，上海的建筑吊车占全世界的 17%，是吗?"赵启正回答："我也听到这个数据，但没有看到这个报告，因此我不能给你一个肯定的答复。但是我知道浦东地区每昼夜消耗建筑材料 10 万吨。"③

1997 年 5 月 10 日，联合国秘书长安南到浦东，一路上他看到了高楼拔地而起，到处是吊车。于是，他在当天下午的演讲中向东道主建议，上海应该把仙鹤作为上海的市鸟，因为在英文里，仙鹤和吊车发音相同(Crane)，上海每天有那么多吊车在大兴土木搞建设，因此把与吊车同一发音的仙鹤选为市鸟将是十分合适的。④

按国际上同类土地开发的一般经验，每平方公里的基础设施开发投资约为 1 亿美元。由于浦东地区原有基础差，而新区开发的规划、建设标准又高，再加上浦东要发挥长江流域经济发展的"龙头"作用和中国对外开放枢纽地的重任，必须建设能支撑其功能作用地位的国际航空港、国际深水港等，以及大桥、地铁、隧道、轻轨等越江交通工程，这些都要求浦东的土地开发要投入更大量的资金。

所以，浦东土地开发的单位面积资金投入接近甚至超过亚太地区的同类开发。后来的实际开发投入数据表明，开发初期，每平方公里的开发成本为 5—7 亿元人民币，到 1995、1996 年时上升至 6—9 亿元。⑤

浦东开发启动后，首先是要建设陆家嘴、金桥、外高桥三个功能开发区，如何才能筹得启动资金？即便到了 1995 年，浦东新区的地方财政收入仅为 23.47 亿元。这点钱也就仅仅能够开发几平方公里。⑥

当时每个开发公司向工商银行贷款 200 万元，作为开办费，但这点钱搞浦东开发是远远不够的。⑦

杨昌基，1990 年至 1991 年任浦东开发办主任，他回忆了筹集资金的过程：当时朱镕基市长叫我筹建陆家嘴、金桥、外高桥三个开发区，尽快启动十几平方公里土地。按一平方公里开发成本 2 亿算，需开发资金 20 多亿。镕基同志说，一个公司给你 3 亿，滚动起来用。过了几天，镕基同志又对我说，三个公司给 9 亿不行，因为振兴和改造上海也要花钱，这样吧，一个公司给 1 个亿，先张罗起来。我回到开发办立即向大家作了传达。

可过了几天，朱镕基即将离开上海赴北京工作了，临行前，又对杨昌基说，先少给一点，马上启动要多少钱？

“我当时感到难以启齿，想了想后对朱镕基同志说，那就一个公司给 3 000 万吧！”杨昌基回忆。⑧

缺钱，但是有土地。土地能不能生钱？

更早之前，美籍华人建筑师林同炎也提出过类似的建议。

1985 年 10 月，林同炎在旧金山向刚刚卸任的上海市市长汪道涵提出建议：浦东可以采用土地批租办法，向外商收费，滚动开发，不用一分钱就可以把一个现代化的浦东建设起来，上海市的规模可以成倍扩大。

汪道涵对此很感兴趣，1986 年，林同炎提交了《开发浦东——建设现代化的大上海》的报告，建议借鉴新加坡和香港的经验，引起上海市高度重视。他也因此被上海市政府聘为顾问。

在中国 1949 年后开始实行计划经济，土地都是由政府按计划无偿划拨的，不能进入市场变现。到了 1987 年，新修订的法律使得转让土地使用权成为可能。浦东的官员想到了开展土地批租，他们设计出了以土地资本和现金资本相结合，实现土地滚动开发的良性循环方案。

年轻的浦东开发办副主任黄奇帆自告奋勇地请战，由他具体操作。先由市财政局按土地出让价格开出支票给浦东的陆家嘴、金桥、外高桥三家开发公司，作为政府对企业的资本投入并由工商局验证；开发公司再将支票背书付给市土地局，并签订土地使用权的出让合同并经工商局验证；市土地局出让土地使用权以后，从开发公司所得到背书支票再全部上缴市财政局，市财政局将土地收入的千分之四归中央，上缴给国家财政。

1992 年 6 月，上海市政府决定，向浦东新区陆家嘴、金桥、外高桥 3 个开发公司，出让 551 万平方米使用权，由 3 个开发公司采取成片受让、开发、转让、再受让的方法运行。这也是上海首次土地成片转让。⑨

这一做法，浦东人称为“财政资金空转，土地批租实转”。杨昌基回忆说：“后来，这一办法被中共中央党校一位副校长概括为‘空手道’。”[10]

三家开发公司有了土地，就把中国商业银行在海外的金融机构引进来，以土地组成中外合资公司，搞开发基础设施，然后一块土地一块土地去批租。在浦东开发初期资金极其匮乏条件下，此举有效地起到了政府率先启动投资的引导和示范作用。

在浦东开发之前，浦东和浦西在经济上有很大的落差。1946 年，上海浦西土地官方价格每亩法币 5 亿元，而浦东仅为 500 万元，相差 100 倍，到 20 世纪 80 年代末，仍有数十倍之差。1991 年和 1993 年，黄浦江上接连建成了两座大桥，之后越江隧道和地铁也一一建成，浦东的土地价格大大升值，浦东的开发者也就通过土地批租得到了丰厚的资金。[11]

以土地资本形成了三个公司 15 亿元注册资本，又通过吸引外资形成了 30 亿的合资企业资本，再以存一贷三的原则借贷了 60—70 亿资金。[12]

截止到 2001 年土地空转制度基本结束时，浦东共计空转出让了土地 88.6 平方公里，占同时期土地出让总面积的 80%左右。政府投入 61 亿元撬动了 700 亿元资金。[13]

用原浦东开发办副主任沙麟的说法，“观念一新，土地成金”。通过内部流转的方式，盘活了土地资产，浦东开发的启动资金从向政府要钱转向了向市场筹钱。

这样大规模大批量进行土地买来卖去，也在当时受到非议和诘难，甚至有关部门板起脸责问：浦东这样做依据是什么文件？有没有政策支撑？

浦东的这一做法，与 1988 年上海的首次土地批租尝试，与更早的深圳的直接公开挂牌招标，邀请企业造楼的不同之处在于：浦东采取的方式接近于内部转账方式，土地使用的主动权仍在政府手中，由此级差地租才能真正发挥效用，再与外资企业合作解决资金难题，联合开发。

后来中央一位高层领导表态：“这件事我观察了三年，看正反两方面的效果、影响。土地批租换来的资金不得了。”最高层同意了浦东的做法。[14]

黄奇帆后来到重庆任市长，他回忆了这一做法：“这个模式后来建立张江高科技园区时也采用了。现在我在重庆工作，也借鉴了浦东这个经验，在几家公司中实施了财政资金空转，土地批租实转的模式。”[15]

黄奇帆还称这样做的好处是：这个开发是绝对的市场化，但又绝对的政府导向，是政府的平台，但政府不举债。[16]

8.2 “小政府，大社会”

在经济开发的同时，浦东建设者还进行了政府自身的改革试验——艰难地建立起“小政府，大社会”。

1990年浦东开发刚刚起步时，政府的管理机构就是浦东开发办公室。开发办下设三处二室，综合规划处、工程规划处、信息处、政策研究室和办公室。到1992年10月，经国务院批准，将上海市黄浦、南市、杨浦三区和上海县的浦东部分，从原行政区划出，撤销川沙县，设立浦东新区管委会。管委会主任由上海市委常委、副市长赵启正兼任，此时浦东的面积达522平方公里，人口140万。

中华人民共和国国务院

国函〔1992〕146号

国务院关于上海市设立浦东新区的批复

上海市人民政府：

你市《关于设立浦东新区和组建浦东新区政府（或管理委员会）的请示》（沪府〔1992〕28号）收悉。同意设立上海市浦东新区，撤销川沙县，浦东新区的行政区域包括原川沙县，上海县的三林乡，黄浦区、南市区、杨浦区的浦东部分。

中华人民共和国国务院

一九九二年十月十一日

1992年国务院关于设立浦东新区的批复

1993年1月1日，中共上海市浦东新区工作委员会和上海市浦东新区管理委员会成立。这一天，浦东大道141号聚集了几千群众，围观挂牌仪式。

浦东新区管理委员会挂牌仪式

浦东新区管委会和以前的开发办一样，都不是一级政府，而是上海市政府的派出机构，也是副省级。建立管委会的目的是为了解决当时浦东三个区两个县加一个浦东开发办分治的格局，集中权力，东事东办，新区新办。浦东新区不设人大和政协，由市人大和市政协派驻联络处。

新成立的浦东新区管委会大刀阔斧精简机构，据原管委会副主任胡炜回忆，研究新机构的设置和编制仅仅用了一天的时间，效率极高，“上午商量好机构设置方案后，下午就去汇报，启正同志一听，晚上就开党委会，第二天就出报告，这个报告是代表市政府向中央报告的”。[17]

一个副省级的机构设置和编制，仅一天时间就定了下来，这样的效率在若干年后不可想象。

管委会成立了综规局，将土地、规划、建设、房产都放在一起；成立经贸局把内资、外资、商业、工业、旅游、安全生产放在一起；成立社发局把教育、体育、卫生、民政放在一起；成立办公室把党委办公室、行政办公室、统战、宣传放在一起。

总共十个部门，机构全部人员编制是800名，其中，党群组织人员编制是100

名、行政机构人员编制是700名(不含公、检、法等)。当时被称为“八百壮士”。一个副省级的机构仅用800个人员，这在当时是一件很了不起的事。⑱

当时，上海平均每个区县的党政机构是51个，平均每个区县的公务员是1 250个，而浦东的公务员人数仅是其他区县的64%，机构更是精简了81%。⑲

这种“小政府，大社会”的政府管理模式的基本特点是：职能管理体系上实行“系统综合”，不设单纯的行业主管局，将行业管理职能按大系统进行归并设立综合性管理部门。经济管理体制上实行政企分开。行政管理层次上实行“两级结构”，即浦东新区政府直接领导各个街道、乡镇，没有中间层次。赵启正就曾讲过这样一句话：“副省级领导直接对着乡镇，全国只有我一个。”

实践证明，这样一个微型政府的效率非常高。

如此设置的机构一开始就遇到了人员如何安置的难题。据原川沙县委书记王洪泉回忆：“当时浦东的整个编制不多，赵副市长反复讲‘八百壮士’，即800个编制。而川沙县有1 400人的公务员，其中也只有300多人能留下来，这就意味着要有1 100多人需要分流，无法再做公务员。”⑳

在中国，政府机关人员的安置是一个非常棘手的事。“浦东新区由三区两县合并而来，仅川沙县的干部就有1 400名，而管委会只能留下300名干部，因此当时人员分流的工作难度是可想而知的。”曾为浦东新区宣传部长的陈高宏回忆道。㉑

但再难，坚持“小政府，大社会”的理念，浦东开发者没有动摇。

“小政府，大社会”这种行政管理模式，在中国传统的行政管理体制内，就如汪洋大海中的一叶扁舟。冲突是不可避免的。

这种冲突首先表现在上下行政部门的不匹配。浦东新区设有一个机构叫做综合规划土地管理局，这是一个职能极为多元的部门，集合了规划局、房产局、土地局、计划局、统计局、物价局等部门，对应到上海市里的计划、规划、国土、建设等部门。这样的“集成”机构在后来的运作中遇到了不少麻烦，一个部门很可能经常不断地同上级几个不同部门对接，为此浦东“想变通法子，甚至还采用了挂一块牌子，有多个图章的办法”。不同的文件上盖不同的公章，而不同的上级部门要求的报告内容、方式以及言语风格都要相应调整，对此浦东人管这叫“换频道”。

曾在浦东工作的副市长姜斯宪回忆：“比如市里教育局长开个会，浦东社会发展局局长要出席，市里卫生局长开会，他也要出席，体育局长开会，他又要出席。他如果不出席，上级部门会认为浦东对这项工作不够重视，所以比较令人苦恼。”

因此他说：“我当书记兼区长的时候做了一个规定，如果区委区府领导包括我本人在内主持的会议要求部门一把手参加，同时市里也有会要求一把手参加的话，他一定要参加市里的会，请一个副手参加区里的会就可以了。”㉒

其实，左右也不匹配，一直到 2009 年，邻居南汇区并入浦东时，这一问题依然凸现。浦东一个市容环保局对应南汇的市容环境、绿化、环保、水务四个局。四个局进入浦东一个局后，同时也进了八个一把手。这也让曾经在南汇工作过的浦东新区领导徐麟感慨：原来浦东环保局班子成员哪有这么多?!㉓

这样的做法引来了不满、质疑，甚至是刁难。胡炜回忆：“比如说我们这个机构没有宣传部、没有统战部，有人说，这是哪个机关的机构？竟然没有宣传部、统战部！还有个别行政机关的领导说，他们没有与我们相对应的机构，我们就不给他们财政拨款。”㉔

浦东新区原政协副主席邵煜栋回忆：“当时市相关部门来检查，总觉得不对口。浦东因此被告状：你们对某某工作不重视，连机构都没有。”

不仅是机构没有，即便是有机构，因为编制少，人手少，都采取兼职的办法。邵煜栋还记得一次他在市政协发言时，屏幕上名字、职务刚一打出，会场上便是一片笑声，原来他有着一大串的头衔：浦东新区宣传、统战部部长，区政协副主席、党委副书记、文广局局长、新闻办主任、文明委副主任、区台办主任、侨办主任。㉕

但浦东人却很自豪地说：小政府，大社会嘛！

包括赵启正本人，也是身兼数职，上海市委常委、副市长，浦东新区管委会主任。他曾告诉记者：浦东新区在宣布开发之后，实际上并不存在一个行政的浦东新区，并没有一个统一的规划和统一的领导机构。所以把当时任上海市委常委、副市长的干部派过去了，有很多方便。作为副市长直接参加市长办公会，作为常委，在常委会讨论，就直接汇报而不必间接地汇报。这样就可以提高效率特别是在规划方面会有很多方便。㉖

体制的创新上下不配套，确实让下面为难了。曾有人预言，“不出三个月，将重蹈‘精简——膨胀——再精简——再膨胀’的覆辙”。㉗

好在“小政府，大社会”在浦东的实践得到了高层领导的支持，国务院领导铁板钉钉地说：“浦东要戴着钢盔顶住”，“市里各个部门来找你，要你设立新的部门，你就是要顶住，不设！”毕竟，上海曾被一位美国记者描述为“一块遍布图章的土地”。[28]

老市长汪道涵也给浦东支持，他说：“浦东新区情况特殊，应与其他市区有所区别，给予副市一级的职权是有必要的，除了重大事情需要请示市里外，其余都应当让新区自己处理。我们应该在新区的管理体制上实行大胆的改革，才能为全上海的体制改革提供经验，起积极推动作用，这就叫体制改革上的‘组织疗法’。”[29]

上海市领导也要求：能精简的尽量精简，能不设局的坚持不设，能合并办公的尽量合并，开始是要少、精简。[30]

不仅是机构少，人少，办公面积也小，条件很差。

当年，人们走进浦东新区开发办，以及后来的管委会，都会被新成立的机构人员少，办公面积小，条件差所感动。

最初浦东开发办的办公楼是利用黄浦区浦东文化馆一幢简陋的二层楼改造的，18 间几乎相同的办公室，总共 1 200 平方米。

随着一批批干部的来到，一个“小政府”开始在 1 200 平方米的小楼里运作。

原新区管委会负责后勤保障的楼祖麟回忆，他当初从市人大到浦东时对浦东条件差是有思想准备的，但他到后却大大超出意料：没有食堂，所有的工作人员每天要拿着饭缸，到对面的东方医院，穿过外科诊室，到达最里面的医院食堂和医院的员工一起排队打饭。甚至还借用边上一家小绍兴饭店接待外宾，那是一家小饭馆，后来旁边新开了家半岛饭店，才有了个算是像样的接待外宾吃饭的地方。四位正副主任全挤在一个 20 多平方米的办公室里。当处长的，也没有自己独立的办公桌，只是有一个办公桌中间的抽屉，两边的抽屉则是处里其他工作人员用。[31]

当时，赵启正和来自日本著名房地产开发商，也就是森大厦株式会社社长兼董事长森稔的初次见面，是在文化馆一间不足 10 平方米的小屋子里。那时赵启正曾暗自担心：“森稔会不会瞧不起我们？”好在森稔不愧是一位有着远见的企业家，而且有能力判断出一个地区的未来，他最终拍板在陆家嘴建造 492 米高的环球金融中心。

但就在这样的条件下，“小政府，大社会”的实践在浦东开发初期取得了非常高的效率和较低的运作成本。

“当时国内外大量企业和客商涌入浦东，一个半天，我们要谈 4—5 块土地批租，市里有关部门都很支持，15—20 分钟市规划局就批掉，图章敲好，工作十分紧张，效率很高，开发办底楼有一块小告示牌，从早到晚，接待任务都排得满满的。大家的工作节奏快极了，来不得半点懈怠和松劲。”夏克强，曾为浦东开发办主任回忆说。[32]

入夜，浦东大道上那幢灯总是亮着的 141 号楼房，无疑成为精简、高效、廉洁、务实的形象代言。红瓦灰墙朴素得让今人无法想象那里曾是一个副省级的地区领导机构。

在中国，大小政府部门几乎都有着一种扩张、膨胀的冲动，“帕金森定律”深深地根植其中，寻租现象也就屡见不鲜。但是，为什么浦东开发者却执着地缩小、限制自己的权力、机构、人员编制？这需要怎样的胆识和韧性？[33]

遗憾的是浦东“小政府，大社会”的探索恰如在传统行政管理的汪洋大海中驾驶着一叶扁舟。巨浪拍来，随时有翻船的危险。在中国的传统低效率的行政管理体制依然没有根本改变的情况下，小气候最后还是要适应大气候的。

最早提出“小政府，大社会”理论的是中国社会科学院数量经济与技术经济研究所的一位研究员，叫廖逊。1986 年 3 月，廖逊在“社会主义思想史上的经济系统观学术讨论会”上提交了一篇论文，提出“小政府，大社会”的观点，受到理论界的重视。此后，“小政府，大社会”又在一系列全国性的会议和媒体上广为宣传。这一理论曾引起中央决策层注意，曾荣获中国社会科学院跨年度最长的奖项——“1977—1991 年优秀成果奖”。[34]

但是，理论必须经过实践才有真正的价值。自改革开放以来，中国已经先后推行了 4 次较大规模的行政管理体制和机构改革，但仍然难以走出精简、膨胀，再精简、再膨胀的怪圈。因此，浦东实践“小政府，大社会”的理论有着国家层面的意义。

2000 年后，浦东的行政管理机构扩容，管委会翻牌成为区政府，人大、政协也相继建立，至此，浦东成为上海市的一个行政区，配之以传统的政府建制，在机构设置上略微增加。

而到了2009年，浦东将邻近的南汇区纳入后，委办局机构增加到了19个，但也占全市区县机构平均数的三分之二，“小政府，大社会”的践行还是很艰难。[35]

8.3 证券交易所重新开张

20世纪30年代的上海是被称为中国的总银库，存放着全国大半的银子。上海还是全国的金融心脏。资金在这个心脏里流进流出，据原中国人民银行上海市分行行长龚浩成回忆，新中国成立前通过上海的资金流进流出量为全国资金流动量的43%。可惜从50年代到80年代末，这种流动几乎处于停滞状态，上海大约只有7%到8%。因为那时根本没有资本市场。[36]

作为中国最大的工商城市市长，朱镕基手头紧得很。有一次召集银行系统干部开会，他提出：“你们搞金融的，要多动动脑筋，到北京去，多汇报，争取给一点干货。”干货就是资金，当时上海银行的领导到了年底就不停地往北京跑，但就这样也只能要来几千万贷款额度。上海那么多企业，几千万给谁？更别说开发浦东了。

向上面讨鱼，不如自己养鱼。朱镕基的这个念头日益明晰起来，强烈起来。

此时，在北京有几个从海外归来的留学生和国内的青年学者，正在满腔热情地筹划建立中国证券市场，他们首先想到是北京，希望建立北京证券交易所。他们还发起组织了一个中国证券市场研究设计联合办公室，简称“联办”，后正式更名为“中国证券市场研究设计中心”，挂在体改委名下。可惜，在那个年代，在北京要让人理解股票交易和股份制实在是一件非常困难的事。

但是，浦东开发让这些年轻人看到了希望的曙光。上海筹划开发浦东，开发预算是几千亿，而新中国成立以来，上海的收入大部分上交中央，根本没有那么多钱。

“联办”总干事长宫著铭最先注意到了这一点，而且他也清楚当年上海有着远东最发达的证券市场，有浓浓的金融意识和传统，上海更有能力和希望建立证券交易所。于是，他向朱镕基写信建议说：要想开发浦东，就要借全国的钱。他用简单朴实的语言向朱镕基介绍了资本市场，他的介绍引起了朱镕基的重视。[37]

宫著铭，哈军工毕业，32岁即任国家计委预测中心总工程师。曾先后任国家计委委员、国家体改委委员、人行党组成员、人行体改办主任、人行综合计划司司长等职。

1978 年，宫著铭在国家计委右派甄别小组跑腿，经过他手的有一个人，叫朱镕基。1957 年，朱镕基因为一句话“南斯拉夫的工人自治有一定道理”而被打成右派。所以两人自然很熟。

问题是，要建股票交易所，上哪儿找懂行的人呢？“联办”理事长经叔平告诉朱镕基：“我们这儿有拨年轻人，就是搞证券交易所的。”朱镕基很爽快地说：“好啊，那把他们请来，我给他们解决户口问题。”

经叔平是上海著名的实业家，新中国成立后，成为上海卷烟联合生产销售公司总经理兼上海卷烟同业公会主任委员、民建上海市委副秘书长。对于资本市场那一套，经叔平非常精通。有一年，中央派给上海的公债数额很大，超出了承受能力，经叔平向上海市政府作了汇报。市政府就派他赴京反映情况，经叔平的能力和学识给薄一波等中央财经领导留下了深刻印象。全国工商联首任主任委员陈叔通对他大为赏识，1956 年，邀请经叔平到北京工作，并半开玩笑地说：“你来这儿在生活上可能要委屈你，我们最好的 4 间房让你住，当然比你在上海住的那幢小楼要小多了。”经叔平二话没说，举家北迁。

1989 年，经叔平向朱镕基建议，请海外著名企业家当顾问。在他策划下，21 位来自世界 11 个国家的企业巨头组成了“上海市市长国际企业家咨询会议”，为上海改革开放，尤其是浦东开发出谋划策。因此，经叔平说话是有分量的。

朱镕基 1987 年担任国家经济委员会副主任时，兼任了清华大学经济管理学院院长，还是博导，带过四个博士生。尽管当时，对于股票的作用，绝大多数人说不清楚，但朱镕基应该是有所了解和考虑的。更要紧的是建股票交易所还有一定的政治风险。股票彻彻底底是西方来的。

1989 年 12 月 2 日，当时朱镕基身兼上海市委书记和市长两职，在康平路市委小礼堂召开金融改革会议。会议开了一整天，中国人民银行副行长刘鸿儒也从北京赶来参加会议。还邀请了国际金融学权威、华东师范大学陈彪如教授。

会议的议题是面对外资撤走，如何加快金融改革？内容有两项：一是引进外资银行，二是开办上海证券交易所。对于引进外资银行，大家没有异议。会上争论最大的是有关建立上海证券交易所的议题。众人虽然没有原则上反对，但都以为条件还不成熟，有的赞成边做边创造条件。[38]

朱镕基深有感触地说，"去年，我是 2 月 6 日到上海工作的，早晨下火车，下午就听市财政局汇报，为什么呢？我觉得要是不会理财，市长没法当，首先得把财政情况弄清楚了。搞了一年，感觉到光靠财政还不行，越来越意识到金融的重要性，差不多每天都碰到这个问题。"[39]

此时朱镕基已经意识到必须从金融改革抓起，也就是建立证券交易所和引进外资银行。

最后，主持会议的朱镕基拍板，上海证券交易所最迟 1990 年 12 月挂牌。他对中国人民银行上海分行行长龚浩成说："老龚搞了再说，慢慢扩大。"会后，成立了由李祥瑞、龚浩成、贺镐圣三人组成的筹建上证所领导小组。

在当时的情况下搞证券交易所确实风险很大。不少人心有余悸，对龚浩成说："老龚，千万不要搞这个，将来中国的资产阶级就会从这里产生。"一些干部有着这样那样的疑虑：对于建立股票交易所会不会分流银行的信贷资金，国营企业向个人发行股票是不是变相私有化，证券交易会不会在上海滩培育新的资产阶级等等。

新中国成立初期，解放军查封九江路旧上海交易所的故事，上海金融系统的人不会不知道。

这也难怪，绝大多数人对于证券交易的了解仅仅限于中国著名作家茅盾的长篇小说《子夜》中有关旧上海证券交易的描述。作家的笔下，证券交易所是一个疯狂而残酷，你死我活的地方。其中翻云覆雨，猎取血食的情节留给人们太深的印象。

此时，1989 年政治风波刚刚过去，控制意识形态部门的一批"左派"理论家，正在制造舆论：如股份制是"私有化潜行"，企业承包是"瓦解公有制经济"，引进外资被指责为"甘愿作外国资产阶级的附庸"。

因此，朱镕基此时提出建立证券交易所的想法，与会人员都知道其中的风险。

当时的交通银行董事长，后作为主要领导成员参加筹建上海证券交易所的工作，并担任了第一任理事长的李祥瑞在一篇文章中回忆了朱镕基和他们的一段有意思的对话：

会上，朱镕基提出了他的想法后，就先问李祥瑞："老李，你看怎么样？"

李祥瑞回答说："主要是政治上的风险。"李祥瑞心里想，不要干革命40年，最后在这上面跌一跤。

朱镕基又转过头去，问中国人民银行上海分行行长龚浩成："老龚，你看怎么样？"

龚浩成说："我觉得老李说的政治风险不是没有的。即使不存在政治风险，也要有100到200家大中型企业实行股份制，要有50到100家股票上市，才能搞证券交易所。"龚浩成曾为上海财经学院教授，有着深厚的理论功底，属于学者型的官员。

但是，朱镕基没有犹豫，一锤定音："出了事我和刘鸿儒负责！你们两位还在第二线呢！"并当即授命李祥瑞、龚浩成和上海体改办主任贺镐声组成三人小组，负责研究有关上海证券交易所成立事宜。[40]

关键时刻方显英雄本色。朱镕基是一个孤儿，他曾公开告诉上海市人大代表："我是全心全意把党当作我的母亲的，所以我讲什么话都没有顾忌，只要是认为有利于党的事情我就要讲，即使错误地处理了我，我也不计较。"1957年，朱镕基被打成右派，开除党籍，下放农村劳动，种田、放牛、养猪、做饭等什么都干，也因为这种经历和磨难铸就了他大无畏的胆识和坚忍不拔的秉性。他坚称："我自己的特点、我的信条就是独立思考，我心里是怎么想的，我认为就应该怎么讲。"[41]

要知道，1949年10月以后，股票交易市场一直被视为万恶的资本主义的东西。

1985年，诺贝尔经济学奖得主、美国经济学家詹姆斯·托宾来到中国，参加著名的"巴山轮会议"。他语重心长地说："中国不要轻易发展资本市场，因为中国的市场经济体制尚不健全，在这样的环境下发展资本市场有很大的风险。"他建议，中国再等20年。[42]

托宾的建议不无道理，当时中国还不能讲"资本"二字，更不可讲"资本市场"，教科书中都是用"资金市场"代替"资本市场"。因为资本市场被视为资本主义。

但是再等20年太久了，浦东开发等不及了。

历史会有相似之处。1916年5月，孙中山也曾计划在上海办一个交易所，为国民革命筹集资金，孙中山在长期的革命斗争中体会到，一是要有枪杆子，二是要有钱袋子。

他请国民党元老张静江联络了虞洽卿等上海大亨筹建“上海证券物品交易所”，呈请北京政府农商部批准。但农商部以“证券、物品不能同时交易”为由，不予同意。后来，孙中山因护法运动受到通缉，计划流产。不过，两年后，戴季陶、张静江等人因缺钱而想起孙中山的未竟计划，于是又联络了虞洽卿等人，四处活动，派员与政府反复交涉，终于在1920年7月1日，建成了中国第一家正式的证券交易所——上海证券物品交易所。开业后半年，就盈利50多万元。

办交易所、发行股票、上市交易确实是一条集资赚钱的捷径。逐利商人蜂拥而上，以至于在上海的福州路、汉口路和九江路一带，开设的交易所最多时竟达140家之多。

同样，在20世纪90年代初，中国的改革者们也遇到了资金短缺的困难。更难的是还有传统意识形态的阻力。

上海是值得庆幸的。有开明而无私无畏的领导，更重要的是上海探索建立资本市场也得到了邓小平的首肯。

龚浩成回忆道：“一年后上交所成立了，我遇见朱镕基又提起这件事，朱告诉我，在筹建交易所之前，他曾当面向邓小平报告过，邓小平说：‘你们办吧，办了再看。办了不好，我们再改嘛！’”㊸

有了中央高层领导的支持，有了地方领导的无畏，上海证券交易所高效率地筹办起来。

1990年6月，朱镕基访问新加坡，主动向外界透露：上海将在年内建立证券交易所，这不仅让西方金融界震惊，也让上海的金融官员感到十分意外——啊，交易所的办公楼都还没找到呢！而北京的金融官员也震惊，我们还没有接到正式申请呢！

同年9月17日，中国人民银行上海市分行向总行和上海市政府提交了《关于建立上海证券交易所的请示》。两天后，中国人民银行和上海市政府联合向国务院上报了《关于建立上海证券交易所的请示》，请示称“我们认为，建立上海证券交易所的条件和时机基本成熟，建议国务院予以批准，以进一步树立我国改革、开放良好形象，加快浦东开发、开放的进程，促进我国现已开拓的证券市场进一步发展，更好地为国家和企业筹集融通建设资金服务。”

11月14日，中国人民银行总行批复同意设立上海证券交易所。26日，上海召开了上海证券交易所成立大会。

无疑，上海证券交易所的高效筹办是上海领导人在落实邓小平的那句话：“上海是我们的王牌，把上海搞起来是一条捷径。”

这年的12月3日，朱镕基来到正在装修中的上海证券交易所视察，该所置于黄浦江边的浦江饭店，那是一幢有着150年历史的欧式建筑。据称曾是中国乃至远东地区最豪华的酒店。中国的第一只电灯、第一部电话都是出现在这家饭店里。饭店华丽的孔雀厅被改建成证券交易大厅。

当时装修工程还没有全部结束，门外工地还是一片狼藉。朱镕基看后脸有愠色。但当他走进大厅时发现已经布置就绪，脸色舒缓了下来。他问当时的交易所筹建负责人尉文渊有什么困难需要解决的。尉文渊说装饰包厢的圆拱形玻璃配不到。朱镕基说：你找耀华皮尔金顿，就说是我朱镕基说的，叫他们马上定做。

后来朱镕基激将法问他：你敢不敢大胆管理？35岁的尉文渊说，敢！就这样他成了上交所的第一任总经理，当时被称为“全球最年轻的交易所老总”。其实那时，尉文渊对证券交易知之不多，直到开业前夜，他还是心绪茫然。

就在浦东开发宣布的8个月后，1990年12月19日上午11时，上海证券交易所开张，尉文渊用足力气敲完开市锣后，激动地差一点晕倒在地，但上证指数却站了起来，从100点的地平线向上飞速攀升。

此时，500多位中外来宾共同见证了上海证券交易所的开张，一时在国内外反响强烈。毕竟，历史上上海是远东地区的金融中心，有着最大的证券交易所，在1989年政治风波之后，将早已被彻底端掉的证券交易所重新开张，显示了中国继续对外开放的决心。

开业仪式上，朱镕基在演讲中称上海证券交易所成立“标志着我国将坚定不移地继续奉行改革开放的政策”。他先用中文讲了一遍，然后又用英文讲了一遍。

站在朱镕基旁边的一位优雅美貌的女士以其特别的身份格外显眼，她就是香港贸易发展局主席邓莲如。她的出现也传递了中国政府将更加开放的信号。

令人寻味的是未来中国证监会的四任主席刘鸿儒、周道炯、周正庆、周小川；未来中国人民银行的三位行长朱镕基、戴相龙、周小川；未来主管经济金融的副总理黄菊，以及后来的国务院总理朱镕基都在现场见证了这一时刻。[44]

历史往往喜欢和人开个玩笑。40 年前，1949 年 6 月 10 日上午 10 时，中国人民解放军分乘 10 辆大卡车，包围了上海汉口路 422 号的上海证券交易所大楼。这所楼里的交易商们正疯狂地发动着一场货币战争，叫嚷解放军进得了上海，人民币进不了上海！

荷枪实弹全副武装的军人来到，大楼里正在交易的人惊恐万分，他们把"小黄鱼"（金条）倒进抽水马桶抽掉，把美元烧掉。证券交易所被彻底端掉了，疯狂的货币投机活动也就结束。此后一个多星期，上海银元价格下跌了 50%，物价下跌了 8%，而新生的人民币站稳了脚跟。

当时的上海市长陈毅得知后大笑：这是打了一场经济上的淮海战役！

8.4 上海以大动作回应总设计师的要求

上海证券交易所开张锣声敲响五天后，1990 年 12 月 24 日，邓小平把江泽民、杨尚昆、李鹏约到家中。他特地把话题引到市场，说："不要以为搞点市场经济就是资本主义道路，没有那么回事。计划和市场都得要。不搞市场，连世界上的信息都不知道，是自甘落后。"[45]

有学者研究，邓小平对于市场经济的认识最早可以追溯到青年时代。

1920 年 10 月，年仅 16 岁的邓小平和 80 多名中国学生一起乘船赴法勤工俭学。正逢法国经济危机，恶性通货膨胀，物价飞涨，工厂裁员，一年内面包价格就涨了近 6 倍。留学生们忍饥挨饿。邓小平后来回忆说："做工所得，糊口都困难，哪还能读书进学堂呢？"

邓小平 1926 年 1 月 7 日离开法国，在法国五年零四个月，正好是法国经济从危机、萧条、复苏到高涨的整个周期。在这个市场经济机制已十分成熟的国家的底层生活，年轻的邓小平对市场经济运作有了切身的感受。

离开法国之后，邓小平来到莫斯科中山大学读书。他了解到苏联战时“共产主义政策”的失败，迅即实施了向社会主义过渡的“新经济政策”：用粮食税代替余粮征集制，国营企业实行经济核算并参与市场活动，准许小生产者有贸易自由，允许私人开办小企业；对一些国家暂时无力开发的矿产资源以租让的形式让外国资本家经营；改变国家垄断贸易做法，恢复货币流通和商品交换；废除实物分配制等等。

应该说，留学法国五年、留苏一年的经历，为他日后指挥中国从计划经济向市场经济大转型，提供了相当的思考素材。就这一点来说，是其他中共领导人如毛泽东所不具有的。因此，1985 年，邓小平与非洲客人说到了这段生活留下的印象：“社会主义究竟是个什么样子，苏联搞了很多年，也并没有完全搞清楚。可能列宁的思路比较好，搞了个新经济政策，但是后来苏联的模式僵化了。”㊻

意大利学者洛丽塔·纳波利奥尼则从全球的视角认为：“邓小平见证了 1973—1974 年第一次石油危机的全过程，资本主义体系应对此次危机所表现的灵活与机智使邓小平坚信中国共产党必须要对自身进行重大的调整，以适应不断变化的世界。”㊼

因此，1979 年 11 月 26 日，他会见美国和加拿大客人，加拿大麦吉尔大学东亚研究所主任林达光提出了“扩大非资本主义的市场经济作用”的问题时，邓小平说出了一段石破天惊的话：

> 说市场经济只存在于资本主义社会，只有资本主义的市场经济，这肯定是不正确的。社会主义为什么不可以搞市场经济，这个不能说是资本主义。我们是计划经济为主，也结合市场经济，但这是社会主义的市场经济。
>
> 市场经济不能说只是资本主义的。在封建社会时期就有了萌芽。社会主义也可以搞市场经济。㊽

这是中国共产党领导人首次向外提出社会主义市场经济的概念。但那时，对于中国的政界和理论界的大多数人来说，“社会主义也可以搞市场经济”简直是异端邪说，而邓小平却向外国人说出来了。不过，值得寻味的是在 1983 年出版的《邓小平文选》(1975—1982)中却没有收入这篇谈话，直到 1994 年 10 月，《邓小平文选》第二卷修订再版，才公布于世，从 1979 年到 1994 年，整整沉寂了 15 年。抑或是出于策略上的考虑？

中国经济学家薛暮桥认为10多年没有公布的原因是他不愿把自己的看法强制干部们接受，而是耐心引导广大干部在实践中逐步取得共识。[49]

有时，真是旁观者清，美国学者、作家库恩认为："毛泽东是一个理想主义者，邓小平却是一个现实主义者。他曾有句名言说：'不管黑猫白猫，抓住老鼠就是好猫。'在中国，微妙的措辞可以表达丰富的含义。没有人会忽视其中所传递出的务实信息，没有人会忽略邓小平令人印象深刻的关于黑猫白猫的评论，它其实比喻的是两种经济体制：计划经济和市场经济。"[50]

且看80年代邓小平有关市场经济和计划经济的思考脉络：

1983年2月初，邓小平来到了江南。一路上，邓小平最关心的是小康目标能不能实现，用什么方法去实现。在苏州，邓小平得知凭借灵活的经营机制当地社队企业得以快速发展，他言简意赅地评价道："看来市场经济很重要。"[51]

邓小平称赞的社队企业就是后来载入中国改革开放史册的乡镇企业，被英国经济学家科斯称为中国改革开放的四大边缘力量之一。

1984年10月20日，中共十二届三中全会在北京举行。中国领导人对于市场经济的认识又进了一步。会议一致通过《中共中央关于经济体制改革的决定》，《决定》认为：改革计划体制，首先要突破把计划经济同商品经济对立起来的传统观念，明确认识社会主义计划经济必须自觉依据和运用价值规律，是在公有制基础上的有计划的商品经济。

之前，中国一直坚持的是"计划经济为主，市场调节为辅"。

邓小平对于这个《决定》给予很高的评价。他说："我的印象是写出是一个政治经济学的初稿"，"有些是我们老祖宗没有讲过的话，有些新话。我看讲清楚了。过去我们不可能写出这样的文件，没有前几年的实践不可能写出这样的文件。写出来了也不容易通过，会被看作'异端'。"[52]

在中国改革开放史中，这是自1978年十一届三中全会后，又一个里程碑的会议。

1985年10月23日，邓小平在会见由美国《时代》周刊高级主管和美国高级企业家组成的代表团时再次指出："社会主义和市场经济之间不存在根本矛盾。问题是用什么方法才能更有力地发展社会生产力。我们过去一直搞计划经济，但多年的实践证明，在某种意义上说，只搞计划经济会束缚生产力的发展。把计划经济和市场经济结合起来，就更能解放生产力，加速经济发展。”[53]

美国人倒是很欣赏邓小平的思想，更加惊叹邓小平推动的市场经济给中国带来的巨变。这个由《时代》周刊高级主管和福特汽车公司总裁等美国大公司领导组成的40多人的参观团，先后参观了北京、上海、广州和深圳等地。尤其是深圳，几年前还是个贫瘠的小镇，到1985年已初具现代化城市的风貌，处处显露出生机盎然的景象，这给参观者巨大的视觉冲击。

担任《时代》周刊北京分社社长的里查德·霍尔尼克描述道：“仅隔几年又到中国故地重游的外国人，几乎难以相信自己来到的一个国家。”

参观团得出一致结论：邓小平对中国持续不断的改革比1985年世界范围内的其他所有事件都更有可能改变历史的进程。

据霍尔尼克回忆，在选择《时代》周刊年度风云人物时“最初的热门人选是原苏联领导人戈尔巴乔夫，但10月，《时代》周刊到中国实地考察后，这个次序发生了变化”。

1985年，邓小平再度当选美国《时代》周刊年度风云人物，“不管黑猫白猫，捉到老鼠就是好猫”被摘登在《时代》周刊上。“猫论”的影响扩大到世界。

到了1987年，邓小平决意要彻底终结计划和市场之争。在2月6日，他同几位中央负责同志谈话时指出：“为什么一谈市场就说是资本主义，只有计划才是社会主义呢？计划和市场都是方法嘛。只要对发展生产力有好处，就可以利用。它为社会主义服务，就是社会主义的；为资本主义服务，就是资本主义的。好像一谈计划就是社会主义，这也是不对的，日本就有一个企划厅嘛，美国也有计划嘛。”

邓小平运用他的政治权威强调：“我们以前是学苏联的，搞计划经济。后来又讲计划经济为主，现在不要再讲这个了。”[54]

中国经济学家周其仁在一次演讲中非常奇怪地问：“经济学家通常会不遗余力地推崇市场价格机制。这不足为奇，因为有亚当·斯密以来经济学传统的鼎力支持。可是，为什么邓小平也对‘看不见的手’情有独钟？这位曾经指挥过百万野战大军、担任过中共中央总书记和国务院副总理的大政治家，分明拥有一双‘看得见的手’！”

周其仁认为："正因为对原有体制不堪重负的成本压力有切身感受，也对原体制的运行效率极不满意，才迫使邓小平比局外批评家更明白，权力过于集中的主要结果，恰恰是无法有效行使国家权力。"[55]

没有经历过那个时代的人，还真是无法想象计划经济时代的运行效率，连一盒火柴要提价两分钱，都要拿到省委常委会上讨论决定。广东省委领导任仲夷很无奈地说："计划经济就是这样，党管一切，鸡毛蒜皮，什么都管，不可能管好。"[56]

而中国的农业是计划经济体制下受害最深的部门，这也就是分田到户会在中国大地如火如荼地蔓延开来的重要原因。农村改革后，农业生产出现了超常规发展，连年大丰收，农民不再饿肚子了！

事实胜于雄辩。1987年，根据邓小平的谈话精神，中共十三大报告不再提计划经济，而是提出了新的总体运行机制是"国家调节市场，市场引导企业"，并指出"以指令性计划为主的直接管理方式，不能适应社会主义商品经济发展的要求"。

1989年，国际上苏东剧变，西方制裁，国内政治风波，经济低迷，恶劣的形势下，又有人把计划和市场的问题上纲上线，市场经济究竟姓"资"姓"社"之争又起硝烟。

为此，邓小平在1990年12月将中央主要领导请到家中，反复强调资本主义与社会主义的区分不在于是计划还是市场这样的问题，统一了党内最高层的思想认识，并在之后的多次谈话中阐述了这一问题，尤其是1992年"南巡"中，他再次强调，"计划多一点还是市场多一点，不是社会主义与资本主义的本质区别"。终使中共十四大确立了中国经济体制改革的目标是建立社会主义市场经济体制。

1993年11月，十四届三中全会通过了《中共中央关于建立社会主义市场经济体制若干问题的决定》。全会指出，社会主义市场经济体制是同社会主义基本制度结合在一起的。建立社会主义市场经济体制，就是要使市场在国家宏观调控下对资源配置起基础性作用。

此后，争论不再。中国经济体制改革全方位地展开，不再游击战似地躲躲闪闪，而是大规模地、扬眉吐气地进行阵地战了。而浦东开发正逢其时，天降大任于浦东。

不过，如何建立社会主义市场经济运行体制和机制，如何发挥市场的资源配置的基础性作用，中国共产党人并没有经验。上海的领导人和专家学者看到了这一点，很自然地借助浦东开发将发展和培育要素市场作为重点突破口。

历史也证明：上海顺利地建立证券交易所，为浦东开发筹集了所需的一部分资金，同时，浦东开发也为资本市场的建立提供了机遇。这也可以说是浦东开发的天时地利人和。

英国经济学家、1991 年诺贝尔经济学奖获得者罗纳德·哈里·科斯在他的《变革中国》一书中分析了转型中的中国，发展要素市场的意义："在计划经济下生产要素由国家所有，并通过中央计划进行统一分配，因此，市场体制转型的一个关键步骤，是要提升要素市场的地位，取代中央计划资源的分配职能。在中国的市场体制转型中，要素市场的崛起首先是从地方开始的，随着地方政府参与度的提高，竞争逐步向区域化发展。"[57]

上海人以浦东开发和上海证券交易所建立回应了改革开放总设计师邓小平的要求：请上海的同志思考一下，能采取什么大的动作，在国际上树立我们更加改革开放的旗帜。

或许，这也是上海的地方领导更加受到邓小平的关注的原因？

继上海证券交易所开市后，上海的要素市场的建设也就高潮迭起，上海期货交易所、上海联合产权交易所、中国金融期货交易所、上海钻石交易中心也一一建立。这些交易平台的建立，初步为上海搭建起了全国性的金融体系，上海又重新找到 20 世纪 30 年代远东金融中心的感觉，国内外的资金源源不断地流进了这个巨大的财富中心。这也意味着上海国际金融、航运中心建设拉开了序幕，也为后来的中国(上海)自由贸易试验区的建立打下了基础。

在中国改革开放史上，1990 年发生的两件大事是不能不写的：一是浦东开发开放，二是上海证券交易所成立。

注释

①《李佳能答台湾海基会参访团问》，载《浦东开发》1993 年第 1 期。

② 李佳能：《现代化城市的建设和管理》，载中共上海市浦东新区工作委员会、上海市浦东新区管理委员会：《浦东开发开放十年》，上海远东出版社 2000 年版。浦东第一轮十大基础设施，又称十大工程：杨浦大桥、杨高路、外高桥港区、浦东煤气厂二期、外高桥电厂、凌桥水厂、合流污水工程、通信工程、内环线浦东段。浦东第二轮十大基础设施为：浦东国际航空港一期工程，上海港外高桥港区二期工程、信息港、地铁二号线一期工程、浦东轨道交通 6 号线、外环线一期工程(浦东段)、合流污水治理工程二期、黄浦江越江观光隧道、外高桥发电厂二期工程、东海天然气工程。据陈建主编：《浦东投资的实践与探索》，上海人民出版社 2005 年版。

③ 赵启正会见美国记者交流团谈话记录，1998 年 1 月 12 日。

④ 许兴汉：《外国元首眼中的上海巨变》，2009 年 9 月 26 日东方网"国庆 60 周年征文"，http://pinglun.eastday.com/p/20090926/u1a4689936.html。

⑤ 万曾炜、袁恩桢：《透视浦东　思索浦东》，上海人民出版社 2001 年版。据胡炜 1995 年的《论上海浦东新区的开发与管理模式》一文：目前浦东平均安置一个农民的费用在 6 万元，一亩地的动迁成本是 10 万元，这两项加起来就是 16 万以上。加上其他有关补偿费用如农田垦复费、青苗费等，再加上"七通一平"基础设施的费用，浦东新区每一亩"七通一平"的土地平均要在 40 万元以上，每平方米要 60 美元以上。载《走过十年》，上海人民出版社 2004 年版。

⑥《浦东新区统计年鉴 2006》，中国统计出版社 2006 年版。

⑦ 沙麟：《难忘从事浦东开发开放的激情澎湃的岁月》，载《口述上海——浦东开发开放》，上海教育出版社 2014 年版。

⑧ 杨昌基：《解放思想　永远开拓创新》，载中共上海市浦东新区工作委员会、上海市浦东新区管理委员会：《浦东开发开放十年》，上海远东出版社 2000 年版。

⑨ 梁建刚：《改革，寻找智慧的支点——回眸浦东开发开放之初》，载《解放日报》2013 年 11 月 14 日。

⑩ 杨昌基：《解放思想　永远开拓创新》，载中共上海市浦东新区工作委员会、上海市浦东新区管理委员会：《浦东开发开放十年》，上海远东出版社 2000 年版。

⑪ 赵启正：《浦东逻辑：浦东开发与经济全球化》，上海三联书店 2007 年版。

⑫ 胡炜：《浦东开发是中国梦的华丽篇章》，在浦东"创二代"精神系列讲坛上的主题发言，2014 年 9 月 17 日，http://www.pdtw.com/infoshow.aspx?info_id=20626&item_id=122。

⑬ 赵启正：《浦东逻辑：浦东开发与经济全球化》，上海三联书店 2007 年版。

⑭ 杨万国：《浦东开发 18 年回眸：中央为显示改革决心打出"王牌"》，载《新京报》2008 年 5 月 3 日。

⑮《浦东开发开放十五周年专访黄奇帆》，新华网上海频道 2005 年 4 月 27 日。

⑯ 黄奇帆：《浦东的精神就是创新》，载《口述上海——浦东开发开放》，上海教育出版社 2014 年版。

⑰ 胡炜：《浦东开发是中国梦的华丽篇章》，在浦东"创二代"精神系列讲坛上的主题发言，2014 年 9 月 17 日，http://www.pdtw.com/infoshow.aspx?info_id=20626&item_id=122。

⑱ 浦东新区党政机构 10 个部门：新区工作党委、新区管委会办公室，组织部(劳动人事局)，纪律检查委员会(监察局)，综合规划土地局，经济贸易局，农村发展局，城建管理局，社会发展局，财政税务局，工商管理局。据《浦东开发》1993 年第 1 期。

⑲ 胡炜：《浦东开发是中国梦的华丽篇章》，在浦东"创二代"精神系列讲坛上的主题发言，2014 年 9 月 17 日，http://www.pdtw.com/infoshow.aspx?info_id=20626&item_id=122。

⑳ 王洪泉口述，任姝玮撰写：《稳定，浦东开发的保障》，载《浦东开发》2013 年第 6 期。

㉑ 谢国平：《财富增长的试验：浦东样本(1990—2010)》，上海人民出版社 2010 年版。据陈安琪等《浦东新区"小政府大社会"机构模式回顾与展望》，通过"多聚渠道小步快流"的分流思路，成功分流了 1 300 多名原川沙县的政府工作人员，其中吸纳到新区机关 360 名，事业单位 587 名，到企业 135 名，到政法分流 29 名，到乡镇 77 名，自谋出路 5 名，另有 100 余名退休。载《浦东开发》1998 年第 1 期。

㉒ 姜斯宪：《始终高举对外开放的旗帜》，载中共上海市委党史研究室：《口述上海——

浦东开发开放》(下)，上海教育出版社2014年版。

㉓ 徐麟：《在浦东的五年零七十三天》，载中共上海市委党史研究室：《口述上海——浦东开发开放》(下)，上海教育出版社2014年版。

㉔ 胡炜：《浦东开发是中国梦的华丽篇章》，在浦东“创二代”精神系列讲坛上的主题发言，2014年9月17日，http://www.pdtw.com/infoshow.aspx?info_id=20626&item_id=122。

㉕ 邵煜栋口述，任姝玮撰写：《开发之初的岁月》，载《浦东开发》2012年第5期。那时宣传部统战部两部合一，同时挂六块牌子：新闻办、侨办、台办、宗教办、民族事务办和精神文明办，共30个编制。

㉖《赵启正，揭秘浦东奇迹》，东方卫视《1/7》栏目2008年9月22日。

㉗ 胡炜：《在中国精简与世界经济接轨中发挥龙头作用》，载《走过十年》(上)，上海人民出版社2004年版。

㉘ 据赵启正回忆(2016年1月23日晚对赵启正的电话采访)，这话是李岚清(时为国务院副总理)到浦东视察时，在听取浦东汇报情况时说的。时间是1994年1月。但浦东新区宣传统战部长邵煜栋回忆朱镕基也说过这话。“我们当初跟朱镕基汇报后，朱镕基有一句话：你们戴着钢盔也要顶住。”

㉙ 上海交通大学编：《怀念汪道涵》，上海交通大学出版社2007年版。

㉚ 黄菊：《承上启下开拓前进》，载《浦东开发》1993年第1期。

㉛ 楼祖麟口述，任姝玮撰写：《不是“炮楼”是“铅笔”——回忆“小政府大社会”的探索》，载《浦东开发》2012年第10期。

㉜ 夏克强：《喜人的浦东开发热》，载《浦东一日》，上海人民出版社2010年版。

㉝ 1958年，英国历史学家、政治学家西里尔·诺斯古德·帕金森(Cyril Northcote Parkinson)通过长期调查研究，出版了《帕金森定律》(Parkinson's Law)一书。帕金森经过多年调查研究，发现在行政管理中，行政机构会像金字塔一样不断增多，行政人员会不断膨胀，每个人都很忙，但组织效率越来越低下。这条定律又被称为“金字塔上升”现象。

㉞ 邢少文：《“小政府大社会”的海南往事》，载《南风窗》2012年第22期。

㉟ 徐麟：《在浦东的五年零七十三天》，载中共上海市委党史研究室：《口述上海——浦东开发开放》(下)，上海教育出版社2014年版。

㊱ 龚浩成口述，陈岱松等整理：《上海金融改革往事》，中西书局2013年版。

㊲ 王波明：《将证券市场引入中国》，载《财经》2008年第7期。

㊳ 龚浩成口述，陈岱松等整理：《上海金融改革往事》，中西书局2013年版。

㊴ 朱镕基:《关于上海金融业发展和开放的问题》,载《朱镕基上海讲话实录》,人民出版社、上海人民出版社 2013 年版。
㊵ 范永进等:《中国股市早年岁月》,上海人民出版社 2007 年版。
㊶ 朱镕基:《在上海市九届人大一次会议上的讲话》,载《朱镕基上海讲话实录》人民出版社、上海人民出版社 2013 年版。
㊷ 祁斌:《中国资本市场的改革路径》,载《第一财经日报》2009 年 11 月 16 日。
㊸ 金蕴:《上世纪 90 年代　上海金融市场改革创新激情洋溢——央行上海老行长讲述往事》,载《青年报》2009 年 4 月 23 日。
㊹ 陆一:《陆一良心说股事:你不知道的中国股市那事》,浙江大学出版社 2013 年版。
㊺ 邓小平:《善于利用时机解决发展问题》,载《邓小平文选》第三卷,人民出版社 1993 年版。
㊻ 邓小平:《改革是中国发展生产力的必由之路》,载《邓小平文选》第三卷,人民出版社 1993 年版。
㊼ [意]洛丽塔・纳波利奥尼:《中国道路》,中信出版社 2013 年版。
㊽ 邓小平:《社会主义也可以搞市场经济》,载《邓小平文选》第二卷,人民出版社 1994 年版。
㊾ 杨继绳:《邓小平时代:中国改革开放二十年纪实》,中央编译出版社 1998 年版。
㊿ [美]罗伯特・劳伦:《中国 30 年:人类社会的一次伟大变迁》,上海人民出版社 2008 年版。
51 中央文献研究室编:《邓小平年谱》(1975—1997)(下),中央文献出版社 2004 年版。
52 邓小平:《在中央顾问委员会第三次全体会议上的讲话》,载《邓小平文选》,人民出版社 1993 年版。
53 邓小平:《社会主义和市场经济不存在根本矛盾》,载《邓小平文选》第三卷,人民出版社 1993 年版。
54 邓小平:《计划和市场都是发展生产力的方法》,载《邓小平文选》第三卷,人民出版社 1993 年版。
55 周其仁:《邓小平做对了什么》,载《经济观察报》2008 年 7 月 28 日。
56《任仲夷口述广东改革开放历程》,载《南方都市报》2008 年 3 月 25 日。
57 [英]罗纳德・科斯、王宁:《变革中国:市场经济的中国之路》,中信出版社 2013 年版。

第九章 一只头雁：经历挑战与危机

9.1 改革先声遭到围攻

20世纪90年代初，浦东开发启动前后，在思想舆论界，“左派”的声音大了起来，在反思的旗号下，借着市场经济和计划经济，姓“资”姓“社”等话题大做文章。仅以当年的《人民日报》为例：

1990年2月22日，《人民日报》发表长文《关于反对资产阶级自由化》。作者问：“推行资本主义化的改革，还是推行社会主义的改革？”这是1989年政治风波之后，第一篇提问姓“资”姓“社”的重头文章。

6月11日，《人民日报》又发表《评资产阶级自由化的多元化观点》。文章说，“搞自由化”的人“企望从经济的多元化中，自然生长出政治多元化和权力多元化”。

7月30日，《人民日报》再次发表长文《谁说社会主义讲不清》。此文称“‘社会主义不清楚论’是一种嘲弄马克思主义，糟蹋共产主义政党，向正在开拓通往社会主义之路和正在建设社会主义的广大群众大泼冷水的理论”。

而早在1984年6月30日，邓小平和日本客人谈到社会主义时就指出：“什么是社会主义，什么叫马克思主义？我们过去对这个问题的认识不是完全清醒的。”①

尽管那时《邓小平文选》第三卷尚没出版，但知内情的人都明白文章是针对谁的。

10月5日，《人民日报》发表《关于计划经济与市场调节相结合的两个问题》，文章说：“社会主义的经济是公有制的经济，因而必然要求实行计划经济。计划经济即从整体上自觉实行有计划、按比例地发展国民经济，是社会主义经济的一个基本特征，是社会主义优越性的体现。”

12月17日，《人民日报》发表《社会主义必定代替资本主义》。文章充满着火药味："市场经济，就是取消公有制，这就是说，要否定定共产党的领导，否定社会主义制度，搞资本主义。"文章将80年代末中国经受的经济困难和政治风波归咎于市场化改革。

显然，"左派"已经主导了当时中国意识形态的话语权。

到了1991年春节，上海市委机关报《解放日报》上一个叫"皇甫平"的作者出场向"左派"挑战了，引发了一场关于姓"资"姓"社"的争论，在中国的思想界掀起震荡。

那是1991年2月15日农历大年初一，《解放日报》头版刊登署名"皇甫平"的评论，题目叫《做改革开放的"带头羊"》，呼吁进一步解放思想、深化改革。

开始很多人没有注意到这篇评论。半个多月后，系列评论的第二篇《改革开放要有新思路》又出现在该报第一版；紧接着3月22日、4月22日第三篇《扩大开放的意识要强一些》、第四篇《改革开放需要大批德才兼备的干部》分别见诸报端。

其时，思想界气氛沉闷，改革开放要问一问姓"社"还是姓"资"的思潮让人心有余悸，而这组评论从做改革开放的"带头羊"，到发展市场经济；从扩大开放，到如何选人用人，读来让人耳目一新。

这就是后世称之为的震动全国的"羊年四论"。

"皇甫平"的文章就像一块石头扔入一池清水，在理论界引起强烈反响，并引发了思想理论界的一次交锋。

"皇甫平"是谁？这个名字引起了海内外政治嗅觉敏锐的观察家们的注意，"左派"也注意到了"皇甫平"。

很多人都在猜测议论文章发表的背景。台湾《联合报》在1991年4月发表文章，称这组文章与朱镕基有关。朱镕基于1991年4月任国务院副总理，此前他是上海市委书记兼市长。

确实，"皇甫平"的文章和朱镕基有关，更和邓小平有关系。

从1988年始，邓小平一连在上海度过了七个春节。1991年，邓小平再度来上海过新年，时任上海市委宣传部分管理论的副部长刘吉回忆道："包括后来的'皇甫平'文章，其实也是根据邓小平同志单独找朱镕基谈的内容才写的。"

刘吉说：朱镕基回来在车子上很高兴地说起。随行人员听了很兴奋，就给《解放日报》党委书记兼副总编的周瑞金说了。②

周瑞金回忆："小平同志是1月28号到2月18号在上海，这一段他不断地发表谈话，我是在1991年春节，前几天上海市委一个领导同志找我到他家里去，给我看了这一份材料，这个材料就是小平同志在上海视察的一些谈话，是由朱镕基同志和小平同志的女儿邓榕两个人整理的，这一个谈话，我一看以后非常震撼，谈话一开始就谈到了改革开放要讲几十年，会有不同的意见，但是光靠我一个人讲话还不够，需要全党来讲几十年。我非常感动。"③

看了这些话，周瑞金激动了好几天。凭着自己长期从事党报工作培养的政治敏感性和责任心，他深感邓小平的谈话分量非常重，非常有针对性，显然是有意识地就全国的改革开放作一番新的鼓动。④

按照《解放日报》的惯例，每年农历大年初一，都要在头版的《新世说》专栏发表一篇小言论贺新春。周瑞金作为《解放日报》的党委书记，并分管经济评论、理论，觉得写一篇小言论分量不足，就在小年夜找来《解放日报》评论部的凌河和上海市委政策研究室的施芝鸿，三人商议后，随即以"皇甫平"署名，接连在《解放日报》头版发表了四篇大声疾呼改革的评论文章。

外界往往把"皇甫平"解释为"黄浦江评论"的谐声。周瑞金回忆说："这并不错，但又不仅仅是这个意思。从更深层的意思来说，这个'皇'字，按照我家乡闽南话的念法，与'奉'字谐音。这个'甫'，不念'浦'，而读'辅'。我选这个甫，就是取辅佐的意思。这就是'皇甫平'笔名的深层含义。而皇甫又是中国的一个复姓，人们看起来比较自然。"⑤

"皇甫平"文章发表的第三天，2月18日，大年初四，邓小平就在上海新锦江饭店旋转餐厅饶有兴趣地听取有关浦东开发开放的汇报。他透过大玻璃窗远眺黄浦江东岸，用手指着模型，从国内外形势、经济特区设置谈到浦东开发的国家战略。他郑重告诫道："抓紧浦东开发，不要动摇，一直到建成。"⑥

老人似乎已经洞察到了未来可能的艰难。更何况那时还是一个乍暖还寒的日子。而"皇甫平"系列评论的主旨与邓小平的有关谈话其实是一脉相承。

"皇甫平"系列评论第一篇中提及的"何以解忧，惟有改革"是直接引用朱镕基在传达贯彻十三届七中全会精神和邓小平视察上海讲话时的原话。"在谈到治理经济环境中碰到的各种问题时，朱镕基说，'何以解忧，惟有改革。'这是引用曹孟德的诗句加以改造，所以对他的原话，我印象比较深。"周瑞金回忆。⑦

3月2日，"皇甫平"的第二篇文章《改革开放要有新思路》发表。文章指出改革的新思路在于发展市场经济。文章透露了邓小平视察上海时的讲话精神："计划和市场只是资源配置的两种手段和形式，而不是划分社会主义和资本主义的标志，资本主义有计划，社会主义也有市场。"并批评"有些同志总是习惯把计划经济等同于社会主义，把市场经济等同于资本主义，认为在市场调节背后必然隐藏着资本主义的幽灵"。

文章直接向"左派"迎战，正面回答了市场与计划姓资还是姓社的问题。其实，这也是邓小平曾经反复讲过的话。如："不要以为搞点市场经济就是资本主义道路，没有那么回事。""一说计划经济就是社会主义，一说市场经济就是资本主义，不是那么回事，两者都是手段，市场也可以为社会主义服务。"⑧

文章发表后，北京有了反应，3月15日，《人民日报》发表了《发展商品经济不可否定计划经济》，文章称："有些人总是……对计划经济任意加以否定……我国40年社会主义经济建设取得举世瞩目的成就，充分说明了在实行计划经济的巨大优越性。"

而第三篇评论《扩大开放的意识要更强些》针对开放会不会损害民族工业、会不会使上海变成"冒险家的乐园"等疑惑，阐述了邓小平关于"开放不坚决不行"的思想。文章呼吁："90年代上海的开放要迈出大步子，必须要有一系列崭新的思路，敢于冒点风险，做前人没有做过的事"，"例如开发浦东，设立保税区，实行进入自由，免征出口税等带有自由港性质的特殊政策，对于这类被称为造就'社会主义香港'的尝试，如果我们仍然囿于'姓社还是姓资'的诘难，那就只能坐失良机。"

此话已经是公开挑明了，彻底否定了"左派"在"姓社还是姓资"上的诘难。

第四篇文章《改革开放需要大批德才兼备的干部》里引用了战国时思想家荀子一段话："口能言之，身能行之，国宝也；口不能言，身能行之，国器也；口能言之，身不能行，国用也；口言善，身行恶，国妖也。治国者敬其宝，爱其器，任其用，除其妖。"

周瑞金后来透露：这是江泽民总书记在一次中央会议上作关于干部问题讲话

时引用过的。我们在文章中展开了阐述，强调改革开放需要大批勇于思考、勇于探索、勇于创新的闯将，要破格提拔对经济体制改革开拓有进取精神的干部。文章尖锐提出，对“那些口言善身行恶的‘国妖’、两面派、骑墙派一类角色，毫无疑问绝不能让他们混进我们的干部队伍中”。这在实际上是透露了小平同志关于人事组织的思想，这是小平同志要从组织人事上保证推进改革开放的公示。⑨

“皇甫平”的系列评论发表之后，反应强烈，全国不少省市自治区驻沪办事处人员都接到当地领导人电话，要求收集“全部文章”，有的还派出专人到上海来了解“发表背景”。

舆论围攻也开始，4 月 20 日出版的北京《当代思潮》杂志第 2 期发表《改革开放可以不问姓社姓资吗?》一文。文章说:“在自由化思潮严重泛滥的日子里，曾有过一个时髦口号，叫做不问姓社姓资。”“结果呢？在不问姓社姓资的排斥下，有人确实把改革开放引向了资本主义化的邪路。”

8 月 7 日，《光明日报》转载了《高校理论战线》的文章《问一问“姓社还是姓资”》。该文的末尾问道:“对于那种不许问姓社姓资的观点，人们也不妨问一问:它所代表的思想倾向，究竟是‘姓社还是姓资’?”⑩

北京的几家刊物，如《真理的追求》《理论动态》也加入论战，声讨“皇甫平”。

批判的调门越来越高，什么“改革不问姓社姓资是‘精英’们为了暗度陈仓而施放的烟幕弹”云云，连珠炮般的指责，实有黑云压城城欲摧的气势。

周瑞金当时面临着极大的压力，连到香港履任新职务的任命也被突然取消了。“1991 年初，我奉调香港大公报当社长，手续都已办好，连飞机票都买好了，因为‘左’派告状，最后卡住了。两年后我奉调到北京《人民日报》工作，中央组织部同志还为我打抱不平呢!”周瑞金回忆说。⑪

其实，“姓社还是姓资”的争论从中国经济特区建立后就开始了，但争论在 1991 年白热化，上纲上线到了中国向何处去的问题。

时任国家体改委主任的陈锦华后来说，那是他一生中面临困难最大的一段岁月，当时的感受是“左不得、右不得，急不得、慢不得”，压力特别大，体重减了 20 多斤。⑫

多年后再来回顾这段历史，人们可能不太理解，为什么要如此认真地讨论“姓社还是姓资”，这种思维方式到底是怎样左右着人们的行为方式？

尽管那些“左派”理论家还在喋喋不休，自1990年浦东开发大幕拉开后，一批批的建设者、投资者涌入浦东，浦东进入了热火朝天的开发之中。浦东扛起了引领中国改革开放的重任。

因此，那时流行着这样一句话：“80年代看深圳，90年代看浦东。”一位浦东官员认为：如果说80年代的深圳改革开放是整个中国改革开放战略中的“破冰之旅”，那么90年代的浦东开发就是中国改革开放的“攻坚之役”，是改革开放总体上的升级。[13]

9.2 外国学者发出质疑

历史似乎要考验进行大规模开发浦东的上海人。到了1997年，高速发展的浦东被亚洲金融危机狠狠地撞了一下腰。

一位叫乔治·索罗斯的亿万富翁倚仗手中的资金对亚洲国家及其货币发动猛烈的金融袭击，并由此在亚洲掀起了金融风暴，自泰国始，菲律宾、马来西亚、印度尼西亚等东南亚国家的汇市和股市一路狂泻，工商界哀鸿遍野。

浦东也受到了冲击，刚刚开始建设地基的环球金融中心大厦面临投资者纷纷要求撤资的窘境，资金链断裂，工程不得不叫停，工地上空空荡荡。泰国商人投资浦东陆家嘴地区的大型购物娱乐中心——正大广场也因金融风暴开工不久就缓建。汤臣集团刚刚在陆家嘴拿到了一块地，但也因危机苦苦请求浦东政府退地拿钱。

日本八佰伴破产，在浦东最繁华地段的中日合资上海第一八佰伴商厦开张一年就遭遇前所未有的危机，日方给中方留下了两亿多的亏损。[14]

投资者纷纷后退，国外媒体出现了“浦东开发失败”，“办公楼出租率只有20％”，“浦东的灯亮不起来”等描述。浦东改革与发展研究院原秘书长杨周彝回忆说，形势的确不容乐观，“出租率20％虽然有些夸大，但的确不景气”。

那时，夜晚来到浦东陆家嘴，确实有这样的感觉，大批的商务楼宇建立起来，但是入驻公司少，大楼无声地矗立着，偶尔有着点点的灯光，路上行人稀少，寒风在空荡荡的马路上肆无忌惮地穿行。

浦东新区原区长胡炜回忆那时到访浦东的境外人士都要问："东南亚货币危机对中国有何影响，浦东开发还能顺利进行吗？"⑮

这也让上海和浦东的地方领导高度紧张。上海市原市长徐匡迪坦言：那段时间真的是没有安眠药睡不着觉，因为这些浦东的楼不是市政府投资修建的，市政府没有借一分钱的债，都是外商来投资修建的，但是我们去请人家来投的，我们去宣传浦东开发，人家来投的，我们要对得起我们的朋友，所以我们采取了很多办法使得他们的资产得到保全。⑯

而一位西方学者发表了一篇质疑文章，影响更大。

那是1998年，《时代》杂志高级编辑乔舒亚·库珀·雷默在《外交政策》杂志上，发表了一篇名为《上海泡沫》的文章。雷默称，上海70%的楼宇空置，自1995年房地产价下滑了50%。他预测"在经济上将引发一种'到底出了什么问题'的后果。"

雷默在文章结尾写道：对于这个城市，标志性建筑如东方明珠电视塔、杨浦大桥或许很快成为麻烦的房地产市场的象征。⑰

但是浦东开发的建设者还是顶住了压力，用邓小平的一句"杀出一条血路"的话来激励自己。胡炜回忆：亚洲金融危机，世纪大道建设到一半出现了资金困难，市领导亲临现场激情鼓励建设者：再大的困难咬咬牙也要顶过去，杀出一条血路！⑱

对此，西方人往往会很困惑，中国人为何如此顽强？因而往往会看空看衰。

日本经济学家小林实对中国经济有着深入的研究，到访中国60多次，他曾有一个奇妙的观点：经济发展较快的国家和地区，一个是使用汉字，一个是使用筷子，这是一个普遍的现象。为什么使用汉字和筷子的国家和地区经济发展较快呢？他的看法是：汉字和筷子对于一个幼小的孩子来说，是一个很严酷的要求。要记住汉字需要很强的记忆力，小孩子要学会使用筷子也很难，正因为这些民族的孩子从小就经受了严格的训练，所以他长大以后就具备了对于更加恶劣环境的能力。⑲

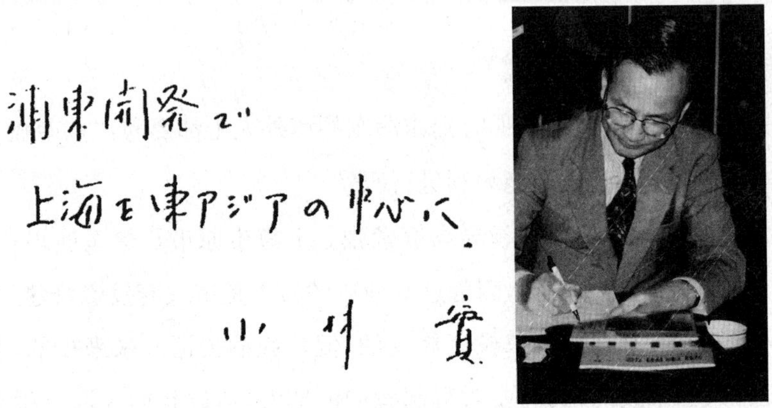

1993年10月，日本著名经济学家小林实为浦东开发题词：通过浦东开发把上海建成东亚的中心。

鉴于大批楼宇建造起来，各类功能性企业机构进驻一时跟不上，1995年11月23日，时为浦东改革与发展研究院院长的姚锡棠教授给市长徐匡迪写信，建议把位于浦西的上海市房地产交易中心东迁浦东，通过要素市场东移，促进陆家嘴中央商务区的形成。建议得到徐匡迪亲笔批示，也受到来自上海市其他政府部门的积极配合。[20]

这封信也启动了上海要素市场从浦西到浦东的“东进”。很快，在上海市政府的强力推动下，位于浦西的上海市房地产交易中心东迁浦东，接着，上海证券交易所、期货交易所、产权交易所等7个国家级交易所，相继东迁浦东，国家级钻石交易中心也在陆家嘴建立。

正是在这种要素市场的集聚效应下，浦东陆家嘴金融贸易区渐渐地成气候，国际金融中心的形象开始树立起来。

徐匡迪回忆，经过几年，特别到了2000年完全好转，小陆家嘴全租完了，全市办公楼的租售率也超过80%了。[21]

这时的徐匡迪可以好好睡个安稳觉了。

金融危机过后，陆家嘴的上百幢楼里灯逐渐地亮了起来，入夜璀璨的灯火成为上海最迷人的风景。

此前曾经有外国人批评，陆家嘴的房子造得太多了，空置得厉害。浦东新区管委会主任赵启正则说，在中国，聪明的母亲总是把孩子的裤子做得长一些，以备孩子长大了还可以穿。

没过几年，大量的金融机构云集陆家嘴证实了“大衣服”理论。当年已经做得大了不少的“裤子”，也变得小了，到2005年，浦东陆家嘴金融贸易区林立着128幢高档写字楼，智能化办公面积达230万平方米，平均入住率近90%，许多楼宇已一房难求。㉒

有记者称，这里的每一幢摩天大楼都是一条“站着”的金融街。

后来担任基辛格顾问公司董事会副主席的雷默也修正了他当年的看法：浦东是“中国例外论”的代表。几乎在每一个角落，你都能看到西方政界人士如今梦寐以求的经济工具在发挥作用，正是这些工具，让中国在过去30多年的改革中，一次又一次从错误中取得了成功。㉓

对此，日本人和田一夫感受最深。

1997年亚洲金融风暴中，日本八佰伴集团的核心公司破产，总裁和田一夫一夜之间一贫如洗，但在浦东，上海第一八佰伴却战胜了危机，2001年开始盈利，2004年一跃成为中国百货商店销售额冠军。每天17部垂直电梯、70部自动扶梯将顾客源源不断地送到商场的各个楼层。

2005年12月25日，上海第一八佰伴10周年店庆，和田一夫收到来自浦东的“感谢信”，那是一幅精美的卷轴，商厦所有员工都签上了名字。老人手捧卷轴老泪纵横。

之后，老人应邀来到上海第一八佰伴商厦，透过明亮的落地玻璃窗往外看，当年的农田已是高楼林立的现代化城区。他感慨地说：“我的人生遭遇了挫折，但第一八佰伴的成功，证明我选择浦东没有错。”㉔

或许是雷默在中国居住多年，对于中国有着比一般老外更深的认识，2004年，他发表了一篇论文，提出描述中国独特发展模式的“北京共识”，在西方引起强烈反响。因为这个概念挑战了西方流行的“华盛顿共识”。雷默认为，“北京共识”具有艰苦努力、主动创新和大胆试验，坚决捍卫国家主权和利益以及循序渐进等特点。

在雷默看来，建立在“北京共识”基础上的中国经验具有一定价值，可成为一些发展中国家寻求经济增长的模式。㉕

9.3 浦东为何能吸引那么多外资?

枯燥的数字往往更能说明事实。

从 1990 年到 2013 年底,浦东累计引进全球 123 个国家和地区的 2.17 万个外资项目,合同外资 781 亿美元。也就是说平均每天有 4.2 个外资项目落地浦东,每天有 1 500 多万美元投资浦东。[26]

这是一个令人感兴趣和疑惑的现状,真有那么多的海外投资吗?

如果回顾一下 20 世纪 90 年代初期国际资本流动状况,就能理解浦东开发为什么会吸引那么多的外国投资者,也就可以理解中国实现经济高速增长的一个重要缘由。

据国际货币基金组织的统计,进入 20 世纪 80 年代后期,发展中国家的对外净融资一直呈上升趋势,1986—1993 年平均增长率为 9.9%,而 1990—1993 年平均增长率高达 22.5%。国际资本流动伴随着产业大转移不但加快速度,而且流向拉美和亚洲等地区的幅度增大。根据世界银行 1993 年报告进行估算,从 80 年代中期到 1992 年,流入发展中国家的外国直接投资增长了四倍。有学者称之为“第三次海外投资浪潮”。[27]

这一现象和发展中国家纷纷实行改革,投资环境改善,开放国内资本市场有关,也和发达国家逐步放松对外汇市场和资本市场的管制有关,加之金融市场全球一体化、证券化、自由化和金融创新,全球资本流动的规模明显扩大。这也使得产业转移更加容易实现,从而加速发达国家的产业结构调整的速度。因而发展中国家更多地通过产业扶持政策,承接产业转移,实现经济增长。

海外那些手握重金的投资者也欣喜地发现了一个最佳的投资场所——那里有庞大的市场、丰富而低廉的劳动力,尤其是浦东,其母体——上海,有着更多的技术人员,更齐全的工业门类,更容易沟通的管理人员。

重要的是那里正在实行市场经济。这意味着,他们将在自己熟悉的市场经济环境下投资,攫取丰厚的利润。于是,那些发达国家无法消化的养老基金、人寿保险基金等哗哗地涌向了中国大陆。

浦东自然是首选之地。

英国英中贸易48集团管理委员会主席特伦斯·温特认为："20多年前，我是不会鼓励外商到中国投资的，但现在我会说，如果你要短暂利益的话，请到美国和欧洲去；如果你要烧伤自己手指的话，请到原苏联和东欧去；如果你要长期利益的话，请到中国去，而目前中国最好的去处也许就是上海浦东地区了。"㉘

浦东，一个曾经冷落的地名，开始在外商投资者中热起来。

浦东开发后，一批又一批的投资者来到浦东新区管委会，图为美国经济代表团拜访浦东新区管委会

原外高桥保税区管委会官员李威伯回忆，外高桥保税区建立后，大量投资者立马赶赴外高桥，"来此咨询的、办手续的、要土地的络绎不绝，小小的办公室如同茶馆店，每天受理项目十几个，白天接待，晚上带回家写批文，戏称'做家庭作业'"。㉙

美国的地图出版商或许更敏感。

1995年，浦东新区管委会主任赵启正收到了美国AT&T董事长兼首席执行官罗伯特·艾伦送的一本世界分册地图，在上海地图一页上面看到了单独画出的"浦东简图"，那是美国纽约一家权威的地图出版商新出版的。

赵启正还兴奋地发现了图中还标有“陆家嘴”“外高桥”等开发区的地名。

不过，这时的浦东让人感觉到更像一个大工地，大风刮来，漫天尘土，一到雨天，道路泥泞坑坑洼洼更是让行人苦不堪言。

日本富士银行的经理人对此作了一个比喻，说浦东开发如下围棋。即在广阔的地区有多个中心点，在开发初期感觉好像有点杂乱无章，但随着时间的推移就像围棋比赛中由中局进入决胜局，许多个开发中心的互相影响逐步增强，最后终于完成一幅壮观的图画。这和一般的开发方法，即现有一个中心，然后逐步向外拓展的做法不同。[30]

9.4 外滩代表过去的上海，浦东代表未来的上海

1999年9月27日，超过300名跨国公司的首脑和代表，还有200名中国企业和官方的代表聚会黄浦江东岸的上海国际会议中心，出席“'99上海《财富》论坛”。

40余架私人飞机次第降落在浦东国际机场的跑道上。从飞机上下来的是跨国公司总裁和夫人，以及随从。他们将到黄浦江东岸的上海国际会议中心，参加“财富论坛”。

如此多的私人飞机从海外飞抵上海，引起了摄影记者们的极大兴趣，将镜头对准了一排一排的飞机，那是一个非常壮观的场面。这也是浦东历史上第一次有如此多的私人飞机降落。

“那感觉就好像是‘超级碗’（美国职业橄榄球总决赛）现场，人们正在见证一场经典比赛。”一群西方跨国公司的CEO们如此说。

那年会议的议题是“未来五十年的中国”。

在论坛的开幕晚宴上，江泽民激情地说：“今晚我们所在的上海浦东陆家嘴地区，六年前还是一些简陋的住宅和农田，如今已是高楼林立，生机盎然的金融贸易区。”[31]

浦东不仅仅实现了自身的巨变，也带动了浦西。就像一个马力十足的引擎，驱动着上海快速发展。也就短短的十年时间，上海不再有落后的浦东和繁荣的浦西之分。

1990 年浦东开发后，上海开始整体转型，东西两岸共同繁荣，
摄于 2015 年 10 月（中国上海新闻航拍联盟钮一新　摄）

一年之后，在文莱举行的亚太经合组织（APEC）会议上，江泽民邀请各国首脑到上海浦东相聚，他介绍为下届会议举办地的浦东新区说："浦东是上海现代化建设的缩影，也是中国改革开放的象征。"[32]

2001 年的 10 月 20 日至 21 日，APEC 第九次领导人非正式会议在上海举行。10 月 21 日夜，黄浦江东岸的上海国际会议中心灯火辉煌，招待参加亚太经合组织（APEC）会议嘉宾的宴会正进入高潮，伴随着《友谊地久天长》的旋律，宾主来到长廊上，欣赏一场盛大的焰火晚会。夜空中一团团礼花缤纷绽放，两岸建筑物上的霓虹灯彩与激光光束齐飞，礼花、彩灯和着江水共一色。突然，又是一阵焰火闪过，半空中，巨大的礼花形成了"A-P-E-C"，分外夺目。

惊叹声由衷而起，嘉宾们并不知道，脚下十年前还是一片拥挤嘈杂的棚户区，住着 3 000 多户居民，上海人称之为"穷街"。

会议期间，美国 CNN 电视网的全球城市气象新闻中，上海浦东受到了特别关照，电视画面上全景式地推出浦东新区沐浴在晨曦中的美景。美国有线电视新闻网（CNN）的记者说，在改革开放的浪潮中，上海重现其"东方巴黎"的迷人风姿。

有意思的是最初一些海外投资者对浦东开发并不以为然。浦东新区首任管委会主任赵启正曾接受采访时告诉记者：对于浦东开发，最初的国际舆论是怀疑的，认为这是个口号而不是行动。[33]

颇有影响力的美国经济学家、诺贝尔经济学奖得主米尔顿·弗里德曼就嘲讽浦东开发就像沙俄时代为女皇建造的“波将金村”(Potemkin)，他还怀疑刚刚落成的杨浦大桥是一个政府开销巨大的作秀。

“波将金村”是俄国波将金元帅为使女皇叶卡捷琳娜二世对他领地的富足有个良好印象，在其必经路旁建起一批漂亮村庄，看上去很美，其实都是布景，里面是破败的茅草屋。“波将金村”也就成为弄虚作假的代名词。㉞

那时，浦东开发的招商人员常常指着五颜六色的规划模型告诉外商哪一座是金茂大厦，哪一座是环球金融中心，哪一座又会是上海中心。外商听完后会哈哈大笑，因为这时窗外，都是吊车，四处破破烂烂。㉟

上海外高桥集团总经理舒榕斌对当年那一刻记忆犹新：“我记得曾经带一个韩国商人赴浦东的外高桥一带考察，到外高桥港口时，只见大片的芦苇荡。韩国商人

从浦西看陆家嘴，摄于1990年5月(新华社　图)

1993年的陆家嘴，东方明珠电视塔还刚刚竖起一小段

难掩怀疑和嘲讽，问我，你们是不是真的开发？这得要多少年啊？"[36]

然而就是在遍地质疑、嘲讽乃至不屑中，浦东迅速崛起，没过多少年，就"当惊世界殊"了，让大经济学家跌了眼镜。

若干年后，美国前国务卿基辛格博士感慨而自信地对赵启正说："浦东宣布开发开放之初，几乎所有的美国人都认为不过是一句口号。但我认为看来，我说对了，许多美国人并不了解中国，他们不知道，中国人只要想干一件事，就一定能干成。因为你们能把资金、人力、物力集中起来办大事。"[37]

时间确实能够彰显人的智慧，早在 1992 年 8 月，浦东开发启动不久，美国《时代》周刊驻华首席记者吉米·克鲁兹发表长篇封面文章，作者称："外滩代表过去的上海，而浦东代表未来的上海。"一时影响甚大。10 年或 20 年后，回味这句话，不得不承认吉米的睿智。[38]

香港经济学家张五常也说过一个关于浦东的故事："一九九三年我带弗里德曼夫妇到那里，见到的只是一行一层高的店子，据说是建造给邓小平看的。米尔顿当然反对这样做，指出政府的发展策划一般失败收场。然而，八年后，我带一位美国

1998 年的陆家嘴初现规模，摄于 1998 年 10 月（新华社　图）

建筑设计师到浦东商业区，他目瞪口呆，说那里密集的摩天商厦可能是世界上最好的。”[39]

这时浦东陆家嘴已有155栋商务大楼，面积是浦西外滩全部万国建筑的10倍。[40]

2001年，浦东大规模的基础建设已经或者接近完工，杨浦、南浦、徐浦大桥，地铁二号钱，浦东国际机场，世纪大道，杨高路等都已经建成。

此前，在外界眼里，上海在人才、科研、文化等方面实力雄厚，但是交通、通讯、电力等基础设施却一直很薄弱，浦东开发开放后，上海开展了大规模高起点的基础设施建设，到了2001年，基础建设大功告成。可以接纳更大规模更高层次的投资者进入，而跨国公司正是浦东所求。

尤其是困扰多年的“过江难”，此时已经变得十分轻松了。此前，汽车摆渡过江一般须两小时，有了大桥7分钟便可到达对岸。

随着基础设施的完成，一位台商说：“上海的门槛一下子就拉高了。原来一个上千万美金的项目可以在上海走得很通，而在此之后，没有上亿美金的项目，你只能做一个普通的投资人，官员出席仪式啊、项目特批啊，这样的优惠条件想都不要想。”[41]

新闻记者是感性的，也就在这一年6月，来自北京的一位记者被浦东所见“镇住”了，她写道：

> 是个晴好的清晨，我坐出租车往浦东赶，四周安静极了，高架路上只有我们这一辆车轻轻滑过路面。蓦然抬头，只见一轮红日从浦东的高楼间悄然跃出，刹那间千姿百态的高楼像被魔杖点过一般，全染成了金色。
>
> 置身在半空中的我们——我和司机，面对这幅地面上看不到的美景，全都被“镇住”了：风在耳边呼呼地响，一幢幢高楼从两边快速向后退去，又有更多身披霞光的万丈高楼扑面而来，我们就这样一头向这海市蜃楼“撞”去，一路无语的司机脱口而出：“浦东太美了。”[42]

开发浦东初，地方官员预期以10年时间即到2000年浦东GDP总量达到500亿元，而事实上2000年浦东的GDP总量达到923亿元，是1990年的15倍。[43]

仅仅10年，浦东人口占上海全市人口的12%，而浦东的GDP已经占上海全市

黄浦江在奔向大海的途中，弯了一下腰（中国上海新闻航拍联盟钮一新　摄）

的 22%，进出口总额占 23%多，外商直接投资合同金额高达全市的 45%以上。而这一年，上海的 GDP 占全国的 5%左右，财政收入占全国的 13%多，进出口总额占全国的 23%。从这些数字可以看出，浦东开发对于上海，长江三角洲、长江流域，乃至全中国的影响。㊹

更重要的是浦东开发开放就像一台马力强劲的引擎驱动上海走出了困境，上海的经济运行实现了大转变，增长速度加快，一个单纯的特大工业城市转向了国际经济、金融、贸易、航运中心，像一只头雁，带动着整个长江流域，共同经历了中国经济高速增长的黄金年代。

法国一位学者则从全球的视角认为，浦东开发是当代中国参与经济全球化进程的最大工程，它是中国在未来提升国际威望的一条新杠杆。浦东实际上已经成为中国向世界经济开放的最显著象征，这座未来型的城市将与 21 世纪一切经济发展的新形式产生共鸣，前景无限美好。㊺

若干年后，弗里德曼传记作者兰尼·艾本斯坦说：我认为，弗里德曼当时的看法可能是错的。如果他还健在，他会重新考虑自己的观点。上海，包括整个中国，都证明了市场力量的强大。㊻

注释

① 邓小平：《建设有中国特色的社会主义》，载《邓小平文选》第三卷，人民出版社 1993 年版。

② 朱红军：《继续为改革开放鼓与呼》，载《南方周末》2007 年 2 月 8 日。

③④ 周瑞金：《朱镕基邓榕整理的小平谈话让我震撼》，引自《剖析邓小平南巡意义》，凤凰卫视 2012 年 2 月 15 日《震海听风录》节目文字稿。

⑤ 周瑞金：《宁做痛苦的清醒者》，文汇出版社 2003 年版。

⑥ 中央文献研究室编：《邓小平年谱》(1975—1997)(下)，中央文献出版社 2004 年版。

⑦ 复旦大学口述历史研究中心编、曹景行主编：《亲历：上海改革开放 30 年》，上海辞书出版社 2008 年版。

⑧ 邓小平：《善于利用时机解决发展问题》、《视察上海时的谈话》，载《邓小平文选》，人民出版社 1993 年版。

⑨ 陆幸生：《"皇甫平"文章发表的前前后后——访人民日报原副总编辑周瑞金》，载《南方周末》2003 年 2 月 27 日。

⑩ 秦思：《问一问"姓社还是姓资"》，载《高校理论战线》1991 年第 3 期。

⑪ 韩福东、张颖、寇震、梁嘉琳：《周瑞金："皇甫平政论"得到朱镕基支持》，载《南方都市报》2008 年 11 月 9 日。

⑫ 陈锦华：《国事忆述》，中共党史出版社 2005 年版。

⑬ 陈高宏：《浦东开发：中国特色社会主义理论指导的成功实践》，载《浦东开发》2008 年第 1 期。

⑭ 黄伟雄口述：《全国第一家中外合资商业企业开张的故事》，载中共上海市委党史研究室：《口述上海——浦东开发开放》(上)，上海教育出版社 2014 年版。

⑮ 胡炜：《直面危机　沉着应对　趋利避害　勇创辉煌》，载《走过十年——浦东开发开放实践录》(下)，上海人民出版社 2004 年版。

⑯ 杨澜：《徐匡迪：七年市长话甘苦》，载《新民周刊》2001 年第 51 期。

⑰ Joshua Cooper Ramo, "The Shanghai Bubble", *Foreign Policy*, summer 1998.

⑱ 胡炜：《这辈子就是浦东人》，载中共上海市委党史研究室：《口述上海——浦东开发开放》，上海教育出版社 2014 年版。

⑲ 王健刚：《使用汉字和筷子的地区经济发展最快》，载《浦东开发》1993 年第 7 期。

⑳《梦缘陆家嘴》第四分册《功能实现》第四章要素市场，中国建筑工业出版社 2015 年版。

㉑ 杨澜：《徐匡迪：七年市长话甘苦》，载《新民周刊》2001 年第 51 期。

㉒《国际大银行扎堆浦东，金融街都挤"站起来"了》，新华社上海 10 月 12 日专电(记者叶国标、张建平)。

㉓ [美]James T.Areddy：《众人说浦东：20 年今昔对比》，载《华尔街日报》中文版网站"中国实时报"栏目，2011 年 12 月 22 日。

㉔ 吴立群：《第一八佰伴开业那天》，载《浦东一日》，上海人民出版社 2010 年版。

㉕ [美]乔舒亚·库珀·雷默：《北京共识》，载《不可思议的年代：面对新世界必须具备的关键概念》附录，湖南科学技术出版社 2010 年版。

㉖《上海浦东推出外资"一口受理"新政　审批时间缩短至 2 天》，新华社上海 2014 年 3 月 26 日电(记者　季明)。

㉗《待琢之玉——开发开放前的浦东》，载赵启正主编：《新世纪·新浦东》，复旦大学出版社 1994 年版。

㉘《创造奇迹——崛起中的浦东》，载赵启正主编：《新世纪·新浦东》，复旦大学出版社 1994 年版。

㉙ 原外高桥保税区管委会李威伯回忆，载《世界在此交汇——上海外高桥保税区 20 年发展纪实(1990—2010)》，上海文艺出版总社 2010 年版。

㉚ [日]高桥朗夫：《一位日本银行行长在浦东的亲身感受》，载《浦东开发》1996 年第 6 期。

㉛《1999 年上海关键词：财富论坛》，载《21 世纪商业评论》2004 年 12 月 7 日。

㉜ 赵启正：《浦东逻辑：浦东开发与经济全球化》，上海三联书店 2007 年版。

㉝ 潘真：《浦东，中国改革开放的象征——访赵启正》，载《联合时报》2009 年 8 月 27 日。

㉞ 弗里德曼曾在香港演讲中如此说。见《弗里德曼自传节选：三次中国行》，载《新世纪》2006 年 12 月 15 日。

㉟《浦东开发者：站在地球仪旁思考浦东开发》，中新社上海2012年10月14日电。
㊱ 王铮：《舒榕斌：刻下浦东开发的年轮》，载《上海国资》2013年第1期。
㊲ 赵启正：《浦东逻辑：浦东开发与经济全球化》，上海三联书店2007年版。
㊳ [美]吉米·克鲁兹：《时代》周刊1992年8月。
㊴ 张五常：《中国的经济制度》，中信出版社2009年版。
㊵《外滩代表过去　浦东代表未来》，载赵启正：《直面媒体》，新世界出版社2015年版。
㊶《1999年上海关键词：财富论坛》，载《21世纪商业评论》2004年12月7日。
㊷ 沈则瑾：《浦东之美何处来》，载《经济日报》2001年6月30日。
㊸ 赵启正：《上海浦东——跨世纪的开发》，载《浦东开发》1993年第8期。
㊹ 俞可平：《更高更快更好》，载俞可平、田赛男编：《海外学者论浦东开发开放》，中央编译出版社2002年版。
㊺ [法]若埃尔·勒·凯芒：《走向世界的上海浦东新区》，载俞可平、田赛男编：《海外学者论浦东开发开放》，中央编译出版社2002年版。
㊻ [美]James T.Areddy：《众人说浦东：20年今昔对比》，载《华尔街日报》中文版网站“中国实时报”栏目，2011年12月22日。

第十章 大试验：高举先行先试大旗

10.1 入世前的预演

1990年4月18日，当中国政府总理李鹏宣布开发开放上海浦东时，投资者都关注到这样一句话：北京批准在浦东实行经济技术开发区和某些经济特区的政策。

在那些投资者眼中，“某些经济特区的政策”主要就是指税收上的优惠政策。十年前中国深圳等经济特区建立时，邓小平告诉南方领导人：“中央没有钱，可以给些政策，你们自己搞。”

之后，在相当一段时期内，经济特区都将实施优惠的税收政策作为吸引境外投资者的主要手段，优惠政策几乎和中国的特殊经济区域画上了等号。经济特区被定义为“实行特殊优惠的经济政策的地区”。这也让其他地区的政府官员非常的羡慕。

在最初中央给予浦东的10项政策中，基本上涵盖了给予5家经济特区的政策，这也包括税收上的优惠政策。①

很自然，因为这些优惠政策，一拨一拨的投资者、考察者走进了浦东大道141号——浦东新区管委会所在地，高峰时还要排队等候接待。

在浦东开发中，实施的政策主要来自两个方面：中央和国家有关部委给的，上海市政府和新区政府自己提出来的，这些政策的关键词是放权和优惠。这些政策发布和制定的时间都很短，可见中央开发浦东的决心之大。

这些政策时间在浦东实施，可分为三个阶段：

第一阶段是1990年，以中委〔1990〕100号文件的政策为主，以财政和税收优惠政策为核心，以市场准入等功能性政策为辅助，其主要目的是通过降低投资成本，改善投资环境，促进浦东开发开放的快速启动。

到了1992年3月10日，上海市市长黄菊向中外记者宣布，为了进一步支持浦东新区的开发开放，中央在1992年年初又给上海扩大5类项目的审批权和增加5个方面的资金筹措权。

给上海扩大5类项目的审批权是：授权上海市自行审批在外高桥保税区内的中资和外资从事转口贸易的企业；授权上海市自行审批浦东新区内国营大中型企业产品进出口经营权；扩大上海市有关新区内非生产性项目的审批权；扩大上海市有关新区内生产性项目的审批权，总投资2亿元以下的项目，可以自行审批；授权上海市在中央额定的额度范围内自行发行股票和债券，允许全国各地发行的股票在上海上市交易。②

中央给予上海的5个方面的配套资金筹措权是：每年发行5亿元浦东建设债券；在原来每年中央给上海1亿美元借款的基础上，从今年起每年增加2亿美元优惠利率借款；允许上海在原定额度以外，再发行1亿人民币股票，用于浦东开发；允许上海每年发行1亿美元B种股票；在以前已拨款2亿元人民币的基础上，今年再增加1亿元拨款给上海。以上5项新增加的资金筹措权，在1992—1995年间有效，如果运用得好，每年可增加40亿元资金。③

这是第二阶段，赋予上海和浦东新区扩大外贸审批权、项目审批权和增加资金筹措渠道等一系列政策，使浦东新区的政策已基本达到并部分超过了经济特区所享有的政策范围。

第三阶段是1995年，以国务院"61号文件"为主，允许浦东新区在服务贸易等领域先行对外开放，这是经济特区不曾有的，也是影响最深远的。文件中的政策内容来自1995年浦东川沙宾馆的一个闭门会议。

"90年代初，浦东的一些领导都在思考这样一个问题，浦东的下一轮开发到底要引进什么？"曾为浦东改革与发展研究院秘书长杨周彝回忆道，"当时大家已经敏感地意识到制造业已经没有太大的发展空间，专家们都认为下一轮应该发展以金融业为首的现代服务业。"④

据杨周彝介绍，那时已经在国务院的朱镕基每年都会来浦东视察，1995年那年，我们特地赶在朱镕基副总理来之前，讨论出浦东下一轮服务业开放的清单，也可以说是请示报告。

于是，就有了“川沙会议”。

1995年3月，上海市政府发展研究中心主任王战、浦东改革与发展研究院长姚锡棠等一批政府决策咨询专家、学者大约30余人在浦东川沙一家宾馆里，“头脑风暴”三天三夜，最终形成了一份报告，提交中央，请求浦东在服务贸易领域对外资先行开放。

1995年4月18日，朱镕基到浦东来视察，看到了那份经过三天三夜讨论出的请示报告，极为满意，当即批给了国务院，便形成了后来的国务院“61号文件”。

该报告的核心内容是建议中央允许浦东新区在服务贸易等某些领域对外资开放，先行先试。包括：一、允许外资银行在浦东试营人民币业务；二、允许在浦东建立中外合资外贸公司；三、允许在浦东设立中外合资的保险公司；四、允许内地其他省份的外贸公司到浦东设立子公司；五、在外高桥保税区实行某些自由港的政策。⑤

“深圳人看到这个文件非常惊讶。”杨周彝微笑着说，这个文件奠定了浦东发展金融业和现代服务业的基础。浦东成为国际金融中心核心区的大幕也随之掀起。

从1978年起，中国最初只是制造业对外国投资者开放，服务业不对外开放。比如，当时有关部门规定外资银行不能经营人民币业务，“61号文件”出台后，允许外资银行在浦东进行经营人民币试点，促进了中国金融业的对外开放，这是具有里程碑意义的事件。

从中国产业对外开放发展历程看，80年代第一个阶段是以建立五个经济特区和开放14个沿海的城市为代表。开放的产业中主要是工业，即第二产业，通过实施优惠政策促进第二产业的发展。当然也有部分第三产业（如宾馆以及其他服务业），但第三产业中的核心领域，如金融、贸易、商业等仍不对外开放。进入90年代，浦东开发标志着我国对外开放进入了第二个阶段。

浦东开发开放后，上海的产业结构有了非常大的变化。第三产业比重上升，开始形成三产与二产共同推动经济增长的格局。大量外资企业，尤其是跨国公司进入浦东和上海，使得上海的产业结构、体制实现了大转变。这也和当年深圳开发时发展“三来一补”的加工贸易产业完全不同。

因此，浦东开发建设者以及专家学者都认为，浦东开发应当逐步摆脱依赖于税收优惠政策，而探索实行功能性政策。所谓功能性政策就是针对当时中国对外资进入的领域限制、产业限制、经营限制和其他限制，按照国际惯例和国内现状允许浦东突破先行先试。这些功能性政策使得浦东成为中国对外开放度最高和市场准入度最大的地区。

也因为功能性政策，在中国 90 年代，中国改革开放进程中浦东起到了承上启下的作用。在最初的“三来一补”加工业以及劳动密集型的制造业向现代服务业以及高新技术产业发展中，浦东推动了中国总体产业结构的升级和改革开放层次的提升。

10.2 功能性政策下的先行先试

到了 20 世纪 90 年代中后期，浦东的官员发现了过度依赖税收优惠等政策的弊病，如有违公平原则、产生“虹吸效应”、招商中的恶性竞争等等。

因此，1996 年 4 月 1 日，中国经济特区的进口关税优惠政策取消了。浦东领导人赵启正提出了变换一种思维方式看优惠政策。

他说：“特区今后的特殊之处将主要表现在它将领先于中国其他地方，试验、试行中国新的经济运作方式。也就是说，由于中国幅员辽阔，一些国际性的或者是某些适合中国的新的经济运作方式，不可能在全国同时开始，这些新的举措将在条件较成熟的 5＋1（指深圳、珠海、汕头、厦门、海南 5 个经济特区加浦东新区）地区先行。譬如，对外国银行开放人民币兑换，就不可能在全国同时进行，只能在 5＋1 地区先行试验。”⑥

于是，先行先试，成了浦东的一面旗帜，一种推进发展的手段。从 20 世纪 90 年代中后期，浦东面对未来，开始逐渐摆脱对税收优惠、资金资源等政策的依赖，转向了功能性政策。因为由“优惠政策红利”带动的区域增长优势将成为历史。

这种转变还有两个更大的背景——中国建立市场经济体制和申请加入世贸组织。

1992年10月，中共第十四次全国代表大会召开，大会明确提出，我国经济体制改革的目标是建立社会主义市场经济体制。

这是中国现代史上具有划时代意义的转变，从1978年12月，十一届三中全会到1992年10月，中国共产党人用了14年的时间“摸着石头过河”，最终确立了中国改革开放的目标——建立社会主义市场经济体制。研究中国经济改革的学者将1992年定为一条分界线。1992年之后，中国开始真正加快了市场化改革的步伐，更坚决地朝向市场经济体制转轨。这一年也就被称为中国社会主义市场经济元年。

1993年，在全国人大八届一次会议上，“社会主义市场经济体制”被写进《宪法》修正案的第七条中，市场经济在中国合法化了。

这年10月，十四届三中全会获得通过了《中共中央关于建立社会主义市场经济体制若干问题的决定》。由此，市场经济成为一股强大的原动力推动着中国经济列车高速前进。

同年5月11日，在全国首个使用粮票的北京，停止了粮票的使用，各类票证被送进历史档案馆。而早在九年前，深圳特区就取消粮票了。

这一年，93.8%的零售商品价格由市场定价，而在1978年，97%是由政府定价的。这是从计划经济到市场经济的一次成功转身。⑦

中国的形势大变，全球的形势也在发生巨大的变化。

这一时期世界上许多国家都在认真地反思计划与市场的关系、政府干预和经济自由的关系，越来越多的学者、政府官员，甚至主要国际经济组织的首脑们都开始主张更多地利用“看不见的手”。在西方是对于凯恩斯主义的一种反省，重新回到市场的轨道上来。在东方是对计划经济的否定，彻底地抛弃计划经济，走向市场经济。

发达国家，如英国的撒切尔夫人摒弃了长期推行的凯恩斯主义而重温经济自由主义，放松管制。发展中国家，如拉美的乌拉圭、智利、阿根廷也加快向市场经济转型。即便是一些曾经的社会主义国家如匈牙利、俄罗斯也在积极进行经济体制改革，市场经济如一股大潮在全球涌动。

而浦东在完善社会主义市场经济体制的探索中大大地向前一跃，率先在现代服务业领域先行先试功能性政策。

或许这也是上海与生俱来的那种基因，美国学者、中国通罗兹·墨菲对上海从1843年到1949年的历史有着深入的研究，著有《上海——现代中国的钥匙》一书，他指出：中国的经济变革，在黄浦江边充分地生长出最早的现代根苗。⑧

或许是对多年实行的计划经济的反弹，要知道在计划经济时代中，中国计划经济达到极致的地方就是上海。改革要把计划经济转变为市场经济，浦东开发承担了探索建立完善社会主义市场经济运行机制的使命。因此，浦东开发开放不仅仅是工业领域，更重要的是金融和商业等第三产业上的开放，其中包括建立自由贸易区、设立证券交易所，允许外资进入金融业等。这为中国现代服务业对外开放，建立相关的市场体系、规则、环境等方面先行一步。

浦东开发由优惠政策转向功能性政策还受到了中国加入世贸组织的倒逼。

1995年1月1日，世界贸易组织(World Trade Organization)取代成立于1947年的关贸总协定开始正式运行。这个被称为全球贸易的“联合国”组织主要目的就是推进开放市场，实现公平贸易和世界贸易自由化。

中国政府从1987年就提出要恢复在世界关贸总协定的席位。1995年世贸组织成立后，又一直在为加入世贸组织进行谈判。中国入世议定书中文译本约有一万字，其最核心的关键词是“开放”。入世议定书是中国政府的对外公开承诺。国民待遇、市场准入和透明度等原则确保了中国从政策性开放固化为制度性开放。

在世贸组织的诸多规则之中，有一个基本的要求就是普遍的国民待遇，即所有给予国内企业的各种政策待遇，同样要给予外资企业。在这种情况下，如果中国还继续围出一块地，继续搞特殊政策下的经济特区，显然是有违普遍国民待遇原则的。

因此，在中国政府的《中国加入工作组报告书》第222条中有这样的表述：

> 中国代表表示，没有建立任何新的经济特区的计划。经济特区适用的特殊优惠关税政策已经取消。随着中国经济改革和开放的发展，中国将在其关税领土内统一实施关税政策。⑨

“入世”也意味着普惠理念的实行，对于经济特区意味着优惠政策的结束。和所有特区一样，浦东必须面对消失优惠政策后的现实。

“当时浦东的功能性政策下的改革就是 WTO 前夜的预演。”杨周彝说。而这场预演让浦东再一次站在了新一轮改革开放的最前沿。“浦东的发展，与中央的功能性政策支持是分不开的。”长期研究浦东开发开放的杨周彝说，正是它们帮助浦东完成了能量积聚的过程。

杨周彝认为：致力于服务业的改革与开放，这是浦东开发开放最成功的经验之一，是中国加入世贸前服务业领域对外开放的一次重要探索，对全国具有明显的示范效应。[10]

而更大的背景是在 1993 年，朱镕基成功实现了中国经济过热的“软着陆”后，从 1994 年起推出财税制度、金融体制、投资体制、企业制度、住房制度、物价体制六个方面的改革。推行分税制，建立现代银行制度，人民币汇率和国内物价取消双轨制等等，而浦东欲在中国服务业扩大对外开放中打头阵，自然要求具有试验性质的政策。

这种功能性政策更具有着宏观意义。因为改革开放发展到了深处，依赖税收优惠政策已经在一些地方显现出弊端，更需要制度层面的创新。

对于功能性政策，赵启正有这样一个形象的解释：将海边的一个军事场所，通过政策安排，改变为海滨游泳场所，这样改变场所的功能，这样的政策就是功能性政策。和以前的优惠政策比，其最大的特点是没有任何税收上的关系，更没有和上级部门投资的关系。[11]

这种功能性政策的实施正是中国改革开放中一项重要战略——在一个特殊的区域里不断地进行制度试验，成功的加以推广。而浦东人最先意识到了这一点，这或许是 2013 年自由贸易试验区最先落户浦东的原因之一。

10.3 进入新世纪的大试验

先行先试，成了浦东的一面旗帜、一种方法，推动浦东在逐渐失去优惠政策效应的同时，加快发展。在浦东开发开放的历史上，因为先行先试，浦东产生了诸多第一：

1992年7月26日，全国第一家在中国境内保税区从事进出口贸易的外国公司——日本伊藤忠商事有限公司，经国家批准注册外高桥保税区。

1993年11月，外高桥保税区在全国范围率先设立了保税交易市场——上海保税生产资料交易市场。

1995年12月20日，中国第一家经国务院批准的大型中外合资商业零售企业——第一八佰伴有限公司开业。

2000年1月1日，第一个成为外资银行试行人民币业务的地区。

其中社会影响较大的是上海第一八佰伴有限公司盛大开业。

这是中国第一家经国务院批准的大型中外合资商业零售企业，由日本八佰伴、香港八佰伴和上海第一百货商店合资，1995年12月20日在浦东陆家嘴的一幢新建筑开张，尽管寒风凛冽，107万顾客潮水般涌入商场，被载入吉尼斯世界纪录。

日本八佰伴总裁和田一夫惊叹道："一下子来了107万位顾客，把我都惊呆了，全世界所有的百货店开业，还没有如此高的记录，真不愧在中国。"⑫

之前，中国国内的商业界里没有外国投资者涉足，上海第一八佰伴是第一个打破中国商业中资经营的一统天下，也让中国商业界看到了海外商业对于中国消费者的巨大吸引力。

但浦东的官员试图在更大的范围，更全面的领域进行先行先试。

2004年7月，中共中央总书记胡锦涛视察上海期间来到浦东，要求"要继续搞好浦东开发，加快体制创新，提高外向型经济层次，努力在更高的起点上实现快速发展"。

开发之初，浦东出现了爆发式的增长，而对整个上海发展巨大贡献，但是浦东在逐渐失去优惠政策效应的同时，如何在更高的起点上实现快速发展？

机会很快来了，2004年，在国家发展和改革委员会的某些官员头脑中出现了"综合改革"的概念，并开始讨论如何选点。国家发改委是中国政府中的一个重要部门，负责拟订经济和社会发展政策，指导总体经济体制改革。

这时的中国经过20多年的改革，北京高层注意到了改革发展中尚未根治的某些问题开始集中暴露，比如政府行政管理体制、社会管理体制改革与经济体制改革发展不平衡、不配套的问题依然存在。单项式的改革所引发的矛盾已经超越了经济范畴，因此必须考虑改革的系统性和配套性，将经济改革、政治改革和社会改革置于人与社会、人与自然和谐发展的框架中。因此，国家发改委官员们开始研究综合性的改革。

浦东很快知道了这一信息。据时为浦东新区区长张学兵回忆："一次我们在食堂吃饭，新区发改委一位同志拿了一份文件过来给我看，说他们从国家发改委得到一个信息，国家发改委正在研究综合配套改革，在全国选点。"⑬

同年9月24日，浦东新区发改委副主任蒋慧工来到国家发改委体改司汇报浦东改革开放情况。

体改司司长范恒山听后说："现在，不少地方提出改革试点要求，但都偏向于单项改革，没有综合性改革内容。前些时候，受温总理委派，国家发改委等几个部委专程作过调研，形成的方案已报国务院。"

蒋慧工顺势提出了浦东具有新世纪率先改革试点的优势和条件，并请教下一步如何进行。

范恒山若有所思道，国家发改委一直在考虑选择综合性改革试点，浦东提出试点是有条件的。

范恒山的话，让蒋慧工内心兴奋。

范恒山还建议，请体改研究会与浦东新区先拟方案，我们组织论证，比较成熟后，你们再向上海市政府报告，由上海市政府上报国家发改委，把浦东列为新时期改革试点。⑭

浦东官员明白，这是一个机会，可以争取到中央政府对外开放和制度创新方面的重大举措放在浦东。

10月，北京秋高气爽，是旅游的最好季节。浦东主要领导一行人紧急赶到北京，他们无心赏景，唯一的期望就是改革试点能够得到中央部委的支持。

在与国家发改委官员交流时有这样一段话：

范恒山说：就现在全国来看，单项的改革，单兵突进已经不行了，关系到打断骨头连着筋的事情，你动了这项那项不动都不行，所以一定要搞综合的、配套性的改革。

浦东官员说：浦东愿意先行先试，浦东本来就是改革开放的产物，改革是浦东开发的一个根本属性。

范恒山鼓励地说：我们也希望浦东能够带这个头，因为浦东是近几次党代会都写到报告当中去的，但是希望你们在综合配套改革中，不要把注意力放在优惠政策上，一定要做一个综合配套改革的方案，报审批。[15]

据浦东新区领导人回忆：在会晤国家发改委主任马凯时，浦东方面提出争取成为国家综合配套改革试点，有“三不”原则：即一不要政策，二不要项目，三不要资金。马凯听后颇感兴趣地拿出笔记本，要求再复述一遍，边听边记录。[16]

很快，浦东新区形成了一份《浦东新区争取中央和市支持的功能性政策建议（初稿）》。

国家发改委对此非常重视，专门派调研小组到浦东调研考察，肯定了浦东新区提出的“六个化”（经济运行市场化、商务环境国际化、功能开发区域化、增长方式集约化、公共事务社会化、政府管理法治化）改革思路，认为在浦东这样一个局部区域进行试点，风险比较小，取得经验以后，还可以在面上推广。

2005年初，在该《建议》的基础上形成了申请国家配套改革试验区的主要内容——《上海浦东综合改革试验区框架方案》，正式递交给了国务院。

此时的浦东开发开放15年，面貌绝非吴下阿蒙。15年来，浦东GDP年均增长19.2%，2004年达1 790亿元，约为1990年的30倍，浦东以上海八分之一的人口、十一分之一的土地面积，创造了上海四分之一的GDP和工业总产值、二分之一的外贸进出口总额和三分之一的利用外资总额，等于在短短15年里再造了一个大上海。这时的浦东已经是上海重要的经济支柱。

一位叫吴大中的台湾商人说：“浦东高标准的规划和高速的发展，这种效果，在东京、纽约、伦敦等国际大都市，都用了一二百年甚至更长的时间，而浦东，仅仅才十五年。”[17]

高速发展中浦东人也遇到了“成长的烦恼”。优惠政策边际效应递减，中国各地区互相竞争，外国投资者不断地研究各家开发区的政策优惠程度。浦东开发之初，曾有投资者涌来为了享受浦东当时的优惠政策，然后发现了临近的江苏昆山更优惠，便辗转而去。

浦东逐渐涨高的商务成本，也降低了浦东的外资吸引力。美国3M公司是最早进入上海的跨国公司，但是到了 2005 年却将工厂设在苏州，因为同样是买断 50 年的使用权，浦东外高桥的价格是 110 美元/平方米，而苏州工业园区的公开报价仅为 15 美元/平方米。[18]

浦东也面临着结构调整、产业升级的重任。当时沪上的学者们直言不讳：从外商投资、高技术产业发展等指标看，浦东的经济运行并不让人满意，如何保持后劲让人担忧。15 年来，浦东对长三角地区、对长江流域经济发展的辐射作用还没有充分发挥出来，“小政府，大社会”模式还有待完善，经济运行和增长方式还有很多与社会主义市场经济不配套的地方，二元经济与社会结构特征还比较明显。

而在浦东“小政府，大社会”的探索中，浦东官员认为：“一个精干的政府仅仅是开始，浦东正在此基础上，精心勾勒出一个现代意义上的公共服务型政府的雏形。而这正是 2005 年开始的综合配套改革试点提出的要求——‘小政府’要进一步改革，更加高效。”[19]

这就是浦东官员希望实行综合配套改革的背景。

在中国的现代区域经济发展史中，自深圳特区建立后，地方政府一直有着一种优惠政策偏好，这种优惠政策偏好一直被人议论，尤其是 2000 年中国加入了 WTO 后。

而这时中国各地已走出了简单地依靠政策发展的阶段，进入体制创新、制度创新阶段，浦东试图争取国家对外开放和制度创新方面的重大举措放在浦东“先行先试”，积极稳妥地推进综合性制度创新。因此，浦东率先进行制度改革得到了中央的支持。那时，向中央申请配套试点区的不止浦东一家，还有深圳、天津滨海新区等多家竞争者。结果，浦东最早胜出。除了多年来的改革开放优势，浦东的制度改革方案的可操作性也是浦东得以抢先一步的重要原因。

有经济学家把浦东开发归功于制度创新在“最恰当的时刻，出现在最恰当的位置”。

历史选择了浦东。到 2005 年的初夏，6 月 22 日，新华社一则电讯稿让浦东人又体验了 15 年前开发开放浦东时的兴奋：“国务院总理温家宝 21 日主持召开国务院常务会议，研究建设节约型社会和发展循环经济问题，批准上海浦东新区进行综合配套改革试点。”

消息写道：

国务院常务会议要求，浦东综合配套改革试点要着力转变政府职能，着力转变经济运行方式，着力改变二元经济与社会结构。要把改革和发展有机结合起来，把解决本地实际问题与攻克面上共性难题结合起来，把实现重点突破与整体创新结合起来，把经济体制改革与其他方面改革结合起来，率先建立起完善的社会主义市场经济体制，为推动全国改革起示范作用。

会议认为，我国改革正处于攻坚阶段，在继续做好有关专项改革试点的同时，选择具备条件的地区，进行完善社会主义市场经济体制综合配套改革试点，提供相关经验，对于实现党的十六届三中全会提出的改革目标，具有重要意义。[20]

浦东又一次走在中国改革开放的最前沿，延续功能性政策先行先试，成为全国第一家综合配套改革试验区。

当年中国政府设立经济特区没有考虑浦东，邓小平曾为之惋惜。但2005年，中央先考虑了浦东，看看浦东能不能在综合配套改革中先行突破。这种突破是有着宏观意义的。因为改革发展到了深处。需要突破的已经不是局部性的问题。深层次的问题往往牵扯面更广。对于中国的其他地方政府是有着示范效应的，这也是浦东成为第一家综合配套改革试验区的原因之一。

其实，无论深圳还是浦东以及其他实行政策优惠的地区，都明白优惠政策早晚要终结的，政策倾斜总有归正之时，但制度创新可以不断探索的，浦东改革与发展研究院原秘书长杨周彝打了一个比方，优惠政策好比直接给粮食，而综合配套改革试点赋予的是“生产自主权”。[21]

早在1995年9月18日，浦东新区管委会主任赵启正在介绍中央赋予浦东的功能性政策后说，新政策的着眼点，是把浦东新区作为改革开放的综合试验区，作为同国际惯例接轨的先行区。[22]

也就是说，早在10年前，浦东就在思考综合性的制度试验而非仅仅是央求中央给予优惠政策。

对此，赵启正解释：“这就是浦东，先行先试，不断地进行理论和实践的创新。”[23]

浦东的“第二次改革”得到了中央的支持。当然，在这样一个经济贡献巨大的新区试验先行先试，中央也考量了浦东方案的可操作性。

《上海浦东综合配套改革试验区框架方案》提出了建设浦东综合配套改革试验区的7大主要任务。内容涉及政治、经济、文化发展的多个方面。而发改委审批后的框架方案新增了三项内容，分别是：大力培育和发展中介组织，提高经济活动的社会组织化程度；探索建立人力资本优化积累机制，创造人才强国的制度环境；建立科学的调节机制，完善与经济社会发展水平相适应的现代社会收入分配与保障体系。

不过，有学者称：“在浦东的配套改革试点，其实是一个过渡性的体制探索。”因为，从宏观角度看，中国还需要不同地区和不同层次的探索实验。

一年后的5月26日，天津滨海新区成为全国综合配套改革试验区。国务院发布《国务院推进天津滨海新区开发开放有关问题的意见》，意见称，经过十多年的开发建设，天津滨海新区已经具备了进一步加快发展的条件和基础。推进天津滨海新区开发开放，有利于提升京津冀及环渤海地区的国际竞争力，有利于实施全国区域协调发展总体战略，有利于探索新时期区域发展的新模式。

天津滨海新区包括塘沽区、汉沽区、大港区三个行政区和天津经济技术开发区、天津港保税区、天津港区以及东丽区、津南区的部分区域，规划面积2 270平方

自浦东作为一个新区后，到2016年6月，国家批准设立了18个新区

公里。10年前，那里是一片寸草不生的盐碱地。

滨海新区也从天津的地方规划上升为国家战略，继深圳开放、浦东开发之后，成为中国经济增长的第三极。

从20世纪80年代的深圳经济特区，到90年代的浦东开发区，再到新世纪的天津滨海新区，这都是国家的战略，而中央大力推进天津滨海新区开发开放表明中国领导人更注重区域均衡发展。

10.4 8年中画了12个圈

曾有媒体将综合配套改革试验区称之为"新特区"，还有学者质疑"新特区"设立是否有悖平等精神？

无论从历史还是现实看，中国的区域发展非常明显的不平衡，历史上长期的专制特权社会。形成了一种文化传统，导致中国从来就难以产生一视同仁的经济发展政策，地方主义和诸侯经济形成的地区壁垒有碍市场经济的发展。

在上海浦东新区、天津滨海新区作为综合配套改革试验区的示范作用后，更多的地区都在争取成为下一个"新特区"。进入了新世纪，中国还需要"新特区"吗？

赞成者认为，相比于当年设立深圳等经济特区的破冰意义，"新特区"的作用将更多集中于一些深层次的改革试验上。

反对者认为，应该将"特区"这种在某一个时代和时期里发生的阶段性产物逐渐淡化，这对于一个国家的整体发展和均衡发展是有好处的。根本没有必要再搞什么"新特区"。

其理论模型是：如果要将一个地区达到与发达国家接轨的程度，那就必须调集国内其他地区的资源。如果这一地区最终的发展不能与国内落后地区接轨，反馈国内其他地区，那么这种特区经济便成了与国内经济脱离的"飞地经济"。因此，当中国经济发展到一定程度，便要警惕这种制造一个国家经济不能均衡发展的"特区"，适当限制这种特区。

南开大学郝寿义教授在其主编的《国家综合配套改革试验区研究》一书中否定

了“新特区”的说法。他认为，国家综合配套改革试验区致力于社会经济生活各方面的制度创新进而培养“制度高地”，实现依托内生制度创新的社会经济发展“增长极”。书中再三强调，不是一个“新特区”的概念，是要实现内源的制度创新，而不是依赖外部优惠政策的注入。㉔

学者们的争论并没有影响地方政府的政策偏好。自从上海浦东和天津滨海新区相继成为综合配套改革试验区后，包括东北的沈阳、湖北的武汉以及广西的北部湾经济区等在内的众多城市都通过各种途径申请成为下一个“新特区”的候选地。这些地区都是在中国区域经济中的一方重镇。“80 年代看深圳，90 年代看浦东，21 世纪看天津”，是众人熟知的一句话，但中国其他一些地区也正试图成为这句流行语的延续地。

“特区”的称呼是邓小平提出来的。在中共深圳市委宣传部写作组撰写的《深圳的斯芬克斯之谜》一书中有这样的描述，在北京中南海，一条幽静的小路上，邓小平与时任广东省委第一书记、省长习仲勋商讨开放事宜，邓小平忽然停下脚步说：“你们上午的那个汇报不错嘛，在你们广东划出一块地方来，也搞一个特区怎么样——”

“对，办一个特区。过去陕甘宁就是特区嘛。中央没有钱，你们自己去搞，杀出一条血路。”㉕

于是在中国南海边，出现了一个新的开放区域，实行特殊的经济政策，以引进外来资金技术。

有意思的是，当年在深圳等地试点经济特区时，地方官员小心翼翼，如履薄冰，那是有被攻击、撤职查办甚至坐牢的危险。1985 年，“京官”李灏被点将去深圳任市委书记时引用了战国时期著名刺客荆轲的著名诗句：“风萧萧兮易水寒，壮士一去不复还！”而到了 2005 年后综合配套改革试验区却成为众多地方政府争夺的对象。

2007 年 6 月，重庆和成都联合获批成立“成渝全国统筹城乡综合配套改革试验区”；12 月，位于中部腹地的武汉城市圈和长沙、株洲、湘潭城市群成为“全国资源节约型和环境友好型社会建设综合配套改革试验区”。

随着两个新试验区的加盟，2007 年，中国大地上由东部沿海到中、西部内陆初步完成了综合配套改革试验区的全面布局。

2009 年 5 月，深圳人终于等来了好消息：国务院批准了《深圳市综合配套改革总体方案》。

2010 年 4 月 6 日，沈阳经济区国家新型工业化综合配套改革试验区设立。

2010 年 12 月 13 日，经国务院同意，国家发改委正式批复设立“山西省国家资源型经济综合配套改革试验区”。这是我国地域面积最大的综改区。

2011 年 3 月 4 日，国务院发文批复同意实施《浙江省义乌市国际贸易综合改革试点总体方案》。

同年 12 月，《国务院关于厦门市深化两岸交流合作综合配套改革试验总体方案的批复》(国函〔2011〕157 号)发到了厦门，作为最早的经济特区之一，国务院要求厦门更好地发挥厦门市在海峡西岸经济区改革发展中的龙头作用。

2013 年 4 月 3 日，国务院总理李克强主持召开国务院常务会议，部署开展现代农业综合配套改革试验工作，会议确定黑龙江省先行开展现代农业综合配套改革试验。

至此，从 2005 年到 2013 年的 8 年内，中央政府在中国的版图上画了 12 个圈。

2015 年 10 月 15 日，在国家发改委举行的新闻发布会上，国家发改委秘书长李朴民表示，2005 年以来，国务院先后批准设立了 12 个国家综合配套改革试验区，包括开发开放、统筹城乡、“两型”社会建设、新型工业化、资源型经济转型、现代农业这六种类型。也就是说，这 12 个试验区，有着各自改革开放的侧重点和主题。

不过，与上海浦东和天津滨海、深圳相比，“武汉城市圈”和“长株潭城市群”以及成都和重庆、辽宁沈阳、山西等综改区的试验范畴单一。特别是批准的部门也不一样：一个是我国最高行政机关——国务院，另一个是国务院组成部门——国家发展和改革委员会。

学者们共同的看法是，从 20 世纪 80 年代的深圳经济特区，到 90 年代的浦东开发区，再到新世纪的综合配套改革试验区，都是中国政府一步一步地在各种特定的区域内进行的改革试验。

而作为第一家综合配套改革试验区，浦东进行的综合配套改革试点难度更大。2005 年浦东被批准时，新华社电讯稿中仅简要报道了“三个变”：转变政府职能，转变经济增长方式，改变经济社会二元结构。坊间随此而来的说法是“三不”：即在浦东的综合配套改革试点中，中央一分钱不给，一个项目都没有，一条财税优惠政策都没有。“三个变”是指对浦东综合配套改革试点的要求。“三不”是指在浦东进行综合配套改革试点的先决条件。

确实，浦东开发之初，中央给了浦东的优惠政策，也给了大项目，但从成为综合配套改革试点伊始，浦东人明白中央给予浦东的“最大特权”就是在制度创新方面先行先试的优先权，也就是说要通过先行先试把改革和发展有机结合起来，把解决本地实际问题与攻克面上共性问题结合起来，把实现重点突破与整体创新结合起来，把经济体制改革与其他方面改革结合起来，率先建立起完善的社会主义市场经济体制，为推动全国改革起示范作用。

这意味着，北京高层也更看重浦东在综合配套改革试点中的制度创新。按照上海市领导的说法：“浦东能突破，全市能推广，全国能借鉴”。㉖

因此，2005 年后，有 23 家国家部委在浦东以综合配套改革试点的名义进行各种各样的政策试验，70 多项国家层面的改革项目在浦东试点。如国家质监总局、国家工商局、海关、商务部等等，说浦东成为国家新政的试验区，并不夸张。这些试验动静不大，具体而分散，不同的主体为不同的目的进行不同个试验，于是给人一种碎片化的感觉。㉗

2014 年 11 月 16 日，由原工商、质监、食监三部门整合而成的浦东新区市场监管局挂牌运作，这是浦东探索大部制改革的试点（张弦　摄）

进入21世纪，随着浦东示范作用，区域性的改革试验也不断地发酵，渐渐地，各地方政府对于区域性的优惠政策已经不抱希望，于是开始追求试验性政策，以为一个地区如果设立为国家综合配套改革试验区，政策环境方面就会有极大的改善，可以更多地发挥地方的自主性。而越来越多的具有前瞻思维的地方官员意识到了，“一流的政府要战略，二流的政府要政策，三流的政府要钱”。因此，纷纷向中央要求综合配套改革试验。

区域综合配套改革试验遍地开花，这不能不说是浦东带的头。

10.5 戴着铁镣跳舞

浦东成为综合配套改革试验区与政府自身的改革有着很大的关系。从开发浦东起，地方官员们就一直在突破各种繁琐的行政审批。

1990年9月10日，上海市政府举行浦东开发新闻发布会，美国《时代》周刊记者问时为市长的朱镕基，上海的官僚主义像长城的石头一样坚硬，你们如何来改变这种状况？如何使得浦东新区对外商投资更有吸引力？

据记载，那时在上海搞一个项目，最多时要盖126个图章，办事程序也极不透明，为一个项目投资者要东奔西跑，仅一个单位就要跑几次，等半年或更长的时间，外商反映尤为强烈。[28]

因此，朱镕基很坦率地告诉记者，我跟你一样痛恨官僚主义，但也可以说，官僚主义是世界通病。上海过去批准一个项目要盖一百几十个图章，我们已建立了市外国投资工作委员会，目标是审批外资只盖一个图章。[29]

朱镕基出任中国总理后曾经被西方记者称为“经济沙皇”。他做事雷厉风行，厌恶推诿扯皮。他期望建立这样一个委员会能够解决繁文缛节的难题，故被人戏称为“朱一敲”。

1991年1月31日，在批复一份有关投资审批漫长的内部调查报告时，朱镕基毫不客气地批示：“呜呼上海，不改革，要完蛋。”他要求把这份调查报告印发给所涉及的人员看，“如果有一万人，就印一万份，市政府出钱”。[30]

在1993年的上海市人民代表大会上，浦东新区领导人赵启正就浦东政府职能改革说了三句话："该管的大事一定要管好，可管可不管的由中介机构去管，不该管的坚决不管。"

可见无论是上海市领导层，还是浦东的领导层都有对传统的行政管理体制进行一番改革的冲动。

1992年，中国外经贸部集全国性进出口公司的资金，准备在浦东投资建一幢超高层建筑——金茂大厦，当时造价约4—5亿美元。如此之大的投资规模，按规定必须送国家计委报国务院审批。

据当时还在浦东开发办任职的蒋慧工回忆：我们都明白，若要报送北京审批，周期会很长，大大延缓这个地标性建筑的落成。

于是，浦东承担了风险，负责该项目的审批，而上海市里只当不知，一旦国家计委得知浦东越权审批，怪罪下来，也由浦东顶着。

蒋慧工说："这是一个可说得过去的做法，因为浦开办刚获得审批授权不久，不了解更多的审批规定，失误也在情理之中，但届时必须承担责任。考虑到在浦东开发初期该项目的影响实在太大了，非常有利于树立浦东开发形象，促进浦东投资。我毫不犹豫就答应了，即使今后要承担责任也在所不惜。"[31]

果然，在若干年后国家计委了解到浦东建了全国第一的超高层建筑，居然没有经过他们审批，准备彻查。还好，中国外经贸部事先有了准备，加上国务院有两位领导朱镕基和李岚清的关注，也就虚惊了一场。

好在进入21世纪后，这些审批程序都作了改革，只要是不列入国家行业导向目录中的限制、禁止项目，并且不要国家财政拨款的项目，地方均可自行审批。

浦东成为综合配套改革试验区，还有这样一个背景：中国改革开放后，计划经济时代所行使的游戏规则被打破了，必须配置和市场经济相符的游戏规则，如对待假冒伪劣，环境污染等问题。于是各级政府规范秩序，出台各种各样的标准和条例。结果，条规也越来越多，戴大盖帽的监管者也越来越多，收费也越来越多，检查、处罚也越来越多，但是效率却越来越低。中国民间有一个说法，叫："七八个大盖帽管不了一顶破草帽"，谁都能管，谁也管不了。各种条规就像著名的帕金森定律不断膨胀。

这种现象，外国人尤其是外国投资者很不理解。

减少审批就成为政府改革的重要任务。浦东开发后，就率先改革行政审批制度，经六轮改革后，到2012年审批事项已从2001年的724项减少到242项，审批时限从法定22个工作日压缩到8.4个工作日，双降百分之六十。[32]

当然，这些数字来得并不轻松。浦东的一位官员曾向媒体感慨："一家一家谈判，一项一项减掉，很难的，这是一个非常痛苦的过程。"

政府机关里的官员更直接地感受到从上到下的事权不变，内部减人减程序，很大程度上只能是剩下的少数人更加忙碌。一些想报考浦东公务员的大学生都会受到提醒："我们是小政府，不好混，想清闲就不要来这里。"

这种痛苦始终伴随着改革。那是戴着铁镣跳舞，因为越到后面，要砍的项目几乎都是密切涉及利益分配的问题。

"行政效能最高，行政透明度最高，行政收费最低"——这是浦东综改转变政府职能的目标。

不过，即便减到了二百余项，但一个企业从申请到完成审批，还费时费力。一位经办人员说："我们把服务项目都集中到一个门里了，但国家政策和规定中有一些是互为前提条件的，这边规定要求部门A先拿意见，那边要求部门B首先点头。谁做第一个呢？转一圈又转过来。"[33]

没有制度层面的根本突破，问题依然存在。上海通用汽车规划发展部高级经理李进明向媒体说了这样一个圆环的故事：

上海通用汽车要建一座连通两个厂区的整车物流车行天桥，项目报到了金桥管委会，管委会上报到区里，区发改委、建交委、环保局、土地局等都说没有问题，但要以其他部门同意为前置条件。于是，报告在几个政府部门循环兜圈子，一年时间过去没有任何进展。

皮球踢来踢去，几家主管部门就互为前提，这就成为一个圆环。[34]

问题就出在这个圆环上。一件事情牵涉到几个职能部门，大量时间就消耗在部门之间的横向流动上，谁都不肯先跨出一步，担起责任，看似谁都没错，但却效率低下。

对此，浦东没有停下脚步，必须继续进行制度上的创新。

10.6 诞生了一个为市民服务的机构

对于政府办事效率的追求，打造公共服务型政府的使命，导致了一个新的机构产生。

在浦东新区政府大楼对面一片郁郁葱葱的绿荫后有一座淡黄色的建筑，那是浦东市民中心，英文译名为：Public Service Center Of Shanghai Pudong，从英文名可以看出，那是一个为公众提供服务的机构。

浦东市民中心外观

2006年10月18日，金秋的阳光见证了四位浦东居民代表为浦东市民中心揭牌，其中一位是德国商人。

最初，路人对于这幢淡黄色的建筑投来好奇的眼光：这个机构是干什么的？

其实，设立这样一个机构的设想很简单：让市民和企业到政府审批的大部分事务都能在这幢建筑物里办结，即通过“一门式”或称“一站式”服务，提高行政审批的效率。

曾有一位黄姓社区居民第一次走进宽敞的市民中心大厅，在穿蓝色马甲的志愿者指引下，他来到电子触摸屏前，轻轻一点，屏幕下方立即“吐出”一张小纸片，上面写着排队号码、办理窗口。黄先生 30 多年前去农村当知青，如今他要回沪办手续。他得知只要到市民中心来就能办妥所有手续了，这里集合了街道、区级所有的办事窗口，无需再跑多个地方了。

黄先生好奇地看着回字形的柜台内身着各种制服的工作人员，感到新鲜。当他来到柜台前，更让他新鲜的是柜台低，中间没有隔着玻璃，坐着和办事人员说话很方便，不到 10 分钟，他办完了手续。

速度之快，也给黄先生惊喜。

市民中心还设专门的行政效能投诉中心，一旦事项办理超时，投诉中心的显示屏上就会提示“违规”，监察部门会进行督办。

浦东市民中心还和各个社区事务受理中心联网，将原招商中心涉及的投资、税务、财政、卫生审核、人才引进等各个方面纳入。84 个窗口集合 370 多个办事项目，新区政府各委办局在中心平台共设立了 140 多条专线。

在市民中心的一楼到三楼都设有综合信息查询机，借助这些查询机，市民可以查到各项政府公开信息和办事项目告知、衣食住行、就业、求学等各方面信息。

市民中心还让与市民关系密切的浦东婚姻登记中心、法律援助中心等服务机构入住，还有市民食堂、市民茶座、市民会堂、市民客厅、银行、邮局、自助取款机等等。

这座 1.7 万平方米的浦东市民中心，有着宽敞明亮的大厅，让人眼睛一亮。而在办事大厅旁的市民休闲区，面积又比办公区足足大了三四倍，绿色的灌木点缀其中，还设置了一张张圆桌和椅子，供市民办事、或休息。还人性化地设置了残疾人轮椅、婴儿车，并配有放大镜、老花镜、医药箱、急救包、针线包等。

浦东新区市民中心正式启用时还开通了一个特殊的热线电话，市民遇到烦恼事，都可以拨打这个热线电话，甚至夫妻吵架，也可以拨打热线寻求帮助。

不同的社会组织、政府部门也可以在市民中心举行各种的论坛、讲座、研讨，募捐活动。还有各种展览，如收藏展、画展。活动多了，楼上地方又不够，地下室也利用起来了。

不少活动还吸引了外国人参加，如一些外国人愿意义务教英语；这里还提供外国人的孩子或者夫人们学汉语、练习毛笔字的课程。

浦东社团组织举办培训，还邀请外国专家讲课

在市民中心地下一楼的市民茶室，每周六下午2点都会有一个英语沙龙，从2006年到2014年，上万人次参与到英语沙龙的活动，已经形成了由20多名外籍人士、华侨等英语熟练者组成的志愿者团队，成为当地英语学习者的乐园。

坚持了8年教英语的美籍志愿者帕屈克，为沙龙无偿服务了1 750小时。他说："我来这里参加志愿服务，其实是一个和大家相互学习的互动过程，在这里我也学到许多中国文化，对我很有帮助。"㉟

按官方说法：浦东市民中心正是浦东转变政府职能，进行综合配套改革的产物，被称为市民的天地、社会的平台、政府的窗口——政府、市场和社会三位一体互动。

10.7 社会能做的就让社会去做

在"小政府，大社会"的探索中，在政府"哪些该干，哪些不该干"思考中，浦东一面大幅度减少行政审批制度改革，一面发展社会组织，实现市民自治。

1996年2月6日，上海市首家采取"民办公助托管模式"的社区公共服务中心——罗山市民会馆在浦东博山东路40弄30号挂牌。创办者叫吴建荣。他原先是上海一名中学音乐教师，后在上海基督教青年会(YMCA)工作。

1994年，吴建荣被派往日本横滨学习非营利性公益组织的管理和运作。回国后，吴建荣有意在上海推广横滨YMCA的社区管理经验。

在中国计划经济时代，政府就像一个大管家包揽一切，每个公民从出生到死亡，都要管。政府大包大揽，结果是管了很多，却管不好。因此1987年中国改革开放后，政府开始逐渐地放手。问题也就随之而来，公民应该怎样自己管好自己，公民自治成为中国政府和百姓面临的问题。

吴建荣希望借鉴国外的经验，通过创办罗山会馆来回答这个问题。但是在1994年，在人们的眼里吴建荣的想法太超前了。

同样超前的还有浦东新区管委会，浦东新区社会发展局遵循着“小政府，大社会”的模式，试图在社区建设和管理中，引入新的机制，将政府投资的公共设施委托给民间社团经营。机会来了，1995年一个新建小区罗山街道的公建配套设施出现空置，社会发展局做出了一个大胆的体制性试验——将这个公建配套设施改建成一个由社会发展局直接管辖的社区公共设施，启动社会机制，寻找一个社会组织对其进行管理。社会发展局向社会征招愿意管理的志愿机构。

此举正合YMCA总干事吴建荣的意愿。最后浦东新区社会发展局和上海基督教青年会达成了共识：在浦东一个叫浦兴街道建一所会馆。

这个新机构命名为罗山市民会馆，以示与功能单一且由政府或政府派出机构营运的社区服务中心的区别。这一会馆开启了中国改革开放后“政府主导、各方协作、市民参与、社团管理”的治理新模式，也是上海市首家采取“民办公助托管模式”的社区公共服务中心。

“会馆”是中国特有的，产生于17世纪的同乡组织，指同省、同府、同县或同业的人在京城、省城或大商埠设立的机构，主要以馆址的房屋供同乡、同业聚会或寄寓。但吴建荣创办的罗山会馆，仅仅是借用一下这个称呼，其服务对象并不是同省、同府、同县或同业的人，而是社区居民，是一个社区公共服务中心，提供社区文化、教育、体育、生活等服务。

会馆成立之初，罗山市民会馆1/3的服务对象是“老浦东”，即由农民转变为居民的当地人；1/3是从浦西市区的成都路高架桥附近动迁过来的知识分子；1/3是从杨浦区动迁来的工人。为此，会馆建立起“999 市民求助中心”。24 小时提供服务，在罗山会馆二楼 999 求助中心墙壁上，两行大字特别醒目：“这里有您分担忧愁的伙伴，这里有您分享快乐的朋友”。

在罗山市民会馆的投资结构中，浦东社会发展局作为政府投资方，出资 260 万元，占资金总投入的 50%以上，并提供一座闲置的幼儿园；民间基金组织——浦东新区社会发展基金会出资 90 万元，占资金的 20%。[36]

中国社会科学院社会政策研究中心副主任、社会学研究所研究员杨团教授认为：“罗山市民会馆是政府给青年会这样的非营利组织提供的一个自组织试验的大舞台。无论是当时还是现在，在中国都几乎没有哪一个非营利组织能够像青年会那样，可以独立地按自己的意愿和理解在社区内做管理和组织试验。因此，可以说罗山市民会馆为社区非营利组织的生存和发展之路提供了典范，也为目前中国存在的大量 NGO（非政府组织）/NPO（非营利组织）的生存策略提供了参考，更为促使政府与 NGO/NPO 走向良性互动之路带来了启示，政府应从制度角度为 NGO/NPO 的发展提供广阔的空间，让其能在宽松的制度环境内自发的和政府形成良性的互动合作关系，共同管理社区的公共事务。”[37]

不过，因为是一个早产儿，起初 5 年里，这个社会服务中心无法在政府机关那里得到正式的注册。好在有浦东新区社发局的支持，直到 2000 年，上海市《关于对本市社会团体和民办非企业单位实行双重负责管理的若干意见》出台后，罗山会馆被注册为民办非企业单位，登记号为 0001 号。

罗山会馆的社区工作非常出色，成绩被人们看到了，在 2005 年 11 月的首届中华慈善大会上，罗山市民会馆被当作非政府组织与政府合作的范例推介登场。青年会还以罗山市民会馆为样板，到 2013 年底已经在上海运作了八家市民会馆。

除了会馆，浦东还产生了更多形式的非营利性公益组织。2003 年 2 月 28 日，中国大陆第一个民间社工组织——上海乐群社工服务社诞生在浦东。这是一位叫刘晓芳的女士提出组建的。她毕业于中国青年政治学院社会工作系，后来在香港大学与复旦大学联合举办首届社会工作硕士班中，被香港大学社工专业的教授点燃梦想，辞去公职，自任服务社主任，成为中国第一个职业社会工作者。

刘晓芳的创业还得到了当时的浦东新区社发局局长马伊里博士的支持，90 年代初马伊里曾东渡日本访学，是中国大陆最早认识了解发达国家社会工作的基层官员之一。

马伊里不断地推动着社会组织和社会工作，引进人才，在浦东的福利机构、医院和学校大力推广社会工作。

但这些做法在中国实在太新鲜了，新鲜得让人半信半疑。很多官员说她是书呆子，学院派，过于理想主义，批评她说：上海哪能这样搞，中国哪能这样搞？[38]

马伊里并没有放弃，她不断地呼吁，并以自己的权力支持着社会工作。她举例解释社工的好处：说个老公租房里都会碰到的问题，拾荒者天天把垃圾桶翻得一片狼藉，这事若要管，按常规也就是一个报告：上级拨款，请个清洁工，一月 500 元工资。好像也确实没有什么好办法。可社工的办法你想得到？给捡垃圾的外来人员开会，干什么？在他们中间挑选文化程度高的两个，谈好条件签上协议，居委会管发出入证，以后捡垃圾不用偷偷摸摸提心吊胆，但捡完后要扫地擦筒弄干净。没花政府一分钱，却是皆大欢喜。这眼光和方法的差距，说到底是专业不专业？[39]

2006 年 1 月，浦东出现了中国国内第一个社会公益组织孵化器——上海浦东非营利组织发展中心(NPI)。创始人吕朝曾为新华社记者，2008 年被评为浦东新区“十大杰出青年”之一。

吕朝建立这样一个孵化器就是向那些有着创办社会组织梦想的人提供免费的场地、设备，甚至还一些小额的补贴，协助办理注册；还开设了诸如怎样建立一个 NGO 理事会，怎样筹款，怎样管理志愿者，怎样做好财务和人力资源管理等培训。每个创业的 NGO 在孵化器里约一年。

渐渐地，社工开始为人们接受，不断有新的社会组织冒出来。到了 2009 年有了突破，那年 12 月 15 日，上海下起了阴冷的冬雨，而在浦东的一家手帕厂的老厂房里，人们喜气洋洋，像过节一样，庆贺中国首家公益服务园成立。中国民政部的官员也来贺喜。浦东方面希望这座改建的旧厂房能够成为浦东社会组织发展的大本营，孵化出更多的社会组织。

厂房改建成了公益园，为公益机构入住提供服务。

也就在同时，百米之外出现了塘桥社区公益服务园，后又增设浦东基金会服务园。

连接两个园区之间的是一条峨山路，浦东官员又设想将路边那些商铺也腾出来让给社会机构，形成社会组织扎堆的公益街。这样，在浦东一条普通的马路上，各类商铺逐步退出，各类社会组织开出了“门店”。

不断地有社会组织走进公益园，走出公益园。在浦东的电话黄页上，新的社会组织不断出现。如有为儿童提供教育、心理辅导的学龄前儿童教育中心，开展临终关怀的手牵手生命关爱发展中心等，而这些都是政府部门心有余而力不足，社会有需求的。

浦东民政局官员曾经一度引用了来自新加坡的“黄页之说”。他们希望做到，只要查阅一下电话黄页本，就能知道社会机构在做的事情，如果有的，政府就别做了，社会能做的就让社会去做。

事实也证明了，把部分社会职能分离出去，交给社会组织去做，有着专业优势社会组织能把事做得更好。

“如果说政府的公共服务是‘山’，社会组织的服务就是‘山’的‘沙’，弥补缝隙，黏合各方。”浦东一位官员说。[40]

到 2013 年底，浦东各类社会组织已经发展到 1 600 多家，另有备案的社区群文团队 5 000 余个，每年获得政策补贴、政策奖励和政府购买服务资金 5 亿多元。2014 年，浦东新区还获得了“全国社会组织建设创新示范区”之称。[41]

浦东公益项目每年向社会招标（徐网林　摄）

浦东的官员并不为这个数字感到自豪：“如果能发展 5 000 家，那就差不多，现在这些还不算什么。”

注释

① 国务院同意在浦东新区采取以下优惠政策：

1. 区内生产性的“三资”企业，其所得税减按15%的税率计征；经营期在10年以上的，自获利年度起，2年内免征，3年减半征收。
2. 在浦东开发区内，进口必要的建设用机器设备、车辆、建材，免征关税和工商统一税。区内的“三资”企业进口生产用的设备、原辅材料、运输车辆、自用办公用品及外商安家用品、交通工具，免征关税和工商统一税；凡符合国家规定的产品出口，免征出口关税和工商统一税。
3. 外商在区内投资的生产性项目，应以产品出口为主；对部分替代进口产品，在经主管部门批准，补交关税和工商统一税后，可以在国内市场销售。
4. 允许外商在区内投资兴建机场、港口、铁路、公路、电站等能源交通项目，从获利年度起，对其所得税实行前五年免征，后五年减半征收。
5. 允许外商在区内兴办第三产业，对现行规定不准或限制外商投资经营的金融和商品零售等行业，经批准，可以在浦东新区内试办。
6. 允许外商在上海，包括在浦东新区增设外资银行，先批准开办财务公司，再根据开发浦东实际需要，允许若干家外国银行设立分行。同时适当降低外资银行的所得税率，并按不同业务实行差别税率。
7. 在浦东新区的保税区内，允许外商贸易机构从事转口贸易，以及为区内外商投资企业代理本企业生产用原材料、零配件进口和产品出口业务。对保税区内的主要经营管理人员，可办理多次出入境护照，提供出入境的方便。
8. 对区内中资企业，包括国内其他地区的投资企业，将根据浦东新区的产业政策，实行区别对待的方针。对符合产业政策，有利于浦东开发与开放的企业，也可酌情给予减免所得税的优惠。

9. 在区内实行土地使用权有偿转让的政策，使用权限50年至70年，外商可成片承包进行开发。

10. 为加快浦东新区建设，提供开发、投资的必要基础设施，浦东新区新增财政收入，将用于新区的进一步开发。

赵启正主编：《新世纪・新浦东》附录四《浦东新区优惠政策》，复旦大学出版社1994年版。

② 赵启正主编：《新世纪・新浦东》附录四《浦东新区优惠政策》，复旦大学出版社1994年版。

③《国务院给浦东新增五项优惠政策》，载《解放日报》1992年3月11日。

④ 黄嵘、张岩铭：《金融图腾：摹画浦东》，载《中国经营报》2005年11月5日。

⑤《中央赋予新的政策　浦东新区如虎添翼》，载《文汇报》1995年9月19日。

⑥《赵启正：变换一种思维方式看优惠》，载《浦东开发》月刊1996年第8期。

⑦ 张维迎：《市场的逻辑》，上海人民出版社2012年版。

⑧［美］罗兹・墨菲：《上海——现代中国的钥匙》，上海人民出版社1986年版。

⑨《中国加入工作组报告书》，http://www.gov.cn/gongbao/content/2002/content_63361.htm。

⑩ 何勇：《开放18年　浦东面临转身》，载《中国经营报》2008年4月20日。

⑪《赵启正：变换一种思维方式看优惠》，原载《浦东开发》1996年第8期。

⑫ 黄伟雄口述：《全国第一家中外合资商业企业开张的故事》，载中共上海市委党史研究室：《口述上海——浦东开发开放》(上)，上海教育出版社2014年版。

⑬ 张学兵口述：《浦东发展的灵魂在于改革》，载中共上海市委党史研究室：《口述上海——浦东开发开放》(下)，上海教育出版社2014年版。

⑭ 蒋慧工：《难忘北京的一天载》，载《浦东一日》，上海人民出版社2010年版。

⑮ 张学兵口述：《浦东发展的灵魂在于改革》，载中共上海市委党史研究室：《口述上海——浦东开发开放》，上海教育出版社2014年版。

⑯ 杜家豪：《综合配套改革试点的由来》，载《浦东一日》，上海人民出版社2010年版。

⑰ 李敏辉：《浦东开发十五年的光荣与梦想——吴大中：浦东十五年，纽约一百年》，载《东方早报・全球财经观察》2005年4月12日。

⑱ 钟加勇：《浦东再次转身》，载《商务周刊》2005年11月5日。

⑲《打造公共服务型政府——浦东改革剑指政府自身》，2008年11月18日，浦东新区政协副主席邵煜栋接受天津人民广播电台记者采访。

⑳《温家宝主持国务院常务会议　研究发展循环经济等问题》，新华社北京6月22日电。

㉑ 孙小静：《做深化改革开放的探路者　浦东又一次被历史选择》，载《人民日报》2005

年6月24日。
㉒《中央赋予新的政策　浦东新区如虎添翼》，载《文汇报》1995年9月19日。
㉓ 2016年1月23日晚作者对赵启正的电话采访。
㉔ 郝寿义：《国家综合配套改革试验区研究》，科学出版社2008年版。
㉕ 陈秉安、胡戈、梁兆松：《深圳的斯芬克斯之谜》，海天出版社1991年版。
㉖ 徐麟：《在浦东的五年零七十三天》，载中共上海市委党史研究室：《口述上海——浦东开发开放》（下），上海教育出版社2014年版。
㉗《推进浦东综合配套改革试点》，载《上海改革开放实录2002—2012》（上），上海书店出版社2016年版。
㉘ 据《上海市外国投资工作委员会成立》，载《解放日报》1988年5月11日，审批一个项目一般要经过4个委办、19个局盖41个图章，最多时达到126个图章。
㉙ 朱镕基：《关于浦东开放开放政策答记者问》，载《朱镕基上海讲话实录》，人民出版社、上海人民出版社2013年版。
㉚ 朱镕基：《不克服官僚主义，上海没有前途》，载《朱镕基上海讲话实录》，人民出版社、上海人民出版社2013年版。
㉛ 蒋慧功：《“空办”与“控办”》，载唐国良主编：《2号楼纪事》，上海辞书出版社2010年版。
㉜ 王志彦、洪浣宁：《“浦东速度”新年再提速》，载《解放日报》2012年1月29日。
㉝《克难攻坚，浦东在新起点上谋划新突破》，新华社上海2008年2月23日电（记者慎海雄、季明）。
㉞ 谢国平：《将行政审批改革进行到底》，载《浦东开发》2008年第12期。
㉟ 赵天予：《外籍人士在浦东8年志愿教英语》，载《浦东时报》2014年6月17日。
㊱ 杨团：《非营利机构评估——上海罗山市民会馆个案研究》，华夏出版社2001年版。
㊲ 杨团：《非营利机构评估——上海罗山市民会馆个案研究》，华夏出版社2001年版。
㊳《社工：一个新职业的上海路径》，载http://blog.sina.com.cn/s/blog_4dbfef410100uoyp.html。
㊴ 尤莼洁、谢飞君：《全国首家社工机构诞生浦东　领薪专业做“雷锋”》，载《解放日报》2003年3月14日。
㊵ 缪毅容、陆一波、朱珉迕：《探寻浦东公益服务园的溢出效应》，载《解放日报》2010年12月8日。
㊶ 曹继军、颜维琦：《制度创新的“浦东突破”：形成社会组织生态链条》，载《光明日报》2013年11月8日。

第十一章 经济转型：大飞机和迪士尼

11.1 金融危机终结“起吊机经济”

2008 年 8 月 28 日，时为浦东最高摩天大楼——上海环球金融中心大厦举行盛大的开业仪式。开业的主角日本地产大亨、日本森大厦株式会社董事长森稔激动不已，柔和明澈的眼睛里含着泪水。

森稔送给出席仪式的众多记者一本赵启正和邵煜栋合写的书《浦东奇迹》。他真诚地说：“能够出演浦东奇迹的其中一幕，我感到非常荣幸。”

时值上海盛夏，天气闷热、潮湿，整座城市如同一个大蒸笼。在浦东宽阔的世纪大道上，长长的车流快速地移动着，铮亮的车身将阳光反射出刺眼的一道道白光，车流卷起的热浪几乎让人窒息，大道两边行人稀少，这条著名的马路据说是请了法国著名建筑师设计的，以宽敞和林荫著名。

上海环球金融中心大厦就在世纪大道的起点不远处，紧靠著名的上海地标性建筑金茂大厦边上，高 492 米，也由此夺去了金茂大厦“中华第一高楼”的头衔。

不过，尽管在酷暑中，作为一名有着全球视野的企业家，他应该感受到了从大洋彼岸袭来的金融危机的寒意。

2008 年，从美国南部加州生成的次贷危机演变成全球金融危机，蔓延世界各个角落。素以大量引进外资为荣的浦东继 1997 年亚洲金融风暴后又一次面临严峻形势，海外投资者犹豫、怀疑，甚至有了撤资的计划。森稔作为投资者在浦东建造超高层摩天大楼是最先受到质疑的。

半个月后，华尔街传出消息：美国著名的雷曼兄弟公司最先倒下，宣布申请破产保护。

华尔街打一个喷嚏，全球经济都跟着感冒。不断传来的坏消息徘徊于盛夏中的陆家嘴的高级写字楼里，尽管里面的白领们享受着空调带来的凉爽，但体感上的凉爽并没有抹去这些白领心理上的恐慌，公司停业，裁减员工的消息开始流传。人们有理由怀疑，这个日本人在中国建造这样一栋超级摩天大楼给谁用？

曾有一个摩天大楼指数，那是 1999 年，德意志银行一位叫劳伦斯的证券分析师提出的。据他发现，宽松的政府政策及对经济乐观的态度，经常会刺激大型工程的投资。然而，当泡沫即将危及经济时，政府会采取紧缩政策应对危机，造成经济衰退，这往往是摩天大楼落成的前后。

“摩天大楼指数”也被称为“劳伦斯魔咒”。环球金融中心会不会应验了这一魔咒？出席仪式的一些记者表示了怀疑。

全球金融危机似海啸排击着浦东，2008 年浦东新区金融业增加值增幅从 39％下降到 15％，集装箱吞吐量历史上首先出现负增长，全年注销企业愈千户。在制造业集聚地金桥开发区，一年之内迁走了 80 多家企业。搬迁关闭、停产减员的消息不断传来，还有因此发生了劳资纠纷。[①] 而在外高桥保税区这一年的劳资纠纷达 500 多件，平均每天要受理近两件。[②]

全球金融危机给予脆弱的依赖廉价出口拉动经济增长的模式重重的一击。

不少经济学家认为这是外向型经济模式所致。在这种模式中，资本主体、技术，甚至原材料都是外来的，销售市场也在国外，只有劳动力和生产地是国内的。跨国公司为了追求利润最大化，紧紧抓住两头附加值高的研发、投资，销售和服务，而把中间的生产制造环节转移到发展中国家。这也就是所谓的“两头在外”的经济。

中国经济学家吴敬琏曾多次说过，在产业的微笑曲线中，中国是最低端的。

实行这种经济模式，对当地经济的刺激作用也非常快，能实现超常规发展，因此，自 20 世纪 80 年代以来，地方政府尤其沿海地区更加偏好这种经济模式。中国外资存量所占 GDP 的比重已大大高于亚洲其他国家，甚至高出日本 30 倍；同时中国的外商直接投资占社会固定资产投资总额的比例已是世界主要经济体中最高的之一。

尽管经济实现高增长，但经济实力却难以发展，因为核心技术或者销售渠道掌握在别人手中。而且当这种经济发展过快，产能过高，还会引起国外反倾销等麻烦。

到了 2008 年，这种模式因对外依存度高而充分暴露出弊病：金融危机的来临，海外市场的萎缩，产品滞销，大批企业停产、倒闭，从而造成大批劳动者失业。

在浦东，不仅仅是因为经济对外依存度高而实现了超常规发展，大规模的固定资产投资也是拉动经济高速发展的原因之一。

曾有人把浦东的经济增长方式形象化为“起吊机经济”——通过修桥修路盖房子的固定资产投资拉动经济增长。也有经济学家指出，这种通过外延资金投入支持增长的经济，并不能完全激发内在有效的投资需求，一旦建设投资放缓，发展也就面临挫折。

复旦大学经济学院张军教授对强势政府主导下的“起吊机经济”的一个质疑是：“土地批租加上中心城市外移、世博效应等，再增长十年、二十年没有问题。问题是十年、二十年后怎么办？”③

浦东开发开放以来，经济高速增长主要还是依靠大规模的投资拉动，浦东新区 GDP“八五”时期（1991—1995 年）平均增速 23%，以后逐步回落，“九五”时期（1996—2000 年）平均增速 17.6%，“十五”时期（2001—2005 年）回落到 15.7%左右，“十一五”期间（2006—2010 年）继续回落，基本保持在 14%左右。

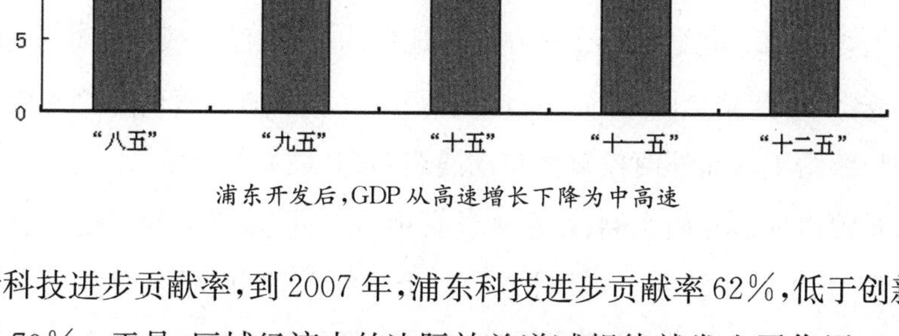

浦东开发后，GDP 从高速增长下降为中高速

再看科技进步贡献率，到 2007 年，浦东科技进步贡献率 62%，低于创新型国家和地区的 70%。于是，区域经济中的边际效益递减规律就发生了作用。大量的建设投资并不能维持经济高速增长。④

早在 1993 年，世界银行出版研究报告《东亚奇迹》，将“东亚奇迹”的原因归结为:大量的资金和人力资源投入,以及这些国家政府的市场化改革和政策干预。但在1994年底,年轻的美国经济学家保罗·克鲁格曼在《外交事务》杂志上发表了《东亚奇迹的神话》一文,对东亚奇迹表示质疑。他认为这种过度依赖于大量资金投入的经济增长模式,难以带来可持续的经济增长。以"流汗"为基础的早期经济增长不能长期持续。⑤

对克鲁格曼的预言,大部分经济学家当初都不以为然。中国的许多经济学家甚至认为克鲁格曼是危言耸听。三年之后,"东亚奇迹"受到东南亚金融危机的沉重打击,似乎印证了克鲁格曼的判断,也因为预言了危机而备受推崇,2008年获得诺贝尔经济学奖。

因此,"起吊机经济"不应该是浦东经济的发展方式,浦东的发展动力必须从要素驱动向创新驱动转变。浦东政府开始思考着如何通过经济结构的转型实现由赶超型经济变为领先型经济。而这种领先型是通过发展战略新兴产业推动经济结构的转变实现的。

这是一种更高层次的领先。

11.2 增长因土地稀缺更加艰难

土地是浦东发展中绕不开的结。浦东开发之初,浦东和浦西的土地巨大级差给浦东带来了大量的资金。但是土地是有限的不可再生的资源。地买完了怎么办?

事实上,进入21世纪后,土地的减少,地价的上升,已经成为浦东发展的瓶颈。尤其是2003年后开始全国性的一轮地价飙升,大大增加了浦东的商务成本。外商投资的脚步踌躇了。而外商投资是拉动浦东GDP最大的引擎。

在浦东曾出现这样的实例:在重大外资项目引进中,有关部门把所有优惠政策放宽到极限,几乎就快签约了,但对方的一个很简单理由"浦东商务成本太高",将谈判画上休止符。因为对方找到了商务成本更低的投资地。

浦东开发早期,中央和上海市政府给浦东的是政策,拨款微不足道,而浦东利用了政策优势,在土地级差上大做文章,"财政空转,土地实转",吸引了大量的资

金，在 20 世纪 90 年代初财源匮乏、基础设施严重透支的情况下，做了“无米之炊”。

土地批租为上海“东西联动”架起桥梁，也为上海的发展与城市布局调整找到了捷径。随之而来的是，BOT 方式运作，资本市场介入，企业的股份制改造……新体制、新机制推进了上海经济的发展。

不过，众多经济学家对这种以土地资源换投资的模式，最终让开发区沦为跨国公司生产车间的做法颇有微词：政府授权给开发公司，然后就是圈地、动迁，把土地抵押给银行，资金滚动，制定优惠政策，这样当然 GDP 就上去了。问题是地买完了怎么办？

在土地资源上，香港和浦东一样，是极其有限的。香港土地面积比浦东稍小一点，但大部分为山地、丘陵、海滩等，真正可以用来生产、生活的土地则更加稀少。一个“弹丸之地”，自然资源奇缺区，却以不到全球十万分之一的面积和千分之一的人口，创造着全球第二位的人均对外贸易值和世界第一的转口贸易总值。

香港经济能够不断前进，主要得益于三次经济战略转型。正如香港前任财政司司长唐英年所说：“经济不断转型的能力，是香港和香港企业维持竞争力的主要因素。”

21 世纪后，浦东要继续保持固定资产投资扩张的原有规模和速度是困难的。因为浦东人均资本存量，包括已经开发的土地和基础设施饱和的程度已经处于比较高的水平。同时，从发达国家经济发展的经验看，经济增长速度是与经济发达程度成反比的。这是经济的“收敛规律”。

张江高科技园区是浦东的四个国家级开发区之一。张江集团官员也承认，在开发区实行“卖地经济”是难以为继的。他认为：“上海转型的空间也无法主要依靠新的土地资源的供应，而应该注重在原有的产业集中区域通过提升容积率、改变用地性质、变分散绿化为集中绿化、增加建筑之间的联系、完善区域间的交通、促进环境的低碳化、人文化，提高城市化程度来解决。”他说，张江园区已经不依靠卖地了。⑥

土地让浦东的财富迅速增长，增长也因为土地变为更加艰难。

因此，转型是一条思路。从 2005 年后在浦东政府的各种文件和领导讲话中，要浦东实现转型的提法处处可见。

11.3 转型升级是难题

应该说浦东的产业起点要比深圳经济特区高。也就是说，浦东开发时，上海人的眼光已经大大超越十年前的深圳人，不仅仅满足于作坊式的“三来一补”，而是希望承接发展更高端的产业，并由此带动整个上海产业结构的调整。这种产业升级正是日后浦东新区产业发展的契机。

1980年深圳等特区起步，因为没有工业基础，对于外资饥不择食，由此出现了一批“血汗工厂”，形成低层次的工商业。1990年后，浦东借助于上海完备的工业体制和高素质的人才资源，自然希望成为金融、贸易、航运中心，并且发展高科技产业。

浦东改革与发展研究院原院长姚锡棠曾描述了中国改革开放前20年的产业转移的历史过程：“中国八十年代对外开放的战略是：首先在广东福建等东南沿海建立经济特区。利用优惠政策吸引外资。……进入九十年代以后，中国需要在此基础上使对外开放发展到一个新的阶段、新的层次。也就是在吸引外商投资于劳动密集型企业的同时，扩大到汽车、电子等技术密集和资本密集的行业，充分利用经济全球化的机会，促进和加快我们产业结构的战略升级。浦东、上海和长三角的扩大开放，正是适应了这一发展的需要。”⑦

浦东开发开放之时正值全球性的产业结构调整期。世界范围内，产业升级和产业结构调整，亚太地区是最活跃的。这种全球性的产业转移让浦东抓住了机会，经济实现了高速增长。

按照当时流行的梯度推移理论，浦东承接了发达国家的产业转移。

集成电路是值得浦东骄傲的一个产业。以全球芯片产业向中国转移为契机，浦东将芯片产业作为战略性支柱产业来扶植，形成以芯片制造业为主体的浦东微电子产业带，聚集了近百家芯片研发、设计、制造、封装测试企业以及半导体材料、设备、器件等配套企业，成为中国芯片产业第一重镇。

但是北京高层还向浦东提出发展现代服务业的要求。2008年4月，浦东新区区长李逸平表示：“当前浦东正处于产业结构转型的重要阶段。发展服务经济、创新经济、循环经济，努力形成以现代服务业和高新技术产业为主导的新型产业结构，是我们目前的重要任务。”⑧

发展现代服务业对地方政府是一场更大的考验。

现代服务业对于制度环境有着更高的要求。美国耶鲁大学的陈志武教授指出，制造业和服务业对制度环境有着很不相同的要求：与有形物打交道的制造业对体制、机制的依赖性相对较弱，而与人打交道的服务业对制度环境的依赖性却很高。服务业所交易的是一些看不见摸不着的无形的“服务”或“许诺”，道德风险和逆向选择的可能性因而大大增加。⑨

例如现代物流业的供应链管理要求各个环节之间的衔接丝丝入扣，零仓储、零部件供应的“准时提供制”等等，在一个合同不能严格执行的市场环境下，这一套系统是无法正常运转的。因此，在制度不完善的社会里，服务业发展缓慢和停滞不前。

其实，浦东开发的本意之一也在于此——通过制度创新，为服务业提供一个良好的环境。

中国改革开放史上，20世纪80年对外开放主要是以第二产业为主。到90年代初，服务部门的大多数行业还处于对外封闭的状态。浦东开发开放所肩负的使命之一就是要在第三产业领域有所突破，推动中国的改革开放进入以建立社会主义市场经济体制为目标的新阶段，因此，在浦东开发之初，就提出了金融先行的理念。

遗憾的是浦东在这方面进行的速度和深度还有相当的差距。这也是从2005年起，浦东领导人不断地将“转型”作为关键词一再重复。

2005年4月，上海市根据《上海加速发展现代服务业实施纲要》对浦东进行了重新定位。浦东新区争取通过三年的努力，把现代服务业的比重提高到55%左右。

2007年浦东的经济结构出现了标志性的转变，第一、第二、第三产业增加值分别为6.06亿元、1 306.49亿元、1 438.21亿元，第三产业首次超过了第二产业。不过，随着2008年世界金融危机的来临，这种产业的转型和升级的步子放缓了。既要拉动GDP，又要实现转型和升级，是一道考验地方政府的难题。⑩

对于这种转型和升级意义，新加坡内阁资政李光耀说得更深远。

2006 年 5 月，他造访上海，在听取有关浦东新区的转型与改革计划后，问当时的区长张学兵是否也这么向到访的日本嘉宾介绍。答案是肯定的。李光耀说，“那他们听了应该会感到担心。”这主要是因为东京作为金融中心的发展空间已有限，国际机场的发展同样已见饱和。“如果你们的计划能如期实现，到时将改变整个东亚的格局。”

到底是国际上著名的政治家，有着国际视野。⑪

11.4　大飞机来了

金融危机中，浦东开始深深地反思。“痛定思痛之下，我们决定要让开发区向未来迈进，让产业往高端衍生。”金桥开发公司总经理沈荣说。⑫

2009 年 2 月 26 日下午，中国商用飞机设计研发中心项目正式落户张江高科技园区。之前，中国商飞公司总部已经落户浦东陆家嘴金融贸易区。

中国商飞公司设计研发中心主要负责大型客机、支线飞机两大系列型号的研制和民用飞机相关设计技术的研究。该设计研发中心于 2012 年正式投入使用，将有 3 000 名员工在中心工作。

这让浦东人欢欣鼓舞。中国有着巨大的飞机需求市场，据中航工业集团发布《2011—2030 民用飞机中国市场预测年报》称，到 2030 年，中国民用客机机队规模将达到 5 118 架，需新增民用客机 4 583 架。但中国人不能制造民用飞机。

中国官员也清楚，飞机制造业被誉为是“制造业的皇冠”。一架大飞机由 300 万至 600 万个零部件构成，涉及数千个供货商。而且关联材料、电子、机械、车辆、能源、建筑等几乎所有工业部门，无疑将使制造业产业链得到极大的拓展和延伸。

事实上，中国制造大型飞机已经动用了几百家企事业单位，参与研制。每个环节都需要试验，而且都是上百次的试验，就像是对一个国家制造业的“集体考试”。

“如果没有大飞机项目的话，我们很难知道在哪些地方我们是落后的。”一位中国学者说。⑬

浦东祝桥上海商飞基地总装制造中心(朱泉春 摄)

中国是制造业的大国，但不是强国。因此，中国政府希望借助大型飞机的研制提升自己国家的工业制造水平。

2009年11月18日，浦东新区政府与商飞公司就总装制造中心项目签订合作协议。浦东人有意成为类似西雅图、图卢兹、蒙特利尔等国际航空业发展最成功的城市。⑭

对于这样的项目，中国地方政府更感兴趣，因为引进了这样的大项目往往能带动一个产业基地、产业集群和支柱产业的形成，使一大串高科技配套项目随之跟进。

也就是说，注册资本20亿元、占地4 000亩的中国商飞总装制造中心落户浦东，意味着设计、制造、配套一体的飞机制造产业链将在浦东形成。

按照中国商用飞机公司董事长张庆伟的说法，相关投入总体上将达到2 000亿元。仅上海的三大中心和一个总部，三五年内投入300亿。⑮

浦东官员认为，在上海这座特大型城市中，转型的另一个重要特征是引入资金和重大项目，主要不再依靠卖地，而是通过资本市场和企业间并购重组以及类似于总部加控股公司、研发中心、销售中心和服务型的业态投资而形成。

因此，浦东对发展航空业抱有非常高的期待。按《浦东新区民用航空产业“十二五”及远景规划》，浦东将以15至20年的时间，形成一个产值规模1 500亿元以上的民用航空产业集群，使浦东成为亚洲最大、世界著名的三大民用航空产业基地之一。

不过，最初对于中国商飞公司落户上海浦东，中国商飞上海飞机设计研究院高级主任设计师张嘉振心中也曾感觉有些吃惊。

张嘉振记得他10岁时，他跟随父亲到上海游玩。在浦东的一处面积不大的公园内，伫立着一尊中国晚清时代农民起义战士的石像。父亲还告诉他关于浦东的历史和人物的故事，印象中，浦东一派田园风光。但到2009年，张嘉振从飞抵浦东机场后，他吃惊看到，昔日的农田和芦苇荡如今已被现代化的城区代替。短短20年的变化让他相信浦东是能够产生奇迹的。⑯

当然，这种奇迹的产生还和个人的梦想并为之奋斗有关。

对于中国商飞研究院常务副总设计师陈迎春来说，研制大飞机就是他心中挥之不去的一个梦，他说："中国的大飞机翱翔蓝天，是几代中国人的梦想。作为我们这一代人，也是一个群体，我们工作了二三十年了。我们希望能够让中国的大飞机，在我们的手上飞向蓝天圆几代人的梦想。"

这一梦想还和他20世纪80年代派到德国参加联合设计有关。那时他工资四五十元人民币。"人家德国人那时候是几千马克，差几十倍。就讥笑我们，你们穷得跟啥的，还要搞飞机。人家就要捐款，给中国人捐款。哪有这种事？所以觉得受到刺激。"他说。

这种刺激也使得陈迎春天天就想，现在还有哪个地方不够，现在该做什么事，怎么能在短时间内跟上赶上超过。"这真是我天天在想的事，这不是大话。"陈迎春说。⑰

时间很快就证实了梦想能够成真。

2015年11月2日上午，在中国商飞公司新建成的总装制造中心浦东基地厂房内，随着两扇帷幕缓缓拉开，一架带有"商飞蓝"和"商飞绿"涂装的新型商用飞机完整呈现，这是经过7年的设计研发，我国自主研制的C919大型客机正式下线。

C919是中国拥有自主知识产权的商用干线飞机，也是中国继运10后自主设计并研制的第二种国产大型客机，标准航程型设计航程为4 075公里，增大航程型设计航程为5 555公里。

C919大飞机正式下线(张安超 摄)

好消息接踵而来。

同年11月29日，中国制造业又翻开了靓丽的一页——中国商飞公司制造的ARJ21新支线飞机起航。

是日上午10时，印有“太阳鸟”标志图案的红白相间的ARJ21支线飞机，从上海起飞。中国商飞公司的研制人员亲切地称这款飞机为“阿娇”，看着她一天天长大，从蹒跚学步到飞越千山万水，那份心情，就如同对着自家的宝贝女儿。下午1时左右，“阿娇”飞抵成都。

新华社记者称，这是继11月2日C919大型客机总装下线后，我国航空工业又一重大突破，标志着我国走完了喷气式支线客机设计、试制、试验、试飞、取证、生产、交付全过程，具备了喷气式支线客机的研制能力和适航审定能力。国内航线首次拥有自己的喷气式支线客机。[18]

国家邮政局为此发行了ARJ21新支线飞机纪念邮票。

11.5 芯片制造巨头纷纷跟进

进入21世纪，在中国的一些地方政府中很流行产业链理论和产业集群理论，该理论指一个产业的上中下游等相关产业在某个地区内的聚集。产业集群决定了一个区域内产业的竞争力。

浦东也不例外。1999 年 8 月上海市启动的“聚焦张江”战略——举全市之力推进浦东的张江高科技园区，使之成为上海乃至中国技术创新的样板和高科技产业的龙头。“聚焦”后的短短 20 个月，张江引进项目 189 个、外资 39 亿美元、内资 30 亿元人民币，各项经济指标均超过前 7 年的总和。

张江是 1992 年挂上了高新区的牌子，原先那是一片农田和稀落的村庄。挂牌 7 年之后，“聚焦张江”战略之前，全镇的财政收入“也就是只有吃饭的钱”。

这些变化不能不归功于上海市政府的力量，驱动要素集中，形成产业集群。

美国经济学家波特在其巨著《国家竞争优势》提出了产业群聚理论，认为今日的世界经济版图呈现出产业群聚的特点。产业群聚是指相关产业及机构的大结合，从供货商到大学再到政府机关，它在特定领域享有前所未有的竞争优势。硅谷及好莱坞即是著名的例子。[19]

产业集群的形成，一般来说有两种模式，一种是一个大企业落户于本地，由此带动了上下游中小企业为之配套，围绕在它的周围形成一个产业链；另外一种就是在本地萌发的产业形成的集群，并由技术升级而不断将产业链向上下游延伸，并在众多的中小企业里面，逐渐地生长出来大的龙头企业。

但中国大部分地方政府更希望引来一个或数个大企业落户，并吸引形成一个产业集群，这样就把这个产业链留在了当地。在这样的招商过程中，为了吸引那一个或几个起决定作用的大企业，地方政府都会不惜血本，甚至可以说在单个项目的引入过程中，地方政府不单没有收益，相反要做赔本的买卖，比如实行极低的地价和税收优惠。

比如，IC 产业，浦东就成了赢家，浦东政府在关键时候发挥作用。中芯国际是张江高科技园区引进的第一家集成电路行业的巨头，一期投资就高达 15 亿美元。为引进这一项目，从市领导到具体招商人员全体总动员，上海市府、浦东新区政府官员到工地现场开协调会。中芯国际一位高管回忆：“我们到上海考察选址时，上海市长、主管科技的副市长全都在，当即拍板带去张江选地，并且表明说我们想要哪块土地都可以。”

2000年8月24日，投资近15亿美元的中芯国际集成电路制造有限公司落户张江。3个月后，首期投资16.4亿美元的宏力半导体制造公司也入驻张江；随后投资12亿美元的华虹NEC、投资3亿美元的上海贝岭相继落户。

浦东利用半导体产业的一个规律——芯片工厂在哪里，与芯片设计、制造、生产等相关的上中下游企业就必须很快跟进，于是，在张江大力引进高端的芯片公司同时，也打造一条与中芯、宏力配套的上下游晶圆制造、芯片设计、封装测试、设备安装和配套服务等上百企业组成的产业链。

浦东成为上海集成电路产业最主要的聚集地，2015年，浦东集成电路产业销售规模占整个上海的63.8%，在3 609.8亿元的中国大陆集成电路产业销售额中，浦东占16.8%。[20]

有学者认为，浦东在产业创新上，最大的不是汽车，而是为国家贡献最大晶元和芯片制造。根据摩尔定律，国际芯片产品更新换代很快，我国一直没有踏上这个步伐。浦东张江在这一方面功不可没，跟NEC合资成立华虹，成功实现了市场换技术，由此中国自己开始能够做芯片，意义非常重大。进入信息技术革命时代，浦东张江把这件事情做成，对中国的产业创新起了很大作用。[21]

到了浦东开发25周年，转型升级更为迫切。面临大海的浦东最东端临港，也在集聚先进制造产业。2015年10月15日，上海市政府新闻发布会上，上海市政府表示将举全市之力在浦东新区临港地区推动智能制造，希望到2025年，临港能以"国际智能制造中心"的姿态，向全球输出该领域关键技术和服务，并集聚全球资源孵化智能制造创新成果。

临港地区总面积315平方公里，充沛的土地资源是其发展智能制造的最大优势。上海将在临港推动集成电路、民航、光电子等专业智能制造集聚示范园区，并培育发展智能制造服务业。

为此，上海将成立市级层面的智能制造中心领导小组，由财政出资50亿元设立产业引导基金，投资临港的智能制造企业最高可获1亿元扶持。

2015年，中国政府启动实施了《中国制造2025》，提出用30年、分"三步走"，使中国制造业跻身世界第一梯队。在此背景下，上海依托临港打造智能制造中心，是顺应全球大势、对接国家战略之举。

浦东又一次肩负起国家战略。制造业一直是上海的优势产业，理应为建设具有全球影响力的科创中心提供重要支撑。浦东同样被寄予希望。

11.6 迪士尼落户为什么谈了十多年

浦东引进美国迪士尼项目也是寻求转型的一个重要手段。

2010 年 11 月 5 日上午，新华社发出一则快讯：华特·迪士尼公司与上海申迪集团签署上海迪士尼乐园项目合作协议。这是中国引进的最大的现代服务项目。

而一年前的 3 月 7 日，上海市长韩正在北京人民大会堂上海厅坦率地告诉记者：上海建迪士尼的想法已经有十几年了，十几年以来双方团队的沟通、交流、谈判始终没有间断过。记者问及进展到何种程度，"我们还在恋爱，什么时候结婚，没有时间表。"韩正一句话把记者逗乐了。[22]

也就是说双方"相恋"，从 20 世纪 90 年代就开始了。

中国改革开放后，作为一家跨国娱乐集团，迪士尼抢先获准进入中国市场。1986 年，中央电视台与迪士尼公司签署许可协议，《米老鼠与唐老鸭》卡通片开始在中国播放，受到了中国观众尤其是少年儿童的欢迎。卡通片的热映，也让当时的上海市领导萌生了在上海兴建迪士尼乐园的想法。

据香港特别行政区政府投资推广署前署长卢维思回忆，时任上海市市委书记兼市长的朱镕基是第一个提出要建上海迪士尼的。朱镕基曾去美国迪士尼乐园考察，回国后认为上海很适合兴建迪士尼乐园。而迪士尼公司恰好也在亚洲寻找第二个公园建造地点，双方在接触过程中开始显示合作的兴趣。[23]

那是 1994 年 3 月 1 日，上海市副市长、浦东新区管委会主任赵启正走访了迪士尼公司在洛杉矶的总部。为了等待这一天，总裁弗兰克·韦尔斯推迟了出国访问的日程。

会谈是在一间宽敞的贵宾室里进行的。韦尔斯为此穿上了一身深色的西服，庄重地打上了一条红底黑点的领带，还细心地在长桌上插上几束花蕊呈红五角星的鲜花。

在韦尔斯致欢迎辞后，赵启正说："迪士尼是大公司，大公司的投资不看重一时的短期利益，而考虑整体背景——如果您能准备好投影仪，我将向您介绍上海与浦东的发展情况。"

赵启正用15分钟的时间，将上海与浦东的改革开放的全貌展现在韦尔斯的眼前，之后赵启正提出了四个问题：

"为什么在上海建迪士尼乐园是必要的？为什么在上海建迪士尼乐园是可能的？如何把迪士尼文化与中国文化交融在一起？双方如何就此项目继续探讨？"

赵还风趣地说："对于后两个问题，韦尔斯总裁可暂不回答，可作为'家庭作业'。"

韦尔斯做了这样的回答："关于第一个问题，我们认为迪士尼乐园在美国十分成功，若是要进入中国的话，最好的地点是上海。"

韦尔斯还说，朱镕基副总理也曾建议，如要在中国办，可选上海。至于第三个问题，韦尔斯决定立即派出小组去上海浦东调查。这时韦尔斯打破了自己的原定半小时的会谈时间，主动地介绍了佛罗里达州迪士尼主题公园的情况，并表示将把有关录像带寄给赵启正。

最后，韦尔斯以欣赏的口吻说："你们是我所见到的进入迪士尼却未游览迪士尼的唯一的代表团；也是我所接待过的，最充满说服力的代表团。"㉔

据赵启正回忆，那时对引进迪士尼最先的动机是想提升浦东的知名度和影响力。"那时的浦东不要说在国际上，就是在国内，知名度也不高。"赵启正说："如果把迪士尼引进来，那么将对国际上的大企业，尤其是美国企业有着很好的示范效应。迪士尼都去了浦东！"㉕

韦尔斯对于上海的浓厚兴趣，让赵启正等感到兴奋，他们一行未回国时，韦尔斯派出的先遣小组已来过浦东。"初恋"的情感就这样升温了。

不幸的是，4月3日，韦尔斯因飞机失事而丧生，人走事凉。赵启正回忆道：由于突发事件，韦尔斯先生把迪士尼乐园建在浦东的愿望没能及时实现，但他对浦东的热情和向往，却令人难以忘怀。

韦尔斯失事身亡是迪士尼公司的一大损失。韦尔斯原是一名好莱坞著名律师。他头脑冷静，善于处理各种复杂的关系。有人指出，如果韦尔斯还活着，迪士尼公司很可能不会有那么多失误。

此后，迪士尼方在与上海接触的同时，先后派员 6 次考察广东珠海，并对珠江口澳门和珠海交汇处的横琴岛表现出浓厚的兴趣。

直至 1998 年 10 月，迪士尼公司才对外宣布，拟在香港或珠海兴建亚洲第二座迪士尼乐园。次年，迪士尼正式公告，宣布其在中国的第一个主题公园将于 2005 年在香港正式对外开放。

这时，外界看来，迪士尼与上海的"相恋"没有结果。

到了 1999 年 3 月，上海市长徐匡迪在北京参加人大上海团全团会议，主动向中外记者提到上海与香港争建迪士尼乐园的问题，并指出上海的两大优势。他告诉记者，上海在地理位置上有很大的优势，地处长江三角洲，周边地区有一亿人口，迪士尼乐园建成后，相信可以像目前上海的城隍庙一样，每天充满了游客。

在谈到上海的第二个优势时，徐匡迪认为，上海可供选择的土地比较多，而香港总的来说，土地比较少，而且山多、岛多，在交通各方面有些困难。

徐匡迪透露，实际上，上海做这个可行性研究工作已经做了 3 年多，4 年前，迪士尼公司已经派人到上海专门研究这项合作，同时该公司还比选过桂林和珠海这两个地方。

徐匡迪还透露，迪士尼公司在一周前已邀请主管浦东新区的副市长周禹鹏到美国迪士尼公司总部，洽谈有关在上海建迪士尼乐园的可行性。[26]

但这一谈，又是近 10 年过去了。

其间，迪士尼乐园落户上海的消息断断续续地传来，证券市场中有关迪士尼题材的股票也是上上下下，时阴时阳。

双方"相恋"耗时巨大，外人也看出来了，并不完全是因为其中繁琐的细节，更在于迪士尼公司在中国扩张的长远计划。迪士尼中国一位人士透露，迪士尼非常看好中国区的发展，所以迪士尼采取的原则是"拉长谈判周期，获得最大优惠”。

比如，迪士尼的盈利模式不仅是主题公园而且是整个主题公园产业链，核心就是它的知识产权。所以迪士尼的进入意味着不仅仅是一个乐园，而是整个文化传播产业链的进入。

又比如，乐园落地之际，迪士尼需要一个天天向中国孩子讲故事的电视频道。因为迪士尼公司盈利的主要渠道正是电视频道和相关衍生品行业。但是合资拍摄电影，开设中国网站都已经没有限制，唯独设立频道属于被严格限制的“播”的范畴。

还有，根据国家经贸委制订的《外商投资产业指导目录》，大型主题公园的建设经营被列入了限制外商投资的产业范围。这是迪士尼此前在日本和法国都未遇到过的。

中美不同的文化背景让这场“恋爱”曲曲折折。

漫长的“恋爱”对于迪士尼公司来说也错过了最好的进入时机。多年前，中国孩子对米老鼠和唐老鸭是最熟悉的，可如今，他们爱上了喜羊羊、日本的小叮当以及更为时尚的卡通形象。

2008 年出现了一个契机，那就是波及全球的金融危机。此时的迪士尼公司表现出了积极的姿态。因为从 2008 年第四季度起，乐园及度假村业务的销售额同比上升了 6.5%，但利润却下跌了 4.2%。由于利润持续下跌，加上预期美国的国内消费在未来一段时间仍会受压，迪士尼也就开始更加重视开拓海外市场，尤其是经济发展快速的中国。高层频频造访，这时的谈判进入了实质性阶段。故有知情人称：“迪士尼利用了这次金融危机，上海此时更需带动经济的信心，中央更希望拉动内需，各项审批正空前宽松。”

就像是结婚前需要先订婚，2009 年 1 月 8 日，迪士尼与上海市正式签署上海主题公园的框架协议。

1 月 9 日，迪士尼公司发布声明，承认已与上海市政府共同拟定申请报告，并将提交中国中央政府审批。一旦审批通过，浦东将兴建全球第六个迪士尼乐园，预计耗资 244.8 亿元人民币。

有家报纸评论道：尽管条件不再如之前那么苛刻，谈判不如原来那么强硬，但选择了一个中国急需“拉动内需”的时刻，迪士尼还是占到了足够的机会。

有意思的是这时大局已定，但双方的“恋爱”中还出现了小小的插曲。

在这年的2月3日，在浦东东怡酒店内，来自国家发改委、文化、国土、旅游等部委与上海旅游界、交通界的专家，对即将上报国家有关部门的上海迪士尼项目的可行性报告进行最后评审。就在最后的评审会上，依然有许多不同声音。

比如文化问题。评审会上，有专家质疑，“洋文化”的入侵会不会对中国传统文化造成冲击？更有人提出，应该限制洋文化的进入，美国迪士尼的落户对于中国文化必定有重大影响。另一方的专家则认为，中国文化应该走向世界市场，海纳百川对其才更有利。

正在两种观点交锋的时刻，迪士尼副总裁顾曼丽强调了迪士尼的文化特点：健康、乐观、积极向上，把人类童年时代的纯真、美好、奇妙充分展现出来，注入正直、勇敢、关爱、创造等品质，使之具有“普世价值”的意涵。这一阐述最终打消了反对方的顾虑。

又如迪士尼的选址。有专家提出把迪士尼建在西部，对中国经济的拉动更大。而从交通来看，也有人认为宜放在浦西的虹桥，长三角游客到虹桥显然比浦东更方便。

从经济角度考虑，长三角的市场无疑要大于其他候选地，而浦东川沙地区便捷的交通和完善的设施为其加分不少，川沙距离浦东国际机场仅十多分钟的车程。过境转机的外国游客在48小时内不需要办理签证就可以到迪士尼游玩。经过三天的头脑风暴，上海浦东凭借其经济、土地、交通方面的综合优势胜出。

真是好事多磨。

真应感谢2010年上海世博会的成功举办，上海世博会参观人数如期超过7 000万人次，让世界惊叹，让迪士尼方“印象深刻”，也给迪士尼更大的信心：一定要来到上海成为“伟大城市的一部分”。同时，世博会的成功也激发了人们对上海迪士尼乐园项目成功的信心。

2010年的秋天，在上海迪士尼乐园项目地块上，金灿灿的水稻已经是随风摇曳，预示着一个收获的季节，双方的“恋爱长跑”也到了终点。

2010年11月5日上午，华特·迪士尼公司与上海申迪集团正式签署上海

2010 年世博会获得巨大成功，图为人气最足的沙特馆，
人们往往要拍几个小时，最长达 8 小时才能进馆(徐网林　摄)

迪士尼乐园项目合作协议。同时，负责上海迪士尼项目管理和开发的上海国际旅游度假区管委会、上海申迪(集团)有限公司揭牌。该项目总投资 340 亿人民币。[27]

这预示着上海迪士尼乐园项目正式开始运作。

上海的一家报纸发表消息时用了这样的标题：上海和迪士尼领证了。

上海迪士尼项目工地，开工前，那里是一片农田(新华社　图)

迪士尼和上海终于顺利"完婚"，唐老鸭开始在上海筑造新家。但是，转型升级是一个动态的过程。进入了新世纪，越来越多的有识之士认为，浦东尽管是高起点开放——从20世纪90年代初期的高端加工工业到后期的先进制造业直至21世纪初的现代服务业，仍然有转型的空间。

对常人来说这确实不容易理解，迪士尼落户上海竟然要持续十年多的谈判？难道就仅仅为了建一个一座主题公园？其实上海迪士尼项目所承载的，远非一个主题公园，对于迪士尼来说，是要进军中国大陆的影视、娱乐、传媒以及各种衍生行业，是整个产业链，核心就是它的知识产权。

对于上海来说，它还承载着借迪士尼推动产业高端化尤其是服务业的升级，实现经济转型的宏图。通过大力发展服务业可加快上海经济结构战略性调整，而迪士尼乐园项目将为上海发展服务业提供更多机遇，也将为上海赢得更大的竞争优势。

发展经济学家还用现代经济发展史来证明，一个国家增长势头旺盛的主导部门和有创新能力的行业常常聚集于某些大城市，这些城市具有人才、资金、商品、技术和信息的聚散功能和创新功能，成为某些周边地区的"增长极"。这样一个具有强大吸引力、辐射力、竞争力的经济中心的形成，必将带动其周边地区经济发展。

2011年4月8日，上海迪士尼乐园动工，动工仪式上的表演(张弦　摄)

上海迪士尼举行盛大的开园活动(中国上海新闻航拍联盟钮一新 摄)

“增长极”概念有两种含义：一是在产业意义上特指推进型主导产业部门；二是在地理意义上特指区位条件优越的地区。浦东就是这样一个地区。而在这一地区引入世界著名的娱乐项目迪士尼对于浦东和上海的经济转型就有着不一般的意义。

注释

① 李逸平：《深化内涵　顺应民意　改革才有不竭动力》，载中共上海市委党史研究室：《口述上海——浦东开发开放》（下），上海教育出版社2014年版。

② 潘阿虎、陈先发：《世界在此交汇——上海外高桥保税区20年发展纪实》，上海文艺出版社2010年版。

③ 纪硕鸣：《上海十大忧患》，载《经济》2003年第7期。

④ 谢群慧：《浦东：造就经济转型的体制机制——访浦东新区党校副教授徐全勇博士》，载《浦东开发》2009年第4期。

⑤ 郁义鸿、范凯利、李志能：《东亚奇迹与克鲁格曼的〈神话〉》，载《世界经济文汇》1999年第5期。

⑥ 谢国平：《财富增长的试验：浦东样本》，上海人民出版社2010年版。

⑦ 姚锡棠等：《勇攀峰巅：浦东开发开放十年发展研究成果集萃》，上海社会科学院出版社2000年版。

⑧ 潘治宏、韩雪：《浦东：做行政效率最高透明度最大的地区——访上海浦东新区区长李逸平》，载《中国改革》2008年第4期。

⑨ 郑杨：《吴敬琏：中国应该选择何种增长模式》，载《新华月报（天下）》2006年第2期。

⑩《浦东年鉴》编辑部：《浦东年鉴2008》，2008年8月出版。

⑪《李资政：上海若转型成功将改变东亚格局》，载新加坡《联合早报》2006年5月17日。

⑫ 王延：《沈荣：让开发区的产业往高端延伸》，载《浦东开发》2014年第6期。

⑬ 汤涌：《中国发力大飞机》，载《科技中国》2007年5月10日。

⑭ 沈开艳、陆沪根主编：《浦东新区蓝皮书：上海浦东经济发展报告（2013）》，社会科学

文献出版社 2014 年版。

⑮《中国大飞机项目总体投入将达 2 000 亿投资严格监管》，央视经济信息联播 2009 年 5 月 8 日。

⑯ 郑晗：《张嘉振：让中国制造的飞机在天空翱翔》，载《百川入海——浦东开发开放 20 周年人才巡礼》，上海文汇出版社 2010 年版。

⑰《大转型》，载《浦东开发》2013 年第 1 期。

⑱《我国 ARJ21 新支线飞机从上海飞往成都，正式交付给成都航空公司》，新华社上海 11 月 29 日电(记者　裴鑫)。

⑲ [美]迈克尔·波特：《国家竞争优势》，华夏出版社 2002 年版。

⑳ 卓尔：《浦东寻“芯”记(上)》，载《浦东科技》2016 年第 7 期。

㉑ 王战：《浦东开发开放是创新驱动的过程》，载《浦东时报》2013 年 3 月 28 日。

㉒ 俞立严：《韩正：上海和迪士尼恋爱十多年还没结婚》，载《东方早报》2009 年 3 月 8 日。

㉓《谁第一个提出要建上海迪士尼?》，载《新民晚报》2009 年 11 月 5 日。

㉔ 陈继光、胡延泓：《迪士尼总裁的浦东梦》，载《新民晚报》1994 年 4 月 10 日。

㉕ 2016 年 1 月 23 日晚，作者对赵启正的电话采访。

㉖ 谢国平、杨玲莹、洪浣宁：《迪士尼，你选择了我　我选择了你》，载《浦东时报》2011 年 4 月 22 日。

㉗ 2016 年 5 月 19 日上海市新闻办公室官方微博。

第十二章 新浦东：“两个中心”，两区合并

12.1 金融先行

浦东开发启动后，有一家日本银行的经理人敏锐地发现，和中国其他的开发区不同的是，浦东一开始就提出“金融先行”。其实，这也是中国领导人的希望——恢复上海曾经的远东金融中心的地位，并在国际上有话语权。

1974年的春天，邓小平在纽约出席联合国第六次特别会议，其间逢周日，邓小平有点空闲，手下人问他想做点什么。邓小平说“去华尔街看看”。尽管美国金融业周日歇业，但他还是让人带着走进了被誉为西方资本主义的象征地。[①]华尔街又短又窄，冷冷清清的，并不起眼。没有人得知邓小平漫步于这条街时的感受。

上海作为金融中心辐射全国是有着历史和传统的。

1847年第一家外资银行——丽如银行（又称东方银行）登陆上海，成为上海最早出现的一家银行，也是我国出现的第一家现代商业银行，并发行钞票。1897年，在洋务派人士的倡议下，在上海外滩建立了中国通商银行，这是中国人自办的第一家商业银行。1905年，中国第一家国家银行——大清户部银行也在外滩设立。户部银行也就是民国以后成立的著名的中国银行的前身。

进入20世纪后，上海金融中心发展开始提速。

1928年，中央银行在上海设立。与此同时，中国银行和交通银行也将总行自北京迁至上海。在金融家的眼里，北洋政权已垮台，南京国民政府成为中央政权，中国政治中心的南移已成定局，中交两行中枢机构不相应南迁，就可能在与其他商业银行争夺与新的中央政权直接相关的那部分金融业务的竞争中失利。

中交两行是当时实力最强、业务辐射最广、影响最大的银行，它们的中枢机构迁至上海，使南北金融中心的地位及影响消长发生了决定性的变化，上海作为全国金融中心的地位业已确立。

北方其他几家银行跟着南迁。1930 年，中孚银行和中国实业银行自天津移至上海。1931 年，新华商业银行和中国农工银行由北平迁沪。1933 年，东莱银行从天津搬来上海。

国民政府还于 1929 年 11 月在上海设立了政府控股的中国国货银行，由工商部长孔祥熙任董事长。1937 年 4 月，另一家政府银行中国农民银行由汉口迁至上海。

国民政府还在上海设立了一系列非银行金融机构，如中央造币厂、邮政储金汇业局、中国建设银公司、中央信托局、中央储蓄会。这也进一步加强了上海的金融中心地位。

地方的私人银行也如雨后春笋冒了出来。在上海滩上形成了中国金融业的著名“北四行”：金城银行、盐业银行、中南银行、大陆银行以及“南三行”：上海商业储蓄银行、浙江兴业银行、浙江实业银行的格局。

此时上海的金融市场，包括信贷市场、同业拆借市场、票据市场、内汇市场、外汇市场、黄金市场、白银市场、债券市场、股票市场、商品期货市场等门类齐全，为全国的经济活动与贸易的发展提供了较为充分的资金支持和金融服务。

黄浦江畔那醉人的新月形浅滩上耸立起的幢幢银行大楼，完整地记录了一个金融中心的岁月沧桑。图为 20 世纪三十年代的上海外滩

上海当时被称为中国的总银库。上海黄金市场的交易量仅次于伦敦和纽约。资金在这个中心流进流出，黄浦江畔那醉人的新月形浅滩上耸立起的幢幢银行大楼，完整地记录了一个金融中心的岁月沧桑。

那时的上海已经是中国、远东，乃至亚洲的金融中心。

可惜，历史的发展并不遂人意。

1937年抗日战争全面爆发，8月9日上海市区沦陷，上海的金融业由此风吹雨打。史料显示，在抗战的最初3个月的时间里，著名的上海商业储蓄银行存款总余额由战前的20 194万元减为12 921万元，减少了40%。而太平洋战争的爆发彻底结束了旧上海短暂的金融辉煌。据1946年的战后统计，仅浙江兴业银行的总资本就在短短八年中损失了六分之五。②

战争导致上海金融中心衰落。

1949年后，中国实行计划经济，大大小小的银行、钱庄等各类金融机构合并合营，进行了改造，建立起一个高度集中的国家银行体系，即“大一统”的银行体系模式，并于1953年开始建立了集中统一的综合信贷计划管理体制。此后，所有资金的流动都要按照计划执行，不需要资本市场，而且后者被视为是罪恶的。上海也不再作为一个国际金融中心，而是一个特大型的工业制造中心。

时光进入80年代，一个共识正在上海人中逐步形成：上海的经济要继续大发展，上海城市的功能要全面发挥，上海要重新成为中国同世界交往的枢纽和中心，一定要有大措施，要有大动作，要寻找新的增长点。

虽然上海在计划经济体制下，在经济方面丧失了其核心功能，但在金融、保险等市场经济化所必需的人才和经营管理知识方面，上海仍是最有实力成为香港之外的另一大金融中心的城市。这或许是1986年，新组建的全国性综合银行交通银行的总行没有按惯例设在北京，而是设在上海的原因之一。

因此，上海重建金融中心，辐射长江三角洲和长江流域是顺理成章的事。1990年，浦东开发正式启动后，上海就提出了“金融先行”的战略。

也因为“金融先行”的战略，也就有了邓小平有关“金融很重要，是现代经济的核心”的著名论断。

那是1991年大年初四的上午，邓小平在上海新锦江大酒店42层旋转厅，听取浦东开发专题汇报。据在场的浦东开发办公室副主任黄奇帆回忆："当朱镕基同志向小平同志汇报时说，我们浦东开发的战略是'金融先行，贸易兴市，基础铺路，工业联动'这16个字。"小平同志听后说："金融很重要，是现代经济的核心。金融搞好了，一着棋活，全盘皆活。上海过去是金融中心，是货币自由兑换的地方，今后也要这样。中国在金融方面取得国际地位，首先要靠上海。那要好多年以后，但现在就要做起。"③

黄奇帆回忆：

当时，负责整理"南方谈话"的郑必坚同志到上海浦东新区调查研究。我在陪同他考察调研过程中讲道："南方谈话"发表后，广大干部和群众极受教育和鼓舞。"南方谈话"内容很全面，小平同志在上海视察时讲的内容都有了，但其中有关金融的一段话的内容没有反映。郑必坚同志问我：是什么内容？于是我把小平同志在上海讲的关于发展金融的话复述了一遍。郑必坚同志说，这段话很重要。在整理"南方谈话"时，我们也在寻找小平同志关于金融发展的论述，但没找到。你这段话对上了。于是，他要我把小平同志这段话整理出来。

……

据后来郑必坚同志告诉我，他收到这段谈话后，先送给时任国务院副总理

2008年1月9日，经中国证监会批准，黄金期货合约在上海期货交易所上市交易（新华社　图）

的朱镕基同志。朱镕基同志翻阅了自己的笔记本，予以了确认。然后，郑必坚同志又把这段话送给王瑞林同志，请他呈送小平同志审阅。小平同志看了后说，我的确说过这段话，并仔细地在“金融很重要，是经济的核心”这句话中，“经济”的前面加上了“现代”两个字。后来这段话补充进《视察上海时的谈话》一文，收入在《邓小平文选》第三卷第366页。④

一年后的中共十四大报告中就有了这样的话：“以上海为龙头，进一步开放长江沿岸城市，尽快把上海建成国际经济、金融、贸易中心之一，带动长江三角洲和整个长江流域地区经济的飞跃”。⑤

多年后，黄奇帆回忆当年情景，认为“老人家这段著名的话，是跟着‘金融先行’这段话出来的。没有浦东开发的这个战略，没有朱镕基同志用这么一句开场汇报，老人家也许就没有机会发出这个伟大的、导向性的金融论断。这个论断对今天中国的金融发展都有意义，因此，关于浦东的战略，怎么高度评价都不为过”⑥。

2012年5月10日，上海期货交易所的白银期货正式挂牌交易。
这是继黄金之后国内市场上的第二个贵金属期货交易品种（新华社　图）

12.2 礼品的寓意

对于“金融先行”的实施，浦东建设者认为，浦东开发启动之际在中国向市场经济体制转型过程中，首先应该建立起要素市场。因此，开发建设者在招商时大力引进具有标志性意义的金融机构，以激活市场的凝聚力量。

这还可以从中外金融机构落地浦东，浦东赠送的不同礼品中看出其中的意义。

1995 年 6 月 28 日，中国人民银行上海分行总部从浦西迁入浦东，这是第一家国家级银行分行入住浦东。在开业仪式上，新区管委会主任赵启正代表浦东向对方赠送了一只活泼可爱的小白羊，意寓着人民银行上海分行作为金融业的“领头羊”率先进入了浦东。小羊身上配红色带子，上写着“金融领头羊”。此举引来全场掌声，连采访的各路记者也纷纷称赞浦东人的高明和精明。

浦东新区管委会向中国人民银行上海分行赠送了一只活泼可爱的小白羊，意寓金融界领头羊（朱岚　摄）

9 月 28 日，日本富士银行上海分行在浦东开张营业。它是外资银行直接参与陆家嘴金融开发的先行者，浦东政府赠送了一匹红木雕刻的奔马，祝愿这一首家进入浦东的外资银行一马当先。接过礼物，富士银行上海分行行长高桥郎夫激动得额头冒汗，说不出话来。

1995年9月28日，日本富士银行率先入驻浦东，赵启正送马祝贺，意寓一马当先(黎自立　摄)

12月28日，上海招商局大厦在浦东举行落成典礼。在庆典仪式上，浦东官员向招商局领导赠送了一座雄鹰木雕，寓意他们有鹰一样的眼光看中浦东，能像鹰一样展翅高飞。1872年，在李鸿章的操办下招商局在上海成立，是中国最早的航运企业。一百多年后，招商局已成航空母舰式的商业集团。

次年8月，中国境内首家外资独资银行总行——泰华国际银行从汕头迁址浦东，成为第一家在陆家嘴的外资银行总部，浦东又送上了一群大象的红木雕塑，寓意“万象更新”。而之后的1997年12月19日，上海证券交易所正式迁入浦东开业，新区政府又专门请意大利艺术家做了一头牛和一只熊的玻璃钢塑像，题名为“劲牛旺市”。

可以说，这些礼物的陆续送出意味着浦东拉开了建设上海国际金融中心核心功能区的序幕。

设在浦东陆家嘴的汇丰银行上海分行第一个被允许做人民币业务，开张之日，英国驻上海总领事馆总领事唐伟伦特地来到汇丰，存入了888.88元人民币，在中国，数字8被视为财运和如意。这位总领事也成为在上海外资银行存人民币的第一个客户。

与此同时，伴随着中外金融机构的接踵而来，多家国家级金融要素市场也纷纷落户浦东。

截至2014年底，浦东各类金融机构已达六千多家，这些金融机构集聚浦东陆家嘴林立的大楼中，入夜摩天大楼灯光闪烁，形成一道靓丽的风景线。[7]

有媒体将浦东陆家嘴比作东方的“曼哈顿”，每天都有数千乃至上万亿资金在这1.7平方公里的区域内“流动”。曼哈顿是美国纽约的金融中心所在地，近百年来已经成为国际金融中心的代名词。

海外有家媒体写道：“中国的银行业中心，中国的股票市场加速器——在上海，在浦东，你甚至可以感觉到银子在街道中流淌。”[8]

黄奇帆认为：浦东开发开放标志着我国中心城市和第三产业的对外开放。而这种开放的核心是以现代国家的命脉——金融业的复苏为代表的。[9]

曾有一位台湾人谈及浦东的发展之道，认为浦东的成功经验在于：引来金融大潮，并保持这大潮不退却，从而使浦东成为大陆经济发展波涛中的弄潮儿。[10]

而浦东新区首任管委会主任赵启正则认为：我们按照小平同志“金融是现代经济的核心”的理念，始终坚持“金融先行”的道路是正确的，至今浦东的工作还能一再体会到搞好金融确实是“一招棋活，全盘皆活”的“点睛之笔”。[11]

12.3 “两个中心”目标确定

进入2009年，上海再度加快建设国际金融中心和航运中心。而其最大的推力来自于北京下发的前后两个文件：《关于推进上海加快发展现代服务业和先进制造业、建设国际金融中心和国际航运中心的意见》《关于撤消南汇区建制将原南汇区行政区域划入浦东新区的请示》。

这两个文件对于浦东都有着里程碑的历史意义。

2009年3月25日，国务院常务会议原则通过《关于推进上海加快发展现代服务业和先进制造业、建设国际金融中心和国际航运中心的意见》，又称国发〔2009〕19号文件。

国务院在《意见》中明确：

国际金融中心建设的总体目标是：到2020年，基本建成与我国经济实力以及人民币国际地位相适应的国际金融中心；基本形成国内外投资者共同参与、国际化程度较高，交易、定价和信息功能齐备的多层次金融市场体系；基本形成以具有国际竞争力和行业影响力的金融机构为主体、各类金融机构共同发展的金融机构体系；基本形成门类齐全、结构合理、流动自由的金融人力资源体系；基本形成符合发展需要和国际惯例的税收、信用和监管等法律法规体系，以及具有国际竞争力的金融发展环境。

国际航运中心建设的总体目标是：到2020年，基本建成航运资源高度集聚、航运服务功能健全、航运市场环境优良、现代物流服务高效，具有全球航运资源配置能力的国际航运中心；基本形成以上海为中心、以江浙为两翼，以长江流域为腹地，与国内其他港口合理分工、紧密协作的国际航运枢纽港；基本形成规模化、集约化、快捷高效、结构优化的现代化港口集疏运体系，以及国际航空枢纽港，实现多种运输方式一体化发展；基本形成服务优质、功能完备的现代航运服务体系，营造便捷、高效、安全、法治的口岸环境和现代国际航运服务环境，增强国际航运资源整合能力，提高综合竞争力和服务能力。⑫

这个文件的出台大背景是2008年从美国南部加州生成的次贷危机演变成全球金融危机。金融危机让中国官员和学者们都看到，美联储为此开动美元印钞机救市，这令中国外汇资产投资收益缩水，并面临投资风险，这些问题已成为中国的心病。

亚洲国家对美元和美国金融市场的过度依赖，中国也深受其伤。这也进一步强化了中国政府做强金融的战略意识，推动了中国政府加快结构调整和产业升级，特别是加快建立安全、高效、开放的金融体系，加快推进中国金融业由大到强的转变。

事实上，到2009年，中国已经成为全世界最大的生产国，第二大的资源消费国，出现了人民币国际化的趋势，海外人民币的存量已有两万亿元左右。

中国需要建立一个与之相适应的，并且能够为之服务的，可在全球范围内进行资源配置的中心。人民币国际化与资源配置中心建设也就提到了国家战略层面的议事日程上。而上海以其无可争议的优势成为国际金融中心的最好选择。

因此，同年 3 月 23 日，央行行长周小川撰文呼吁扩大国际货币基金组织(IMF)特别提款权 SDR 的使用范围，创建一种超主权的国际储备货币单位。也就是说，中国人要重建一种美元以外的“世界货币”。

这两件事合在一起意味：美元独霸世界的格局要结束，人民币的地位要提升。实现这一点需要一个平台，上海是最好的选择。

对于上海的优势，交通银行首席经济学家连平认为有三点：首先，中国的资本市场在上海；第二，银行间债券市场在上海，还有黄金期货交易所、外汇交易所；第三，上海金融市场对外开放的程度相当高，中外金融机构大多集中在上海，其中资本市场更是重中之重。另外，上海也有与世界其他金融市场联动的优势，此前都有与香港、伦敦、纽约、东京的资本市场联动的先例。这些都证明了上海成为一个国际金融中心所拥有的雄厚条件。

国务院在提出将上海基本建成国际金融中心的同时，强调还要将其建设为具有全球航运资源配置能力的国际航运中心。国际航运中心发展离不开金融的支持，金融中心发展也多源于航运中心。著名的国际航运中心纽约、伦敦、东京等同时也都是著名国际金融中心。“金融”与“航运”并提，传递出政府对两大产业深刻互动的重视。

历史选择了上海，上海责无旁贷，浦东担当大任。

2010 年 1 月 16 日，时任上海市市长的韩正在上海市政府举行的记者招待会上表示，上海国际金融中心建设目标很清晰，就是到 2020 年建成和我们国家经济实力和人民币的国际地位相适应的国际金融中心。

西谚道：机会偏爱有准备的头脑。5 年后。周小川的愿望得以实现。

2015 年 12 月 1 日，北京时间凌晨，国际货币基金组织(IMF)执董会表决通过，人民币纳入到 IMF 特别提款权，也就是 SDR 货币篮子。

当天上午，中国人民银行召开了新闻吹风会。在发布会上，央行副行长易纲的喜悦之情溢于言表，他用“喜悦、平静、谦虚”6 个字来形容自己的心情。

他说，人民币加入 SDR 是一个里程碑式的事件，它意义非常重大，它利在长远，它标志着国际社会对中国经济发展和改革开放成果的肯定，特别是对人民币国际化的肯定。这对于中国和世界来说是一个双赢的结果，这当然是一件令人开心、令人高兴的事。[13]

按照规定，SDR 货币篮子每五年审核一次。加入需要满足两个条件：一是货币发行国家的出口贸易规模足够大，二是货币可以自由使用。

次日，前美联储主席本·伯南克撰文，称人民币“入篮”只有象征性意义，就像“小学生作业完成出色作业本得到一颗金色五角星”一样。

这位美国人称，除了 IMF 内部做账，SDR 的实际用途非常有限，“人民币加入 SDR 并没有给中国带来任何具有重要意义的额外权力或者特权”。

那么，为何此次 IMF 宣布纳入人民币会引发如此大的反响呢？伯南克认为，因为“中国政府迫切希望自己国家作为全球经济大国获得认可，非常在意这种象征性意义”。[14]

确实，人民币进入 SDR 意味着国际货币体系由二战以后形成的布雷顿森林体系被打破了，过去国际货币体系是由西方货币把控，现在一种代表着新兴市场、东方力量的货币进入，国际金融货币体系出现了结构性的变化。

人民币国际化，作为上海国际金融中心将发挥更大的作用。上海希望成为全球性人民币产品创新、交易、定价和清算中心。

12.4 海运发达，襟江才有经济意义

在这一过程中，上海还致力于国际航运中心的建设。

上海是近代中国一个典型的由商而兴的城市，近代上海城市经济得以启动的最初动力就是随着上海被迫对外开放而迅速发展起来的对外贸易，就是说，对外贸易是近代上海城市经济发展的先导。[15]

到了 20 世纪 80 年代，上海市每增加 1 亿美元的外贸出口，就要增加 10 万吨外贸货物出口量；上海市每生产 10 亿元工业总产值，就要求有一个年通过 60—70 万吨的万吨级泊位与之配套。上海港每完成 1 万吨“本市”吞吐量，就为上海创造 1 500 万元的工业总产值提供了通过条件。[16]

作为一个以港口兴起的城市，上海官员比其他地方的官员更清楚优良的港口

对于一个城市的重要性，但是上海的一个软肋是没有深水港。

1843年上海开埠后，利用了“靠江吃江”的天然条件，对外航运走的是黄浦江，从十六铺到吴淞口，码头密集分布，并从上海旧城区南市一带逐渐向黄浦江下游方向延伸。

从清代末年到民国十年（1921年），上海对黄浦江进行了疏浚，使得水深增最大至8米。但因为泥沙不停淤积，也就须不断疏浚，因此常常出现“吃水比较深的船，只能在黄浦江口停泊，无法卸入，装卸货物，全靠浅水艇接驳，费时耗工莫此为甚”。[17]

一般来说，江海中转港越是靠近海口，人类利用水域、发展水运能力综合效益就越明显。因此，孙中山在勾画东方大港时最先选择了杭州湾中的乍浦，认为“惟欲以一深水港，供中国此部分将来商务之用，则必取前之计划港（即计划在乍浦建港口），而舍上海无疑”。[18]

新中国成立后新建的大型港区，都建筑在吴淞口附近。浦东开发后，上海市政府希望通过建设长江口端的外高桥新港区，摆脱黄浦江的内河港的约束，但是外高桥也不是真正意义上的深水海港。

港口位置的重心必须再向海口转移，这是所有航运专家的共识。这不仅因为长江挟带入海的大量泥沙乘海潮倒灌，导致进港航道的淤浅，而且因为船舶越来越大，吃水越来越深。

之前，上海一直在寻找水深在10米以上的合适港址。而黄浦江的航道水深仅10米左右，进入上海港咽喉的长江口更浅，仅为7.5米。20世纪80年代中期，国际上出现的第五代集装箱船要求水深在14米以上。

上海是中国最大的沿海港口城市，80年代以后中国经济快速发展，上海的地缘优势日益凸显：上海不仅距日本、韩国、朝鲜、中国台湾、俄罗斯远东和香港澳门地区是等距离，而且南距广东，北至天津、大连、青岛、烟台、营口也几乎是等距离。

更重要的是上海的经济腹地十分广阔，上海位于被称为中国“黄金水道”的长江入海口。长江是世界上通航最大的河流之一，其流域全程6 300公里，流经11个省市，流域面积180万平方公里，汇纳了数千条支流，上海港拥有大量的中转运输业务，中转吞吐量占总吞吐量的一半。经济腹地是港口的生命之源。当然，这种地理优势只有在海运发达的时候才能充分显示出来。故有学者称:"海运发达,靠海才有意义;海运发达,襟江才有经济意义。"[19]

浦东新区原区长胡炜做过这样的表述:"上海城市沿海发展战略的确定,是上海城市新一轮总体规划的关键所在,是上海这座国际著名城市演进过程中,由苏州河发展到跨黄浦江发展,再到跨海发展的一种内在要求。上海要真正成为'一个龙头、三个中心'的目标,关键在于发展现代港口,核心是建设深水港。"[20]

黄浦江已承载不起新一代的集装箱巨轮,航运的重任必须交给大海。因此,从20世纪80年代的城市总体规划中,上海就提出海港、空港的建设问题。上海围绕深水港的选址曾经提出过至少七八个方案。

据曾任上海市政府交通办副主任的贺彭年回忆:"上海没有深水港,这在当时是个极难解决的问题。长江口有个拦门沙,平时水深8米左右,涨潮时顶多11—12米,吃水较深的大船无法进港。为了解决港口这个制约上海发展的瓶颈,汪老(汪道涵,时为上海市市长)在1982年提出一个课题:对上海附近沿海和岛屿区域进行深水港选址的可行性研究。"[21]

1986年,上海市政协委员袁随善提出了《上海的港口发展应当面向世界》的提案,提案指出,上海是我国重要的港口城市,但是上海港大船进不来,只能小于25 000吨的船候潮入港。每日候潮、候卸的船1984年曾达176艘,1985、1986年1月仍有97艘,每年国家为此损失的外汇近亿美元。随着改革开放,来上海的船数还在不断增加,如果不能把眼光放长远,上海港有可能失去做世界大港的优势。提案建议,上海的港口建设应当面向世界,不要局限于黄浦江内选址,而要符合航运趋势,通过技术民主,制定长远综合规划,使上海成为真正的世界大港。[22]

其实,在规划浦东开发时,上海的领导就考虑在黄浦江外建造港口码头,朱镕基曾告诉世界银行官员:"我们已经有了一个关于开发浦东基本建设的庞大计划。首先要在浦东外高桥建一个新的港口……总共建40多个万吨级泊位,相当于现有上海港的泊位数。现在的港口码头都在黄浦江以内,等新港建成后,很多运输船就不用进黄浦江了。"[23]

1995年8月,上海市领导曾就深水港的选址问题进行专题调研。市委书记黄菊强调:深水港是上海迈向21世纪过程中最为重要的基础设施项目之一。深水港

的建设是上海国际航运中心建设的关键，而能否成为国际航运中心又是上海能否建成“一个龙头、三个中心”的关键。㉔

同年12月8日，中央领导人提出：把上海建成国际航运中心是开发浦东，使其成为远东经济中心，开发整个长江的关键。建设上海国际航运中心是中共中央、国务院的重要战略部署。

1995年12月，上海市市长徐匡迪在国际海事技术学术会议上介绍上海港未来发展的总体设想：以开发建设可接纳第三、四代国际集装箱船舶的深水港为重点，把上海港建成太平洋西岸现代化国际深水枢纽港，并与长江三角洲港口群形成巨型组合港；用二三十年时间分三大步实施，2000年全面启动国际航运中心建设，2010年建成地区级的国际航运中心，2020年建成洲际级国际航运中心。㉕

1996年1月，国务院领导在沪召开江苏、浙江、上海两省一市负责人会议，正式启动以上海深水港为主体，浙江、江苏的江海港口为两翼的上海国际航运中心建设。会议指出：“从全局看，建设上每国际航运中心既是我国经济发展的需要，也是国际政治和经济竞争的要求，意义重大。”㉖

同年5月，成立上海国际航运中心上海地区领导小组及其办公室，由副市长夏克强任领导小组组长，落实上海国际航运中心建设的有关工作。

同年8月交通部下达《关于开展上海国际航运中心新港址论证工作的函》。9月，新港址论证及部分前期准备工作开始。之后，共有100多家专业研究机构和高等院校近2 500人次参与这项工作，参加各专题成果评审的知名专家达329人次。

专家先后对北上（罗泾）、东进（外高桥）、南下（金山嘴）等建港方案进行过论

壮观的东海大桥夜景，32.5公里的跨海大桥（吴慧全 摄）

证，但都因航道水深不够、岸线不足等原因而作罢。最终，距上海南汇芦潮港 32 公里的大小洋山列岛进入专家视野，并在论证中达成共识：该岛距国际航线仅 45 海里，是距上海最近的深水良港，架设一座 32.5 公里的跨海大桥将小岛和大陆连接起来，将小岛建设成深水港！

1997 年 11 月，上海向交通部报送《上海国际航运中心新港址论证报告》，提出在长江口拦门沙外，大小洋山建设深水港区技术上是可行的，总体经济效益也将是好的。[27]

2002 年 6 月 26 日，建设者为跨海大桥打下第一根桩。由此，洋山深水港码头成为中国首个在微小岛上建设的港口。

之后，航运中心的建设就不断地提速。2005 年 12 月 10 日，洋山深水港正式开港。在短短的 10 年时间里，洋山港吞吐量从最初的 324 万标准箱，到 2015 年逾 1 500 万标准箱，10 年累计完成集装箱吞吐量 1.08 亿标准箱。得益于洋山港的

空中俯瞰自贸区，这是在直升机上拍摄的上海自贸区洋山港集装箱码头（新华社　图）

支撑，2007 年，上海港集装箱吞吐量突破 2 000 万标箱，首次超过香港，跃居全球第二，三年后，吞吐量超过了新加坡，成为世界第一大港，也是世界最大的海岛型深水人工港。[28]

历史证明这一决策是成功的。尽管 2008 年全球金融危机后，中国的港口吞吐量普遍减少，但上海的洋山港依然维持了 20%的增速。茫茫沧海间，一个籍籍无名的小岛，也就十年的时间成为世界航运版图上的耀眼坐标。

12.5 两区合并新浦东

就在中国政府公布推进上海“两个中心”建设的文件不久，2009 年 5 月 6 日下午上海市政府新闻发布会上，市政府新闻发言人陈启伟宣布，国务院已正式批复了上海市《关于撤销南汇区建制将原南汇区行政区域划入浦东新区的请示》，同意撤销上海市南汇区，将其行政区域并入上海市浦东新区。

那段时间正是南汇地区大片桃花艳艳盛开的季节。

浦东辖区面积从 569.57 平方公里激增至 1 429.67 平方公里，新的浦东新区幅员扩大到原来的两倍多。浦东希望到 2020 年建设成为国际金融中心、航运中心的核心区。[29]

显然，南汇并入浦东，是为了配合上海国际金融中心、国际航运中心联动发展所采取的举措。“两个中心”主要空间分属于浦东和南汇两个区。

三年前，浦东改革与发展研究院的专家就着手《浦东南汇联动发展研究》课题，在课题中虽然没有提议要让两区在行政上合并，但提出让浦东综合配套改革各项先行先试政策覆盖南汇、浦东现代服务业和高新技术制造业，通过两区政策、规划、产业联动，促进大浦东金三角地区在经济发展上实现“一体化”。

早先，拥有 600 多平方公里面积南汇被称为一个“布口袋”，意思就是一个交通死角。但自从浦东国际机场、洋山深水港建设后，南汇就有了“第一腹地”、“第一站点”的地理优势和区位优势。而且，在土地资源紧缺的情况下，南汇规划产业用地高达 187 平方公里，居全市之首，丰富的土地资源将催生巨大的产业发展空间。[30]

经过19年的开发开放，浦东积累了强大的经济实力和领先的产业集群。但与此同时，可开发利用的土地等资源日益紧张，地区综合商务成本不断提升，以及国际金融危机带来的不利影响，正成为影响浦东进一步发展的瓶颈。

当时的研究提出，大浦东的地理分布为从上海市北翼的宝山区开始，经浦东新区—南汇—奉贤至杭州湾的金山区的沿海地带。把发达金融贸易中心和先进的制造业有机结合起来，进一步提高区内的发展效率和生产水平；在制造业内部，实现产业结构和布局上的合理分工，全面提高全区工业的集约化程度；在第三产业内部，从陆家嘴到空港和洋山深水港地区，实现有层次的、高效的梯度分工。[31]

这也和中央《关于推进上海加快发展现代服务业和先进制造业、建设国际金融中心和国际航运中心的意见》要求上海加快发展现代服务业和先进制造业，建设“两个中心”有关。“浦东、南汇合并后，政策辐射、土地资源统筹规划、产业转型等诸多掣肘问题都将逐步得到解决。”浦东改革与发展研究院原秘书长杨周彝说，“与南汇合并后，大浦东的现代服务业和先进制造业可以在整个区域中创新规划布局，原南汇区的城市化进程也将加快。”[32]

复旦大学中国历史地理研究中心周振鹤教授认为，行政区划是刚性的结构，经济区本来应该是弹性的形式，经济的发展不应该受任何行政边界的影响。但中国有自己的特殊情况，行政区与经济区成一体状态。如果不把南汇区并进去，在浦东新区进行综合改革的那些先行先试的法规、法令、措施，就不可能在南汇区实行。……简单地说，就是必须适度调整行政区划来适应、促进经济的发展，使经济区与行政区重新获得一致。[33]

从浦东开发前就一直参与制定浦东新区规划的李佳能回忆了这样一个历史细节：

1988年7月15日，汪道涵总顾问带领研究小组成员，驱车前往位于长江口、杭州湾北岸的南汇芦潮港踏勘。那个年代过江只有一条打浦路隧道。浦东地区的道路和公路等级较低。车子过江后，经过周周公路、沪南公路，一路颠簸。道涵同志年岁高，但精神好。大伙儿一路说笑。道涵同志时不时地对大家说着他对浦东开发的设想。如果从大浦东范围看，黄浦江、金汇港以东，杭州湾以北的范围面积不小，这是由江河海围合的最佳范围。如果从中浦东范围看，黄浦江以东的“三区”和一县范围比较适中。如果从小浦东范围来看，黄浦江以东，川杨河以北的350平方公里，开发起来比较现实，对现有行政区影响较小。㉞

20年后，大浦东的构想终于实现。按照上海国际航运中心建设的总体目标，到2020年，上海将基本建成具有全球航运资源配置能力的国际航运中心。而两区合并首先解决了行政区划的界限而发生的管理问题，尤其是分属两个区的外高桥保税区、港区—浦东空港—洋山港的黄金产业带。

由此，人们给浦东一个新的称呼：“大浦东”、“新浦东”。新的浦东有了从容“转身”的空间。从陆家嘴金融城，到外高桥保税区，再到浦东国际空港、洋山深水港，以及临港新城等，几乎囊括上海金融、航运、贸易等各个领域建设的所有主题。洋山深水港、杭州湾跨海大桥、长江隧桥、苏通大桥等一批世纪性交通枢纽工程，也成为“新浦东”直通长三角的硬件，有助于上海服务长三角、服务长江流域、服务全国能级提升。

同时，在浦东开发开放、综合配套改革、上海国际金融中心和国际航运中心建设等诸多国家战略下，一批改革先行先试政策汇聚新浦东，浦东的先发优势突显，国家战略承载能力显著提升。

以经济规模来说，2008年，浦东新区GDP达到3 150.99亿元；已约占全市的1/4。南汇为548.03亿元，两者实现一体化后，“新浦东”在体制创新、扩大开放等方面协同发展，地区所创造的价值绝不止“1＋1＝2”。合并后的第二年，2010年新浦东的GDP达到4 707亿。

根据新浦东的规划目标，到2020年浦东开发开放30周年之际，浦东新区将力争生产总值占上海全市的比重从四分之一以上提高到三分之一以上，并力争实现更高目标，人均GDP达到3万美元。㉟

一个有趣的现象是，自从南汇并入浦东的前期消息传出后，南汇地区的房价出现了升值苗头。

经过近年来的跨越式发展，浦东的生活居住环境得到了质的飞跃，无论是教育、医疗服务，还是交通、商业配套，抑或生态环境打造，浦东正变得越来越宜居。越来越多的人抛开了“宁要浦西一张床，不要浦东一间房”的成见，选择在这里安家落户。金桥碧云等国际化、高端化社区,更是吸引了大批在周边工作的外籍人士,把家安在浦东。

随着南汇并入新区,又带来了进一步推进城市化的新任务。如引进更多的知名学校、知名医疗机构落户,新增优质的休闲商业设施,建设更为便捷的交通运输体系,提升公共服务质量和社会保障体系,等等。而且率先实现城市化,消除城乡二元结构,本来就是浦东综合配套改革的题中应有之义。

得知两区即将正式合并的消息,复旦大学历史地理学教授张修桂认为:"生活在这一区域的人群,历史上其实都曾被统称为下沙人。"张修桂曾多次深入南汇实地考察上海海岸线的变迁,"今天的浦东新区和南汇区地域基本是在近似的时期大体成陆"。

张修桂表示,浦东和南汇的经济发展也有着许多相同点。"譬如说,目前的浦东和南汇行政区划中的很多市镇和聚落,其实都是当年盐场的所在地。"

浦东地区的区划变更十分频繁,仅新中国成立后就变更达 20 次以上。在张修桂看来,今天的两区合并,或许也正是经济发展的必然选择。[36]

因此,"新浦东"这一称呼更为合适。

12.6 打造全球"定价中心"

2011 年,也就是北京批准上海"两个中心"建设的两年后,浦东新区确立了 5 年的奋斗目标:在转变经济发展方式中实现又好又快发展,努力成为全球资源配置新节点。

曾有记者描述了浦东成为全球资源配置新节点的一个场景:

> 北京时间每个工作日的上午九时一刻,总部设在上海浦东的中国外汇交易中心随着交易员轻轻敲击键盘,一组数据即刻传遍全球。一刻钟后,另一组令人关注的数字又从浦东陆家嘴金融区的上海证券交易所传出。
>
> 全球各地成千上万的金融机构、外汇交易员、进出口商及投资者们都会在这个时候,等待着来自上海浦东的数据。

对这些数据，新华社一位记者称之为“浦东价格”。[37]

每周一到周五，随着各大要素市场的开盘，各种生产要素的价格每天从全国和全世界各地迅速流向浦东，又通过这里的各大要素市场快速反馈流向全国和全世界。

2005年10月，浦东改革与发展研究院原院长姚锡棠告诉记者：“眼下，智利的经济部长关注浦东的铜期货，马来西亚的经济部长关注浦东的天然橡胶期货。越来越多的金融机构、跨国公司把董事会放到浦东来开。”[38]

曾经是浦东新区管委会研究室研究员的庄崚博士回忆了1995年的那一幕，感慨万分：

1995年初夏，一批来自上海浦东的客人走访伦敦国际金融期货与选择权交易所。助理总裁阿·艾伯特笑容可掬地站在大门外迎接。

伦敦国际金融期货与选择权交易所是欧洲最大、世界第三的期货期权交易所。艾伯特告诉客人：“19世纪中叶英国曾是世界上最大的铜生产国；从20世纪初起，伦敦金属交易所开始公开发布其成交价格并被广泛作为世界金属贸易的基准价格。到目前为止，世界上全部铜生产量的70%是按照伦敦交易所公布的牌价进行贸易。”

忽然，微笑的艾伯特耸了耸肩，话锋一转：“听说你们上海浦东也开始了铜及其他大宗商品的交易，浦东的崛起会对伦敦交易所产生什么样的影响，也许只有上帝知道。”[39]

短短十来年，艾伯特的预感变成了现实。

中国已成为全球第一大铜进口国，消费量已接近全球消费总量的40%，上海期货交易所2013年约占全国期货市场份额的60%，期铜成为仅次于伦敦交易所的全球第二大铜定价中心，在国际市场上拥有了更大的话语权。

所谓的全球资源配置新节点，意味着浦东正在成为全球的“定价中心”之一。

浦东的领导人有这样的观点：中国已是贸易大国、投资大国，也是吸收投资的大国，但配置全球资源能力方面还是有差距。“四个中心”的建设，特别是金融、航运中心建设，其中重要一条是要提升跨界配置资源的能力。因为要建设的是国际金融、贸易、航运、经济中心，如果没有这样的功能，充其量是国内、区域内中心，要成为国际中心就要跨界配置资源。[40]

注释

① [美]傅高义：《邓小平时代》，生活·读书·新知三联书店 2013 年版。

② 邹靓、历志钢：《战争引发归零：上海金融中心的别离笙歌》，载《21 世纪经济报道》2005 年 8 月 17 日。

③ 邓小平：《视察上海时的谈话》，载《邓小平文选》，人民出版社 1993 年版。

④ 黄奇帆：《一段珍贵的回忆》，载《文汇报》2004 年 8 月 18 日。

⑤ 江泽民：《加快改革开放和现代化建设步伐，夺取中国特色社会主义事业的更大胜利——在中国共产党第十四次代表大会上的报告》。

⑥ 黄奇帆：《浦东的精神就是创新》，载中共上海市委党史研究室：《口述上海——浦东开发开放》，上海教育出版社 2014 年版。

⑦ 其中监管类金融机构(银行类、证券类、保险类)为 844 家，新兴金融机构(股权投资、融资租赁、财富管理企业)1 996 家，金融专业服务机构(第三方支付、金融信息与数据、金融人力资源服务)486 家。非监管类机构，股权投资企业及其管理机构数量达 2 415 家，融资租赁企业 442 家，阳光私募和财富管理企业 378 家。此外，还有各类金融专业服务机构 1 059 家。据《浦东年鉴》编辑部：《浦东年鉴 2015》。

⑧《澳洲日报》2004 年 5 月 15 日。

⑨ 王伟、徐仲达、童蒙志：《“东进热的背后”》，载《解放日报》1997 年 1 月 23 日。

⑩ 赵启正：《浦东逻辑：浦东开发与经济全球化》，上海三联书店 2007 年版。

⑪ 赵启正：《浦东逻辑：浦东开发与经济全球化》，上海三联书店 2007 年版。

⑫《国务院关于推进上海加快发展现代服务业和先进制造业建设国际金融中心和国际航运中心的意见》(国发〔2009〕19 号)，http://www.gov.cn/xxgk/pub/govpublic/mrlm/200904/t20090429_33313.html。

⑬《央行举行人民币加入特别提款权(SDR)吹风会》,新华网 2015 年 12 月 2 日。
⑭《伯南克:人民币入篮只是奖励一朵小红花》,新浪财经 2015 年 12 月 2 日。
⑮ 张仲礼主编:《近代上海城市研究》第二章,上海人民出版社 1990 年版。
⑯ 茅伯科主编:《上海港史》古、近代部分,人民交通出版社 1990 年版。
⑰ 上海市城市规划设计研究院:《大上海都市计划》(上)第一编第七章第二节港口,同济大学出版社 2014 年版。
⑱ 孙中山:《建国方略》之二　第二计划　东方大港,生活·读书·新知三联书店 2013 年版。
⑲ 张仲礼主编:《近代上海城市研究》,上海人民出版社 1990 年版。
⑳ 胡炜:《规划先行　法规保障　面向市场　服务经济》,载《走过十年——浦东开发开发实践录》(下),上海人民出版社 2004 年版。
㉑ 贺彭年:《敢想敢做的汪老》,载《报国有心　爱国无限》,上海人民出版社 2015 年版。长江水夹着泥沙到了入海口遇到了咸水,形成絮凝效应,沉淀在长江口,致使长江口变浅,甚至不到 8 米,此沙坚硬,称之拦门沙。
㉒《上海人民政协志》编纂委员会:《上海人民政协志》,上海社会科学院出版社 1998 年版。
㉓ 朱镕基:《会见世界银行高级副行长库莱希等人时的谈话》,载《朱镕基上海讲话实录》,人民出版社、上海人民出版社 2013 年版。
㉔ 李开亚主编:《上海人民政府志》第四篇城建交通第七章上海国际航运中心建设,上海社会科学院出版社 2004 年版。
㉕ 李开亚主编:《上海人民政府志》第四篇城建交通　第七章第三节上海国际航运中心建设,上海社会科学院出版社 2004 年版。
㉖《建设国际航运中心》,载《上海年鉴 2004》2005 年版。
㉗ 李开亚主编:《上海人民政府志》第四篇城建交通　第七章第三节上海国际航运中心建设,上海社会科学院出版社 2004 年版。
㉘《洋山港 10 年吞吐过亿　连续 5 年位列世界第一大集装箱港》,载《中国水运报》2015 年 12 月 16 日。
㉙ 据《浦东年鉴 2010》,浦东新区区域面积增至 1 429.67 平方公里,原南汇区 860.1 平方公里,原浦东新区 569.57 平方公里。
㉚ 徐斌忠、宋杰:《两区合并为配合两个中心建设　航运中心建设最先受益》,载《新闻晨报》2009 年 5 月 7 日。
㉛ 鲁雁南:《专家学者:南汇区并入浦东剑指上海“两个中心”建设》,载《新民晚报》2009

年5月7日。

㉜ 陈里予等:《大浦东"金三角"构造上海最重要增长极两区》,载《新闻晨报》2009年5月7日。

㉝ 黄晓峰:《周振鹤谈上海行政区划的变迁》,来自澎湃·翻书党2015年9月8日。

㉞ 李佳能:《浦东开发忘不了老市长汪道涵同志》,载《报国有心　爱国无限——汪道涵百年诞辰纪念文集》,上海人民出版社2015年版。

㉟ 胥会云:《新浦东明日将选出新一届领导班子》,载《第一财经日报》2009年8月7日。

㊱ 盛丰:《复旦教授:南汇和浦东原本是一家》,载《新闻晨报》2009年5月20日。

㊲《"浦东价格"牵动世界经济神经》,新华社上海2008年4月28日电(记者季明)。

㊳《国际大银行扎堆浦东,金融街都挤"站起来"了》,新华社上海10月12日专电(记者叶国标、张建平)。

㊴ 庄峻:《贸易枢纽》,载《浦东开发》2012年第11期。

㊵ 胥会云、金亮:《浦东新区区委书记徐麟:制度创新核心在敢闯敢创》,载《第一财经日报》2011年4月20日。

第十三章 支点撬动：改革试验区 3.0 版

13.1 作用巨大的小支点

当年，浦东领导人赵启正曾将浦东比作“美少年”，到了 2013 年，这个少年已经长大成人了。浦东的面积已扩大到 1 400 多平方公里，常住人口 500 多万。[①]

美国花旗银行中国区行长施瑞德说：和国外的一些地方相比，浦东可能会有所欠缺，然而发展中的浦东从不曾让我们失望，因为在浦东，每一天都有新的希望。生活在这里的人会有这样的感受：太阳每天都是新的。[②]

这种感觉来自于浦东一直在追求通过制度试验，实现更大的开放和更深的改革。

2013 年 10 月 1 日清晨，毗邻长江口的浦东新区基隆路 9 号大楼，五星红旗迎风飘扬。在外墙新镶上标有“中国(上海)自由贸易试验区”中英文字样的金色铭牌前，人们争相合影留念。

英国广播公司记者也来到了上海自贸区，但他注意到了远方三根高高的烟囱，他写道：一家发电厂的烟囱正向天空喷云吐雾，提醒着人们中国现有的增长模式。[③]

就在两天前，上海自贸区挂牌。那日上午 10 时许，微软全球资深副总裁、大中华区董事长贺乐赋从上海市委书记韩正手中接过外商投资企业备案证，双方满面笑容。备案证是“001 号”。

正如浦东开发开放标志着中国的中心城市和第三产业的对外开放以现代国家的命脉——金融业的复苏为代表，上海自贸区也以发展服务贸易为代表以实现中国经济结构的转型升级。

这个自贸区仅 28 平方公里，相当于上海市面积的 1/226，但是被中国领导人寄予厚望，希望成为撬动中国新一轮改革开放的支点。[④]

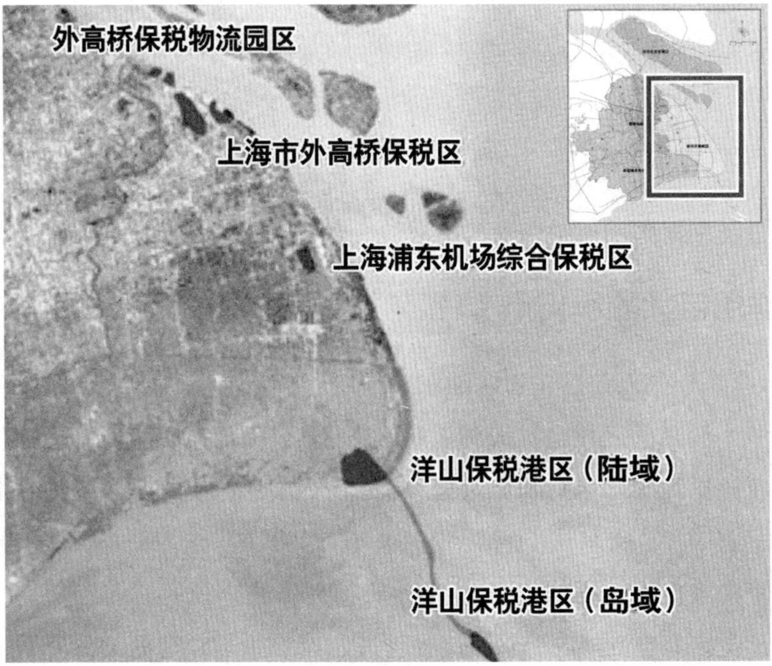

28.78平方公里的上海自由贸易试验区包括了之前的海关特殊监管区

2000多年前，古希腊科学家阿基米德发现了一个秘密后激动地写信给国王说："给我一个支点，我能支起地球。"此话尽管夸张，但是阿基米德有着坚实的根据——杠杆的平衡原理。

当地媒体称，上海自贸区也恰如一个支点，它将撬动中国新一轮的改革开放。从中国的改革开放历史看，以支点撬动整体的改革开放正是中国经济高速增长30年的重要经验之一。1980年，中国政府在南方建立了四个经济特区，那时这四个特区很小，人口不多，但就像一个小小支点，强有力地撬动了中国的改革开放，尤其是最先向世界打开了窗户。

按照杠杆原理，支点不大，但作用巨大。也因为支点有着巨大的撬动能量，早在20世纪80年代末，邓小平就提出了在中国大陆"再造几个'香港'"的战略构想，而香港就是一个典型的自由港，有着成熟的市场经济体制，有与国际接轨的管理和法治，有执全球牛耳的转口贸易，有高效的商务服务平台，因而在国际金融和贸易市场上发挥着重要作用；是全球开放度最高、透明度最高的地方。邓小平说："在内地还要造几个'香港'，就是说，为了实现我们的发展战略目标，要更加开放。"⑤

在中国的改革开放历史中，自由贸易园区、自由港、特别关税区、自由贸易试验区等不断地被中国官员和学者提出、讨论。显然中国政府试图通过再造"香港"，以撬动中国实现更大范围的开放，更深层次的改革。

古老的中国曾经是那样封闭自大，陶醉于自我之中不能自拔，其结果是落后和挨打。科学社会主义创始人卡尔·马克思曾经这样描述：

> 清王朝的声威一遇到不列颠的枪炮就扫地以尽，天朝帝国万世长存的迷信受到了致命的打击，野蛮的、闭关自守的、与文明世界隔绝的状态被打破了……接踵而来的必然是解体的过程，正如小心保存在密闭棺木里的木乃伊一接触新鲜空气便必然要解体一样。⑥

因此，从 1978 年起，中国共产党人试图通过对外开放来解体僵化的体制，即以开放倒逼改革。

1980 年，深圳特区成为中国率先开放的试验田，引入市场经济，颠覆计划经济体制，倒逼着体制机制的不断改革——股份制的实行，价格体制的改革，劳动人事制度的创新等等，短短 30 年就让一个乡村小镇成为现代化的大城市。

1990 年，浦东作为中国第二轮改革开放的先行者，以更加开放的胸襟和发展前景吸引大量跨国公司投资落户，倒逼着政府在服务理念、行政效率、信息公开、法治环境等方面进行综合配套式的改革，尤其是在建立社会主义市场经济体制中，浦东在生产要素的市场化配置、服务业的对外开放等方面先行先试，由此也成为海外投资者，尤其是跨国公司最青睐的投资地区之一。

2001 年中国加入 WTO，此举更是促进了中国全方位开放，曾参与谈判的中国原外贸部长石广生说，加入 WTO 后中国修改了 3 000 多条法律法规。由此，经济、政治、文化、社会等领域发生了深刻变革，全方位开放带给中国十余年的经济高速发展，成为世界头号贸易大国。

对于世界，中国不断地将自家的窗门一扇扇地打开，并且同步调整自己的制度。这也让中国人尝到了甜头，用中国人的话说是改革开放带来的红利。

相反，同时有些国家入世后并没有获得发展，其原因就是没有对国内的经济体制进行相应的改革，而中国通过大面积清理法律法规，建立起了既符合国际规则又适合国情的经济制度和市场环境。

2013年，新一届中国政府产生，新政府开始追求更高层次的开放。这年3月28日，李克强履新国务院总理后的第一站调研就来到了上海。

李克强说："30年前，波澜壮阔的改革首先是从沿海开放的经济特区带动的。今天看来，用开放促进新一轮改革，依然有很大的空间和动力。"他称："改革将释放巨大的制度红利。"

李克强看好上海，他鼓励上海的官员："中国不能害怕开放，要一步步向前。中国走到了这一步，就该选择一个新的开放试点。上海完全有条件、有基础实验这件事，要用开放促进改革。"⑦

以开放倒逼改革，以激发"改革红利"是中国改革开放的历史经验。上海自贸区正是在这一经验的基础上，实行更高层次的开放。中国政府对这个小小的支点充满期望，尽管仅仅占共和国土地面积的万分之零点零零三不到，期待这个支点打造中国经济"升级版"。

开放对于浦东来说，意义非同寻常。在上海市发展改革研究院研究员郑韶看来，开放，是浦东的基因。浦东20年来成功的基本经验是开放，未来发展还是要靠开放。浦东的开放应该是全方位的、深度的，让所有市场主体都把这里当成"乐园"，而政府的职责，就是以开放的心态和观念营造"乐园"。⑧

从对外开放的历史深度看，赵启正认为中国第一批开放了14个沿海城市，可以叫改革试验区1.0版。深圳等经济特区建立和浦东开发是改革试验区2.0版。中国（上海）自由贸易试验区是改革试验区3.0版。⑨

13.2 英文译名引来争议

按照深圳大学钟坚教授的研究，自由贸易园区（Free Trade Zone）、自由港（Free Port）都属于经济特区的不同类型。1228年，法国马赛自由贸易园区被认为是世界上最早的经济特区。而1547年，意大利热亚那自由港是世界上第一个正式以自由港命名的经济特区。中国的香港、澳门分别于 1841 年和 1845 年宣布实行自由港。

在中国改革开放历史中，因为有了香港自由港的榜样，中国经济特区的建设中也就有了学习、借鉴和创新的活动。因此，早在浦东开发之初，上海市就提出了要在浦东建立一个以“自由港”为目的的自由贸易区。

1990 年 6 月 8 日至 15 日，朱镕基作为市委书记，率领上海经济代表团访港。在“九十年代上海经济发展——沪港经济合作展望研讨会”上，他发表了长篇演讲，他说：“和现有的经济特区和经济技术开发区相比较，浦东开发开放有四个特点，第一个特点，我们以建立一个‘自由港’为目的，建立一个保证商品、人员、商船关税豁免，自由出入的自由贸易工业区。在这个区内，可以允许外商来进行转口贸易，发展批发业。这一点在其他经济特区是没有的。”⑩

但是在那个干什么都要问一问“姓资还是姓社”的年代，“自由”一词太敏感了。据 20 世纪 70 年代末负责筹建特区的广东省委书记吴南生回忆，那时对深圳、珠海和汕头“先走一步”的三个地方叫什么争议很大，叫“出口加工区”，会与台湾的名称一样；叫“自由贸易区”，又怕被认为是搞资本主义，这些，在当时可是天大的罪名啊！当然，最后还是邓小平一锤定音：叫特区！⑪

因此，1991 年 11 月 1 日，中国（海南）改革发展研究院成立后举办的海南对外战略研讨会上，与会者一致呼吁在海南建立“特别关税区”，而不是叫自由港、自由贸易园区。

朱镕基公开提出要建立自由贸易区，可见其胆识和勇气。

不过，最初对于如何建立自由港、自由贸易园区，中国地方领导确实缺乏经验。比如 1985 年 6 月 29 日，国务院批复福建省政府《关于报审厦门经济特区实施方案的报告》，批准厦门特区扩大到厦门全岛和鼓浪屿，并逐步实行自由港的某些政策。其中“逐步实行自由港的某些政策”当时被厦门特区人视为独一无二的“尚方宝剑”。可惜，在具体实践中步履蹒跚，一波三折。

但是聪敏的中国人还是想出了办法，建立保税区，这也是有着中国特色的一个称呼。1987 年 12 月，深圳创办了全国最早的保税区——沙头角保税区。1990 年 6 月，借浦东开发开放之东风，国务院正式批准浦东新区创办上海外高桥保税区。

有意思的是，对于上海外高桥保税区的英文名称有一番周折，原浦东新区管委会外事办公室主任陈炳辉回忆：外高桥保税区，翻译成英文叫 Free Trade Zone。那是 1991 年，朱镕基市长在火车上跟我说，保税区，世界上没有这样叫的，只有保税仓库，如果用保税区，就是叫 Bonded Area，外国人看不懂，那我们只能翻译成 Free Trade Zone，中文就叫保税区。因此，今天这个名字是朱镕基定的。⑫

浦东还曾提出将保税区的中文名称也改为外高桥自由贸易区。想了很久的朱镕基最终还是叫秘书打电话通知：保税区的中文还是不要更改，按国家文件就叫保税区。所以中文名为上海外高桥保税区，英文名为 Shanghai Waigaoqiao Free Trade Zone。⑬

但这一译名遭到有关部门的激烈反对，有人还追问：你们这个翻译有什么依据，到底是谁翻译的？这时人们很容易将经济自由化与政治自由化混淆起来。

1992 年 9 月第一次全国性保税区工作大会在天津召开，会上浦东提出了“三个自由”的特殊政策——贸易自由、货币自由和货物进出自由，以及要抓住贸易作为突破口，按照国际惯例发展保税区的建议。为此，作为浦东代表、外高桥开发公司首任总经理阮延华认为，翻译成 Free Trade Zone 从对外宣传、与国际接轨等方面都有利，很容易让人接受，毕竟自由贸易区才是国际上通行的。

浦东的建议引发了与会 14 个保税区代表的共鸣。但是，会议主持人提出，这“三个自由”的提法是不是可以用其他词来替代？海关同样也提出了反对，称应该翻译为 Bonded Warehouse Zone（保税仓库区）。

浦东代表进一步解释，这个翻译是我们请了很多国际方面的专家，了解国际的整体情况后定下的。而且这个翻译是经过朱镕基同意的。

紧接着，上海市副市长赵启正发言。赵再三强调必须跟国际接轨，保税区对外翻译应该是自由贸易区，还用了很大的篇幅举了很多案例进行说明。多年后，阮延华回忆：“他的发言将我们的自由贸易区概念表述得非常清晰，而在 20 年前，在这方面的理论研究还很少。”

“赵副市长力挺我的观点后，反响非常非常大。”阮延华回忆，赵启正还不放心，当晚又和他一起专门找到主持人进一步解释，为什么我们的英文要这么说。自由贸易区主要是按照国际惯例让货物自由进出，接轨贸易全球化。总之是使上海发挥像香港一样的国际自由港的功能，同贸易保护主义相对。⑭

最后浦东人坚持住了，而其他的保税区也纷纷将英文译名改成了 Free Trade Zone。

自贸区一周年空中航拍。其名称中英文 Pilot 既有试验又有领先之意（新华社　图）

当然这样的翻译，不懂中文的外国人不会发现其中的问题。不过，有一位精明的且精通中文和英文的日本人曾发现了，据赵启正回忆，日本人问他，为什么外高桥保税区的中英文名称不一致？有什么深层原因？

赵启正只能这样回答：因为一般中国人对自由贸易区的意思不甚了然，可是对保税仓库就了解得很清楚，知道货物进了保税仓库，不用上税，拿出来再上税。保税仓库多一点，就是保税区了。⑮

如此解释，确实有些无奈。这也可以理解为什么中国从自由港提出到自由贸易试验区的建立要花费近30年的时间。

如果我们站在地球仪边上看中国，看经济特区，看自由贸易区，就能够更深刻地理解邓小平从“以实行自由港的某些政策”，到“在大陆‘再造香港’”战略构思的脉络和其历史价值。

在20世纪80年代后期，邓小平提出在大陆“再造香港”。次年5月，邓小平在与中央负责同志谈话时又重申：“我过去说过要再造几个‘香港’，就是说我们要开放，不能收，要比过去更开放。不开放就发展不起来。”⑯

建立经济特区无疑是“再造香港”的构想之一。

相对于香港的法治建设、市场开放度、经济透明度、自由流动的资本体系和自由兑换的货币体系，内地也就凸显出不健全的法制、繁复而多变的条例、过时的会计制度和不透明的商业惯例等脆弱的制度环境。

因此，1992年在深圳，邓小平要求：“必须大胆吸收和借鉴人类社会创造的一切文明成果，吸收和借鉴当今世界，包括资本主义发达国家的一切反映现代社会化生产规律的先进经营方式和管理方式。”⑰

当时浦东研究了世界上不同类型的自贸区，发现国外是先有法律，确定可以做什么，有了规矩再办事。因此，为保税区立法至关重要，于是浦东人大胆地在立法上向前一跃。

在20世纪90年代的中国，地方立法是“天方夜谭”，因为国家统一税制、统一法制。浦东就想办法说服市人大进行调研。1994年起，由市人大财经委牵头，市政府法制办、浦东新区管委会、市外经委等部门组成了一个调研小组，分赴全国12个保税区和国外十多个自由贸易区进行调研。在六年中，收集了世界上一百多个自由贸易区的法律法规文本。

立法草拟中，浦东希望能借此有突破，“于是埋了很多‘钉子’。做好后，我们看看很满意，但还需中央的同意”。曾任外高桥保税区管委会主任的胡炜回忆，经过北京有关部门的讨论，最后“拿回来再看，没有任何进展，没有任何突破”。还要不要出？有过争议。“但最终我们认为，基于有些政策一直在变，若能将当时条件下的看法，以法律的形式定下来，应该也是一个进步。”胡炜回忆说。

1996年12月，中国第一部地方性的保税区条例正式通过。

没想到，效果大大超出了预料，很多跨国公司纷至沓来，说这是中国第一个保税区的法规，证明上海是按法来办事的，我们对此有高度的信任感。

“这真的是对我一个极大的法制教育，也强化了我们要不断敢于尝试的劲头，不能怕‘碰钉子’。”胡炜道。⑱

这部法规是当时开发开放程度最高的地方性经济法规，也创下了若干第一：市人大常委会为浦东开发制定的第一部创制性地方性法规；第一部在人大常委会上一次审议便全票通过的法规；第一部为使法规符合国际惯例而需要人大代表会同政府有关部门出国进行调研和考察的法规。⑲

正因为浦东人有着敢于尝试的劲头，有了法律保障，到了 2012 年底，10 平方公里的外高桥保税区，贸易总额已达 1 万亿元，进出口总额超 1 000 亿美元，税收 1 000 亿元人民币，平均每平方公里税收 100 亿元，超过了上海最繁华的南京路。保税区的功能发挥到极致，成为上海服务长三角、服务全国、面向世界的一个资源配置节点。⑳

外高桥保税区集装箱码头（新华社　图）

外高桥保税区的法制建设证明，既然正式把市场经济体制确立为中国改革的目标，那么借鉴香港的成功实践经验，建设自由港、自由贸易区也就是一个重要抓手了。

13.3 中国首例，世界首创

历史走到了2003年底，建立自由贸易区被中国学者正式提出。

那一年12月9日，全国人大常委会副委员长成思危在青岛召开的中国保税区管理与发展研讨会上提出了一个非常敏感的建议：向自由贸易区转型是中国保税区的发展方向，目前推出保税区向自由贸易区转型的改革试点时机已经成熟，应早日选取改革试点。

成思危也是一位经济学家，有"中国风险投资之父"的称号。此前他已经牵头组织对保税区向自由贸易区转型问题进行专题研究。

成思危表示，2003年至2006年可选取改革试点，争取在2006年完成试点任务，初步建成符合目标模式的自由贸易区，经过不断调整和巩固，力争在2015年在我国建成2个至3个世界一流的自由贸易区。[21]

其实，浦东有关保税区向自由贸易区转型的设想更早。1993年9月22日，外高桥保税区管委会主任胡炜在外高桥保税区工作会议上提出："外高桥保税区的中长期发展目标是：经过5至6年的努力，到2000年，把外高桥保税区建成为一个完全按照国际惯例运营，与国际市场接轨，与国内市场经脉相通，并能够将政策辐射到长江流域乃至全国的国际性的自由贸易区。"[22]

随着中国加入WTO，包括外高桥保税区在内的不少保税区官员都提出了向自由贸易区转型的主张。据2001年5月31日的《中国证券报》透露："上海外高桥保税区已向国务院报批转型为中国首个自由贸易区的动向，引起了各方关注。"

报纸还报道了上海外高桥保税区管委会副主任仲伟林的解释，"保税区是作为中国发展自由贸易区的一种起步模式创设的，本质上具有过渡性。建立和发展自由贸易区是世界各国分享全球自由贸易利益，提升国际竞争力所普遍采用的有效手段"，因此，他认为可以将起步早、发展快的保税区，作为中国'入世'接轨的先行试点基地，逐步向与WTO全面接轨的自由贸易区转型。[23]

应当说，浦东的官员如此表态还是很大胆的，因为以正式的身份公开谈论自由贸易区的官员在那时并不多见。

2005 年，上海的洋山深水港开港，尽管吞吐量不断创新，但还受到上海不是免税港，不是自由贸易区的制约，境外的货物不能或者不便在上海中转。

上海的官员认为国际枢纽港不但要有水深，还必须和金融中心、贸易中心结合在一起，和自由贸易区结合在一起。而这个结合点就是浦东。也因此，上海洋山深水港建成后，上海更加希望自贸区落户浦东。

而在 2007 年，深圳原市委书记厉有为以全国政协委员的身份建议：适时将上海浦东、天津滨海新区、深圳特区等地辟为保税特区。而他所描述的保税特区的概念几乎接近自由贸易区，但他避免了使用“自由”一词。

2009 年，在中国生产力协会组织下，以国内著名发展战略管理专家李泊溪教授为首的一批专家来到上海调研，此时中国政府下发了一个文件——《国务院批复转发的发改委关于 2009 年深化经济体制改革工作意见》，其中第十一条“深化涉外经济体制改革，健全开放型经济体系”中提出“积极稳妥实施自由贸易区战略”的要求。

大约半年后，李泊溪专家小组形成了建议上海浦东建设自由贸易区的研究报告。评审委员会对研究报告给予很高评价，报给了温家宝总理。这份题为《上海浦东新区建立自由贸易区研究》的课题报告是由中国生产力学会提交的。报告在分析了上海建设自由贸易区的可行性后称：“总的看来，在上海浦东新区建立我国第一个自由贸易区是可行的。”

这时的浦东作为上海国际贸易中心的核心区，贡献了 2009 年上海全市外贸进出口总额约为 2 700 亿美元的一半，其中口岸贸易占到全市的 88%。而这些贸易主要集中在 10 平方公里的浦东新区外高桥保税区，并形成了汽车、钟表、医药分销、酒类交易等十大高税收行业的专业贸易平台。

到了 2010 年 3 月 1 日，国务院总理温家宝在一份报告上批示：“请克强、岐山同志阅示。可由发改委会同商务部深入研究提出意见。”[24]

2011 年，上海明确提出要打造“自由贸易园区”。4 月 7 日举行的“上海综合保税区 2011 年企业大会”上，上海市常务副市长、上海综合保税区管委会主任杨雄表示，上海综合保税区要积极探索向国际通行的自由贸易园区转型升级。

2011 年 11 月，第十一届世界自由贸易园区大会在浦东召开。《上海浦东新区建立自由贸易区研究》课题组组长李泊溪应邀在会上作了《中国发展自由贸易园区的功能创新思考》专题报告，并就上海浦东新区发展自由贸易园区研究情况作了介绍。

上海希望构建的自由贸易园区，拟覆盖整个上海综合保税区。该区于 2009 年 11 月 18 日成立，统管面积达 20 多平方公里的洋山保税港区、外高桥保税区（含外高桥保税物流园区）及浦东机场综合保税区。

上海方面则认为，与海关总署批的全国 99 个特殊监管区域相比，上海综合保税区分别拥有高桥港、浦东国际机场空港、洋山港。这意味着打通了海、陆、空交通，在向自由贸易园区转型的过程中优势明显。

不过，这时上海方面的设想还是从拉动地方经济着眼，并没有从国家战略的高度来认识自贸区。

最早推动中国自贸区研究的学界前辈、经济学家成思危在发表主旨演讲时强调，在中国建立自贸区已经势在必行，而且建设速度要加快，最好多建几个，至少要达到 5—6 个。[25]

此时，在中国一些地方政府积极申办自贸区之际，中央政府还感受到了来自美国的压力。

2011 年 11 月 8 日至 13 日，美国夏威夷，APEC 峰会如期举行，会议的主题为“紧密联系的区域经济”。

会上，奥巴马向全世界宣布：美国力推的“泛太平洋战略经济伙伴协定”（TPP）的基本纲领已经在美国和其他八个国家达成共识。奥巴马说，这一协定可以使美国出口翻番、制造数以百万计的工作机会。

一时间，TPP 频频在世界媒体出现。

TPP 本由文莱、智利、新西兰和新加坡在 2005 年发起，名为自由贸易协议（FTA），2009 年美国加入后，变成了由美国牵头的 TPP。[26]

美国和欧盟还在进行大西洋贸易和投资伙伴协定（TTIP）。

还有国际服务贸易协定谈判（TISA），参与 TISA 谈判的成员国的服务贸易额覆盖了全球 70％的服务贸易。中国曾于 2013 年 9 月提出加入 TISA 谈判的申请，但最终没有获得批准。拒绝的主要理由是，中国服务业开放的程度还没有达标。

TPP、TTIP、TISA，3T 协定谈判都是以美国为首。

有学者认为，在 3T 中，中国加入 TISA 的战略意义最大。第一，参与 TISA 谈判的成员国最多，影响也最大，中国只有参加进去了，才能更好获得制定国际服务贸易规则的话语权；第二，中国的加入可以为“金砖国家”的加入打开一个通道；第三，加入后可以用更高的投资和贸易标准促进国内服务业的体制改革与进一步开放；第四，可以获得 TISA 其他成员国的市场准入，为中国服务贸易发展提供更大空间，改变中国服务贸易长期逆差的情况。因此，中国加入 TISA 谈判，可以说是一个最优的选择。而这个最优选择能够实施的前提，就是上海自贸区对服务业开放的试验程度。[27]

2013 年的中国已经成为世界上最大的贸易国，随着 WTO 多哈回合谈判推进缓慢、各国贸易保护主义抬头，WTO 红利逐渐消退，美国采取三大步骤逐步架空 WTO：第一是在东半球，与太平洋沿岸国家建立 TPP 贸易同盟。第二是在西半球团结欧盟建立 TTIP 贸易同盟。第三是通过 TISA，由 50 多个参与国主导全球未来的服务贸易走势。而这三个步骤都把世界第二大经济体——中国排除在外。

中国人渐渐明白，美国人要重新制定全球自由贸易的游戏规则。美国国务卿希拉里曾表示，21 世纪将是美国的太平洋世纪，TPP 不但要搞经济，还要搞价值观，要用美国的价值观来统一亚太。

“如果我们不为亚洲确立游戏规则，那中国就会。”为美国政府和大公司代理贸易诉讼的大律师加里·霍力克(Gary Horlick)这样转述奥巴马总统的话。

在这样的一个大背景下，中国面临新的挑战和选择，WTO 的边缘化，对中国来说是一个危机。更多的中国学者认为，正如当年加入世贸组织一样，必须要“再入世”，中国必须参与国际自由贸易的游戏规则的制定。

因此，中国应对的措施之一就是在上海浦东设立自贸区，捍卫中国在全球贸易竞争中的主导地位，同时也利于中国经济与全球经济接轨。

机遇又一次降临了上海浦东。

2013 年 3 月，李克强出任国务院总理之后，首站调研就在上海，其中一项重要的内容，就是给上海建立自贸区予以积极的信号。此时，上海自贸区的方案已经提交国务院大半年，但没有回音。在李克强上海之行后，上海迅速二度递交方案。

当时媒体报道称，在方案会审期间，中国银监会和证监会曾不同意上海建立自贸区，财政部等也持保留意见。

7月3日，国务院批准自贸区落户上海浦东，并定名为中国(上海)自由贸易试验区。

此时，在美国华盛顿第五轮中美战略与经济对话正在进行中。这一对话从2008年启动以来，已经进行了5年有余。

中国方面宣布建立自贸区，这也表明了中国人的一种态度。中方还宣布以“准入前国民待遇和负面清单”为基础与美方进行投资协定的实质性谈判。而“准入前国民待遇和负面清单”正是日后上海自贸试验区的突破重点。㉘

用中国人自己的话说，上海自贸区的设立就是倒逼改革使然，这与30多年前在中国南方设立经济特区，“杀出一条血路”相似，只是大背景不同。

同年8月，上海市市长杨雄在出席“中国经济50人论坛”上海研讨会时透露，李克强今年上半年在上海调研时，曾三问上海市的主要领导，上海到底是要政策还是要改革。“当时他一再问我，上海是不是要改革？我说是，态度是表得非常坚决，我说我们没要政策，我们要改革。”㉙

上海自贸区总体方案主要设计参与者、上海市政府参事室主任王新奎指出，目前全球贸易和投资正在发生三个显著变化：一是由于技术革命，智能化制造和数字化服务结合，推动了新产业形态和新商业模式；二是服务贸易迅速发展，服务已经脱离制成品，成为重要的贸易产品；三是全球贸易规则发生了变化，过去的重点是贸易规则，现在是投资规则，过去是多边，现在越来越多是双边的、区域的、诸边的。“这决定了我们必须树立对外开放的新思维。”㉚

至于为何自贸区最先落户上海浦东，同年9月29日，出席上海自贸区挂牌仪式的商务部部长高虎城做了这样的解释：之所以选择上海来试验，主要考虑到三个方面：一是上海有较好的基础。上海开放型经济规模大，内外经济联系面广，国际化企业集聚度高，承受风险的能力也相对较强，可以在一个比较高的起点上进行试点。上海自由贸易试验区是由现有的4个海关特殊监管区组成的，具有良好的基础设施条件。目前，这片区域已吸引各类投资企业12 000家，其中世界500强企业投资了230个项目，2012年进出口贸易额为1 130亿美元。二是有较为成熟的监管制度和管理经验。2009 年，上海市人民政府设立了综合保税区管理委员会，管理规范高效，有管理较高程度开放区域的较多经验，有助于下一步创新监管服务模式，促进各类要素的自由流动。三是有较好的区位优势。上海地处长三角，拥有广阔的经济腹地，通过发挥辐射效应，可以带动更大范围、更广区域的开放开发。[31]

对于中国（上海）自由贸易试验区这一名称，英文名 China（Shanghai）Pilot Free Trade Zone，外界也曾有一丝疑惑，为何称试验？

其实，自由贸易区不是一个新名称，全球 119 个国家已建立超过 2 300 个自由贸易区，出口总额超过 2 000 亿美元，创造 1 亿个直接和间接就业岗位。

据传，中央领导在正式的名称上加了“试验”二字，而翻译成英文则为 Pilot。Pilot，既有试验的意思，又有领航之意。这个名称明白地告诉中外人士，名称的不一样，承担的历史使命和作用也不一样。中国（上海）自由贸易试验区，前面加了括号，后面又有“试验”二字。这意味着不同于世界上其他国家的自由贸易区，也不同于国内各种形式的海关特殊监管区，它将突破传统的自由贸易区概念，凸显其制度创新的功能。而且这一“试验”绝非孤立的试验，必须要有可推广示范作用，形成可复制、可推广的经验。

中国（上海）自由贸易试验区是一个创新，中国首例，世界首创。

因此在这个试验区内，绝非如有人幼稚地想象可以干“封闭起来，开赌场、设红灯区”之类的事，或者设立一系列招商引资的优惠政策。当年深圳特区开发初期，当地领导曾经力主发行特区货币，但最后被中央中止。其原因也就是特区必须具有的示范功能。而特区独立发行货币在中国并不具有可推广、可复制的示范效应。要知道，中央建立特区的目的并不仅仅是用铁丝网将一块地区围起来特立独行地发展，而是要其成为窗口，成为试验田。如果没有这一功能也就没有特区在中国改革开放大棋局中的地位。这也是多年后，特区人从实践中逐步认识到的。

浦东新区区委书记沈晓明坚持称：“我们搞的都是试验，不一定样样都成功。有人跟我讲，你们浦东做的有些事情很有意义但恐怕做不成功。我说没关系，我们是试验，但是如果这些试验能够成功，那就是很大的成果；如果不成功，其他地方也会少走些弯路。浦东在改革上就是要有‘功成不必在我’的气度和胸襟。”[32]

13.4 特定区域内进行制度试验

在中国改革开放的这场大试验中，和当初深圳特区另一大不同的是上海自贸区一开始就有了司法保障机制。

有学者曾说了这样一个背景："上世纪 90 年代后我国进入立法高潮期。我国的立法多是当事人起草，很多部门利益通过立法固化下来。随着改革深入，必然会较多地遇到与现行法律法规碰撞的问题。"[33]

尤其是中国(上海)自由贸易试验区的建立，遇到与现行法律法规碰撞的问题更多。因此，2013 年 8 月 30 日，即上海自贸区成立前夕，北京举行的十二届全国人大常委会第四次会议上，与会者表决同意，"为加快政府职能转变，创新对外开放模式，进一步探索深化改革开放的经验"，授权国务院在中国(上海)自由贸易试验区暂时调整有关法律规定的行政审批的决定。[34]

显然，中国政府意识到了上海自贸区改革的试验将会与相关法律存在冲突，改革不能"闯红灯"，不能违法违规，但是能修改"信号系统"。

比如，以市场准入为例，《中外合资经营企业法》《中外合作经营企业法》《外资企业法》都设置了前置审批程序。而按照国际惯例，应当改变现行的行政审批的做法，形成开放、公平、公正、标准明确、透明度高的投资环境，但鉴于上海自贸区的启动和运行非常紧迫，不能坐等上述法律的完善。因此，中国领导人先将相关的法律在一个特定的区域内废了，然后放手进行改革试验，甚至还做压力测试，时间为期三年。这是更务实，更高明的做法，而上海自贸区也可以更加大胆地进行一系列制度创新试验，少了风险、阻力。

更重要的是，上海自贸区向外界传递了这样的信息：所有试验都将在法治的框架下进行——法无授权不可为，法无禁止即可为。

"我们要把现行法律要么暂停，要么修改，要挪开现行法律不符合我们改革方向的部分，我们才能勇往直前，这种做法至少在全中国是先进的。"上海市政协副主席周汉民教授说。作为法学专家，他曾经参与浦东开发之初的 9 部法规的制定和翻译。他说："上海自贸试验区不是有了法不顾法往前走，而是看符不符合法律，先改法再做。"[35]

据此，有学者认为今天的上海自贸区和当年的深圳特区一大不同的是上海自贸区的制度试验强调了法制先行。

"法制先行是自贸试验区改革的一大亮点。"最高人民法院自由贸易区司法保障课题组负责人罗东川说。[36]

中国经济学家、复旦大学经济学院张军教授回顾了30年的改革开放后认为："今天的经济学家也都这么说，三十年来中国经济的改革应该解读为一场大规模的社会实验和制度变迁过程。这话听起来是很震撼人心的。但是，对于三十年前的中国领导人而言，制度变革并不是一个可以事先设计得当的试验，没有人对此有足够的知识准备。而当改革的领导人邓小平决定把一个临近香港的南方小镇辟为中国整体经济体制改革的一个试验场的时候，迎来的还多半是阻力、怀疑、挑战和指责。"[37]

因此，当经济特区出现在中国的经济版图上时，无论是中央政府还是特区政府并没有一套完整的方案。而是发展建设初期，问题摆在了面前，非要去解决不可。

这也可以理解，中国之所以将特区设在一个边远的小镇上，毕竟是在做合理但不合法的事。尽管事后看那是正常不过的事。因此对于特区人来说，要么被钉在历史的耻辱柱上，要么成为走进新时代的旗手。深圳民政局长刘润华坦言："任何改革都意味着对现有制度和政策的突破，都是某种意义的'违法'和'违规'，都需要承担巨大的改革风险。失败了，哪怕是小小的失误，执行者都有不可推脱的责任。"[38]

经济特区人为何胆子那么大？

时任副总理万里也讲："你们要闯出一条新路，犯了错误也不要紧，国务院负责。你们先走一步，犯错误对全国来说也是有意义的，可以吸取教训。"[39]

改革权不就是"尚方宝剑"吗？

北京大学教授、经济学家张维迎曾经给出了这样的解释，地方政府抛弃了大量的计划体系。很多地方政府在改革方面走在了中央政府的前面。这并不意味着地方政府违背了中央政府的意志行事。事实上，用地方政府去和一些保守的中央政府官员抗衡是当时所采取的改革策略。[40]

因此，在那时还有一个顺口溜，形容南方人在应对条条框框时的作为："见到绿灯快步走，遇到红灯绕道走，没有灯摸着走。"

但是进入21世纪后，中国的改革者们对于这种"违法改革"有了更深的认识。浦东新区领导人徐麟有过这样一个比喻：改革不是闯红灯，改革是创造新的信号系统。他说："有的人把改革简单地等同于不守规矩，看见'红灯'就闯，结果很容易发生'交通事故'。事实上，改革不是闯红灯，而应该提出新的制度创设，然后试验这种新制度是不是符合客观需求，如果试成了就向大家推广，试下来没有原来的信号系统好，就到此结束，恢复到原来，这也是浦东作为先行先试区的职责所在。"[41]

这正是2013年中国新一届领导人上任后发动的新一轮改革开放的重要特点之一，而上海自贸区也因此承担了国家使命——创设新的信号系统。

至于三年的时间限制，是否会给试验区内的外资企业带去投资风险，按照上海自贸区管委会官员的解释，上海自贸试验区是一个不断循序渐进、扩大开放、推进改革的过程，三年为限说的是制度的探索。以三年的努力探索，来验证新的规则体系是否有效。若有效，下一步将推动有关制度法律的修改。[42]

除了中央对于相关法律的调整之外，上海也沿着"创设新的信号系统"的思路，制定了一部重要的地方法规——《中国(上海)自由贸易试验区条例》。

2014年7月25日上午，上海市十四届人大常委会十四次会议全票审议通过了《中国(上海)自由贸易试验区条例》。《条例》共9章57条，涵盖了管理体制、投资开放、贸易便利、金融服务、税收管理、综合监管、法治环境等方面，被媒体称为上海自贸区的"基本法"。

投资者发现在《条例》中诸如负面清单管理模式、工商登记制度创新、贸易监管制度创新、金融创新以及政府监管模式创新等都是不久前开始在自贸试验区试点的，尽管时间不长但已经被地方性法规予以了确认和完善。

在《条例》通过前，上海市人大法制委员会声称，自贸试验区建设是国家战略，核心是制度创新，条例草案作为自贸试验区建设的框架性法规，既要体现"大胆闯、大胆试、自主改"的要求，把各项改革试验通过法律规范的形式予以固化，也要坚持法治环境规范的要求，在中国特色社会主义法律体系框架内"依法立法"。[43]

投资者还发现，《条例》明确："本市地方性法规不适应自贸试验区发展的，市人民政府可以提请市人大及其常委会就其在自贸试验区的适用作出相应规定；本市规章不适应自贸试验区发展的，管委会可以提请市人民政府就其在自贸试验区的适用作出相应规定。”

其实，这一做法也是中国人从30多年改革开放的历史中取得的经验，按照北京大学教授、中国经济学家周其仁的说法，就是对底层的、地方的自发改进、改革的做法给予合法承认、保护、完善、提升，使之成为政策，成为国家制度。没有这一点，改革就无法成功。底层的改革将自生自灭，难以汇聚成制度变革的伟大力量。

周其仁教授认为：中国30多年的改革开放，比较重要的一点就是把两种力量连接到了一起，打通了经脉，使中国经济的面貌发生了巨大变化。在底层的自发努力与国家的权威运用之间形成制度变迁的合力，使分散的利益结合成为建设中国经济的伟大力量。他说的两种力量一是来自底层，二是来自上层。[44]

上海自贸区进行的改革试验正在成为一种基层力量，这种力量正在不断地艰难地突破旧规则，建立新规则。

但是可以肯定一旦其新规则由中央政府给予合法承认、保护、完善与提升，使之成为政策，成为国家制度，就能在全国推广，就能按照美国《华尔街日报》说法，上海自贸区有潜力成为中国的“规则改变者”。

有学者认为，30多年前深圳特区开启了中国市场经济的第一季，上海自贸区有望真正成为中国市场经济改革的第二季。

从深圳特区到上海自贸区，中国改革开放走过了30多年的历程，最初从政治风险的角度选择了边陲小镇“杀出一条血路”，而后从经济原则的角度出发选择了效率更高、更具样本意义、更愿意对外开放的中国最大工商业城市进行制度试验。毕竟，中国是一个幅员辽阔、人口众多、地区差别极大的国家，加上上千年的专制统治和相随的传统文化，任何变革也就有着巨大的压力，鲁迅曾对着学生悲愤道：“中国实在太难改变了，即使搬动一张桌子，改装一个火炉，几乎也要流血。”[45]

对此，中国共产党人解放思想实事求是，摸着石头一步一步过河——不断地在特定区域内进行制度试验，无论第一季，还是第二季，这就是中国改革开放的一项大战略，恰似贯穿始终的一根红线。

注 释

①《浦东年鉴》编辑部：《浦东年鉴2014》，2014年8月出版。
② 杨燕青：《浦东每天都充满新希望》，载《解放日报》2000年4月23日。
③［英］约翰·苏德沃斯：《上海自贸区能否推动中国增长？》，英国广播公司2014年1月19日报道。
④ 2013年9月29日中国（上海）自由贸易试验区正式成立，面积28.78平方公里，涵盖上海市外高桥保税区、外高桥保税物流园区、洋山保税港区和上海浦东机场综合保税区等4个海关特殊监管区域。
⑤ 邓小平：《要吸收国际的经验》，载《邓小平文选》第三卷，人民出版社1993年版。
⑥［德］马克思：《中国革命和欧洲革命》，载《马克思恩格斯选集》第二卷，人民出版社1995年版。
⑦ 付雁南、杨佳、郭金超：《李克强在苏沪考察：铺展在春天的"新四化"画卷》，中新社北京2014年3月30日电。
⑧ 鲁雁南、王呈恺：《见证人证求证——写在浦东开发开放20周年之际》，载《新民晚报》2010年4月18日。
⑨ 赵启正：《卓越，是永恒的追求》，载《浦东开发》2014年第7期。
⑩ 朱镕基：《上海要进一步向世界开放》，载《朱镕基上海讲话实录》，人民出版社、上海人民出版社2013年版。
⑪ 许黎娜、贾云勇：《吴南生回忆改革开放艰难起步：如果要杀头，就杀我好啦》，载《南方日报》2008年4月7日。
⑫ 陈炳辉口述：《让世界了解浦东》，载《浦东开发》2012年第8期。
⑬《追逐"自由"的保税区》，载中共上海市委党史研究室：《口述上海——浦东开发开

放》，上海教育出版社 2014 年版。

⑭《追逐“自由”的保税区》，载《浦东开发》2012 年第 12 期。

⑮ 赵启正：《卓越，是永恒的追求》，载《浦东开发》2014 年第 7 期。

⑯ 邓小平：《组成一个实行改革的有希望的领导集体》，载《邓小平文选》第三卷，1993 年版。

⑰ 邓小平：《在武昌、深圳、珠海、上海等地的谈话要点》，载《邓小平文选》第三卷，1993 年版。

⑱ 梁建刚：《改革，来自智慧原点——中国首个保税区创建前后》，载《档案春秋》2014 年第 7 期。

⑲ 赵颖彦：《保税区立法创下多个“第一次”》，载《上海人大》2008 年第 12 期。

⑳ 载《浦东年鉴 2013》，《浦东年鉴》编辑部出版，2013 年 8 月。

㉑ 张旭东：《成思危：保税区向自由贸易区转型试点时机成熟》，新华社电讯稿 2003 年 12 月 9 日电。

㉒ 潘阿虎、陈先发：《世界在此交汇——上海外高桥保税区 20 年发展纪实》，上海文艺出版社 2010 年版。

㉓《上海外高桥有望成为中国第一个自由贸易区》，载《中国证券报》2001 年 5 月 31 日。

㉔《中国生产力发展研究》课题简介，创新推进委员会官方网站，www.capsc.org.cn，2013 年 7 月 7 日。

㉕ 李友华：《成思危带领我们研究自贸区——怀念“自贸区之父”成思危先生》，载《前进论坛》2015 年第 9 期。

㉖ 2016 年 2 月 4 日，美国、日本、澳大利亚、文莱、加拿大、智利、马来西亚、墨西哥、新西兰、秘鲁、新加坡和越南 12 个国家在新西兰最大城市正式签署了 TPP 协议。这 12 个国家加起来占全球经济的比重达到 40%，超过欧盟。TPP 也将因此成为世界最大的自贸区。有媒体称，TPP 为“贸易 APEC”。

据法新社 2 月 4 日消息，美国总统奥巴马对于跨太平洋伙伴关系协议(TPP)的签署表示赞许，他说，跨太平洋伙伴关系将使得美国在与中国(竞争)中更具优势。奥巴马声明称：“TPP 让美国而不是像中国这样的国家来书写 21 世纪的贸易规则，这对于亚太地区而言尤其重要。”《奥巴马：TPP 协议将使美国比中国更具优势》，载《环球时报》2016 年 2 月 4 日。

㉗ 石良平：《三年“大考”后，上海自贸区下一步做啥》，载《解放日报》2016 年 8 月 30 日。

㉘ 2013 年 7 月 3 日，国务院常务会议原则通过了《中国(上海)自由贸易试验区总体方

案》，在自贸区将实施“一线逐步彻底放开、二线安全高效管住、区内货物自由流动”的创新监管服务模式。

㉙《李克强曾再三追问上海市长：要政策还是要改革》，新浪财经讯 8 月 11 日消息（王霄发自上海）。

㉚《权威访谈：“试验区是制度创新，而不是政策优惠”——访中国（上海）自由贸易试验区总体方案设计参与者王新奎》，新华社上海 2013 年 9 月 4 日电（记者徐寿松、何欣荣、叶锋）。

㉛《商务部部长高虎城：选择在上海建自贸区有三方面原因》，人民网北京 9 月 29 日电（李海霞）。

㉜ 胥会云：《沈晓明：改革是浦东的命根子》，载《第一财经日报》2014 年 1 月 29 日。

㉝ 陈良杰、季明、何欣荣：《科学改革的浦东之路》，载《瞭望》2013 年 3 月 9 日。

㉞《国务院获授权在上海自贸试验区暂调有关法律规定的行政审批》，新华社北京 2013 年 8 月 30 日电（记者 陈菲）。

2013 年 8 月 30 日，第十二届全国人大常委会第四次会议通过决定：授权国务院在上海外高桥保税区、上海外高桥保税物流园区、洋山保税港区和上海浦东机场综合保税区基础上设立的中国（上海）自由贸易试验区内，对国家规定实施准入特别管理措施之外的外商投资，暂时调整《中华人民共和国外资企业法》《中华人民共和国中外合资经营企业法》和《中华人民共和国中外合作经营企业法》规定的有关行政审批。上述行政审批的调整在三年内试行，对实践证明可行的，应当修改完善有关法律；对实践证明不宜调整的，恢复施行有关法律规定。

㉟ 刘东、张赛男：《上海自贸区最值得关注的是法律改革》，载《21 世纪经济报道》2014 年 3 月 8 日。

㊱ 袁定波、孟伟阳：《最高法将出自贸区改革初步法律应对》，载《法制日报》2014 年 7 月 2 日。

㊲ 张军：《不为公众所知的改革》，中信出版社 2010 年版。

㊳ 刘升铨编：《改革与担责——刘润华说民政》，深圳报业集团出版社 2011 年版。

㊴《深圳要按国际规则打“篮球”——李灏访谈录》，载广东省委党史研究室编：《广东改革开放决策者访谈录》，广东人民出版社 2008 年版。

㊵ 张维迎：《市场的逻辑》，上海人民出版社 2010 年版。

㊶ 王志彦：《“改革不是闯红灯，是创造新信号系统”》，载《解放日报》2011 年 4 月 16 日。

㊷《上海自贸试验区挂牌 官方释疑解惑》，中新社上海 9 月 29 日电（记者李佳佳、郑莹莹）。

㊸ 俞立严、胡苏敏、是冬冬：《“立意高一点条文少一点”：自贸区条例二审预留创新空间》，载《东方早报》2014 年 6 月 18 日。

㊹ 周其仁在 2008 年 7 月 9 日在北大光华管理学院举办的“《中国改革 30 年》新书发布暨 2008 经济问题点评会”上的发言。

㊺ 鲁迅：《娜拉走后怎样》，载《坟》，《鲁迅全集》第一卷，人民文学出版社 1981 年版。

第十四章 开放度最高：让市场更有效

14.1 不是提供税收优惠，而是给予更多便利

不过，最初，对于这个自由贸易试验区，人们并不完全清楚其真正的作用。尽管每日有着大量的人涌向上海自贸区的服务大厅。正如20世纪70年代末，中国政府在边境深圳小镇设立经济特区一样。

2013年9月29日，在中国（上海）自由贸易试验区正式挂牌仪式上，有一位身着浅灰色西装的老人，他叫王茂林，官至省委书记，退休后出任中国生产力学会会长。4年前，正是他应邀组织一批专家学者对在浦东建立自由贸易区进行调研，并上书总理。

王茂林解释那时的背景：直到浦东开发开放18年后的2008年，上海仍没能完成建设国际经济、金融、贸易、航运中心的任务，而其中很大一部分缘于上海能够自我改革的空间很小，涉及经济和金融领域改革都要到各部委审批，进展缓慢。①

第一批领取执照的企业高兴地向媒体展示（新华社　图）

清华大学中国经济研究中心研究员常修泽认为:“中国的改革可以分为两种类型。一种是‘内源性’的改革,如以家庭联产承包责任制为核心的农村改革;另一种是‘外源性’,即倒逼式的改革,如开放倒逼式改革。从 1978 年起,决策层一直尝试通过对外开放来瓦解僵化的体制。”②

从历史看,浦东自 2005 年后进行了综合配套改革试点,这种改革属于内源性改革,在浦东一些关键领域并不成功,尤其是政府自身的改革。因此,按照以往的经验,只有通过外源性改革,也就是通过进一步扩大开放来倒逼改革。

2008 年 4 月 11 日,时为上海市委书记的俞正声一行来到浦东市民中心的办事大厅,了解政府的办事效率。一位投资者告诉俞正声:“走完工商税务银行等部门的程序,前后需要三个月。”俞正声听后感慨地说:“我们要改变思路,大胆探索,下决心改进审批制度,提高办事效率。”③

新的对外开放形势也要求中国必须更深入地改革,这一改革更多是制度层面的。这和当初经济特区不同,也和后来各种开发区明显不同。因此,经过一段时间,关注上海自贸区的人,尤其是投资者慢慢地明白了——啊,上海自贸区没有什么优惠政策!

上海自贸区总体方案设计参与者王新奎回忆道,上海自贸试验区获批消息传出后,一些人来问试验区是怎么回事,当得知这主要是制度创新,而不是政策优惠时,就失望地走开了。

“20 多年以来,大家对以优惠政策、特殊政策为导向的特殊监管区已经习惯了。”王新奎说。④

确实,在人们的印象中,大凡经济特区、开发区、高新区等都有优惠政策。这一印象的渊源最早可以追溯到中国经济特区建立之前。

1979 年 4 月中央工作会议上,广东领导人大胆呈请,允许深圳、珠海、汕头各划出一块地方,单独进行管理,作为华侨港澳同胞和外商的投资场所,按照国际市场的需要组织生产,初步定名为“贸易合作区”。在场的中央领导对这个设想表示赞同。邓小平鼓励广东领导人说:“中央没有钱,可以给些政策,你们自己搞。”⑤

由此,在南方边陲诞生了经济特区。按照中国经济学家苏东斌教授的说法:特区就是“实行特殊优惠的经济政策的地区”的简称。那时多位中央领导对特区人反复强调，只给政策不给钱，即便是十年后，浦东开发也是如此。也就是说，在没钱只有政策的条件下，特区建设者被倒逼着，牢记邓小平的鼓励“杀出一条血路”，创造了“深圳奇迹”。这不能不说是一个伟大的历史创举。

因此，在相当一段时期内，优惠政策几乎和中国的特殊经济区域画上了等号。但随着改革开放的深入，其弊端逐步显现，比如有违公平原则、产生“虹吸效应”、招商中的恶性竞争等等。正如王新奎所言：“特殊政策、优惠政策再搞下去，确实是效果越来越差，互相抢投资，到最后什么效益都没有。”⑥

早在 1994 年，就有一位中国学者站出来表示不满，他叫胡鞍钢，是中国国情研究专家。他在《欠发达地区发展问题研究》一文中，提出必须要对中国经济特区的政策进行彻底调整，坚决取消各种减免税收的优惠政策，取消不利于缩小地区差距、优惠于某些地区的经济特权。

胡鞍钢建议：公平竞争是现代市场经济制度的基本原则之一。政府是市场竞争规则的制定者和监督者。除自由贸易区外，在中华人民共和国境内，一律实行统一税制，其中中央税、中央和地方分享税为统一税种、统一税率。任何地方无权减免中央税收。任何地方不得享有法律和制度之外的经济特权，即使是经济特区也不能享有或保留经济特权。⑦

胡鞍钢的观点引发了深圳等经济特区地方官员的不满，国内多家报刊也发表了观点各异的文章，展开了沸沸扬扬的讨论，尤其是深圳的报刊对胡鞍钢的批评言辞激烈，最后争论被叫停。不过胡鞍钢的观点后来大多为中央采纳，他也由此成为高层的智囊。

历史留下了经验和教训，如果当初深圳人认真地研究胡鞍钢的文章，可以发现胡鞍钢提到了自由贸易区的概念，如果就从那时起，就务实地探索着向自由贸易区转型，由优惠政策转向制度创新，那会是怎样一种情景啊！

可惜，历史是不能假设的。

中国商务部国际贸易经济合作研究院副院长邢厚媛解释说：“自贸试验区的内涵是贸易和投资便利化，而不是有更多的优惠政策。党的十八届三中全会提到更多的是制度红利，而不是政策红利。这一轮改革不是提供税收等方面的优惠，而是在市场准入、审批、管理方面，给予入驻企业更多便利，让企业有更多自由，所以叫自由贸易区。”

但邢厚媛遗憾地表示，“有些地方不是这样理解的，而是觉得自贸区是新一轮圈地，圈地以后还有优惠政策，然后用政策红利推动地方发展。”

因为这样的误解，一时自贸区热蜂拥而起，有媒体用“23 省份欲申建自贸区热闹背后隐现认识偏差”的标题作了报道。⑧

因此，投资者来到上海自贸区就会发现与其他地方不一样，官员再三申明，没有政策洼地。政策洼地看上去很美，却会阻碍各类要素的高效流动，“好比在高速公路上行驶，如果有洼地，就容易出事故”⑨。

14.2 投资黑名单

和全世界所有自贸区一样，上海自贸区必须为企业提供便利，但和全世界所有自贸区不同是，上海自贸区为国家进行改革试验，其中最重要的一项试验是对政府的改革，但这并不容易。

这其中，最受关注的是“负面清单”，那是一个极专业的概念，上海自贸区建立后频频出现在中国的大众媒体上。

按照 2013 年 9 月 18 日国务院印发的《中国（上海）自由贸易试验区总体方案的通知》（国发〔2013〕38 号），“上海市人民政府要精心组织好《方案》的实施工作。要探索建立投资准入前国民待遇和负面清单管理模式，深化行政审批制度改革，加快转变政府职能，全面提升事中、事后监管水平”⑩。

同年 9 月 30 日凌晨，上海市政府公布了中国第一份外商投资“负面清单”——《中国（上海）自由贸易试验区外商投资准入特别管理措施（负面清单）（2013 年）》。由此，中国成为世界上第 78 个使用负面清单管理的国家。

负面清单由美国政府最先使用，后逐渐成为国际上通行的一种做法。但之前在中国，是正面清单为主。也就是中国政府定期发布《外商投资产业指导目录》，列出了对外资的鼓励类、限制类、禁止类目录。外商投资须按照这一目录，经商务部、发改委、工商、税务等多个部门审核同意。

而负面清单则是以清单方式列明哪些为禁止行业和领域。其实就是政府发布的投资领域的黑名单。一旦实行负面清单管理后，外商投资项目只要不在黑名单中，就可直接去工商部门登记，无须去中国的发改委、外经贸之类的主管部门审批了。

这对政府官员意味着“法无授权不可为”，对企业意味着“法无禁止即可为”。

而外商最怵的暗箱操作也将失去土壤，上海自贸区管委会主任、浦东新区区委书记沈晓明坦言：“我与不少外商朋友交流，他们对我们政府管理经济的一些传统方式感到十分费解，甚至有所不满。比如，我们有《外商投资产业指导目录》，但实际情况是，目录中的鼓励类也不一定就能得到批准，限制类也不见得就不能批准，许多外国投资者觉得非常困惑。”⑪

一位外企中国区负责人表示：“其实，提供高效透明公正的行政服务更能打动人心。倘若改变滞后的管理模式，则有利于激发投资者的热情。”⑫

事实证明了这一点，上海自贸区成立 7 个月，外商投资企业 826 家，其中九成企业都是直接在工商部门注册的，而不必再去找有关部门审批了。

在业界看来，负面清单的意义，并不仅仅在于列出禁止或限制的投资领域目录，更重要的是从控制开放到自由开放的思路演变。

世界自由贸易区协会主席马瑟评价道：“海外投资者从另一个角度看待清单，他们明白负面清单意味着官僚主义的阶段已经被移除了，审批的关卡已经一去不返，取而代之的是更简单更明了的登记制度。”⑬

有中国学者甚至表示，从中国政府实施的《外商投资产业指导目录》全面转向负面清单管理，其意义堪比当年中国加入世贸组织。而这一做法，正是中共十八届三中全会提出资源配置由“市场起决定性作用”要求的落实。

2013 年，上海自贸区最先引入的负面清单管理模式后，按国民经济行业分类，共涉及 18 个门类，89 个大类，419 个中类，1 069 个小类，共 190 项管理措施，占行业比重的 17.8％左右。也就是说百分之八十以上的行业不需要层层审批。而没有列入负面清单的外商投资一般项目，最快 4 天可以拿到营业执照、机构代码等。

此负面清单被称为 2013 年版。微软是这一版的第一批受惠者。

微软公司全球资深副总裁、大中华区董事长贺乐赋(中)与中国合作伙伴合影，
该合资公司是上海自贸区首批负面清单管理模式的受惠者(新华社　图)

微软和中国企业合资计划在中国生产和销售游艺设备，但因为 2000 年 6 月国家文化部等发文有限制，微软的计划也就一直没有落地。等到 2013 年自贸区设立后，外资从事游戏游艺设备的生产销售属于负面清单以外的领域，按照负面清单管理模式的规定，实行备案制而不是审批制；按照工商“先照后证”的登记制度改革，合资公司只要在自贸区备案即可，也就说。微软可以在取得营业执照后，再向主管部门申请生产经营活动许可，3 个工作日完成备案和登记手续。

从 13 年到 3 天，微软大中华区董事长贺乐赋当然心花怒放。

一年后，2014 年 6 月 30 日，上海推出了第二版负面清单，也称为 2014 版，相比 2013 年版，从 190 项减少到 139 项，少了 51 项。

2015 年 4 月 8 日，第三版颁布，发布者由上海市政府变为国务院办公厅。2015 年版再减少到 122 项，适用范围也扩大到福建、广东、天津和上海的四地自贸区。

数字的变化，反映了上海自贸区在推进负面清单及其引起的一系列制度创新时，从开始的谨小慎微走向日趋成熟。

14.3 给投资人惊喜

随着试点的推开，行政审批制度也在发生重大变化。上海自贸区采取了企业投资项目“一口受理”的新政。

走进宽敞的中国(上海)自由贸易试验区综合服务大厅，可以看到一字排开的柜台后坐着工作人员，包括工商、海关、检验检疫、质监、公安，还有绿化、城建、规划、环保等 20 多个部门在服务大厅内实行“一口受理”。

2013 年 10 月 8 日，国庆长假后的第一个工作日，早晨下着瓢泼大雨，阿礼尔(上海)网络技术有限公司创办人陈曙早早地赶到综合服务大厅，向柜台递交了申请材料。

“很巧就排在了第一个。”更让陈曙惊喜的是，与其他地方的办事大厅不同，那里的众多窗口不挂铭牌，也不标明属于哪个部门，实行“一口受理”。除规定的部分企业外，大多企业只需向“一口受理”窗口递交一次材料，这些材料会在工商、税务、金融等各个部门内部流转，而企业不用一个部门一个部门地跑，方便多了。

三天后，公司就收到了去领营业执照的通知。“原来预计 10 月 25 日才能拿执照，没想到大大提前了。满打满算，前后只用 4 个工作日就办妥了所有的程序，可谓闪电速度。”陈曙说，他们很幸运地成了第一家获得自贸区证照的网络公司，而且还是从事互联网金融的公司。⑭

精明的投资者发现了这里注册成本低。按照自贸试验区企业准入规定，除了银行、证券、基金、保险、直销等行业以外，大部分企业注册时改实缴资本为认缴资本，并且取消最低出资规定。这项规定在很多人眼里，等同于“零元注册”。

由此，投资者蜂拥而至，自贸区企业注册出现了高潮。自 2013 年 10 月 8 日起，每天都有企业络绎不绝地到上海自贸区综合服务大厅咨询、注册，每天来办理业务的人上千人次，最高时达 3 800 人次。

一位叫顾晓花的工商局录入文员，每天不停地录入打印一大一小的新注册的企业执照，一天能有两百份左右，这意味着在她手中每天有百家企业诞生。大厅一边商务中心的复印机不停地发着“呜呜”声响，为投资者复印各种材料和文件。

第一位拿到上海自贸区颁发的执照的投资者(徐网林　摄)

浦东实行外资“一口受理”后，办事人开心地拿到了执照(刘思弘　摄)

拿下了自贸区合资企业“001”号备案证的微软公司负责人曾经直言不讳地指出，企业当然希望能有税收等优惠政策，但相比之下，便利的营商环境、公开透明的制度和完备的功能，才是企业最需要的。“企业注册能从 29 天缩短到 4 天，这种变化带来的红利不可想象。”⑮

这样的红利让上海自贸区综合服务大厅弥漫着一种乐观的情绪。

到了 2015 年 11 月 12 日下午，上海自贸区保税区域刚刚启动的企业准入“单一窗口”延伸功能也给著名足球教练徐根宝以惊喜，上海市工商局局长陈学军向他颁发了上海根宝投资发展有限责任公司证照——备案证明、工商营业执照、对外贸易经营者备案登记表、海关报关单位注册等级证书、报检企业备案表、印铸准许证以及法人一证通数字证书。办完些证照也用了 10 个工作日的时间。

这位中国名帅计划收购西班牙洛尔卡足球俱乐部，这家投资公司，正是徐根宝为收购而新设立的。

“两个月前，我就想收购这个俱乐部，但草签了一份合同，其他手续还没有办。”徐根宝说，“过去到境外投资手续太多了，可行性报告、验资、审计、填表，快的要 3—4 个月，慢的半年以上。如果真的要半年，那边黄花菜都凉了。”⑯

徐根宝曾在上海崇明岛打造“根宝足球基地”，培养了 5 名现役国脚和数十名中超球员。年过 70 岁的老帅想在欧洲再造一个“根宝基地”，把国内的精英球员送往西班牙训练和比赛。

徐根宝来到上海自贸区，其企业准入便利化改革让他很快完成了购西班牙洛尔卡足球俱乐部的手续。人们也由此得知，企业准入“单一窗口”延伸功能及企业住所集中登记试点将使得企业在自贸区办事将越来越方便。

按照自贸区一位官员的说法，企业准入“单一窗口”功能延伸后，一般新设企业可以在 9 个工作日内办妥企业备案证明(外资)、营业执照、对外贸易经营者备案登记表等。⑰

当晚，徐根宝就飞往西班牙。

截至 2015 年 11 月，通过自贸试验区保税区域企业准入“单一窗口”，已办结 23 236 家新设企业和 625 项境外投资。而在这片区域，23 年里引进了近万家企业，也就是说短短的两年多，翻了一番还多。⑱

14.4 一切为了让市场更有效

上海自贸区开始让企业享受到了试验带来的便利和高效。

上海自贸区联合发展有限公司，一直受困于融资成本过高，2014 年 2 月 21 日，公司得到了一个好消息，中国人民银行上海总部发布《关于支持中国(上海)自由贸易试验区扩大人民币跨境使用的通知》，区内企业可以申请使用境外人民币资金。境外的人民币贷款利率往往要比国内低，但在此前，企业要想从境外获得人民币借款困难重重。

上海自贸区联合发展有限公司由此顺利地通过中国银行从境外借得 1 亿元人民币，省去一笔不小的费用。

“利用自贸区的平台，我们可以把海外的那些低成本资金引进来，对于降低中国境内企业的财务成本有着非常大的帮助，一旦降低了财务成本，就意味着提高了中国企业的竞争力，这在人民币国际化的过程中有着深远意义。”中国银行上海自贸区分行行长周和华说。[19]

弘毅投资，中国一家私募股权投资(PE)机构，也是入驻上海自贸区的首批企业，第一个通过自贸区以 1.7 亿美元投资一家海外企业，很快自贸区相关部门完成了所有的手续。因为在自贸区里 3 亿美元以下境外投资一般项目，由审批改为备案制，毋须提交可行性研究报告，5 个工作日内就能拿到境外投资项目的备案证书。之前，最少要 8 个月，“8 个月后，黄花菜都凉了。”弘毅投资总裁赵令欢微笑着说。[20]

晨讯电子，一家手机制造商，原料采购和成品销售都在国外，因为在浦东发展银行自贸区分行内设立了自由贸易账户，实现了直接办理跨境结算、融资、担保等业务，并能够在账户上进行货币的自由兑换，提高了资金的使用效率。

这样的现象在 30 多年前的中国是不可想象的。

1980 年，中国改革开放刚刚起步，美国经济学家、诺贝尔经济学奖得主米尔顿·弗里德曼应邀访问中国，在一次宴会中，一位将要前往美国考察的中国物资部副部长问他：“在美国谁负责物资分配?”

这位大经济学家的反应是“吓了一跳”，“我怀疑，在美国会有任何一个人，无论多么不懂经济学，会提出这样的问题。”

弗里德曼最初的回答是建议他参观芝加哥商业交易所，许多商品，如小麦、棉花、银、金等在此交易。

但是这样的答复让对方困惑，弗里德曼继续耐心地告诉对方，美国没有一个人——甚至没有一个委员会的人——负责物资分配。有商务部和内务部，但是以完全不同的方式关注物资的生产与分配。中国或苏联那种意义上的“负责物资分配”的人或政治团体在美国是没有的。确实，弗里德曼等西方经济学家是无法想象政府“负责物资分配”——每一双皮鞋、每一件内衣的生产销售，都要由政府调配？[21]

这段对话中，因为双方来自不同经济环境下，确实很难理解对方。前者是计划经济后者是市场经济。

这样的黑色幽默故事，说来后人难以置信。事实证明，计划经济的失败让中国政府认识到了自己的能耐有多大，而市场经济带来的红利也让中国人发现将政府的大部分职能交给市场，经济运行更有效。中国人常说改革带来了红利，其实是转型市场经济后带来的红利，或者说“看不见的手”发挥作用后带来的红利。

所谓“看不见的手”是现代经济学的创始人亚当·斯密一个创意。此兄在1776年出版了《国富论》，在书的扉页上他这样写道：女王陛下，请你不要干预国家经济，回家去吧！国家做什么？就做个守夜人。当夜晚来临的时候，就去敲钟。只要看街上没有什么偷盗行为，你就回家，只要你不管经济，经济就能发展。

亚当·斯密认为看起来似乎杂乱无章的自由市场是有着自行调整机制的，也就是说有“一只看不见的手”在调节，所以政府无为而治就行了。

对于这只“看不见的手”的认识，中国人是付出了好大的代价。

越来越多的中国人认识到了市场经济的作用，要求更彻底转向市场经济。

很自然，作为新一届中央政府希望在上海自贸区内试验建立和完善公平、公正、竞争有序的统一市场体系，为“看不见的手”创造生机勃勃的不断变化的市场经济的生态环境。

英国《金融时报》中文网的一位专栏作家写道：或许，对于上海这样的现代化大都市而言，发展不再需要政府冲在第一线，只需要把最好的企业聚集起来、给他们充分的自由、督促他们遵守公平自由竞争规则、然后做好政府应该做好的服务，就足够了。“如果说上海自贸区要为中国经济转型提供积极升级版，最为有利的方向是重塑地方政府职责，从一个强势政府转变为服务政府。”[22]

这一切是让市场更有效。

14.5 向外输出经验

在外界看来，上海自贸试验区承担了一个重要的角色：经验批发商。浦东人近水楼台先得月，最先拷贝了28平方公里的上海自贸区的经验。

2014年3月26日下午，浦东新区政府发布外资“一口受理”新政。这项政策规定，外商投资者只要将所有的申请材料交给政府设置的“一口受理”窗口即可，所有证照由“一口受理”窗口统一发放。

于是，在浦东市民中心的一楼大厅内，人们看到了“一口受理”窗口，上方的电子显示器上不断地显示申请者的号码。

此举使得政府办事效率的提高，浦东外资项目（包括设立和变更项目）批准时间由原来4个工作日缩短到2个工作日，比国家法定审批时间的20个工作日缩短了90%。

“整个办证的过程比想象中得快很多，差不多就一个星期左右，节省下来的时间我们可以用来雇佣员工、开展业务，时间就是金钱啊。”环付通市场营销咨询（上海）有限公司中国区业务发展副总裁陈国山说。

陈国山从浦东市场监管局、商务委、税务局手中接过外资批准文件、营业执照、组织机构代码证、税务登记证等证书，他感慨道：“我们赶上‘一口受理’新政，公司设立过程，快得让人想不到。”[23]

这样的做法，在市场经济发达的国家里不算什么，但在转型的中国意义重大。在中国投资审批是一个程序繁琐的过程，外国投资者一直有怨言，甚至那些回国创业的留学生也很不理解。曾经有一位法国留学生回国创业，他向浦东商务委官员抱怨，他的企业注册在里昂后迁到巴黎，一周之内全部办完手续。但在上海，他的企业从一个区要迁到另一个区，三个月了手续还没有全部办完。

据浦东新区商务委主任辛雅琴介绍，此项改革是浦东综合配套改革试点和上海自贸区建设联动的首个改革创新举措。

与此同时，中国各地也开始借鉴上海自贸试验区的经验和做法，尤其是负面清单管理模式。

在福建自贸区平潭片区，上海自贸区“批次进出、集中申报”制度就让宸鸿科技(平潭)有限公司每月在通关上节省了近5天。由于该公司生产的手机和电脑触控面板批次多、批量大，按照传统模式必须逐票申报，耗时长，通关耽搁后运输车就不得不走夜路，既不安全，客户加班收货也不愿意，现在只要每周一次将之前所有票货物集中起来一次性报关即可。[24]

对于上海自贸区的制度创新和经验复制，上海市领导人韩正用了这样一个比喻：不是“栽盆景”，而是“种苗圃”。也就是说，自贸试验区所有的规则、所有的改革举措都必须按照中央的要求，实现可推广、可复制。

“反过来说，不可推广的、不可复制的，就像‘栽盆景’的那种，不是自贸试验区干的事情，哪怕有些眼前的利益，我们也不会做。可复制、可推广，形象地说是‘种苗圃’。”韩正说。[25]

2014年5月23日下午，中共中央总书记习近平来到自贸区外高桥综合服务大厅，听取试验区总体建设推进情况汇报，同工商、海关、检验检疫等窗口工作人员交流。得知自贸区成立8个月来，已聚集1.6万多家投资企业、28万从业人员，在形成更加开放透明的投资管理制度、提高贸易便利化水平、深化金融制度创新、推进政府管理改革等方面取得积极成效，初步形成30多项可复制、可推广的改革事项，习近平很高兴。他强调，上海自由贸易试验区是块大试验田，要播下良种，精心耕作，精心管护，期待有好收成，并且把培育良种的经验推广开来。[26]

这一比喻道出了中国(上海)自由贸易试验区肩负的国家战略和历史使命。中国改革开放之初，中央政府在南方边陲小镇深圳等地进行一场改革试验，当时很多人为这几个地区叫什么争论不休，有“出口加工区”之说，有“贸易合作区”之说，还有“出口特区”之说，最后邓小平以其全球的大视野一锤定音：叫特区。多年后人们才恍然大悟，发现其中的真正意义，才明白为什么不叫出口加工区之类的而叫特区。有学者认为这一改也就将特区的主要任务和功能明确了，即从出口贸易、出口加工为主转变为以改革试验为主，并将其上升到以开放倒逼改革的国家战略层面，其性质也发生了根本性的变化。而作为中央政府也大大降低了选择无效制度的概率。

中国政府在改革开放35年之际，开设了自贸区，以试错的方式为中国进一步改革和参与国际经济新秩序的建设，提供一份示范版本。

其实，这也是30多年后的上海自贸区所必须肩负的国家战略，是中国改革开放历史逻辑的必然，或者说是中国经济升级版。

显然，这和当年的经济特区不是一个档次。所谓经济特区就是在特定的地区实行特殊政策。一旦离开了特区，企业就无法享受特殊政策，没有了特殊政策，经济特区的意义就不存在了。而自贸区不同，其试验的政策不久的将来是要推广的，其他地区都能够享受到的。如果其经验不能复制推广，这个试验区意义就不存在了。

上海自贸区这样做也是有着先例可循的。

波士顿是美国重要的航运港口和制造业中心，是高等教育和医疗保健中心，有着哈佛、麻省理工等世界著名高校，并被认为是一个全球性城市。但四百多年前，那里还是一片荒芜的滩涂。就是因为波士顿成为一个港口迅速发展了自由贸易，打破了英法等国对新诞生的美国实行的封锁，尤其是早期发展对华贸易使美国很快积累了经济建设所需的大量资金。因此，波士顿被称为美国自由贸易的起点。

波士顿人还富有创造力地将自由贸易中的经验糅合进了高等教育、医疗、科技、金融等行业的发展中，如今，波士顿已经成为一个智力、技术与政治思想的中心。

波士顿的经验被美国快速复制成多达260个自由贸易区，遍布美国的主要港口城市，为美国经济打造了强大的造血系统。

因此，对于上海自贸区的建设，上海方面也是一再强调自贸区内实施的改革举措、规则都必须实现可推广、可复制。这和1980年深圳经济特区建立后的做法显然不同。从这个意义看，自贸区就让人有着更多的期待，即便有着小小的进步，但推广开来作用就不是28平方公里了，其规则举措的影响也将超越当年仅仅在铁丝网内特立独行发展的深圳特区。其实，上海自贸区的重要性不在于一个实体范畴的概念，而是一个规则的概念；不是要建成独享特殊政策的特区，而是通过渐进地试错，成为让全中国政策共享的“摸着石头过河”的新样本。

随着自贸试验区里的规则举措不仅仅可以在贸易、金融领域推行，也可以复制推广到其他的领域，即按照波士顿的经验，还可推广到高等教育、医疗、科技等行业，自由贸易的意义就不仅仅限于贸易领域了。正如一位美国学者打过一个比方：自由贸易如同一朵花，要怒放，就需要所有的花瓣一起开，也就是不仅仅是贸易本身，还包括科技、教育、医疗、社区等领域。[27]

而中国商务部发言人说得更具体，2013 年 12 月 4 日“自贸区建设”专题新闻发布会上，商务部新闻发言人姚坚表示：我们在上海自由贸易试验区采取的一些尝试性的政策，比如简化工商登记、扩大服务业的开放、投资便利化，投资便利化之中包括负面清单，这些措施都是在自由贸易区谈判之中遇到的问题。如果在上海自由贸易试验区这些政策得到实施，得到企业的认可，我们政府管理的能力和现代化管理水平能够适应，之后我们就会进一步的可复制、可推广，也会为我们国家对外签自由贸易协定、建设自由贸易区提供基础和经验，也增强我们进一步扩大开放的信心。[28]

当然，从更长远的角度看，这更难也更伟大。真正难的不是在自贸区内实施改革举措，而是如何在区外进行复制。

因为，“这个复制的过程实际上就是一个克服阻力的过程，一个攻坚某些利益垄断的过程。复制到地方去，必然要触及某些金融机构和地方政府的利益，要看地方政府是否有愿意，比如简化程序、比如合并机构”。上海财经大学现代金融研究中心主任丁剑平教授说。[29]

14.6 自贸区扩容

2015 年 4 月 8 日，国务院印发了《进一步深化中国（上海）自由贸易试验区改革开放方案的通知》，确定上海自贸区实施范围 120.72 公里，涵盖 4 个海关特殊监管区域及陆家嘴金融片区、金桥开发片区、张江高科技片区。

也就是说，从最初的 28 平方公里扩容到了 120 平方公里。

通知要求，扩展区域后的自贸试验区要当好改革开放排头兵、创新发展先行者，继续以制度创新为核心，贯彻长江经济带发展等国家战略，在构建开放型经济新体制、探索区域经济合作新模式、建设法治化营商环境等方面，率先挖掘改革潜力，破解改革难题。要积极探索外商投资准入前国民待遇加负面清单管理模式，深化行政管理体制改革，提升事中事后监管能力和水平。[30]

这对浦东是一个大利好，自贸区管委会主任、浦东新区区委书记沈晓明称："如果说21世纪第一个十年浦东最大机遇是综合配套改革，那么第二个十年最大机遇毫无疑问是自贸试验区。"[31]

新华社记者称，在中国率先探索自贸试验区的上海正式进入自贸区"2.0时代"。

同年4月27日，上海自贸区扩展区域在浦东新区政府揭牌，扩区后上海市政府在市级层面设立自贸区推进工作领导小组及其办公室。在浦东新区层面，上海自贸区管委会与新区政府合署办公，管委会内设综合协调局等3个职能局，在片区层面设置保税区、陆家嘴等5个区域管理局，其中保税区管理局负责原自贸区28.78平方公里的行政事务。[32]

扩区自然为更多的企业带来了更多的便利。

美国药典委员会在上海张江高科技园区设有中华区总部，那是一家具有全球影响力的制定和推广食品和药品公共标准的机构。也因为上海自贸区扩区，2015年，美药典的"全球食品卓越中心"战略性项目落户在上海自贸区。

在自贸区新政出台前，美药典研发用样品的入关审批手续及相关单证要求较多，从机场到实验室的时间基本要2周以上，使得发给中国的样品中很大一部分被迫转到别的国家去进行研发。

美药典副总裁兼中华区总经理冯兵兵说，根据相关规定，他们从国外每进口一个保健品样品用于研究，都需要和进口销售类企业一样去进行复杂的注册手续。不过，在入驻自贸区后，情况有了根本改善，可谓是"事半功倍"。

冯兵兵解释说："事半：进口研发用样品的通关时间缩短一半、证件审批监管更加科学，更加简便。功倍：我们的业务蒸蒸日上，15年美药典中华区实验室完成各类标准研发项目的总数是2014年的两倍。"[33]

这确实令人兴奋，清关时间仅3—5天，综合成本节约近四分之一，大部分被迫转到其他国家的样品逐渐转移到中国实验室了。

2015年10月8日，商务部召开例行新闻发布会，新闻发言人沈丹阳有了这样的评价：上海自贸试验区两年来在四个方面取得了显著成效：以负面清单管理为核心的外商投资管理制度基本建立；以贸易便利化为重点的贸易监管制度有效运行；以资本项目可兑换和金融服务业开放为目标的金融制度创新有序推进；以政府职能转变为核心的事中事后监管制度初步形成。[34]

上海自贸区在短短两年不到的时间内获得扩容，是和中央寄予的深切期望有关。

一个月后，2015 年 11 月 25 日，李克强再次来到上海考察自贸试验区改革开放的最新进展。这次他是连续第三年来这里考察。这样的情况并不多见。

上一年李克强来自贸区考察时，鼓励自贸区积极探索为企业设立本外币内外互通的自由贸易账户。这一年，李克强听到介绍，截至目前自贸区已累计开设自由贸易账户近 3.9 万个，金融改革带来的跨境收支已达 3.8 万亿元，有效降低了企业融资成本，高兴地说，自由贸易账户改革是更好利用两个市场、两种资源的重要举措，一方面要总结经验，在有条件的地方适时推广，另一方面要同步完善监管方式，筑牢“防渗墙”，防止跨境资本异常流动影响我国金融市场稳定。[35]

李克强表示，上海自贸区是第一个国家级的自由贸易示范区，是开放的破冰船、改革的挖掘机，破冰以后还要把它扩大成果。自贸区更多是简政放权，三个清单的管理，更多是激发企业创业的热情，创造的活力。[36]

李克强来到明亮的自贸区行政服务大厅，有关负责人介绍了上海自贸区的改革推进情况，提出，“先照后证”改革极大激发了市场活力，但在市场调研中，还有一些企业反映，即使先拿到了营业执照，在没有各相关主管部门颁发经营许可证的情况下，企业还是运行不了。因此希望进行“证照分离”改革试点。

李克强当场肯定了这一想法，并提出改革试点要在一些易操作、可管理的领域先行展开。他要求：上海开展“证照分离”试验要尽快给国务院报方案。3 周后，“关于上海市开展‘证照分离’改革试点总体方案情况”的汇报，摆上了国务院常务会议的讨论桌。[37]

2015 年 12 月 16 日，经国务院常务会议审议通过，上海浦东新区率先开展“证照分离”改革试点，试点期为自批复之日起 3 年。

李克强三年三度考察上海自贸区，20 世纪 90 年代浦东开发初期，已身为国务院领导的朱镕基也是每年都要到浦东视察。

新一届中国政府自2013年产生后，开门第一件是就是简政放权。“简政放权改革的目的，就是要将注意力从过去的‘重审批’转向现在的‘重监管’。”而设在浦东的上海自贸区的改革正合新一届政府的战略意图，这也就是国家领导高度关注长江入海口那块三角地上发生的变迁。[38]

外界也关注到，李克强每次在上海自贸区的表态，都带有强烈的信号意味，预示着即将有后续改革举措出台。显然，中央政府希望上海自贸区这个试验田能够产生更多的“培育良种的经验”。

注 释

①《自贸区冲动》，载《财经国家周刊》2013 年 10 月 31 日。

② 常修泽：《以开放倒逼改革——中国(上海)自由贸易试验区之我见》，载《中国青年报》2013 年 9 月 24 日。

③ 缪毅容：《浦东新区要敢闯敢试　继续当好全国改革开放排头兵》，载《解放日报》2008 年 4 月 11 日。

④《权威访谈："试验区是制度创新，而不是政策优惠"——访中国(上海)自由贸易试验区总体方案设计参与者王新奎》，新华社上海 2013 年 9 月 4 日电(记者徐寿松、何欣荣、叶锋)。

⑤ 中央文献研究室编：《邓小平年谱(1975—1997)》(上)，中央文献出版社 2004 年版。

⑥《权威访谈："试验区是制度创新，而不是政策优惠"——访中国(上海)自由贸易试验区总体方案设计参与者王新奎》，新华社上海 2013 年 9 月 4 日电(记者徐寿松、何欣荣、叶锋)。

⑦ 胡鞍钢：《欠发达地区发展问题研究》，载《改革》1994 年第 3 期。

⑧ 周洲：《23 省份欲申建自贸区　热闹背后隐现认识偏差》，载《每日经济新闻》2014 年 3 月 12 日。

⑨ 王志彦：《一纸清单撬动市场激情》，载《解放日报》2014 年 3 月 27 日。

⑩ 中央政府门户网站，http://www.gov.cn/zwgk/2013-09/27/content_2496147.htm。

⑪ 浦东新区区委书记沈晓明在第十六届瑞银大中华研讨会上发表演讲，2016 年 1 月 11 日。

⑫ 马立群：《上海自贸区"法律尺度突破"意味着什么?》，载《经济日报》2013 年 9 月 23 日。

⑬《透视自贸区》(FOCUS ON FTZ)第二集《跨越之桥》，中央电视台财经频道2014年3月11日至13日。
⑭ 罗凰凤：《上海自贸区挂牌满百日　听浙商述说抢滩故事》，载《钱江晚报》2014年1月7日。
⑮ 王志彦：《一纸清单撩动市场激情》，载《解放日报》2014年3月27日。
⑯《自贸区企业准入"单一窗口"升级　足球名帅徐根宝首批尝鲜》，新华网上海11月16日电(记者　何欣荣)。
⑰ 宋薇萍：《上海自贸区保税区域启动企业准入"单一窗口"》，载上海证券报·中国证券网(上海)2015年11月12日。
⑱ 杨珍莹：《徐根宝借道自贸区收购西班牙球队》，载《浦东时报》2015年11月13日。
⑲《透视自贸区》(FOCUS ON FTZ)第二集《跨越之桥》，中央电视台财经频道2014年3月11日至13日。
⑳《透视自贸区》(FOCUS ON FTZ)第二集《跨越之桥》，中央电视台财经频道2014年3月11日至13日。
㉑ [美]米尔顿·弗里德曼、罗斯·弗里德曼：《两个幸运的人：弗里德曼回忆录》，中信出版社2004年版。
㉒ FT中文网专栏作家徐瑾：《上海自贸区应该做"减法"》，2013年8月30日。
㉓ 毛丽君：《浦东外资"一口受理"覆盖企业变更　实现"五证联办"》，东方网上海频道2014年3月26日。
㉔ 陈玺撼：《上海自贸经验在粤闽津"生根发芽"》，载《解放日报》2015年9月30日。
㉕《韩正：自贸区不是栽盆景而是种苗圃》，载《21世纪经济报道》2013年11月7日。
㉖《习近平在上海考察时强调　当好全国改革开放排头兵　不断提高城市核心竞争力》，《人民日报》2014年05月25日。
㉗《透视自贸区》(FOCUS ON FTZ)第一集《必由之路》，中央电视台财经频道2014年3月11日至13日。
㉘《商务部：若上海自贸区政策获企业认可　将复制推广》，中新网12月5日电，据商务部网站消息。
㉙《上海自贸区烧热长三角　外界担忧虹吸效应》，载《时代周报》2013年10月10日。
㉚ 自贸试验区的实施范围120.72平方公里，涵盖上海外高桥保税区、上海外高桥保税物流园区、洋山保税港区、上海浦东机场综合保税区4个海关特殊监管区域(28.78平方公里)以及陆家嘴金融片区(34.26平方公里)、金桥开发片区(20.48平方公里)、张江高科技片区(37.2平方公里)。载《国务院关于印发进一步深化中国(上海)自由

贸易试验区改革开放方案的通知》(国发〔2015〕21号)。

㉛《抓住自贸区辐射机遇全面深化改革开放》,载《浦东时报》2014年12月26日。

㉜《"2.0时代"到来:上海自贸区正式扩区》,载新华社上海4月27日电(记者姜微、季明、何欣荣)。

㉝《上海自贸区正式挂牌两周年　制度创新助力企业快速发展》,国际在线报道(记者肖中仁、上海台记者周导、胡旻珏)2015年9月29日。

㉞ 中国政府商务部网站,http://www.mofcom.gov.cn/article/ae/slfw/201510/20151001128093.shtml。

㉟《李克强在上海自贸试验区考察时强调积极推进创新发展　依靠改革开放培育新优势》,新华社上海11月26日电(记者陈二厚)。

㊱《李克强视察上海自贸区及央行上海总部》,载东方网2015年11月26日。

㊲ 赵之林:《李克强:以"证照分离"改革提高政府效能》,中国政府网2015年12月17日。

㊳ 赵之林:《李克强:以"证照分离"改革提高政府效能》,中国政府网2015年12月17日。

第十五章 梦想成真：上下 500 米，前后 100 年！

15.1 我们时代的伟大故事

1990年，一位叫阮延华的政府官员来到浦东外高桥，上海方面计划在那里濒临长江入海口设立自由贸易区，但映入他的眼帘的是战争留下的碉堡，农田和荒凉的芦苇荡，不见人影，唯有江风萧瑟。

浦东市政建设落后，交通不便，文化设施几乎空白。“太落乡了!”上海浦西人提及浦东会用轻蔑的口吻说。那时因人口拥挤而造成浦西住房紧张，但上海人却说“宁要浦西一张床，不要浦东一间房”。

1992年12月19日，在浦东金桥投资的日本巨商藤田一宪应一位中国记者的邀请，写下一则短文，文中写到:“浦东开发的完成需要很长的时间，我们这一辈可能看不到浦东新城的美姿。但是，让我们创造一个能让下一代感到自豪的美丽的城市。能为此添砖加瓦我感到非常的光荣。”①

但就从1990年起，浦东大大地跨越了历史，经济爆发式地增长。1990年，浦东经济总量为60亿元，2014年为7 109亿元。从1990年到2014年，浦东的经济总量增长119倍，财政总收入增长290倍，一般公共预算收入增长136倍。②

似乎罗马一天建成了。尽管黄浦江涛声依旧，日复一日地流入大海。

曾有来自美国纽约的一位客人，坐着飞机降落在浦东国际机场，走过机场宽敞、明亮的过道，耳边是广播中柔和的中、英、日等语言，停机坪上来自世界各地的飞机，平均每一分钟就有飞机起飞。出了机场，可以坐上全球最快的地面交通工具——磁悬浮列车，最高时速可达到417公里，7分钟便可以从机场到达市区。耳闻目睹，他疑惑:到底谁是第三世界国家?是中国，还是美国?纽约的拉瓜地亚机场和浦东国际机场真的没法比，更别说磁悬浮列车了。

1910 年，一位叫陆士谔的青年创作了幻想小说《新中国》，精确预言：
世界博览会在上海浦东举行，城市里地铁穿梭，高架桥横跨黄浦江、
陆家嘴成为金融中心，洋房鳞次栉比——与现实十分吻合

浦东，字面的理解就是黄浦江东面，一个很普通的地名、很普通的地方，普通到中国历史上，没有一个中央政府瞧过它一眼，一直到 1992 年都没在浦东设立一个完整的行政管理机构。

非常有意思的是，一百年前，上海有一位叫陆士谔的医生兼小说家写了一部小说《新中国》，小说的主人公做了一个梦，梦见了浦东举办万国博览会，因为“上海没处可以建筑会场，特在浦东辟地造屋”；为方便上海人往来，人们又建起跨黄浦江的大铁桥、越江隧道和电车隧道，从浦西通向浦东；因为博览会，“浦东已兴旺得跟上海差不多了，中国国家银行在浦东开办了分行”。[③]

那时，没有人把陆士谔的梦想当一回事，那不过是一部幻想小说。

但百年后，小说中的梦想在浦东变成现实。事实确实让人难以置信，以至于读

过《新中国》的读者有这样一个反应："太神了，巧合程度让人惊叹！"

2010 年 5 月，一个阳光明媚的日子，日本广播协会（NHK）的主持人和原浦东新区管委会主任赵启正沿上海黄浦江西边新修的大堤边走边谈，镜头则从上海外滩的万国建筑群慢慢转向对岸浦东沿江的现代建筑群。

17 年前，也就是 1993 年，日本广播协会曾派摄制组到上海浦东，以《赵启正的一天》为题，跟踪拍摄了赵启正。那时，对于绝大多数外国人来说，浦东是一个陌生的地理名称。故地重访，深感变化太大了，主持人问赵启正，上海 160 年前曾对外国人"开放"过，现在又开放了，两次开放的区别是什么？

赵启正回答：1843 年是在政府无能情况下的被迫开放，并且还额外准许了"租界"；今天是在中国的完全主权下的自主开放，外国人必须按照中国的法规行事。

主持人点头道："我明白了！"

他们又越过黄浦江，来到了陆家嘴，那里有着众多的中外金融机构。林立的摩天大楼高耸入云，其中竟然还有一座古色古香的平房，雕栏画栋，红墙黑瓦，特别显眼。1914 年，黄浦江边的陆家嘴还是一片荒芜之地，一位叫陈桂春的商人建造一座中西合璧的宅院房子，是浦东当时最豪华的地标性建筑。白天可以欣赏江南旷野的景象，夜晚可以聆听黄浦江的涛声。

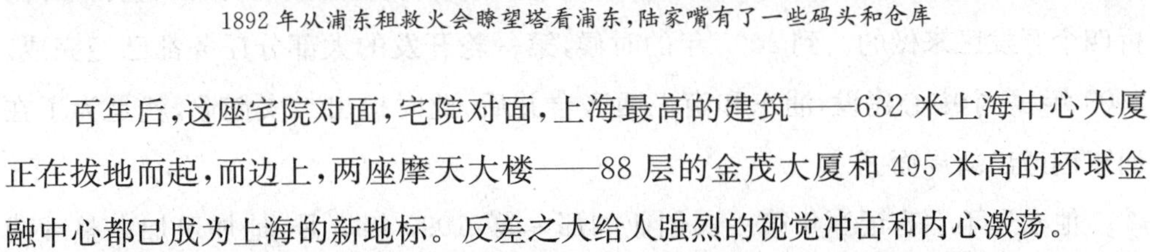

1892 年从浦东租救火会瞭望塔看浦东，陆家嘴有了一些码头和仓库

百年后，这座宅院对面，宅院对面，上海最高的建筑——632 米上海中心大厦正在拔地而起，而边上，两座摩天大楼——88 层的金茂大厦和 495 米高的环球金融中心都已成为上海的新地标。反差之大给人强烈的视觉冲击和内心激荡。

赵启正来了灵感，他请摄像师把古宅的中式飞檐和两座摩天大楼一并摄入。摄像镜头扬起，长长的一个特写，赵启正脱口而出："上下 500 米，前后 100 年！"

陆家嘴的三幢超高层摩天大楼形成品字形状，都经历了，共同见证了浦东的改革开放
（中国上海新闻航拍联盟钮一新　摄）

这场景，这句话深深地打动了主持人。④

500米的高度浓缩了浦东的百年变迁。1910年，陆士谔写小说《新中国》，1914年，陈桂春建造自己的大宅院，两者不经意地成为浦东变迁的见证物，巧合之中也就有了浦东的传奇故事。

2008年12月10日，美国《时代》周刊发表评论中国改革开放30年的文章，在结尾处，作者写道："这是我们时代的伟大故事，它是我们所有人的故事，不仅仅属于中国。"⑤

亲身经历这个故事的杨小明从1990年来到浦东，后来成为陆家嘴金融贸易区开发公司总经理。他说："浦东开发最早的时候，是围绕着陆家嘴、张江、金桥、外高桥四个开发区来做的。到2005年的时候，第一轮开发的大部分任务都已经完成。2009年，两个中心建设，浦东和南汇两区合并后，此时提出二次创业，就是为了在浦东创造出新局面。"

他永远不会忘记当年第一次创业的那一幕：1990年9月，他加班加点整理浦东开发开放的第一批政策文件，最后去印刷厂付印，当他捧着印成铅字的文件，看着看着，他内心涌动，忽然感悟：我没有错过这个伟大的年代，刹那间泪水溢眶。

那时他37岁，“如果没有浦东开发开放，我可能只是一个按部就班的机关干部。是浦东开发开放，唤醒了我的理想主义情怀”。满头白发的杨小明说。⑥

15.2 从“鬼城”到热土

2011年，美国《华尔街日报》的记者来到浦东，采访了一家房地产公司的高管姚薇。这位上海市民曾长期信奉“宁要浦西一张床，不要浦东一间房”这句老话。

记者写道：

> 1994年姚薇第一次来到浦东时，阻止了一位客户想要租下尚未竣工的东方明珠塔顶层开餐厅的计划。她为客户提供的意见是：为时太早了。10年后，她又对另外一个客户给出了同样的建议。⑦
>
> 不过，如今的姚薇已经在浦东拥有了一套颇具现代感的临江公寓，从阳台望出去，令人目眩神迷的上海城市风光让客人倾心不已。她说，他们上得楼来，然后感叹，啊，这就是上海。

作者描述了一个很有意思的现象：

> 各路专家曾经嘲笑过上海浦东新区，他们眼中这个特意再造的曼哈顿，其钢结构玻璃大厦被设计得过于复杂，且大都无人居住，是一场历史性楼市泡沫的现成证据。……来访的经济学家米尔顿·弗里德曼将其称作“为躺在金字塔中的已故法老竖立的纪念碑”。
>
> 今天，在人们重新担心起中国房地产市场可能崩溃之际，浦东出人意料的成为反驳这种担心的一个亮点。⑧

《华尔街日报》发此文时，也正是华尔街的空头大师如詹姆斯·查诺斯等高声唱空中国的时候。“浦东：从‘鬼城’到热土”的故事无疑是反驳空头最经典的案例。

这反过来可以理解，一个古老的国家，其经济与社会发展曾经如蜗牛般缓慢，但自改革开放后30多年里爆发式地增长，而浦东在20多年中经历了欧洲发达地区用两个世纪才完成的同样程度的工业化和城市化，其原因是什么？不要说西方人看不懂，中国人自己有时候也不识庐山真面目了。

当年上海市民中流行着“宁要浦西一张床，不要浦东一间房”，仅仅 20 年后再提这句话以及长期形成的传统思维，感觉好笑。这也应了一句流行的话：不是我不明白，是这世界变得太快。

15.3 梦想能够成真

进入 21 世纪后，浦东早晨的忙碌和紧张是从地铁开始的。

在有“东方曼哈顿”之称的陆家嘴，摩肩接踵的人流从地铁站里鱼贯而出，其中有一个叫余辉的年轻人，他快步走向金茂大厦。胸前红色领带左右飘荡。他的身前身后都是和他一样步履匆匆的年轻人，一群群地各自走进鳞次栉比的摩天高楼。

他来到大厦前，仰头望了望这座 88 层高楼，作为一家融资租赁公司总裁助理，他在这座大楼 35 层内有一个办公桌，黄浦江两岸景色尽收眼底。

在中国的“硅谷”张江，设计助理夏静也随着如潮水般从地铁列车里倾泻出来的年轻人挤出了地铁口，很快消失在绿荫丛中的一幢粉红色的建筑中，她大学毕业不久，为一家软件公司工作。边上就是景色宜人的人工湖泊。阳光洒在湖边的白玉兰树上，春意正浓。

几乎也就是在同时，这些年轻人都会做一个同样的动作，打开电脑，手指点着鼠标，开始了一天的工作。

这是 21 世纪初叶浦东最常见的场景，每天八条越江地铁将人们送来送去浦东和浦西。

新兴的城市，现代化设施，以及充满活力的年轻人，这些场景和画面展示出这块土地的勃勃生机。

我们不妨再回到 1990 年，那时整个西方世界充满了对中国的怀疑和敌对，海外的投资者裹足不前，犹豫再三。中国经济增长放缓，一些激进的改革计划被终止。但邓小平坚持了对外开放，他说：“我们就要做几件事情，表明我们改革开放的政策不变，而且要进一步地改革开放。”⑨

1990 年 9 月，英国路透社的一位记者就政治上稳定和法律保护外国投资商的权利，问上海市市长朱镕基：去年以来这两个方面在退步，这种退步会不会影响浦东地区的开发和开放？[10]

12 年后，这位路透社的记者再次来到浦东，他写下了答案：上海——让世界羡慕不已的城市！

1993 年，台湾提出了建立“亚太营运中心”的计划。曾为浦东新区管委会主任赵启正回忆，台湾地区搞的这个“亚太营运中心”的计划与浦东开发决策有点相仿。那个计划是著名的美国麦肯锡公司替台湾做的，论证相当完备。当初台湾公布这个计划，也轰动一时。[11]

但几年过去，“亚太营运中心”计划依然停留纸面，而浦东在太平洋西岸的崛起已是不争的事实。今天浦东林立的摩天大楼天际线已成为中国故事里最靓丽的风景线。

浦东开发初，管委会副主任李佳能接待了一位“海归”，陪他考察了外高桥。计划中外高桥是保税区，但是“海归”一看全是芦苇荡，傻眼了。也就十多年的时间，这片芦苇荡变成中国最大的保税区。李佳能感慨道：“穿过芦苇荡，看什么呢？没什么好看的，以前浴场留下的一个水塔。想想真像做梦一样！什么梦？中国梦！”[12]

2014 年初夏的一个傍晚，被称为“浦东活地图”的沈人群惬意地倚靠在桥栏边，清澈的河水中鱼儿欢快地游着，河边是人已坐满的星巴克咖啡馆，徐徐清风沁人心肺。

“这条河叫张家浜。以前是一个臭河浜，很远，连河都没有看到就能闻到腐烂的臭味。”他说，以至于他当年绘制浦东地图时很不情愿地将这条河画在地图上，但如今这条全长 22 公里的景观河道，就像围在浦东身上的一条美丽的绿色飘带。

河对面就是气势壮观的上海科技馆，2001 年 10 多个国家的元首聚会那里参加 PACE 会议。“老早河根本没有这么宽，你闻闻，现在没有一点臭味了。”84 岁的老人笑着说。

浦东开发前，上海有这样一句话“宁要浦西一张床，不要浦东一间房”。时过境迁，20 年后上海最有品位的房子在浦东，“浦东板块”成了上海房地产的亮点。10 多万名拥有国际教育背景的国际化人才来浦东创业和生活，其中包括 3 万多名外籍人士。这其中就有拿到“中国绿卡”上海第000002号的罗氏制药总经理威廉·凯乐。退休后，他和家人选择了留在浦东，一儿一女在浦东的国际学校读书。

国际化的多元背景，使得老外乐意融入浦东，图为举办了十届的金桥碧云国际社区的长跑比赛，是上海最受中外友人欢迎的跑步赛事（徐网林　摄）

金桥开发区内的碧云国际社区，外籍居民在自行车道上行使。
浦东建设者提出，金桥虽然定位在工业区，但是必须按照城市规划做

“浦东的投资环境、生活环境、生态环境以及现代气息、文化氛围，都是国际一流的。选择浦东，不仅意味着选择了成功，而且意味着选择了一种新的生活方式。

浦东创业、生活两相宜，总能带给你一种自由、激情和灵感。"从美国留学归来的中芯国际总裁助理喻宁说。⑬

有一位叫沈入群的浦东人说，1990年浦东开发时，他在浦东公交公司中专学校担任教员，曾向年轻人描述浦东的未来规划，不想惹来一阵哄笑："规划规划，纸上画画、墙上挂挂，这你也信？"

沈入群争辩说："我当然相信了，浦东开发开放是国家定下的事。"

但是没有人相信他的话，更有人用怀疑眼神讪笑他："做梦吧！"

1991年退休后，他想不如自己来绘制一张浦东地图，让人看看地图就知道浦东是什么样。他白天用双脚丈量浦东大地，晚上绘制地图。出乎他的意料，浦东大地上几乎每周都有新的高楼开工或者竣工，每月都有新的道路投入使用，"浦东变化太快了，有时你几个星期不出门，就会不认得路"。沈入群感慨，他几乎每年要绘制一张新的地图，被称为"用地图追赶浦东"。他曾经在地图上将浦东新造的450多幢20层以上的高楼在地图上一一标明。

到2007年停手，他已经绘制了15个版本的浦东地图。他为此感到欣慰，因为他用地图记录了一个梦想成真的历史过程。⑭

作为《华尔街日报》驻中国通讯员，1981年到1988年之间，冯强曾多次到上海采访。20多年后，再说起浦东，这位《南华早报》前任副总编辑首先想到的是纽约："从外滩隔江而望，就像是站在纽约港的自由女神像脚下，远眺华尔街。"⑮

不妨再读一读陆士谔写的《新中国》，小说结尾作者一梦醒来，和一位女士有一段对话更值得寻味：

> 我遂把梦里头事，细细告知了女士，女士说："这是你痴心梦想久了，所以，才做这奇梦。"我道："休说是梦，到那时，真有这景象也未可知。"女士道："我与你都在青年，瞧下去，自会知道的。"我道："我把这梦记载出来，以为异日之凭证。"⑯

幻想能够成真，梦非梦，这就是中国梦的特色，就发生在浦东。

15.4 试错反弹，循序渐进

英国经济学家、诺贝尔经济学奖获得者科斯在讲述中国改革开放的故事中，提到了浦东，他这样描述道：

这个与上海仅一江之隔的弹丸之地，通过对深圳模式的借鉴，成功地将一片稻田转变为经济盎然的一方支柱，成为90年代中国对外开放的焦点。如果说深圳是中国80年代对外开放的象征，那么浦东则可谓90年代对外开放的典范。不久，上海周边的长江三角洲地区便成为中国经济增长的第二引擎，与南方的珠江三角洲并驾齐驱。⑰

这是浦东成功的故事。“试验”是这个故事的关键词。因此，科斯说，“各地改革的故事并不相同，但有一点是共同的，都在尝试寻找最适合自身经济发展的方法，整个中国变成了一个大实验室，各种不同的试验遍地开花。”而“摸着石头过河”就是中国人的试验思维和方法。⑱

改革之初，中国并没有清晰的战略和方案，即使有也是局部的，多争议的，可以说是“摸”出来的。人们并不知道自己要走向何方。因此，美国学者、中国问题专家、曾为哈佛大学费正清东亚中心主任的傅高义教授，《邓小平时代》一书的作者，更愿意将邓小平称为中国改革开放“总经理”而不是“总设计师”。他认为：“‘设计’的工作，本来必然要有一个蓝图，比较清楚应该怎么走，但邓小平是试试看，看情况，要是成功了就可以再走。我认为这不是一个‘设计’的做法。他是‘摸着石头过河’，他是一个政治的领导，是国家的总领导，所以我说是‘总经理’。”⑲

中国著名经济学家吴敬琏认为：“这种看似没有理论指导的‘摸着石头过河’策略，蕴藏着一个内在合理性，即允许分散的微观主体分头探索社会发展的方向，并且一旦这些探索取得成功，整个社会可以分享其成果。”⑳

曾有西方学者对此不屑。多年后中国经济学家林毅夫不解地问：中国经济改革在80年代已经取得了许多实实在在的成就，但是，国际上一些主流经济学家为什么不看好中国呢？参与了苏联、东欧改革的萨克斯、费雪、布兰洽、斯莱夫、维希尼、登布胥、克鲁格曼、拉亚德和萨默斯等哈佛、MIT的教授都称得上是大师级的经济学家，许多前沿理论都是他们研究、发展出来的，但他们为什么无法预测、解释推行“休克疗法”所带来的困境，又为什么不看好中国的经济转型呢？㉑

不仅仅是那些大学者，某些发展中国家的官员也并不理解为什么中国能够取得经济增长的奇迹。《时代》周刊著名编辑乔舒亚·库珀·雷默曾相遇东南亚某国发展部长。他回忆，对方“放下茶杯直率地问我的一位同事、一位经验丰富的发展经济学家：‘为什么我们的经历与中国如此不同？我们与他们一样。我们有低成本劳动力。我们的政治体制很强大。我们做错什么了吗？’这个问题听上去似曾相识。在整个亚洲、乃至整个世界，都会遇到某些国家研究中国的兴起并努力寻找自己能够在本国实现其中哪些奇迹的趣闻轶事”[22]。

历史没有开玩笑，奇迹就是在那些大学者眼里没有什么理论价值的“摸着石头过河”的理念指导下发生了——中国从计划经济转向市场经济一步步走过来，尤其是通过特定的区域内不断地进行各种制度试验，实现了市场经济的大转型。

1982年，英国伦敦经济事务研究所出版了香港经济学家张五常的一本小册子《中国会走向“资本主义”道路吗?》。那时，张五常是香港大学经济金融学院院长。张五常在书中提出了一个惊人的预言：“中国会走向市场经济”，而“这个转型是个缓慢的过程”。西方学术界几乎都对他的这一观点表示怀疑。即便张五常本人在阐述自己的观点时也十分审慎，他认为“这个转型是个缓慢的过程”。

四年之后，即1986年，张五常的小册子再版，在该版中他对之前的观点作了调整，他竟然承认“低估了转型的速度”，同时推断“以后中国经济改革的步伐会明显低于前五年的速度”。然而，实际上转型的速度越发加快。[23]

历史证明了张五常的预言，也让他修正了预言，中国走向市场经济的速度大大地出乎他的意料，也让西方学界大跌眼镜。

2008年2月，曾有人问履新世界银行首席经济学家的北京大学教授林毅夫，将给世界银行什么发展理念，林毅夫脱口而答：“解放思想和实事求是。”话音刚落引来在场一片笑声。

其实，林毅夫是认真的，作为在发展经济学、农业经济学、制度经济学中颇有建树的经济学家，他清楚不要说中国，二战后实施不切实际的发展政策的发展中国家比比皆是，这方面的教训太多了。因此，曾有人问：解放思想和实事求是对很多发展中国家的政府为什么就那么不容易做到？“这显然是一个非常重要的问题，可惜的是社会科学家们还没有给出很好的答案。”林毅夫写道。[24]

事实上，中国共产党人真正地认识到了这八个字，也是付出了极高的代价，而这八个字也成为中国改革开放的思想路线。

对于中国改革的历史进程，北京大学教授、中国经济学家姚洋有这样一个表述：中国改革是渐进式的，在时间上，每项改革都是分段进行的，很少一步到位。在空间上，改革的推进带有地域性的。地方性试验先于全面推广。他称前者为“部分改革”，后者为“局部改革”。[25]

伴随着中国渐进式改革的路径，中央政府和地方政府都采用了不断地“试错”方法，中国学者、上海师范大学历史系萧功秦教授认为：邓小平“摸着石头过河”的思想，从根本上说，就是基于人类理性能力的有限性与信息知识的有限性，通过试错反弹来找到通往中国现代化路径的经验主义思想。

他评价说：邓小平是用试错反弹的方式，摆脱教条主义建构理性主义的先驱者与思想开拓者。他的思维方式更接近经验主义，在他看来，社会主义的具体目标也是可以不断在实践中修正的、不断改变的。只要我们有一个导向性的价值，通过“走小步，走稳步，不停步”的方式，就能逐步实现我们的目标。这种“路径障碍，试错反弹，循序渐进”的经验主义思维，现在仍然是我们民族的精神遗产。[26]

正是因为有了试错思维，从1990年起，每隔5年中央和上海市政府就会给浦东战略性的试验任务：1990年宣布浦东开发开放，最先成为新区。1995年启动与国际接轨的先行先试的功能性发展战略。1999年“聚焦张江”，实施高新技术发展战略。2005年国家综合配套改革战略实施，成为综合改革试验区。2009年新浦东成立，“两个中心”建设获批，2013年在浦东设立了中国（上海）自由贸易试验区。

15.5 能延续更长的黄金时期吗？

2014年8月3日，上海在建的最高楼——上海中心大厦完成最顶端的塔冠结构，632米的高度成为上海“第一高度”。

它也是中国的第一高楼，也是仅次于828米高的阿联酋的哈利法塔迪拜大厦，成为世界第二高楼；由美国旧金山根斯勒建筑事务所设计。造价约24亿美元，建筑主体有118楼。

报道称，它的电梯以每秒18米的速度，55秒可抵达大厦的119层观光平台。

632米上海第一高楼上海中心大厦观光层2016年7月初投入试运营(徐网林　摄)

大厦流线扭曲的形态，以减少台风期间高达24%的风荷载。但上海中心大厦的设计师、美国根斯勒建筑设计事务所的首席建筑师阿瑟·根斯勒及工地总监尤勒向法新社说，这个螺旋造型是一个图标，象征着中国人民向未来看。有人把它类比为基因的螺旋图案，它同时也是一个连接地与天的地点。[27]

大厦位于浦东新区陆家嘴金融贸易区，边上的金茂大厦1998年竣工，高420米；上海环球金融中心，高492米。三栋楼正好成品字形状，而且都经历了1997年的亚洲金融危机、2001年的“9·11”恐怖袭击和2008年的全球金融风暴的冲击。

美国前国务卿基辛格博士多次访问过浦东。当初，他了解到在小陆家嘴地区规划的三幢超高层楼宇中，两幢已分别由中国和日本投资，他建议：“第三幢高楼最好由美国人投资，以体现世界格局，如果另一个亚洲国家投资这一幢高楼，就体现亚洲的格局了。”他还真的介绍过一位美国投资家。无疑在这位前外交官眼中，浦东是世界的。

但第三幢最高的楼最后还是中国人自己投资造的。

2015年7月23日，随着最后一块钢筋拼接到位，黄浦江上第12座大桥辰塔大桥顺利合龙。自1976年，在松江县的叶榭港西起了第一座公路、铁路两用桥之后，南浦大桥，杨浦大桥、奉浦大桥、徐浦大桥在20世纪90年代建造通车，进入21世纪后，卢浦大桥、松浦二桥、闵浦大桥、闵浦二桥、松浦三桥、金山铁路大桥一一建成通车。其中卢浦大桥成为当时世界上跨径最大的拱形桥，主拱截面世界最大、吊装重量世界最大、单座拱桥用钢量最大。[28]

大桥之下，烟波浩荡千舟过。浦江两岸过江难的状况已经彻底成为了历史。

2015年12月10日，为洋山深水港开港10年，一首满载1.9万国际标准集装箱的“地中海佐伊”号货船顺利停靠洋山深水港一期码头。在10年前，数千标准箱的集装箱船只能等待涨潮时进入外高桥码头。洋山港使得上海连续六年成为世界第一大港。

阳光下，这座原先大海中的孤岛上，5.6公里码头岸线16个集装箱泊位一字排开，大型货船轮船穿梭往来，场面甚是壮观。

空中俯瞰上海自贸区洋山港集装箱码头（新华社　图）

2015年12月29日，随着上海浦东国际机场卫星厅工程第一根桩基缓缓入地，这不仅预示着世界最大单体卫星厅将坐落上海浦东国际机场，也标志着上海航空枢纽建设中具有里程碑意义的浦东机场三期扩建工程全面启动。工程总投资约206亿元。2019年建成后，浦东机场年旅客吞吐量保障能力将达到8 000万人次。

而这年2015年12月14日上午，浦东国际机场年出入境人次突破3千万，连续12年为中国机场之最。一位乘坐SU208航班入境的法籍旅客DEMARCHI HENRI先生，成为上海机场边检站今年第3 000万名幸运旅客，他收到了一份精美的“中国边检阳光国门”纪念品。[29]

2015 年的陆家嘴（中国上海新闻航拍联盟钮一新　摄）

这里太阳每天都是新的，图为建设中的临港新城（刘思弘　摄）

没有人能够否认浦东的巨变，更多人的人承认从 1990 年起浦东进入了发展的黄金期。

20 世纪末，英国城市学家彼得·霍尔在写了《明日之城市》之后，又撰写《文明中的城市》一书，他在选择 2 500 年文明史中的全球 21 个城市细评其发展源流、文化与城市建设特点之后，提出“城市黄金时期”（Urban Golden Age）的概念，即在特定的时期，城市可以凸显独特的创造力，成为人类文明建设的灯塔。

霍尔被誉为“世界级城市规划大师”，他为英国副首相城市发展行动小组提供特别顾问，同时也指导多个国家和地区的城市及区域发展战略。

霍尔发现这些城市在发展过程当中都在10年到20年的时间里发生巨变，他把这个时间称为“城市黄金时期”。如公元前5世纪的雅典、14世纪的佛罗伦萨、16世纪的伦敦、18—19世纪的维也纳以及19世纪末的巴黎等。从人类文明史角度看，这些所谓处于“城市黄金时期”的城市，都是世界文化城市，是世界文化地图上令人瞩目的地标。它们都有自己的文脉和根，但同时又都曾是开放度很高的国际化城市。它们一方面能够吸收世界上各种各样的优秀文化；另一方面能够让自己的文化精华为世界所了解、所接受、所喜爱。[30]

上海是近代中国令人瞩目的地标。但如果有人在18世纪断言，上海在未来将成为中国的地标，一定会被人看作是痴人说梦。因为那时的上海，在行政区划上只是属于松江府的一个县，远不如上海的邻居苏州。即便到了鸦片战争后确定的五口通商中，上海的地位不如广州、福州、宁波，仅仅位列还不是县的厦门前面。

然而，仅仅过了百年，如果从上海开埠时期算起，只过了五十余年，上海就成为开放度很高的国际化城市。但是在这个过程中浦东并不起眼。这是一种遗憾，1990年浦东开发开放后这种遗憾开始被抹去，浦东进入了黄金时期。那么这种黄金时期能延续多久呢？

注释

① 沈阳：《夜访日本巨商藤田一宪先生》，载《浦东开发》1993年第2期。

② 浦东新区区委书记沈晓明在第十六届瑞银大中华研讨会上发表演讲，2016年1月11日。

③ 陆士谔：《新中国》，中国友谊出版公司2009年版。

④ 赵启正：《阅读世博　追索时代》，载《人民日报》海外版2010年5月17日。

⑤ Michael Elliott，"Thirty years after Deng：the Man Who Changed China"，《时代》2008年12月10日。

⑥《中国梦——献给浦东开发开放20周年》，新华社上海2010年4月19日电(记者肖春飞、季明)。

⑦ 东方明珠广播电视塔是上海一个地标性建筑，高468米，是目前排名亚洲第四、世界第六的高塔，是俯瞰上海城区的最佳观景点。

⑧《浦东：从"鬼城"到热土》，原文发表于《华尔街日报》中文版网站，http://cn.wsj.com。

⑨ 邓小平：《组成一个实行改革的有希望的领导集体》，载《邓小平文选》第三卷，人民出版社1993年版。

⑩ 朱镕基：《关于浦东开放开放政策答记者问》，载《朱镕基上海讲话实录》，人民出版社、上海人民出版社2013年版。

⑪ 赵启正：《浦东逻辑》，上海三联书店2007年版。

⑫ 李佳能口述：《浦东开发的准备、研究和早期开发》，载《口述上海——改革创新(1978—1992)》，上海教育出版社2014年版。

⑬《"浦东生活方式"：效率、品位、国际化》，新华社上海2005年3月28日电(记者叶

国标）。

⑭ 2014年5月16日、6月24日下午，作者对沈入群的采访。

⑮ 复旦大学新闻学院精确新闻报道课题组：《上海浦东20年发展报告》，载《瞭望东方》2010年第16期。

⑯ 陆士谔：《新中国》，中国友谊出版公司2009年版。

⑰ [英]罗纳德·科斯、王宁：《变革中国：市场经济的中国之路》，中信出版社2013年版。科斯提及的“上海”实际上是指“上海浦西”。

⑱ [英]罗纳德·科斯、王宁：《变革中国：市场经济的中国之路》，中信出版社2013年版。

⑲ [美]傅高义：《邓小平时代》，生活·读书·新知三联书店2013年版。

⑳ 吴敬琏：《中国经济60年》，载《财经》2009年第20期。

㉑ 林毅夫：《解读中国经济》，北京大学出版社2012年版。

㉒ [美]乔舒亚·库珀·雷默：《北京共识》，载《不可思议的年代：面对新世界必须具备的关键概念》附录，湖南科学技术出版社2010年版。

㉓ [英]罗纳德·哈里·科斯、王宁：《变革中国：市场经济的中国之路》，中信出版社2013年版。

㉔ 林毅夫：《解读中国经济》，北京大学出版社2012年版。

㉕ 姚洋：《作为制度创新过程的经济改革》，格致出版社、上海人民出版社2008年版。

㉖ 萧功秦：《为什么要超越左右激进主义》，载《超越左右激进主义》，浙江大学出版社2012年版。

㉗《上海24亿美元“扭曲”大厦今夏营运　具备多项“第一”》，联合早报网2015年6月23日。

㉘ 赵翰露：《越江大桥再添丁　“十二弟”叫辰塔》，载《解放日报》2015年7月24日。

㉙ 江跃中：《浦东机场年出入境人次首破3 000万》，载《新民晚报》2015年12月15日。

㉚ 单霁翔：《从“功能城市”走向“文化城市”》第八章第三节，天津大学出版社2007年版。

后记

这本书写了7年。最早大概是在2010年，记得浦东新区宣传部领导李幼林去了深圳回来后，随口说了一句，深圳出来好几本史书，但浦东没有。这话让我记住了，我坚信浦东需要一部通史性质的史书。但我只是一个新闻人，也非历史系毕业，更没有经过专业学术训练。还好，在2010年我写了一本《财富增长的试验：浦东样本》，2015年又出版了《浦东故事：这样的梦想更中国》，该书被国家外文局专家翻译成英文出版，有一点积累。于是，我便大胆开始在电脑上敲敲打打，一边还抽空跑图书馆、档案馆、博物馆，写了改，改了写，时间也就长了，断断续续也有了7年。

不过，当写完最后一个句号时，我并没有欣喜若狂的感觉，因为作为一本学术性质的书要获得出版并不容易，尽管我试图用更通俗的语言讲述历史故事，希望让更多的读者接受。其实，这也是所有学人写书后的苦恼。也就在苦恼之际，上海人民出版社周峥老师主动辗转找到我，表示上海人民出版社愿意出版这本书，其实我和他素不相识。该社的王为松总编辑也对出版这本书提出了建议和意见，到这时我才有欣喜若狂的感觉，总算为浦东的“树碑立传”有了一个结果。

在7年的写作过程中，我得到了许多人的帮助。这里，首先要感谢浦东新区老领导、老开发赵启正老师，他的思想、理念、方法以及他对我讲述的浦东开发历程中的故事，让我受益匪浅，尤其是他一直鼓励我、提携我，就像一位导师，希望我这个学生在浦东历史的研究以及浦东学的研究中，在向世界讲述中国故事、浦东故事中有所成就。他也应邀为本书写了序言。

感谢熊月之老师，作为史学大家。熊老师是我一直仰慕的，他的著作文章是我在写作中不断学习的，尤其是他主编的《上海通史》是我写作的重要参考。而他欣然为本书作序，更为本书增辉。

感谢浦东新区宣传部，尤其是已经离开宣传部的两位部领导尤存和李幼林，两位对于本书的写作给予了帮助和支持。尤其是李幼林先生，一直对于我有关浦东的研究和写作给予高度关注。

感谢新区党史办柴志光主任，他百忙之中通读书稿，并提出了意见，也向我提供了不少书籍资料。

感谢新区档案馆领导费美荣和浦东文史学会会长唐国良，他们以各自的资源优势向我提供了资料、建议和意见。

感谢报社领导和我的编辑记者同事，他们的报道也是我写作中重要的资料来源。

感谢我的好友钮一新和他的新闻摄影团队，为本书提供了不少高质量的图片，而他也在努力用图片来描述浦东的过去和现在。

感谢上海人民出版社编辑李莹老师，她为本书也付出了心血。

最后，也最重要的是感谢读者，只有读者的认可，才是本人最重要的收获。

但愿读者开卷有益。

谢国平
2017 年元旦于上海